PEARSON

myspanishlab™ ¡Hola!

Save Time, Improve Results! Over 200,000 students use the award-winning MyLanguageLabs online learning and assessment system to succeed in their basic language courses. If your instructor has required use of MySpanishLab, you will have online access to an eText, an interactive Student Activities Manual, audio materials, and many more resources to help you succeed. For more information, visit us online at http://www.mylanguagelabs.com/books.html.

A GUIDE TO *GENTE: NIVEL INTERMEDIO* ICONS		
ACTIVITY TYPES		
	Text Audio Program	This icon indicates that recorded material to accompany *Gente* is available in MySpanishLab, on audio CD, or the Companion Website.
	Pair Activity	This icon indicates that the activity is designed to be done by students working in pairs.
	Group Activity	This icon indicates that the activity is designed to be done by students working in small groups or as a whole class.
	Student Activities Manual	This icon indicates that there are practice activities available in the *Gente* Student Activities Manual. The activities may be found either in the printed version of the manual or in the interactive version available through MySpanishLab. Activity numbers are indicated in the text for ease of reference.
	Web Activity	This icon indicates that the activity involves the use of the Internet.

GENTE

NIVEL INTERMEDIO

Edición norteamericana

ANNOTATED INSTRUCTOR'S EDITION

JOAN MUNNÉ

LILIANA PAREDES

ERNESTO MARTÍN PERIS

NURIA SÁNCHEZ QUINTANA

NEUS SANS BAULENAS

PEARSON

Boston   Columbus   Indianapolis   New York   San Francisco   Upper Saddle River
Amsterdam   Cape Town   Dubai   London   Madrid   Milan   Munich   Paris   Montréal   Toronto
Delhi   Mexico City   São Paulo   Sydney   Hong Kong   Seoul   Singapore   Taipei   Tokyo

Senior Acquisitions Editor: Tiziana Aime
Executive Editor: Julia Caballero
Editorial Assistant: Jonathan Ortiz
Executive Marketing Manager: Kris Ellis-Levy
Senior Marketing Manager: Denise Miller
Marketing Assistant: Michele Marchese
Executive Editor, MyLanguageLabs: Bob Hemmer
Senior Media Editor: Samantha Alducin
Senior Managing Editor for Product Development: Mary
   Rottino
Associate Managing Editor (Production): Janice Stangel
Production Project Manager: María F. García
Senior Art Director: Maria Lange

Art Manager: Gail Cocker
Illustrator: Steve Pica
Interior Design: Wee design/Maria Lange
Cover Design: Joseph dePinho, dePinho Design
Cover Photo: © Tatiana Popova/Shutterstock
Senior Manufacturing and Operations Manager,
   Arts and Sciences: Nick Sklitsis
Operations Specialist: Alan Fischer
Full-Service Project Management: MPS North America
Composition: MPS Limited, a Macmillan Company
Printer/Binder: RR Donnelley / Willard
Cover Printer: Lehigh-Phoenix Color/Hagerstown
Publisher: Phil Miller

This book was set in 10/12 New Baskerville.

Credits and acknowledgments borrowed from other sources and reproduced, with permission, in this textbook appear on appropriate page within text (or on pages 210–211).

Library of Congress Cataloging-in-Publication Data

Munné, Joan.
  Gente : nivel intermedio / Joan Munné, Liliana Paredes.
    p. cm.
  ISBN-13: 978-0-13-227808-9 (student ed.)
  ISBN-10: 0-13-227808-1 (student ed.)
  ISBN-13: 978-0-13-227835-5 (annotated instructor ed.)
  ISBN-10: 0-13-227835-9 (annotated instructor ed.)
  1. Spanish language—Textbooks for foreign speakers—English.
2. Spanish language—Grammar. I. Paredes, Liliana. II. Title.
  PC4129.E5M846 2012
  468.2'421—dc23

                          2012004184

1 2 3 4 5 6 7 16 15 14 13 12

Annotated Instructor's Edition ISBN-10: 0-132-27835-9
Annotated Instructor's Edition ISBN-13: 978-0-132-27835-5
À la carte ISBN-10: 0-205-85437-0
À la carte ISBN-13: 978-0-205-85437-0

www.pearsonhighered.com

BRIEF CONTENTS

1 Gente de cine *2*

2 Gente genial *20*

3 Gente y aventura *38*

4 Gente solidaria *56*

5 Gente con corazón *74*

6 Gente y productos *92*

7 Gente y culturas *112*

8 Gente y propuestas *130*

9 Gente y emociones *148*

10 Gente y noticias *166*

Marcadores del discurso para la escritura *185*
Verb Charts *186*
Spanish-English Glossary *194*
English-Spanish Glossary *202*
Credits *210*
Index *212*
Audioscripts *216*

SCOPE AND SEQUENCE

	TAREA	OBJETIVOS COMUNICATIVOS	METAS GRAMATICALES/ FUNCIONALES
1 **Gente de cine** *2*	Escribir el guión de una escena cinematográfica.	■ Describir un escenario: momento, lugar, personas y objetos que en él se encuentran; tiempo atmosférico ■ Ubicar personas y describir su posición ■ Describir el aspecto físico de las personas y su indumentaria ■ Describir cambios de actitud y de comportamiento; de posición y de ubicación ■ Relacionar temporalmente acciones o situaciones ■ Modos de realizar acciones	■ Construcciones impersonales para hablar del tiempo atmosférico: *hacer / haber / estar / ser* ■ Describir el aspecto físico: *ser, tener, llevar* ■ Verbos de cambio: *ponerse a +* infinitivo, *quedarse +* gerundio / participio ■ Verbos reflexivos: *ponerse, quedarse…* ■ Construcciones modales: adjetivos, adverbios en *–mente*, gerundio, *sin +* infinitivo
2 **Gente genial** *20*	Crear una campaña publicitaria a favor de un personaje latino.	■ Referirse a datos biográficos: origen, residencia, profesión, estado civil, relaciones familiares, fallecimiento, etc. ■ Describir cambios en la vida o en la personalidad de alguien ■ Relatar acontecimientos históricos ■ Valorar acciones, logros y cualidades ■ Restar importancia a una valoración	■ Usos del imperfecto y del indefinido ■ Verbos de cambio: *hacerse, quedarse, volverse, ponerse, convertirse en, cambiar* ■ Perífrasis: *dejar de +* infinitivo; *seguir +* gerundio ■ Construcciones comparativas: *no tan… como, mucho más… que…*
3 **Gente y aventura** *38*	Proponer y justificar un viaje de estudios.	■ Relacionar planes con las circunstancias en que ocurrirán ■ Expresar finalidad y contingencia ■ Expresar probabilidad y certeza ■ Expresar condiciones	■ Estructuras de finalidad: *para, para que, por si +* verbo ■ El futuro: implicación de sus usos ■ Presente de subjuntivo: Expresar diferentes grados de certeza: *quizá, probablemente, puede que…* ■ Imperfecto del subjuntivo: formas ■ Estructuras condicionales: *si +* presente de indicativo, *si +* imperfecto de subjuntivo ■ Otras construcciones condicionales: *siempre que, en el caso de que* ■ Conjunciones temporales: *cuando, en cuanto, tan pronto como, hasta que +* presente de subjuntivo

OBJETIVOS DE VOCABULARIO	ESTRATEGIAS	MESA REDONDA
■ El séptimo arte ■ El género de las películas ■ Descripción de espectáculos ■ Posición y movimiento ■ Aspecto físico ■ Ropa e indumentaria ■ Gestos y posturas	**Estrategia de comunicación oral** ■ Comunicar usando gestos y tonos **Estrategia de lectura** ■ La narración ■ La estructura del cuento literario ■ Marcadores temporales **Lectura:** *Miento, luego existo,* José M. Pascual **Estrategia de escritura** ■ Empleo de conectores de tiempo y secuencias, tiempos verbales del pasado ■ Textos narrativos ■ Elaboración de una narración	¿Cómo se representa a los latinos en la pantalla?
■ El ámbito de la biografía ■ Cualidades de las personas geniales	**Estrategia de comunicación oral** ■ Usar los superlativos para resaltar la información ■ Comprobar que tenemos la atención del interlocutor ■ Expresar rebate **Estrategia de lectura** ■ Estructura de un texto biográfico ■ Estructura de un resumen **Lectura:** *Bono* **Estrategia de escritura** ■ Elaboración de un texto biográfico ■ Textos biográficos: esquemas organizativos y temporales ■ Selección de título apropiado	¿Deben ser los deportistas modelos de comportamiento?
■ Equipo de viaje ■ Actividades de viaje ■ Viajes de aventura ■ Accidentes geográficos y espacios de aventura	**Estrategias de comunicación oral** ■ Proponer un plan ■ Expresar condiciones ■ Ceder ante obstáculos ■ Pensar en contingencias **Estrategias de lectura** ■ Textos expositivos ■ Identificar ideas principales ■ Revisar conectores para establecer las relaciones textuales **Lectura:** *Más allá de las siete maravillas* **Estrategias de escritura** ■ Textos expositivos ■ Preparación de un informe expositivo usando conectores textuales	¿Dónde está lo ecológico en ecoturismo? Una visita a las maravillas del mundo.

	TAREA	OBJETIVOS COMUNICATIVOS	METAS GRAMATICALES/ FUNCIONALES
4 **Gente solidaria** *56*	Crear y promocionar una organización no gubernamental (ONG).	■ Hacer propuestas, sugerencias ■ Expresar soluciones ■ Aceptar con condiciones ■ Establecer derechos y obligaciones	■ Subordinadas sustantivas: *proponer, ser conveniente* + infinitivo / *que* + presente de subjuntivo / imperfecto de subjuntivo ■ Construcciones condicionales: *siempre que, siempre y cuando, con tal de que* + presente de subjuntivo imperativo: *recomendar, proponer*
5 **Gente con corazón** *74*	Participar en un servicio de citas rápidas.	■ Describir personajes, actitudes y sentimientos referidos al pasado ■ Relatar y valorar situaciones y hechos pasados ■ Expresar sentimientos respecto a situaciones o a hechos pasados ■ Presentar información desde diferentes puntos de vista ■ Hablar de habilidades propias y ajenas	■ Subordinadas sustantivas, con verbo principal de afección y sentimiento: *querer / gustar* Subordinadas sustantivas: *Es normal / lógico / una pena / ...* + *que* + imperfecto de subjuntivo ■ Usos del pretérito: valoración de un período ■ Pasarlo *bien / mal*
6 **Gente y productos** *92*	Preparar una breve conferencia sobre un producto y presentarla al público.	■ Usar registro formal y coloquial ■ Estructurar la información en un registro formal ■ Describir las características y cualidades de un producto ■ Estructurar una conferencia ■ Relacionar causas y consecuencias	■ Formación de palabras: sustantivos derivados de verbos: *-ción, -te, -miento, -ado...* ■ Anteposición del adjetivo ■ Adverbios en *-mente*, usos discursivos: *esencialmente, precisamente, indudablemente* ■ Construcciones causales: *por* + sustantivo / *porque* + verbo ■ Construcciones concesivas: *a pesar de* + infinitivo; *aunque* + indicativo / subjuntivo

OBJETIVOS DE VOCABULARIO	ESTRATEGIAS	MESA REDONDA
■ Temas y reivindicaciones sociales ■ Derechos humanos: derecho a la vida digna ■ Colectivos sociales: discapacitados, ancianos, niños, mujeres, desamparados	**Estrategias de comunicación oral** ■ Enumerar y añadir información ■ Contraponer información ■ Marcadores temporales de inicio **Estrategias de lectura** ■ Texto argumentativo ■ Identificación de tesis y argumentos **Lectura:** *Un poco es mucho* **Estrategias de escritura** ■ Preparar un texto argumentativo ■ Desarrollar argumentos ■ Desarrollar una tesis	¿El respeto a los derechos humanos va en aumento?
■ Relaciones personales y afectivas ■ Habilidades personales	**Estrategias de comunicación oral** ■ Referirse a la información de primera o segunda mano y a la actitud frente a la información ■ Chismear: hablar de lo que han dicho otros ■ Pedir explicaciones **Estrategias de lectura** ■ Texto descriptivo / informativo ■ Relaciones de causa-efecto en el texto **Lectura:** *¿Arte o vandalismo urbano?* **Estrategias de escritura** ■ Desarrollo de texto descriptivo estableciendo relaciones de causa-efecto	Representación artística de los sentimientos: ¿hay límites?
■ Productos alimentarios, agrícolas e industriales ■ Procesos de elaboración de los productos	**Estrategias de comunicación oral** ■ Iniciar y cerrar una exposición oral ■ Estructurar una exposición oral ■ Seleccionar vocabulario, utilizar sinónimos y paráfrasis **Estrategias de lectura** ■ Identificar semejanzas o diferencias ■ Texto expositivo-comparativo **Lectura:** *Al grano* **Estrategias de escritura** ■ Conectores discursivos para expresar la comparación ■ Elaborar un texto comparativo	¿Son los productos orgánicos más nutritivos, saludables y tienen mejor sabor?

	TAREA	OBJETIVOS COMUNICATIVOS	METAS GRAMATICALES/ FUNCIONALES
7 **Gente y culturas** *112*	Creación de un folleto de ayuda a futuros estudiantes hispanos en los Estados Unidos.	■ Referirse a costumbres y hábitos personales y colectivos ■ Manifestar sorpresa ■ Contrastar usos y costumbres ■ Recomendar y advertir	■ Expresiones impersonales ■ Verbos pronominales: *resultar/ parecer* + adjetivo; *extrañar / sorprender* ■ Revisión de formas comparativas ■ Revisión del imperativo negativo ■ Que + subjuntivo en fórmulas de deseo: *Que lo disfrutes, que lo pasen bien...*
8 **Gente y propuestas** *130*	Crear un club universitario y su promoción.	■ Expresar rechazo y quejarse: *no soportar, no aguantar*, etc. ■ Uso de intensificadores: *muchísimo, lo que más...* ■ Expresar deseo ■ Expresar finalidad ■ Exponer propuestas y argumentarlas ■ Hacer promesas ■ Declarar intenciones	■ Intensificadores: *muchísimo, enormemente, tremendamente...* ■ Indicativo o subjuntivo en subordinadas adjetivas ■ Condicional para expresar deseos: *gustaría* + infinitivo / imperfecto de subjuntivo ■ Subordinadas adverbiales de finalidad: *para / a fin de* + infinitivo, *para que / a fin de que* + subjuntivo ■ Construcciones con verbos de afección y sentimiento: *me molesta, me da mucha rabia* ■ Construcciones sustantivas para la expresión de opinión
9 **Gente y emociones** *148*	Organizar y participar en un programa de entrevistas.	■ Plantear situaciones hipotéticas en el presente y en el pasado ■ Valorar comportamientos pasados (reprochar) ■ Hablar de las habilidades propias y ajenas	■ Condicional compuesto: morfología y usos ■ Pluscuamperfecto de subjuntivo: morfología y usos ■ Construcciones condicionales: *si* + pluscuamperfecto de subjuntivo, condicional compuesto / pluscuamperfecto de subjuntivo ■ *Tendría/s que, debería/s, habría sido mejor, podría/s* + infinitivo compuesto ■ Construcciones temporales: gerundio; *al* + infinitivo; *antes de / después de* + infinitivo; *mientras, (justo) en el momento en que...* ■ Hablar de habilidades: *hacerlo bien / mal; ser un/a* + adjetivo calificativo: *ser un negado / genio / para...; ser capaz de...*

OBJETIVOS DE VOCABULARIO	ESTRATEGIAS	MESA REDONDA
■ Fiestas populares ■ Hábitos y valores culturales ■ Patrones de comportamiento	**Estrategias de comunicación oral** ■ Cómo deshacer o prevenir malentendidos **Estrategias de lectura** ■ Lectura atenta para la comprensión rigurosa **Lectura:** *Inmigración: El salario del miedo,* Álvaro Vargas Llosa **Estrategias de escritura** ■ Oraciones temáticas ■ Preparación de un texto argumentativo o informativo con abundantes detalles ■ Selección del léxico	¿Están los inmigrantes latinoamericanos asimilándose a la cultura estadounidense?
■ Vida política: organización y temas de debate ■ Cualidades morales	**Estrategias de comunicación oral** ■ Argumentar ■ Convencer o persuadir **Estrategias de lectura** ■ Texto expositivo ■ Estructura del texto expositivo **Lectura:** *De perfumes y otros olores* **Estrategias de escritura** ■ Redactar un texto expositivo ■ Organización del texto identificando las ideas principales y secundarias ■ Empleo de conectores y de un lenguaje objetivo	¿Cuáles son los problemas del siglo XXI en tu comunidad?
■ Ámbito de las emociones ■ Ámbito de las cualidades intelectuales y de las habilidades personales ■ Reacciones y comportamientos ■ Expresiones de personalidad	**Estrategias de comunicación oral** ■ Reprochar ■ Pedir y ofrecer disculpas ■ Expresar juicios morales (defender o criticar) **Estrategias de lectura** ■ Lectura rápida de vistazo y lectura atenta para obtener información específica ■ Texto literario para revisar la narración ■ Lectura desde lo general a lo específico **Lectura:** *"Monólogo del mal"; "El rayo que cayó dos veces en el mismo sitio"; "Monólogo del bien"; "La buena conciencia",* Augusto Monterroso **Estrategias de escritura** ■ Desarrollo de un texto literario personal a partir de unas determinadas pautas ■ Revisión de estrategias para la narración	¿Qué efectos produce la publicidad en los jóvenes?

	TAREA	OBJETIVOS COMUNICATIVOS	METAS GRAMATICALES/ FUNCIONALES
10 **Gente y noticias** *166*	Crear un periódico local con noticias de diferentes ámbitos.	■ Expresar probabilidad ■ Argumentar ■ Expresar condiciones ■ Referirse a lo dicho por otra persona	■ Parecer y estar en expresión de opinión: *me parece extraordinario, está claro que,* etc. ■ Subordinadas sustantivas para expresar probabilidad: *es poco probable que* ■ Estilo indirecto ■ Revisión de las construcciones condicionales: *siempre que, en el caso de que, a menos que...* ■ Revisión de los tiempos del pasado

■ **Marcadores del discurso para la escritura** *185*
■ **Verb Charts** *186*
■ **Spanish-English Glossary** *194*
■ **English-Spanish Glossary** *202*
■ **Credits** *210*
■ **Index** *212*
■ **Audioscripts** *216*

OBJETIVOS DE VOCABULARIO	ESTRATEGIAS	MESA REDONDA
■ Ámbito de los medios de comunicación: economía, deportes, cultura, sociedad, ciencia y tecnología, etc.	**Estrategias de comunicación oral** ■ Expresar opinión ■ Expresar acuerdo / desacuerdo ■ Pedir explicaciones **Estrategias de lectura** ■ Textos expositivo-argumentativos ■ Identificación del género, y la postura del autor **Lectura:** *Ciencia y religión, ¿destinadas a desentenderse?* **Estrategias de escritura** ■ Desarrollo de un texto argumentativo que implique un trabajo de preparación en fases ■ Estrategias o pasos específicos para la re-escritura	¿Qué nos ofrece la medicina alternativa?

PREFACE

Introduction to *Gente: Nivel intermedio*

Gente: Nivel intermedio is a task-based Spanish learning program for students at intermediate levels. Following *Gente: Nivel básico* in its philosophy and task-based approach to teaching a second language, *Gente: Nivel intermedio* relies heavily on negotiation of meaning through collaborative work and student interaction. The textbook program's communicative approach exposes students to a rich and understandable input of authentic language and allows them to practice it within relevant, real-life situations. This active approach enables and encourages them to listen, read, speak and write the language more effectively.

Instruction following a task-based approach (TBLT for Task Based Learning and Teaching) gives students the opportunity to focus on form as well as to reflect on their learning process. In the long run, this approach can positively impact language development and raise the level of a learner's achievement.

Task-Based Learning and Teaching at the Intermediate Level

Similar to the elementary-level program, each chapter of *Gente: Nivel intermedio* is designed to help students build up the linguistic resources necessary to accomplish a particular task. A task is defined as a collaborative, goal-oriented project that utilizes the communication of meaning in order to be successful.

- *Gente: Nivel intermedio* **guides learners to use the language in a meaningful way, which motivates them to succeed in completing the task.** At the intermediate level, students can and will recycle linguistic resources from their previous linguistic experiences. As they move through the program, they will learn new structures that build upon these previous experiences and further aid in the construction of more complex discourse.

- *Gente: Nivel intermedio* **also focuses on the development of accuracy.** Balancing accuracy and fluency should be the aim of any language learner. Through the *Gramática en contexto* activities, students are able to practice relevant structures that will prove useful and necessary in accomplishing the program's tasks. The quick grammar reference section will guide students' work on the grammar points. In this program, the approach to grammar is integral, as we cannot detach grammar from the other language components. From our perspective, a good understanding of grammar contributes significantly to a learner's language development; therefore, students will be exposed to input throughout each chapter that uses the target grammar points. The main goal of our approach is that students perform the final tasks with an appropriate level of grammatical accuracy. Consequently, work prior to the task and after the task, in conjunction with extra activities and practice, adds another dimension of language awareness. Instructors will find available support in the annotations for how best to work with grammar using this approach.

The role of the instructor is to monitor students' performance by noting any problems with linguistic forms and encouraging communication in the target language. The learners' role is to take risks and experiment with language. In this framework of teaching and learning, students need to understand that reflection about errors is a normal part of the learning and acquisition process.

- **The integration of skills is a fundamental part of the *Gente: Nivel intermedio* program.** The integrated-skill approach exposes language learners to authentic language and challenges them to interact naturally in the language. Integrating the language skills also promotes the learning of real content and can be highly motivating to students of all ages and backgrounds. Throughout the chapter students will have opportunities to write, read, listen and speak. Some tasks will emphasize one skill or another, but the activities building up to the final project will integrate different skills. In addition, there are sections in the chapter that will address reading and writing strategies.

Chapter Structure

Acercamientos This opening section aims to capture the student's attention by presenting the chapter's theme while providing context for the topics that will be discussed. As in *Gente: Nivel básico*, activities in this section show authentic use of language and are geared to activate learners' previous knowledge.

Vocabulario en contexto Introduces new vocabulary through contextualized activities. This section provides opportunities for production, comprehension, and recycling of previous vocabulary. The activities are diverse and students and instructors will have the chance to reflect not only on the word—meaning relationship, but also on issues such as collocation and word associations. The vocabulary lists at the end of the chapter will have to be reviewed by students prior to starting their work in the chapter. These lists are intended for students to activate the needed lexical items to complete the chapter activities and fulfill successfully the final task.

Gramática en contexto Focuses on content-based grammar instruction by presenting the target structures in context. This section works on linguistic forms through highly contextualized structural activities. Although activities are planned for students to gain appropriate and effective use of grammatical forms, there are opportunities for instructors to focus on linguistic form.

Interacciones Focuses on activities to further develop students' discourse strategies. These strategies are geared towards the accomplishment of the task.

Tarea Serves as the central element of each chapter in which students use the contents of the chapter to carry out a collaborative task. The final linguistic focus of each task gives students the opportunity to reflect upon the contents of the chapter and their overall language learning.

Gente que lee Targets reading strategies in a very structured manner. This section focuses on pre-, during-, and post- reading activities. The reading sources are authentic material and the activities trigger both comprehension and interpretation of a variety of texts.

Mesa redonda Features another collaborative project that aims at students exploring, researching and discussing cultural aspects anchored to the theme of the chapter.

Gente que escribe Focuses on writing strategies, styles, and genres. Discourse markers are listed and categorized in the appendix.

Vocabulario An end of chapter list containing active vocabulary. Additional words are included to help students complete their work. Active vocabulary words on the list are bolded.

Consultorio gramatical Presents and discusses both new grammar points as well as some recycled from the elementary level. The grammar instruction is functional and it promotes independent learning.

Approach to grammar and vocabulary instruction

As in *Gente: Nivel básico*, our approach to grammar goes beyond the presentation and practice of linguistic forms. Each activity encourages the connection between forms and meanings and the use of forms in context. The result is that students gain a true understanding of the Spanish language. *Gente: Nivel intermedio* fosters language awareness and discovery by promoting attention to grammar and other sociolinguistic aspects of the language.

Gente: Nivel intermedio seeks to provide students with an integral approach to grammar, by which forms are associated with conveying meaning. Working on grammar in *Gente: Nivel intermedio* not only entails the development of accuracy, but also the development of fluency and discourse. Sections that specifically support grammar instruction and learning are the *Consultorio lingüístico* and the quick grammar reference section located next to the grammar activities in the *Gramática en contexto*.

With respect to vocabulary, at the end of each chapter the list of lexical items includes words that have been explicitly used in this section as well as words that students would be exposed to in the audio or in the readings. Similarly, the list incorporates words that students would have activated or researched in order to complete the different activities throughout the chapter.

Interaction and collaborative learning

For *Gente: Nivel intermedio*, communication entails natural and authentic interaction in the target language fostering collaborative learning. Our program gives students ample opportunities to work in pairs and in groups with very specific goals. Learners will engage in linguistic exchanges that promote negotiation of meaning and discourse development in the target language. All sections in each chapter are geared towards interaction and negotiation of meaning. Even the listening activities are used as prompts for pair or group work. Only on few occasions students are asked to work individually as the initial component of pair or group work.

Raising cultural awareness

The *Mesa redonda* section not only provides activities for communication practice, but it also offers a unique opportunity to explore cultural issues. Learners are prompted to take responsibility for their own learning by doing research in one of the proposed sub-topics of current interest in the Spanish-speaking world. The *Mesa redonda* also encourages cross-cultural reflection. Interaction and collaborative learning are crucial in this section, as learners share and compare their results.

Development of reading and writing

Gente: Nivel intermedio offers two interconnected sections entitled *Gente que lee* and *Gente que escribe*. These sections aid in the development of both reading and writing skills by exposing learners to a variety of authentic texts. The goal of *Gente que lee* and *Gente que escribe* is to transform learners into efficient readers, and consequently, writers. Learners are encouraged to explore the meanings of the texts, though it is also important for them to accept that perfect understanding may not occur all of the time. The activities in the reading section motivate the development of strategies that are pivotal in strengthening reading efficiency.

Taking into account that writing is a frequent and required activity in the academic world, *Gente: Nivel intermedio* features activities that focus on writing as a learning process: it helps learners to clarify and articulate their own ideas, to produce new ideas, and as such, it challenges their language attainment. As a result we expect learners to be able to reflect on their own language use to be able to communicate in writing.

Program Components

The Complete Program, *Gente: Nivel intermedio* is a complete teaching and learning program that includes a variety of resources for students and instructors, including an innovative offering of online resources.

For the student

Student Text The *Gente: Nivel intermedio* Student Text is available in both a complete, paperbound version, and an À la carte loose-leaf edition.

Student Activities Manual Student Activities Manual (SAM) includes activities for vocabulary, grammar, reading and writing skills practice. Each chapter also features audio-based listening comprehension and speaking activities recordable in MySpanishLab. The organization of activities found in each chapter parallels that of the student text. The Student Activities Manual is available both in print and online through MySpanishLab.

SAM Answer Key The SAM Answer Key includes answers to discrete point activities in the Student Activities Manual.

Text Audio CDs The recordings on this CD set correspond to the listening comprehension activities in the textbook. These recordings are also available within MySpanishLab and the Companion Website.

SAM Audio CDs A second set of audio CDs contains recordings for the listening comprehension activities in the Student Activities Manual. These recordings are also available within MySpanishLab and the Companion Website.

For the instructor

Annotated Instructor's Edition The Annotated Instructor's Edition contains an abundance of marginal annotations designed especially for novice instructors, instructors who are new to the *Gente* program, and instructors who have limited time for class preparation. The innovative format allows ample space for annotations alongside full-size pages of the student text. Marginal annotations suggest warm-up and expansion activities and provide teaching tips as well as additional cultural information. Answers to discrete point activities are provided for the instructor's convenience.

Teacher Annotations The structure of the teacher annotations in *Gente: Nivel intermedio* is as follows:

- **Answers:** Provides the answers to discrete points.
- **Information:** Contextualizes the activity with different information beyond what is presented in the text.
- **Suggestions:** Expands the activities with recommendations for the instructors.

Instructor's Resource Manual The Instructor's Resource Manual contains sample syllabi, lesson plans, audioscripts, and answer keys. It is found on the Pearson Instructor Resource Center and in MySpanishLab.

Testing Program The Testing Program is closely coordinated with the vocabulary, grammar, culture, and skills material presented in the student text. For each chapter of the text, a bank of testing activities is provided in modular form; instructors can select and combine modules to create customized tests tailored to the needs of their classes. Complete, ready-to-use tests are also provided for each chapter. The tests and testing modules are available to instructors online at the Instructor Resource Center and in MySpanishLab.

Testing Audio CD This CD contains the recordings to accompany the listening comprehension activities in the *Gente: Nivel intermedio* Testing Program. These recordings are also available within MySpanishLab.

Instructor Resource Center Several of the instructor supplements listed above—the Instructor's Resource Manual, the Testing Program—are available for download at the access-protected Instructor Resource Center. An access code will be provided at no charge to instructors once their faculty status has been verified.

Online resources

MySpanishLab MySpanishLab is a widely adopted, nationally hosted online learning system designed specifically for students in college-level language courses. It brings together—in one convenient, easily navigable site—a wide array of language-learning tools and resources, including an interactive version of the *Gente: Nivel intermedio* Student Activities Manual, an interactive version of the *Gente: Nivel intermedio* student text, and all materials from the *Gente: Nivel intermedio* audio program. Readiness checks, practice tests, and tutorials personalize instruction to meet the unique needs of individual students. Instructors can use the system to make assignments, set grading parameters, provide feedback on student work, add new content, access instructor resources, and hold online office hours. Instructor access is provided at no charge. Students can purchase access codes online or at their local bookstore. For more information, including case studies that illustrate how MySpanishLab saves time and improves results, visit http://www.mylanguagelabs.com.

Companion Website The open-access Companion Website contains all of the audio found on the Text and Student Activities Manual audio CDs. All contents of the Companion Website are also included in MySpanishLab.

Acknowledgments

Gente: Nivel intermedio could not be possible without the help, support and encouragement of several people along the way. We very much appreciate their actions, gestures and words.

First, we would like to thank Elena Gonzalez-Soto and Melissa Simmermeyer for being part of the engine that moved this project forward, for all their ideas, suggestions, efforts and above all, their constant friendship. Thanks to Manel Lacorte for his many comments and the many conversations we had reflecting on our understanding of second language teaching and learning. We also we'd like to thank Bethzaida Fernández and Lisa Merschel for their enthusiastic work on the SAM and the many good times we had creating and discussing activities. Thanks also to Frances Matos-Schultz for her contribution to the SAM and the Testing Program.

Next, we'd love to mention Antonio Carpio, Joan Clifford, Marc Reynes, Juan Herrero, Susanna Pàmies, Graciela Vidal, William Villalba, Ignacio López, Matthew Tremé, Carlos Molina-Vital, Elizabeth Ramírez, Francisco Lluna-Mateu, Pat McPherson and our many friends and colleagues for their multiple comments, ideas and support during this arduous and long endeavor.

We also need to mention our Duke students who were the first to try many of our activities and exercises. Their reactions were the best live-feedback we could expect.

In addition, we are indebted to many members of the Spanish teaching community for their time, candor, and insightful suggestions as they reviewed *Gente: Nivel intermedio*. Their critiques and recommendations helped us to sharpen our pedagogical focus and improve the overall quality of the program. We gratefully acknowledge the contributions of the following reviewers: María José de la Fuente, *George Washington University*; Timothy Face, *University of Minnesota*; Gustavo Fares, *Lawrence University*; and María Rosa Tapia Fernández, *Lawrence University*.

Finally, we want to acknowledge and thank the Pearson team that has worked with us from the beginning. We want to express our thanks to Bob Hemmer, Executive Editor MyLanguageLabs, for proposing the project to us. Tiziana Aime, Senior Acquisitions Editor, deserves a special thank you for taking charge, stepping up and helping us out when we needed it the most. We believe that the publication of *Gente: Nivel intermedio* has a lot to do with Tiziana's attitude and dedication. Thanks to Julia Caballero, Executive Editor. María García, Production Project Manager; Jill Traut, MPS North America; Gayle Unhjem, Editorial Assistant; Jonathan Ortiz, Editorial Assistant; and Gail Cocker, Art Manager, are also in line for their valuable contributions. Finally, we would like to mention all the people that from behind the scenes are making the project possible.

I want to thank Joan for sticking with me all these years with this project. I really admire his dedication, his being meticulous at each stage of the process. I think we make a good team, and thank goodness for the laughs and friendship that kept us awake and going!

I also want to thank my family for their support and love during the crazy days when they only heard the word "GENTE" at home. I want to mention my father, Luis Paredes, who always had words of encouragement with respect to 'the book'. Of course, I want to thank Gustavo, for his patience, support and love. And lastly, I want to mention Gabby and Andrés, my lovely kids whose smiles give me the strength to follow my dreams. To them I dedicate this book.

Thanks, Liliana, for your friendship and for all the conversations we had that helped me grow as a teaching professional. We certainly complement each other as a team and I hope we keep working together in many other projects and sharing more laughing times.

I'm grateful to my family, especially my parents and my sister, for believing in me every step of the way and showing amazing interest even when I knew I was boring them to death. *Os quiero y os dedico este libro de principio a fin.*

I want to also thank my dear friends Alberto Madrona, Maite Albertín, Miguel Ángel Cañas, Alfonso Agulló, Robert Schmalzigaug, and Sergio Sierra for constantly being my motor and my wheel. I wish you all were closer in space.

Last but not least, thanks to all the colleagues I met during this journey, which inspired me to start writing and taught me so much about being a language instructor. Special thanks go to Valerie Falbo, Brenda Barron and Jane Briggs.

GENTE

NIVEL INTERMEDIO

TAREA

Escribir el guión de una escena cinematográfica.

MESA REDONDA

¿Cómo se representa a los latinos en la pantalla?

1-1 El club "Locos por el cine"

El club "Locos por el cine" va a regalar entradas para ver una película de tu elección si completas el siguiente cuestionario.

SONDEO

1. ¿Qué piensas del cine?
   - ❏ Me vuelve loco/a. / Me apasiona. / Me fascina.
   - ❏ Me gusta bastante.
   - ❏ No me interesa demasiado.
   - ❏ No me gusta nada.

2. ¿Qué género o géneros de películas te gusta(n) más?
   - ❏ acción/aventura
   - ❏ artes marciales
   - ❏ ciencia ficción
   - ❏ comedia
   - ❏ drama
   - ❏ dibujos animados
   - ❏ horror
   - ❏ musicales
   - ❏ del oeste
   - ❏ suspenso
   - ❏ románticas

   otra(s): _____ _____

3. ¿Con qué frecuencia vas al cine? _____
4. ¿Cuál es, en tu opinión, la mejor película de todos los tiempos? ¿Por qué? _____
5. ¿Te has ido alguna vez del cine antes del final de una película? _____
6. ¿Qué película asocias con tu infancia? _____
7. Cuando decides ir a ver una película, ¿qué es lo que te motiva?
   - ❏ recomendaciones
   - ❏ buenas críticas
   - ❏ anuncios/publicidad
   - ❏ los actores
   - ❏ premios otorgados

   otro(s): _____ _____

8. ¿Cuáles son los elementos claves para una buena película? Ponlos en orden de preferencia.
   - ❏ actuación
   - ❏ banda sonora
   - ❏ casting
   - ❏ cinematografía
   - ❏ decorados
   - ❏ dirección
   - ❏ efectos especiales
   - ❏ guión
   - ❏ montaje
   - ❏ vestuario

9. ¿Lees las críticas de las películas? _____
10. ¿Quiénes son tus actores/actrices preferidos? ¿Hay algunos que no soportas? ¿Por qué?

    _____ _____
    _____

11. ¿Prefieres ir al cine o ver un DVD en casa? ¿Por qué?

    _____ _____

12. ¿Cuándo ves una película de mucha fama?
    - ❏ el día del estreno
    - ❏ unas semanas después de su estreno
    - ❏ cuando sale el DVD

Ahora, comenta tus respuestas con un compañero de clase.

EJEMPLO:

E1: ¿Qué piensas del cine?

E2: (A mí) No me interesa demasiado porque... ¿Y a ti?

ACERCAMIENTOS

01-01 to
01-03

Active el léxico necesario para llevar a cabo las actividades de esta sección y así, desarrollar con éxito la tarea. Para ello, los estudiantes revisarán con anterioridad las listas al final del capítulo y el glosario para comprender el significado de las palabras.

1-2 Pon a prueba tus conocimientos del cine

Relaciona las sinopsis, el título y el fotograma de estas películas.

| a. El espanta tiburones | b. Titanic | c. Lo que el viento se llevó | d. Los pájaros |

__3, c__ La bella y caprichosa protagonista es hija de un rico plantador de algodón, se enamora de su vecino, pero este se casa con otra. Ella también se casa, pero sin estar enamorada, y a causa de la guerra se queda viuda. Luego, un apuesto aventurero entra en escena…

__4, a__ Oscar, un pececillo parlanchín cuenta una mentira piadosa que lo convierte en héroe contra su voluntad. Para que nadie descubra su secreto se asocia con un tiburón vegetariano. Todo va de maravilla hasta que su engaño empieza a revelarse y se da cuenta de que mentir puede costarle caro.

__1, d__ Una mujer joven de la alta sociedad llega a un pequeño pueblo y observa a unos cuervos que se comportan de forma extraña. Cada vez se ven más y más cuervos y se producen algunos ataques. El pánico se apodera de la pequeña localidad…

__2, b__ La historia está basada en un hecho real de un trasatlántico. El héroe de la película es un joven de clase baja que durante el viaje conoce a una chica de la que se enamora, pero ella está comprometida con un rico estadounidense, al que no quiere…

¿Saben las respuestas a las siguientes preguntas?

■ ¿Cuál es el género de cada película?

■ ¿Cuál es la película más larga y cuál es la más corta?

■ ¿Cuál es la película que se rodó hace más tiempo y cuál es la más reciente?

 ### 1-3 El poder del séptimo arte

Escucha a varias personas hablando de las razones por las que van al cine usando como ejemplo las siguientes películas. Completa el cuadro.

Virgen a los cuarenta	Oficial y caballero	Gladiador	Bowling for Columbine	Romero
Entretenernos	Provocar emociones	Informarnos sobre temas históricos	Cuestionar nuestra visión del mundo	Ofrecer modelos de comportamiento

Para ti, ¿cuál es la función más importante del cine?

EJEMPLO:

E1: Para mí, (la función más importante es) provocar emociones, porque…
E2: Pues para mí es… porque…

Información para la actividad 1-2
Esta actividad se puede llevar a cabo individualmente o en parejas (con lectura silenciosa seguida de una puesta en común con toda la clase) o en grupo, con voluntarios que lean las sinopsis en voz alta.

Al final de la actividad, el profesor puede preguntar si hay estudiantes que hayan visto alguna de esas películas. Si es así, esos estudiantes podrían ofrecer más información sobre el argumento, los actores, el director, etc.

Si lo desea, puede traer clips (u otros materiales como fotos, sinopsis de periódicos, etc.) de otras películas para ampliar la actividad.

Vea el manual del instructor en línea.

Información para la actividad 1-3
Antes de comenzar, el profesor podría dar pistas sobre el significado de las expresiones que se emplean para describir las diferentes funciones del cine.

En la puesta en común al final de la actividad, el profesor y/o los estudiantes pueden aportar otras posibles, como por ejemplo "divertirnos", "reflexionar sobre la conducta de otras personas", "conocer otras realidades", etc.

Sugerencias / expansión para la actividad 1-3
Una vez corregido el ejercicio y con la intención de recuperar las diferentes funciones del cine, el profesor puede aprovechar la oportunidad para hacer énfasis en estructuras del tipo: "con cuál" y "cuál". (Ver el manual del instructor en línea.)

📖 VOCABULARIO EN CONTEXTO

01-04 to
01-07

1-4 Combinando palabras

Algunas palabras aceptan combinarse con unas pero no con otras. Completa el cuadro indicando si la combinación es posible (✓), infrecuente (-) o inaceptable (✗)

	el papel de...	una escena	buenas críticas	un premio, un Óscar	el diálogo	una imagen
hacer	✓	✓	-	-	-	-
ganar	✓	-	✗	✓	✗	✗
interpretar	✓	✓	✗	✗	✓	✗
ensayar	✓	✓	✗	✗	✓	✗
censurar	✓	✓	-	-	✓	✓
recibir	✓	✗	✓	✓	✓	✗
rodar	-	✓	✗	✗	✓	-

¿Qué piensa el resto de la clase? Comenta tus combinaciones con alguno de los compañeros.

Ahora, traten de crear combinaciones con palabras que no sólo son propias del género cinematográfico, sino que también son comunes en otros contextos.

dirigir: *Un obra de teatro, ¿...?*   estrenar: *Unos zapatos, ¿...?*   producir: *Un buen trabajo, ¿...?*

1-5 ¿Subtítulos o doblaje?

A partir del texto sobre los subtítulos y el doblaje en las películas, un compañero y tú preparen una lista sobre las ventajas y los inconvenientes de cada sistema de trabajo.

¿SUBTÍTULOS O DOBLAJE?

Los subtítulos permiten que se escuche la voz del actor original aunque el espectador no entienda por completo el idioma de la película. También sirven para mejorar el conocimiento de otro idioma o como sustituto del sonido para personas con deficiencias auditivas. Los subtítulos también respetan más al artista ya que es inevitable perder alguna precisión en el doblaje. Las nuevas "voces" tienen que hacer que los diálogos coincidan con los movimientos de la boca en la imagen. Los acentos y otras características del lenguaje original también se pierden en el doblaje y además es difícil reproducir las emociones del artista. En contra de los subtítulos se cuenta la invasión de la imagen en la pantalla, lo cual interfiere con el producto artístico del director, fotógrafo y escenógrafo y desvía la atención de la acción en la pantalla. Por otro lado, las traducciones para subtítulos con frecuencia se abrevian mucho más que las de doblaje para que el espectador las pueda leer cómodamente.

¿Se les ocurren otras posibles ventajas y/o inconvenientes? ¿Qué sistema prefieren ustedes y por qué?

1-6 La lista

La prestigiosa revista *El cinéfilo* ha publicado la lista de las ocho mejores películas de la historia del cine según sus lectores. ¿Estás de acuerdo? Comenta con un compañero tu opinión.

Puesto	Película	Premios
1	*Titanic* (1997)	11 Óscars y 4 Globos de Oro
2	*El señor de los anillos: El retorno del rey* (2003)	11 Óscars y 4 Globos de Oro
3	*Harry Potter y la piedra filosofal* (2001)	Nominada para 3 Óscars
4	*El laberinto del fauno* (2006)	3 Óscars

Puesto	Película	Premios
5	*El sexto sentido* (1999)	6 nominaciones a los Óscars y 2 a los Globos de Oro
6	*Shrek 2* (2004)	2 nominaciones a los Óscars y 1 a los Globos de Oro
7	*Pulp Fiction* (1994)	1 Óscar y 1 Globo de Oro
8	*Napoleon Dynamite* (2004)	1 Grammy y 9 premios más

EJEMPLO:

E1: No estoy de acuerdo. *El señor de los anillos: El retorno del rey* ganó muchos premios Óscars pero a mí no me gustó nada.

E2: ¿En serio? En mi opinión se merece todos los premios. La música, el vestuario, el guión y los efectos visuales son increíbles.

 1-7 Personajes inolvidables

Escucha las siguientes descripciones de algunos personajes inolvidables de película y completa el cuadro con la información que identifiques para cada categoría.

	Escena	Aspecto físico	Ropa y complementos	¿Qué personaje es?
	El personaje está dentro de una cueva oscura y una bola de piedra gigante empieza a correr detrás de él. Entonces, ...	*Parece enfadado y, como siempre, va sin afeitar.*	*Lleva su inconfundible sombrero, su chaqueta de cuero y su látigo.*	Indiana Jones
1	El personaje está sentado en una parada de autobús en Savannah, Georgia.	Es un joven intelectualmente limitado con el pelo muy corto.	Lleva un traje beige y una camisa a cuadros. También tiene una caja de bombones y una maleta.	Forrest Gump
2	El personaje está pensando en salir a la superficie, casarse con Eric y convivir con los humanos.	Es una princesa, es pelirroja. Tiene unos grandes ojos azules, un cuerpo mitad mujer, mitad pez.	Lleva puesta la parte superior del bikini de un color violeta.	Ariel, la Sirenita
3	El personaje está siendo interrogado por el héroe de la película.	Lleva la cara pintada de blanco, con unos grandes círculos negros y una gran sonrisa roja.	Va vestido con una camisa y unos pantalones azules y un chaleco verde.	El Joker
4	El personaje baja del cielo con su paraguas hasta la casa de los Banks.	Es una mujer. Tiene unos 30 años.	Lleva un sombrero negro botas, abrigo, guantes blancos y bufanda. Lleva también una gran bolsa floreada.	Mary Poppins

Ahora piensa tú en un personaje de película y escribe su descripción en una escena singular. Después, léesela a tus compañeros para ver si saben de qué personaje se trata.

 1-8 Trivia

En grupos van a crear preguntas sobre cine. Posteriormente las van a hacer al resto de los grupos en el aula. ¡A ver qué grupo es más cinéfilo!

EJEMPLO:

E1: ¿Qué actriz ganó el Óscar por la película *La chica del millón de dólares*?

E2: Estamos seguros. Fue Hillary Swank.

E3: ¿Qué película es la más taquillera de la historia?

E4: Creemos que es *Avatar*.

Información para la actividad 1-7
Con la actividad 1-7 se desea revisar el vocabulario relacionado con la descripción y muy especialmente la descripción del aspecto físico y la ropa. Así, sería conveniente que antes de escuchar la grabación para este ejercicio, el instructor recordara algunos verbos frecuentes relacionados con las descripciones (*ser, estar, llevar, tener, ponerse,* etc.) y propusiera alguna actividad que revisara estas estructuras de modo más directo. Por ejemplo: seleccionar fotos de actores o personajes de actualidad para que los estudiantes identifiquen al actor/ actriz o personaje que se está describiendo.

Sugerencia para la actividad 1-8
Esta actividad permite repasar la construcción de estructuras interrogativas.

El profesor puede ofrecer una lista de palabras relevantes asociadas al vocabulario de cine. Por ejemplo: premios, festivales, cine independiente, adaptación, secuela, e incluir algunos verbos o adjetivos para que los estudiantes hagan las asociaciones necesarias en forma de preguntas.

📖 GRAMÁTICA EN CONTEXTO

01-08 to
01-19

1-9 La fiesta de Ignacio

Mira las siguientes dos imágenes. ¿Qué pasa entre las diez y las doce? Elige un personaje y describe lo que hace. Tus compañeros deben adivinar a quién te refieres y decir su nombre.

EJEMPLO:

E1: *Primero* está de pie al lado de la puerta y luego se sienta encima de la mesa.
E2: Es Ignacio.

🔊 1-10 El juego de los grandes clásicos

Varias personas están jugando a adivinar a qué película pertenecen las escenas que describen. ¿Puedes reconocer las películas? ¿Qué información te ha dado la pista?

Película 1: *Pretty Woman*: chica muy guapa, muy alta, con una boca muy sensual, pelirroja; se dedica a la prostitución.

Película 2: *Matrix*: Unos policías persiguen a un hombre y una mujer que corren, van vestidos completamente de negro, con pantalones, abrigos largos y gafas oscuras.

1-11 Tu película

Busca tú una escena famosa de una película que conozcan tus compañeros. Sin decir el nombre de la película, describe a los personajes, su posición o movimientos, y qué ocurre en esos momentos. El resto de la clase debe adivinar el nombre de la película.

EJEMPLO:

E1: Es un bar en Marruecos. Hay gente de pie y sentada. Hay algunos militares. Alguien toca el piano. Un hombre con un esmoquin blanco…

POSICIÓN

Él/Ella **está/estaba de pie.**
  sentado/a.
  echado/a.
  arrodillado/a.
  agachado/a.
  enfrente del hotel.
  frente a la farmacia.
  cerca de la cocina.
  junto a su novio.
  sobre el sofá.
  al lado de la lámpara.

CAMBIOS DE LUGAR Y POSICIÓN

Él/Ella **se va / se fue.**
  se marcha / se marchó.
  se sienta / se sentó.
  se echa / se echó.
  se levanta / se levantó.
  se pone / se puso de pie.
  se para / se paró.
Ellos/Ellas **se agachan / se agacharon.**
  se alejan / se alejaron.
  se acercan / se acercaron.
  se caen / se cayeron.
Él/Ella **se va / se mueve / camina…**
  hacia la puerta.
  hasta la ventana.

CAMBIOS DE ACTITUDES O DE COMPORTAMIENTO

Él/Ella **se pone a llorar.**
  reír.
  gritar.
  cantar.
  correr.
Ellos/Ellas **se quedan mirando.**
  en silencio.
  callados/as.
  quietos/as.

EL MODO DE HACER ALGO

Él habla muy **seguro.**
Ellos caminan lenta**mente.**
Juan entra corr**iendo.**
Laura lo dice **como** dud**ando.**
Ella lo mira **sin** decir nada.
  contestar.

DESCRIBIR EL ASPECTO FÍSICO

Él/Ella **es** rubio/a, bajo/a.
  lleva bigote/barba/pelo corto.
  tiene los ojos azules / la nariz grande.

ROPA E INDUMENTARIA

Ella **se pone** la falda.
Él **se quita** los pantalones.
Paula **lleva (puesto)** un vestido rojo.
Él **va vestido de** romano/payaso.
Él **va** desnudo/descalzo.

MOMENTO DEL DÍA

Está amaneciendo / anocheciendo.
Es de día / noche.
Es muy temprano.

HABLAR DEL TIEMPO

Hace (mucho) sol / viento / calor / frío.
  (muy) buen / mal tiempo.
  un día espléndido.
Hay niebla.
Está lloviendo / nevando.
El cielo está gris / azul / nublado /
  despejado.
Es un día lluvioso / gris / muy bonito.

MARCADORES TEMPORALES

Entonces…
Luego…
En ese momento…
De repente…
De pronto…
De golpe…
Inmediatamente…
Y, mientras, …
Y, al mismo tiempo…
Al entrar / salir / llegar…

 1-12 Gestos cotidianos

¿Cómo haces las cosas más habituales? ¿En qué postura? Compara tus hábitos con los de tu compañero, usando estas construcciones.

de pie	sentado/a	echado/a
de rodillas	de lado	boca arriba/abajo
sin moverme	con los ojos cerrados	con los codos en la mesa
con una mano	tranquilamente	lentamente

EJEMPLO:

E1: Yo veo la tele echado en la cama. Y, mientras, hojeo una revista…
E2: Yo la miro sentada en el sofá.

1. ¿Cómo duermes?
2. ¿Cómo estudias?
3. ¿Cómo ves la tele?
4. ¿Cómo hablas por teléfono?
5. ¿Cómo escuchas música?
6. ¿Cómo desayunas?
7. _____
8. _____

1-13 Una historia de fantasmas

Vas a escuchar el relato de un sueño con un evento sobrenatural. Escucha la primera parte de la narración y durante la pausa, usa tu imaginación para describir el retrato que aparece en el sueño y el porqué le impresiona al narrador.

Descripción del retrato: _____

Luego, escucha la segunda parte y escríbele un final al relato.

Final de la historia: _____

 1-14 Escenas especiales

En grupos, imaginen la primera escena de una película en la que salgan algunos de los elementos de una de estas tres listas. Recuerda describir el escenario: la hora del día, el tiempo que hace, los rasgos físicos y la ropa de los personajes.

> un gato / una anciana ciega / un coche fúnebre / un rosal de rosas amarillas / un vendedor de libros a domicilio / un helado / un fragmento de una ópera

> una playa / una casa con las ventanas cerradas / un náufrago / una llave perdida en la arena / un descapotable rojo / una sinfonía de Beethoven / una ambulancia

> un camión de plátanos / un paracaidista / una botella de perfume / un cocodrilo / una gasolinera / una pizza cuatro estaciones / una canción de los Rolling Stones

EJEMPLO:

E1: Está anocheciendo. El cielo está nublado y hace bastante frío. Una anciana está escuchando su fragmento de ópera preferido mientras prepara la cena. De repente, su gato…

Compartan la escena con los compañeros. Ellos tienen que adivinar a qué género pertenece la película.

Información general para las estrategias orales
Al ser una sección sobre estrategias orales, el profesor podrá aprovechar la oportunidad para hablar de lenguaje corporal, gestos y distancias. Asimismo, se podría hacer énfasis en que todo esto varía según las diferentes regiones lingüísticas y otros factores socioculturales. En clases multiculturales, estas comparaciones también podrían hacer referencia a las conductas para-lingüísticas en otras culturas representadas en la clase.

📖 **INTERACCIONES**

01-20 to
01-22

ESTRATEGIAS PARA LA COMUNICACIÓN ORAL

En la comunicación oral, los tonos y gestos de la persona que habla nos ayudan a comprender mejor la intención de lo que dice. A veces incluso pueden cambiar completamente el significado de una frase. Un ejemplo de la importancia de tener esa información podría ser el email o el chat, donde buscamos otros medios para expresarla (por ejemplo, los emoticones). También cuando conversamos, o al referirnos a una conversación, intentamos describir los gestos y entonaciones.

Para escribir el guión de la tarea final y expresar mejor la actitud de los personajes, te serán útiles estas expresiones:

Me lo dijo

…gritando / riéndose / llorando / bajando la voz
> "No creo que sea verdad", me dijo **riéndose**.
> "¿Me guardas un secreto?", dijo **bajando la voz**.

…en mal tono / en buen tono / en tono de broma
> No nos dijo nada ofensivo, pero nos habló **en muy mal tono**.
> ¿Por qué me hablas **en ese tono**?

…de mala manera / de malos modos / de mal humor / de mala gana…
> Cuando se levanta de la siesta, siempre contesta **de mal humor**.
> Cuando le pedí que lo hiciera, me respondió de muy **mala manera**.

…con cara de… (pícaro, pena, asco, póquer, pocos amigos…)
> No vayas a hablar con él hoy, tiene **cara de pocos amigos**.
> Siempre que le digo que coma las verduras me pone **cara de asco**.

…como dudando / pensando… / queriendo decir…
> Respondía **como pensando en otra cosa**.
> Me dijo que sí, **como queriendo decir lo opuesto**.

Respuestas para la actividad 1-15
- Lo dice en tono de broma, en buen tono, como dudando. Responde de mala manera, de mal humor, gritando.
- Lo dice como dudando. Lo dice gritando, sorprendido, riéndose. Lo dice bajando la voz.
- Lo dice en buen tono. Responde de mala manera, de mal humor, con cara de pocos amigos.

1-15 ¿Cómo lo dicen?

Escucha estos diálogos, identifica el tono e imagina los gestos. Después, actúa los diálogos con un compañero de clase.

E1: Mamá, ya no me queda dinero. ¿Por qué no me sacas una tarjeta de crédito?
E2: Pero, ¡qué dices! Estás bromeando, ¿no? ¡Sólo tienes dieciséis años!

E1: Oye Pedro, escúchame, mira lo que encontré detrás del librero… es una cámara de vídeo… nos están espiando…
E2: ¡¿Cómo?!
E1: Shhh. Quizá también haya micrófonos.

E1: Marta, ¿me ayudas a terminar este proyecto?
E2: ¿Otra vez? La verdad es que no aprendes a trabajar solo.

1-16 ¿Qué le dices y cómo se lo dices?

Usa las estrategias anteriores según los contextos que aparecen a continuación.

1. Encuentras a tu compañera de cuarto leyendo tu diario personal.
2. El camarero te trae la cuenta y hay un cargo por algo que no consumiste. El servicio en general fue muy malo.
3. Tu madre te llama por teléfono y te dice que ganó la lotería.
4. Estás en la biblioteca y no encuentras el libro que estás buscando. Te acercas al bibliotecario.
5. Hoy es el primero de abril y tienes ganas de hacer bromas. Llamas por teléfono a un amigo.
6. Regresas a tu coche en el preciso momento en que un policía te está poniendo una multa.

 1-17 El doblaje

Imaginen que van a hacer el doblaje de varias escenas célebres del cine. En Internet busquen "frases famosas de películas" y escenifíquenlas con diferentes tonos y gestos. Al final, voten por el mejor actor o actriz de doblaje.

Sugerencias / expansión para la actividad 1-15
El profesor y/o los estudiantes pueden preparar o proponer otros diálogos breves para profundizar más en la práctica de las expresiones descritas en el texto.

Sugerencia para la actividad 1-16
El profesor y/o los estudiantes pueden recrear otros contextos según sus preferencias e intereses.

También, el profesor debe puntualizar que a la hora de reportar las respuestas, el estudiante deberá usar la forma "Se lo digo…" en lugar de "(me) lo dice/dijo…"

Sugerencias / expansión para la actividad 1-17
Los estudiantes buscan en la Internet algunas de las frases más famosas del cine traducidas al español o el profesor puede darles algunas (ver algunas sugerencias abajo) y decirles el tono o el gesto en que deben decirlas/actuarlas. El resto de la clase trata de adivinar cómo se dijeron.

Otra posibilidad es que el profesor busque clips de películas conocidas por los estudiantes y los muestre sin voz. Una vez visualizados, los estudiantes deberán escribir el diálogo en español, especificando los tonos, y posteriormente representarlos como si se tratara de una sesión de doblaje. Otra opción es que el profesor les diga aquí también el tono y los gestos a usar al interpretarlas y el resto de la clase trate de adivinarlos.

"Houston tenemos un problema"
Apollo XIII

"Mi madre dice que la vida es como una caja de bombones, nunca sabes cual te va a tocar"
Forrest Gump

"Mi nombre es Bond, *James Bond*"

"Que la fuerza te acompañe"
La guerra de las galaxias

"A Dios pongo por testigo que nunca volveré a pasar hambre"
Lo que el viento se llevó

"Sayonara, Baby!" *Terminator II*

"Siempre nos quedará París"
Casablanca

TAREA

Recuerde referir a los estudiantes a la lista de vocabulario para completar la tarea.

Escribir el guión de una escena cinematográfica.

PREPARACIÓN

Lee el siguiente guión y clasifica las estructuras que encuentres según
el cuadro.

Cambio de lugar y posición	Nino se agacha; la abraza; se acerca; tiene el impulso de levantarse; cae sentada; se alzan; se van.
Cambio de actitud	Se pone a llorar.
Modo de hacer algo	Sonríe inmediatamente; Rafael fuerza una sonrisa; les guiña el ojo a los dos; las agarra (las flores) con placer.

EL HIJO DE LA NOVIA
Dirección: Juan José
Campanella
Argentina, 2001. Comedia
Nino, ya en su vejez, decide cumplir el
viejo deseo de Norma, su mujer enferma
de Alzheimer, que siempre había querido
casarse por la iglesia. Cuando, por fin, Nino
plantea la cuestión, la iglesia le niega el
permiso, ya que Norma no se encuentra
en condiciones de dar su consentimiento.
Pero ello no hará desistir a Nino. Este y
Rafael, el hijo de ambos, organizan una
ceremonia simulada a la que invitan a sus
mejores amigos.

INTERIOR: GERIÁTRICO – DÍA
(…)
CARMEN: Normita, mirá quién vino.
(*Norma mira en la dirección de Rafael y sonríe inmediatamente.
Nino se agacha a ella y la abraza. Norma lo abraza y se pone
a llorar.*)
NORMA: (*Llorando.*) ¡Papito!
NINO: No… No llores. No llores viejita, no llores… Está
todo bien, está todo bien.
NORMA: ¡Papito! Estoy bien, estoy bien.
NINO: Mirá con quién vine. ¿Lo conocés?
(*Norma ve a Rafael y sonríe. Rafael fuerza una sonrisa y se
acerca.*)
NORMA: ¡Hola! Vamos. Vamos, vamos…
(*Tiene el impulso de levantarse, pero, después de un esfuerzo, las rodillas no le dan y cae sentada. Nino trata de
ayudarla, pero no puede. Ahí Rafael despierta de su trance y va hacia ellos. Se alzan. Norma le habla a Polo.*)
NORMA: (*Sigue.*) ¿Me perdonás? Yo voy con el señor afuera un ratito.
Enseguida vuelvo. (*Se van y Norma le habla en secreto a Rafael.*)
Este viejo es un depravado. Vámonos.
(*Actúa como si hubiera visto a Rafael ayer, con total confianza.*)
RAFAEL: Hola, mami, hola. ¡Feliz cumpleaños!
NORMA: ¿Quién cumple años?
RAFAEL: Vos, mami. Mirá lo que te trajo papá.
(*Señala a Nino que quedó un poco atrás. Nino le ofrece las flores. Norma se emociona más y las agarra con placer.*)
NORMA: ¡Qué lindas flores!
NINO: ¡Feliz cumpleaños! Carmen, ¿por qué no las ponés en un jarroncito?
CARMEN: ¡Ay, Norma! ¡Qué flores preciosas!
(*Les guiña el ojo a los dos y se va. Nino saca un osito de la bolsa.*)
NINO: A ver si te gusta esto… Tomá.
NORMA: ¡Qué lindo osito! Miren mi osito. (*Besa al osito. Habla con voz de chico.*) ¡Osito! ¡Osito!
(*Se lo pasa por la cara a Rafael, que lo aparta, incómodo.*)

Paso 1 Guionistas y directores

Ha llegado el momento de escribir el guión de una escena. En grupos, tomen las decisiones previas siguiendo la ficha.

Título de la película

Género

Localización

Personajes

Vestuario

Accesorios

Música

Paso 2 El casting de actores

Elige de entre los actores y actrices de las listas, o entre otros actores conocidos en tu país, a aquellos que te parecen más adecuados como protagonistas para esta película. Ponte de acuerdo con tu grupo.

ACTORES
Samuel L. Jackson
Harrison Ford
Ricardo Darín
Antonio Banderas
Bruce Willis
Leonardo Di Caprio
Gael García Bernal
Javier Bardem
…

ACTRICES
Julia Roberts
Susan Sarandon
Salma Hayek
Nicole Kidman
Angelina Jolie
Penélope Cruz
Cameron Díaz
Meryl Streep
…

EJEMPLO:

E1: A mí Gael García Bernal me parece demasiado joven.
E2: Creo que el protagonista debe ser mayor… ¿por qué no ponemos a Harrison Ford?

Paso 3 Los diálogos y el escenario

Escriban el guión de la escena.

■ Descripción de los personajes, del tiempo, momento del día, del vestuario…

■ Qué gestos y qué movimientos hacen los personajes

■ Qué dicen

■ Cómo lo dicen

Paso 4 La escenificación

Si les gusta actuar, pueden escenificar el guión que han escrito.

Información para la preparación y los diferentes pasos

Para la preparación se sugiere buscar la película y mostrar el segmento apropiado a la clase después de haber leído el guión. Completar el cuadro mientras se mira el segmento por segunda vez.

Paso 1: En este paso los estudiantes comparten información y llegan a un acuerdo para completar la ficha de la película.

Paso 2: Los estudiantes discuten sobre qué actores famosos (los que están en las listas u otros) pueden encarnar a los personajes del guión. Puede remitirles al modelo de lengua para que lo sigan.

Paso 3: Los estudiantes escriben el guión. El profesor debe hacer hincapié en la necesidad de que sean muy descriptivos y detallistas. Tienen como modelo el texto de la preparación: El guión de *El hijo de la novia*.

Paso 4: Los estudiantes escenifican la escena. Si disponen de cámara pueden grabar el rodaje de la película.

01-23 to 01-28

EXPLORACIONES

GENTE QUE LEE

La narración

Narrar es contar, relatar con palabras, sucesos reales o ficticios ocurridos en un tiempo y espacio determinado. El objetivo es mantener el interés hasta el desenlace de la historia. Existen diferentes tipos de narraciones: cuento, novela, crónica, leyenda, fábula, etc.

Algunos elementos claves de la narración son:

- La estructura y organización de sus tres partes:

  Presentación: introduce los personajes, la escena, el contexto, las circunstancias, etc. y guía al lector hacia el corazón de la historia.

  Complicación: presenta la acción o eventos principales y los problemas o tensiones.

  Desenlace: presenta la solución de los problemas o tensiones o pone un final a la narración.

- El uso de los tiempos verbales: Las historias se suelen contar en el pasado aunque también se usa el presente habitual o el histórico. Por ejemplo, al contar una película, un sueño, una noticia…

  Isabel llega a la casa, abre la puerta y descubre que alguien ha estado allí antes que ella. Inmediatamente llama a la policía.

  En el pasado, usaremos pretérito, imperfecto y pluscuamperfecto de indicativo. Cada tiempo aportará un matiz diferente. Ver los *Tiempos del pasado* en el **Consultorio lingüístico** de la página 17.

  …no podía dejar de pensar en cómo le iba a explicar a mi mujer lo que había pasado. Cuando por fin llegué a casa ella ya estaba allí y enseguida empezamos a hablar de cómo nos había ido el día.…

- El uso de conectores y marcadores temporales ayuda a dar organización y coherencia a la historia y a la vez que permiten al lector seguir el hilo narrativo. Ver los *Marcadores temporales* en el **Consultorio lingüístico** de la página 17.

- La creatividad

ANTES DE LEER

1-18 Especulaciones sobre la historia

a. ¿Conoces la frase "Pienso, luego existo"?
   Comenta con un compañero las asociaciones que puedes hacer entre esta frase y la del título del cuento.
b. Estas son las cinco palabras más frecuentes en el cuento que vas a leer. Comenta con tu compañero cuál crees que podría ser la historia: *profesor, clase, universidad, Glasgow, hombre.*

AL LEER

1-19 Las características de la narración

Ahora, al leer el texto, señala las tres partes de la narración y fíjate en el uso de los tiempos verbales y los conectores que usa el autor. ¿Cuál es el propósito de cada tiempo verbal?

MIENTO, LUEGO EXISTO

Conocí a Raymond Reid hace unos diez años en la ciudad de Glasgow, Escocia. Estaba yo desayunando en un bar cuando el hombre se acercó a mi mesa preguntándome si estaba dispuesto a compartirla. Dado que el lugar se encontraba muy concurrido y no ofrecía un solo lugar disponible, no tuve más remedio que aceptarlo como compañero casual.

Alto, enjuto, de unos cincuenta años, canoso y vistiendo un traje marrón bastante gastado, el caballero se mostró sociable y muy educado. Pidió un café y trató de no interferir en la lectura del periódico que me mantenía ocupado. Por cuestiones de cortesía pensé que sería un gesto obligado dirigirle al menos una palabra.

—Hace frío, ¿verdad?

—Sí. Usted no es escocés, ¿verdad? —preguntó. Supongo que para demostrarme que él también era cortés.

—No. Estoy de paso. Mañana vuelvo a mi país.

Así, intercambiando pequeñas frases que luego se fueron extendiendo, Reid se presentó como profesor de filosofía a cargo de una cátedra en la universidad. Su aspecto no desentonaba con su profesión, pensé.

Después de terminado el desayuno, el hombre se puso de pie y antes de despedirse me preguntó si quería presenciar su clase, si quería acompañarlo.

—Hoy es el primer día. Me gustaría que me acompañe, cuando termine con la clase puedo llevarlo a conocer algunos sitios interesantes de mi viejo Glasgow.

Dudé, pero luego decidí aceptar. Debía esperar a la noche para viajar y pensaba hacer tiempo en quehaceres turísticos, pensar en eso guiado por un nativo me pareció más estimulante que deambular en soledad por calles que no conocía.

Salimos juntos del bar. Yo gentilmente pagué la cuenta y él me agradeció con la promesa de invitarme luego con un auténtico whisky del país. Tomamos un ómnibus hasta las puertas de la universidad; un majestuoso edificio con aire de castillo medieval y grandes caminos de roca que unían las dependencias con el bloque principal. Me contó de un tal Thomas Reid y deduje, por el apellido, que sería algún pariente del cual se sentía orgulloso. Caminamos, él hablaba de su pasión por la enseñanza, de su pasión por la filosofía y en un tono más informal, de su pasión por el Glasgow Celtic. Fuimos por los pasillos; yo lo seguía. Él, con andar pausado, iba revisando las aulas hasta que dijo "Es aquí".

El aula estaba repleta de estudiantes que murmuraban hasta que él hizo su entrada. Yo lo seguí y me ubiqué en la parte más alta del estrado en uno de los pocos lugares que quedaban libres. Los mil ojos que se encontraban allí se concentraron en su figura que, cruzando las manos a sus espaldas, comenzó a hablar al frente de la clase.

—Muy bien —dijo—. Bienvenidos.

El silencio fue total, sólo algunas sonrisas complacientes ante la presencia de quien dirigiría la reunión. Reid comenzó a hablar, a modo de introducción, sobre la historia de su vida. Las hojas comenzaron a llenarse de apuntes, algunos con mayor capacidad de síntesis que otros. Pasaron no más de diez minutos y un hombre se presentó en el salón con dos encargados de seguridad.

—Reid, por favor —dijo el hombre mientras los agentes lo invitaban a retirarse.

Los alumnos quedaron boquiabiertos. Reid se opuso, pero fue rápidamente persuadido por los uniformados. El hombre que los comandaba quedó al frente del aula y se presentó como el rector de la universidad.

—Lamento lo sucedido. Este hombre se escapó de un neuropsiquiátrico y suele hacernos cosas como esta cada vez que logra escaparse. El profesor a cargo está por llegar; les ruego sepan esperar en orden.

El bullicio creció y el alumnado se sintió molesto, sobre todo los que más habían llenado sus cuadernos con las cosas que Reid estaba diciendo. Hubo carcajadas, indignación y todo tipo de comentarios. Nadie se atrevió a reconocer que lo que Reid estaba diciendo era interesante. Yo abandoné el aula y, por más que lo intenté, no pude dar con Reid. Uno de los profesores me explicó que el hombre había sido alumno de la institución y que por vaya uno a saber qué causa un día fue necesario internarlo.

Me hubiera gustado quedarme, pero tuve que partir ese mismo día. Me hubiera gustado que un loco hubiese sido mi guía por las calles de Glasgow, supongo que hubiese conocido cosas que jamás conoceré. Me hubiera gustado que alguien hubiese conservado los apuntes de aquellos minutos de clase, pues realmente habían sido interesantes a pesar de que no formaban parte del programa. Me hubiera gustado saber si alguno de aquellos alumnos dudó, a partir de entonces, de que la escena se repitiese, no sólo cuando llegó el "verdadero" profesor de la clase, sino cada vez que debieran enfrentarse a alguien por primera vez. Por mi parte, agradezco a Reid la enseñanza. Desde entonces, sólo presto atención a quienes me aseguran que la merecen.

José M. Pascual

DESPUÉS DE LEER

 1-20 Un nuevo final

   a. Compara las respuestas con un compañero. ¿Les gustó la narración? ¿Dudaron ustedes de Reid? ¿Por qué sí o por qué no?

   b. Con tu compañero, escribe un desenlace alternativo considerando los elementos de la narración.

Información y sugerencias para la actividad 1-19

Después de una primera lectura general del texto (ya sea en voz alta de forma global o silenciosa e individualizada) cada estudiante debería reflexionar sobre los puntos requeridos por la actividad:

- Las tres partes de la narración.
- El uso que hace el autor de los tiempos del pasado.
- Los conectores y marcadores que usa el autor para hilar y dar coherencia a la historia.

Es importante que el profesor ayude al estudiante a reconocer cada uno de los elementos para que posteriormente pueda usarlos en el momento de escribir su narración y sepa diferenciar un texto narrativo de uno expositivo o argumentativo.

Información para la actividad 1-20

Al mismo tiempo que los estudiantes comentan sus impresiones de la lectura, si les gustó, vocabulario o acciones que no entendieron, etc. el objetivo de la actividad es comprobar las respuestas con un compañero, antes de ponerlas en común con el resto de la clase.

El profesor debe orientar a los estudiantes en la escritura de un nuevo desenlace. Se recomienda que primero examinen los detalles del desenlace original. Identificando aspectos relevantes: acciones, estados, y las consecuentes reflexiones del forastero. El profesor debe ayudar a los estudiantes en su decisión de cambios.

Información para la Mesa redonda

Se divide en tres etapas o pasos: el planteamiento del tema, la investigación por parte del estudiante y la puesta en común; es decir la Mesa redonda en sí misma.

En este capítulo se explora la representación latina en la pantalla (cinematográfica o televisiva), y básicamente alude al tema de Hollywood, los latinos en Estados Unidos y su expresión en el cine.

La lectura de las citas es el calentamiento al tema o su contextualización y al menos hay dos alternativas para enfrentar las citas.

1. Para poder trabajar esta actividad en clase, el día anterior el profesor habrá pedido a los estudiantes que lean las citas en casa.

2. La otra alternativa es producir una grabación de estas citas, pasárselas en clase para que las escuchen una vez y tomen notas. Luego las leen y reaccionan. Ventaja: práctica auditiva, más estrategias orales.

Paso 1: En caso de que los estudiantes no conocieran o no supieran sobre qué personaje trabajar, las fotos pueden ser un buen punto de partida. El profesor puede hacer referencia a algunos de los personajes interpretados por latinos que estén en la actualidad televisiva o en las salas de cine. A continuación se dan algunos títulos de película o de series de televisión que contienen personajes latinos:

Crazy / Beatiful, Frida, Diarios de motocicleta, Traffic, Quinceañera, Real Women Have Curves, Blow, Stand and Deliver, Fools rush in, Spanglish, Babel, Before night falls, Crash, A Day without a Mexican, El mariachi, La Bamba, Maid in Manhattan, West Side Story, CSI Miami, Ugly Betty, George Lopez, El Tigre: The Adventures of Manny Rivera, Modern Family, Dora la exploradora

Paso 2: El profesor podrá traer a clase una lista de películas que desarrollan temas o incluyen personajes y argumentos latinos para resolver el caso de estudiantes que no tengan mayor información. Cada estudiante (o pareja de estudiantes) debe investigar sobre un personaje latino diferente.

La puesta en común debe ser llevada a cabo por los mismos

MESA REDONDA

¿Cómo se representa a los latinos en la pantalla?

Javier Bardem

Gael García Bernal

Benicio del Toro

America Ferrera

Eva Longoria

"En California, ahora mismo, la población hispana suma el 52% del total. Yo tengo sangre española, italiana y americana, y me siento completamente latino. Creo que soy el que más barreras raciales ha roto. El momento llegará cuando realmente se dé la voz a los guionistas, para que narren historias verdaderas y nos alejen de los clichés. No falta mucho para eso."

Benicio del Toro

"Más allá de Jennifer López, Salma Hayek, Andy García o Benicio del Toro, son pocas las estrellas latinas que brillan en el firmamento de Hollywood y, las que lograron alcanzar la celebridad, debieron seguir el estereotipo del "hispano" sexy y transgresor, arraigado en la cultura estadounidense."

El nuevo diario, Nicaragua

"En los últimos diez años las televisoras han incluido a más personajes latinos, pero no ha habido un aumento proporcional al crecimiento de la población, ni en la diversidad de los puestos que ocupan los latinos… Todavía hay una representación que se inclina a los personajes hispanos negativos. No son los héroes principales, ni hay suficientes personajes latinos positivos… Por lo menos actrices latinas como Sofía Vergara en *Modern Family*, y Eva Longoria, en *Desperate Housewives*, son las protagonistas. Hay avance pero no es suficientemente positivo porque no representan la diversidad de los latinos."

Federico Subervi, director del Centro de Estudios de Medios y Mercado Latino de la Escuela de Periodismo y Comunicación Masiva de la Universidad de Texas en San Marcos

"Actualmente, los papeles que por años nos encasillaron como empleados del servicio o delincuentes siguen apareciendo —pero de manera menos repetitiva—, dándole paso al cine hispano, con sus vetas de creadores en la elaboración de guiones y con directores jóvenes que han sabido encontrar ambientes nuevos y propicios para un cine que en Hollywood ni se utilizaba ni se imaginaba que podía existir."

Paola Marín

Paso 1 **Investiga**

¿Qué películas recuerdas con personajes latinos? Elige un personaje latino de una película y busca la siguiente información.

¿Cuál es…?
   su personalidad
   sus circunstancias (familia, dinero, trabajo, problemas…)
   su progreso o evolución en la película, su final

¿Cuáles de esos aspectos relacionarías tú con la palabra "latino"?

Paso 2 **Puesta en común**

Después de tu investigación, ¿qué características se repiten en los personajes que elegiste? ¿Y en los de tus compañeros? ¿Les parece que la representación de los latinos en Hollywood está cambiando?

GENTE QUE ESCRIBE

1-21 ¡A escribir!

Es el momento de crear tu propia narración. Tienes tres posibilidades:

■ Imagina que eres un *paparazzi* y escribes la crónica de las vacaciones de verano del personaje latino que investigaste en el Paso 1 de la Mesa redonda.

■ Ponte en el lugar de Reid en "Miento, luego existo," y escribe una entrada en su diario antes de escaparse del hospital mental.

■ Elige una de las dos fotos y escribe una narración que dé respuesta a lo que pasó antes de ese momento.

1-22 Análisis de otras narraciones

Ahora, intercambien su narración con un compañero y tras leerla, usen las siguientes preguntas para dar sus comentarios sobre el contenido y la organización.

1. ¿Tiene un título interesante?
2. ¿Se pueden identificar claramente las tres partes típicas de una narración?
3. ¿Tiene detalles y descripciones que mantienen el interés del lector?
4. ¿Se utilizan conectores y marcadores temporales para organizar la secuencia de eventos?
5. ¿Hay una secuencia lógica de los sucesos?
6. ¿El punto de vista es consistente (primera o tercera persona)?
7. ¿Tienes alguna recomendación para mejorar la narración?

estudiantes. El instructor debería limitarse a tomar notas de aquellas expresiones que fueron bien utilizadas, de aquellos errores más comunes y prestar atención a si los estudiantes tratan de incorporar las expresiones y vocabulario trabajadas en el capitulo.

El modo de poner en práctica la Mesa redonda dependerá de la dinámica del la clase. Así, el instructor puede decidir primero crear pequeños grupos para que tengan una primera conversación y posteriormente abrir la discusión a todos los grupos o desde el principio abrir las discusión a todos los estudiantes en el aula y que ellos decidan intervenir cuando quieran.

Información para la actividad 1-21
En la sección Gente que lee se han trabajado los textos narrativos y ahora se busca que el estudiante cree su propia narración.

El profesor deberá hacer hincapié en los elementos de la narración y recordarles que su texto debe:

• Tener una cierta estructura: presentación, complicación y desenlace.
• Contener un uso variado y preciso de los tiempos verbales del pasado.
• Incluir conectores y marcadores temporales que organicen y cohesionen el texto.
• Mantener la atención del lector.

Sugerencias para actividad 1-22
En esta última actividad de la lección se pretende promover otra estrategia de escritura, la revisión por pares o *peer editing* en inglés. A partir de una serie de preguntas, los estudiantes analizan la narración de otro compañero y ofrecen comentarios para reafirmarle que va por el buen camino o para darle sugerencias de cómo mejorarla. El cuestionario además de pedirles que analicen los elementos narrativos típicos que debe contener su texto, también les pide que se fijen en si el texto tiene un título atractivo o si el punto de vista es consistente.

El vocabulario activo está marcado en negrita. Las otras palabras ayudarán al estudiante a completar las actividades del capítulo.

 VOCABULARIO

Las palabras en negrita representan el vocabulario activo. Las otras palabras te ayudarán a completar las actividades del capítulo.

El séptimo arte

el actor / la actriz	el galán
la actuación	**el género**
el argumento	**el guión**
el artista / la artista	**el/la guionista**
la banda sonora	**la imagen**
la cámara	**el montaje**
la censura	**la narración**
el cine	**la pantalla**
el cinéfilo	**grande**
las críticas	**chica**
el crítico de cine	**el papel**
los decorados	**la película** / el filme
el desenlace	**el personaje**
el diálogo	**principal**
el director	secundario
el doblaje	**el premio**
los efectos especiales	**el/la protagonista**
la entrada / el boleto	**el relato**
la escena	el rodaje
el escenario	**el sonido**
el espectador	**los subtítulos**
la estrella	la taquilla
el estreno	**el vestuario**

El género de las películas

la comedia	de ciencia-ficción
el cortometraje / el corto	**de dibujos animados**
el documental	**de suspenso** / *thrillers*
el drama	de terror / **horror**
películas...	**del oeste**
de acción	**musicales**
de artes marciales	**románticas**
de aventura	

Adjetivos para describir espectáculos

aburrido/a	**increíble**
alucinante	informativo/a
divertido/a	**interesante**
emocionante	inusual
entretenido/a	**lento/a**
escalofriante	monótono/a
estremecedor/a	**taquillero/a**
fantástico/a	terrorífico/a
horroroso/a	

Expresiones para indicar posición

agachado	**de rodillas / arrodillado**
boca arriba / boca abajo	**echado**
de lado	**levantado**
de pie / parado	**sentado**

Verbos

aburrirse	**ganar**
actuar	**un premio**
censurar	**un papel**
contar	**interpretar**
criticar	otorgar
decorar	**un premio**
dirigir	un permiso de filmación
divertirse	**producir**
emocionarse	protagonizar
ensayar	**relatar**
escenificar	**rodar**
estrenar	

CONSULTORIO LINGÜÍSTICO

1 Presente histórico

El presente es una forma gramatical flexible. Nos permite, en primer lugar, hablar de eventos o estados que ocurren en un momento actual, en el tiempo del presente. Por su flexibilidad semántica se puede usar para referirse a otros momentos temporales.

El presente histórico se refiere al uso del tiempo gramatical presente para evocar eventos, situaciones o estados en el pasado. Es una herramienta retórica que intenta dar relevancia actual a los acontecimientos pasados.

El Padrino **se estrena** en 1972.   Almodóvar **gana** su primer Óscar con la película *Hable con ella*.

2 Tiempos del pasado

PLUSCUAMPERFECTO	PRETÉRITO	IMPERFECTO
Presenta hechos terminados en un momento del pasado anterior a otro momento del pasado.	Presenta un hecho terminado que no tiene relación con el presente o el momento actual.	Presenta hechos no terminados en un momento en el pasado. Señala el proceso de un evento o estado.
PASADO ⟵	PASADO PUNTUAL ◇	PASADO EN PROCESO ∿∿∿
Los actores habían llegado la noche anterior y no parecían cansados.	Los actores llegaron anoche.	Llegaban los actores e inmediatamente se ponían a trabajar.
Había salido a caminar un momento; por eso no la vi.	Salí a caminar un momento.	Salía a caminar por el bosque todos los días hasta que descubrí que me había hecho daño en la rodilla.
Marita había dejado la puerta del balcón abierta, por eso el ladrón se pudo meter en la casa.	Marita dejó la puerta del balcón abierta y se metió un ladrón en su casa.	Marita siempre dejaba la puerta del balcón abierta, no temía que se metiera un ladrón.

Presentamos los eventos ocurridos en el pasado según el punto de vista que queremos ofrecer:

* Si es un hecho anterior a otro en el pasado, entoces usamos el pluscuamperfecto.
* Si presentamos el evento como puntual, sin relación con el presente ni con el pasado anterior, usamos el pretérito.
* Y el imperfecto lo usamos para enfocarnos en las acciones del pasado como procesos.

USOS:

En una narración, el pretérito nos permite contar eventos como puntuales y por lo tanto relevantes en la historia. El imperfecto nos permite describir lo que ocurría en el contexto; así como también nos permite describir estados. Observa:

La noche **estaba** clara, la luna **iluminaba** el camino de tierra, se **podía** ver la silueta de los animales nocturnos merodeando por el campo. Juan **manejaba** con cuidado, especialmente porque **estaba** cansado. Aun así no se dio cuenta de que **venía** un ciclista. Después de todo, ¿quién **montaba** en bici a tales horas de la noche? El accidente lo sorprendió. Un choque, un golpe y luego el susto. Por suerte, Juan **iba** a 25 millas por hora y el ciclista solo sufrió una contusión. No fue tan grave.

3 Marcadores temporales

Una acción que empieza brusca o inesperadamente.

DE REPENTE / DE PRONTO / DE GOLPE: Estaba él tranquilamente en el sofá y **de repente** saltaron todos los cristales de las ventanas.

Acciones sucesivas.

ENTONCES: Salí de casa y **entonces** lo vi esperándome en la esquina.

INMEDIATAMENTE: Teresa llegó muy seria. **Inmediatamente** pensé que pasaba algo grave.

Acciones que se desarrollan paralelamente.

Y, MIENTRAS: Yo preparo la cena **y, mientras**, tú vas a comprar vino, ¿vale?

Y, AL MISMO TIEMPO: Justina trabaja en el aeropuerto **y, al mismo tiempo**, hace de contable en otra empresa.

ENTONCES (= periodo de tiempo mencionado): Estuve dos años en Nueva York. **Entonces**, los niños eran pequeños y nosotros muy jóvenes.

Acciones puntuales que suceden en el mismo momento.

AL + INFINITIVO: Al entrar en casa, me di cuenta de que había pasado algo raro.

Otros usos: a veces **al** + infinitivo se usa para expresar la causa. **Al estar** enfermo, no pude ir a la reunión del jueves.

4   Usos de *estar*: Posiciones físicas

Cuando nos referimos a una posición física, como sucede cuando situamos algo en el espacio, usamos el verbo **estar**.

Manolo **está de pie** junto a la puerta esperando la llamada.

Ahora **está echado** en su habitación. Estaba muy cansado.

Normalmente **estaba sentada** en el parque una horita y después me iba.

Cuando **estoy agachado**, me duele la espalda.

Estas son preposiciones que indican posición espacial.

Pon la caja **encima de** la mesa, por favor.

Mi casa está **cerca de** una parada de metro.

El cuadro quedaría bien **al lado de** la lámpara.

Verás un estanco **frente a** la farmacia.

Está **enfrente del** mar.

Deja los abrigos **sobre** el sofá.

Se sentó **junto a** su novio.

El cine está **detrás del** ayuntamiento.

5   Usos de *ser*: Aspecto físico

Es rubio / morena / pelirrojo / canosa / ...   alto / baja / de mediana estatura / ...   gordo / delgada / flaco / ...

Es más bien alta / gordito / ...   **No es ni** alto **ni** bajo/**ni** gordo **ni** flaco.

Atención:
Usamos **estar** cuando lo que se describe se percibe como algo pasajero o como el resultado de una evolución.
¡Qué moreno/alto/delgado **está**!

Era joven, baja y morena.

Estos son otros verbos que se usan para describir el aspecto físico.

Tiene los ojos azules / grandes / muy bonitos / ...

la boca grande / la nariz respingona / ...

Lleva el pelo largo / corto / teñido / ...

ropa muy bonita / un traje gris / ...

6   Hablar del tiempo

Hace (mucho) sol / viento / calor / frío fresco.

Hace (muy) buen /mal tiempo.

Hace un tiempo horrible / buenísimo / agradable / ...

Hace un calor / frío horrible / inaguantable / tremendo / ...

Hay niebla.

Está lloviendo / nevando / granizando / helando / ...

Está nublado / despejado / ...

Es un día lluvioso / gris / muy caluroso.

¿Qué tiempo hace por ahí?

Pues hace bueno, pero no mucho calor.

7   Verbos pronominales

Muchos verbos pueden funcionar con la serie de pronombres **me/te/se/nos/os/se** o sin ella.

CON **me/te/se/nos/os/se**

EL PRONOMBRE ACOMPAÑA AL VERBO, PERO NO INDICA REFLEXIVIDAD.

SIN PRONOMBRES

LA ACCIÓN AFECTA A OTRA COSA O PERSONA DIFERENTE AL SUJETO

SENTARSE	**Me senté** a tomar un café en un bar.	**SENTAR**	**Sienta** al niño en su sillita, por favor.
PARARSE	No **se paró** en el semáforo	**PARAR**	La policía **paró** a varios coches en ese cruce.
ACERCARSE	**Acércate** al fuego, anda.	**ACERCAR**	**Acerca** la olla al fuego. Así se calienta la sopa.
MOVERSE	No **se muevan** de aquí hasta que yo les diga.	**MOVER**	Este tipo de negocio **mueve** mucho dinero.

Con otros verbos que funcionan con la serie **me/te/se/nos/os/se** la acción puede afectar a algo y, al mismo tiempo, al propio sujeto. Son de este tipo aquellos verbos que expresan acciones sobre una parte del cuerpo o de la indumentaria.

LAVARSE la cara

PONERSE la ropa

QUITARSE la camiseta

CEPILLARSE el pelo

Lávate la cara antes de salir.

Póngase la ropa.

¿Por qué te **quitaste** la camiseta?

Cepíllate el pelo antes de acostarte.

Un caso especial es el verbo **ir**.

CON LOS PRONOMBRES **me/te/se/nos/os/se**

SE RESALTA LA IDEA DE QUE SE DEJA UN LUGAR.

Me voy, hasta luego.

Me voy al cine.

Se fue a vivir a Canadá.

SIN PRONOMBRES

SOLO SE INFORMA DEL DESTINO DE UN MOVIMIENTO

Voy al mercado.

Fue unos días al Canadá de vacaciones.

Verbos semejantes **venir / venirse, subir / subirse, bajar / bajarse.**

8 Usos de *poner* / *ponerse*

El verbo **poner** tiene significados y usos diferentes.

COLOCAR:	**PONER**	**Pon** la maleta encima de la cama, por favor.
INICIAR UNA ACCIÓN:	**PONERSE A** + INFINITIVO	**Me puse a estudiar** italiano el año pasado.
CON ROPA, ZAPATOS, ETC. vestirse (ropa y accesorios):	**PONERSE**	No **te pongas** ese sombrero. Es horrible.
CON MOVIMIENTOS QUE HACE EL PROPIO SUJETO: (*de pie* / *de rodillas* / …)	**PONERSE**	**Ponte** de pie un momento, por favor.
PARA EXPRESAR CAMBIOS DE ESTADOS O DE SENTIMIENTOS (**nervioso** / **triste** / …):	**PONERSE**	Los dos **se pusieron** muy nerviosos cuando nos vieron. **Te has puesto** muy guapa. ¿Adónde vas?

¡ATENCIÓN!

Ponerse no se usa cuando existe el verbo correspondiente.

enfadarse	**Me enfada que llegues tarde siempre.**
preocuparse	**A Juan le preocupa la situación económica.**
asustarse	**Nos asustan los tornados.**

9 Usos de *quedarse*

Las siguientes construcciones con **quedarse** permiten presentar un estado o una acción como resultado de un acontecimiento anterior.

QUEDARSE + GERUNDIO   **Se quedó mirándome** como si no me conociera.

QUEDARSE + ADJETIVO   **Me he quedado triste** con lo que me has contado de Inés.

QUEDARSE + PARTICIPIO   **Se quedó** muy **sorprendido** cuando le dije que te casaste.

También se combina con muchas expresiones.

QUEDARSE hecho polvo / helado / de piedra / boquiabierto / muerto.

Otro uso de **quedar**, con la serie de pronombres **me/te/le/nos/os/les**, permite valorar el resultado final de lo que ha realizado alguien.

Ha hecho su primera página web y **le ha quedado** muy bien.

Ella se quedó muy sorprendida
cuando Martín le dio la flor.

10 El modo de hacer algo

Las formas más frecuentes de referirnos al modo de realizarse una acción son:

VERBO + ADJETIVO CALIFICATIVO	Juana **llegó** del viaje **contenta**.	VERBO + GERUNDIO	Las niñas llegaron a la casa **temblando**.
VERBO + ADVERBIO	Mis hijas **actúan muy bien**.	VERBO + **SIN** + INFINITIVO	María lo **miró sin decirle** nada y se fue.

Algunos adjetivos funcionan como adverbios.

Sigue **recto** / **directo**.   Habla **bajo** / **alto** / **fuerte**.   Lo explica **claro**.

Conduce **rápido** / **lento**.   La música está **fuerte**.   Me mira **raro**.

Como se refieren al verbo, no concuerdan con el sujeto: son invariables.

Ana habla muy **alto**.   Los niños hablan muy **alto**.

Los adverbios en **-mente** se forman a partir de los adjetivos calificativos. Algunos adjetivos pueden derivar en adverbios.

rápida	**rápidamente**
silenciosa	**silenciosamente**

¡ATENCIÓN!

Los pronombres en las construcciones con gerundio o infinitivo van normalmente detrás de estas formas.

¿Que cómo metí las cajas en el ascensor? Pues empujándo<u>las</u>.

Dejó el escenario sin dirigir<u>me</u> la palabra.

Se despidió de ella sin mirar<u>la</u> a los ojos.

TAREA

Crear una campaña publicitaria a favor de un personaje latino.

MESA REDONDA

¿Deben ser los deportistas modelos de comportamiento?

Nacido en Buenos Aires en 1961, Diego Armando Maradona no es solamente un deportista: es todo un fenómeno sociológico, adorado por millones de aficionados al fútbol.

De niño, empezó a jugar al fútbol con sus amigos, su único escape de un mundo deprimente, según dice, por la mala situación económica que sufría su familia. Cuando tenía 10 años, ya destacó por su habilidad con el balón y su técnica, y fue invitado a jugar en el equipo Argentina Juniors. Así comenzó una carrera deportiva espectacular, que incluye el título mundial con la selección de Argentina en el Campeonato del Mundo celebrado en México y el Balón de Oro al mejor jugador de todos los tiempos.

Durante los años dorados como futbolista, Maradona jugó en las ligas española e italiana. Los primeros tiempos en Italia fueron probablemente los mejores de su carrera deportiva; los aficionados pagaban sumas inauditas por verle. En este tiempo se casó y tuvo dos hijas.

Sin embargo, Maradona no pudo soportar la presión de ser un auténtico mito viviente, y en 1991 empezó su declive personal y profesional, al dar positivo por cocaína en un partido de la liga italiana. Desde ese momento, Maradona fue noticia tanto por sus altibajos deportivos como por sus problemas con la droga y sus intentos de desintoxicación.

Maradona es sin duda un personaje singular, que ha conseguido inspirar al mundo como nadie con la magia de su fútbol, pero que ha vivido el contraste entre la gloria y la derrota.

ACERCAMIENTOS

02-01 to 02-02

2-1 Maradona: ¿Quién es? ¿Qué hizo?

Lee el cuadro histórico sobre la vida de Maradona y mira las imágenes. Luego, con un compañero narra una biografía uniendo los eventos que consideras más sobresalientes de la vida de este astro del fútbol. Trata de usar las expresiones temporales de la página 25.

En 1970, el joven Maradona empezó su carrera futbolística, tenía 11 años. Al cabo de nueve años...

1970	El joven Maradona empieza su carrera futbolística a los 11 años.
1979	El Pibe de oro gana su primer trofeo en el mundial juvenil en Tokio.
1980	Maradona se hace miembro del Boca Juniors, el club deportivo de sus amores.
1982	Maradona recibe contratos exorbitantes con equipos europeos. Primero el Barcelona y después el Nápoles.
1986	Maradona llega a la cumbre de su carrera en el campeonato mundial de México que lo gana para Argentina. Uno de sus goles es votado el mejor gol de la historia de los mundiales. Él es proclamado mejor jugador del campeonato.
1990	Argentina llega a la final del mundial de Italia, pero pierde ante Alemania. Para Maradona es una derrota personal.
1991	Da positivo en una prueba de *doping* en Italia. Es suspendido como jugador. En Argentina, lo arrestan por posesión de drogas.
1994	Repite el examen de *doping* en el mundial de Estados Unidos y da positivo. Su retirada es vergonzosa y un golpe duro para su país.
1995	Recibe el "Balón de Oro" honorífico otorgado por la revista *France Football*.
2000	Es considerado el mejor jugador del siglo XX por la FIFA.
2003	Vive en Cuba para poder seguir tratamientos de desintoxicación.
2004	Crisis aguda de salud lo lleva a Argentina.
2005	Presenta su propio programa en la televisión de su país.
2008	Se convierte en el entrenador de la selección argentina.
2010	Argentina es derrotada en los cuartos de final del campeonato mundial en Sudáfrica. Maradona es destituido de su cargo como entrenador.

 ### 2-2 ¿Genial?

Escucha la grabación sobre Maradona. Un periodista les pregunta a varias personas en la calle: ¿Qué opina usted del futbolista Diego Maradona?

Indica qué piensan estas personas de la genialidad de Maradona.

	GENIAL	NO TAN GENIAL	¿POR QUÉ?
1.	✓		superdotado, carismático, un dios
2.		✓	No valoró sus oportunidades.
3.		✓	No puede ser ejemplo para nadie.
4.		✓	No es un dios, es sólo un jugador, da lástima.
5.	✓		El mejor jugador del mundo de todos los tiempos.
6.		✓	No es tan bueno como Pelé.

 ### 2-3 ¿Qué opinas tú? ¿Es genial?

¿Crees que Maradona podría formar parte de nuestro grupo de "Gente genial"? Coméntalo con tus compañeros.

EJEMPLO:

E1: ¿Qué les parece? ¿Podría estar entre nuestra "Gente genial"?
E2: Desde luego, fue un deportista muy talentoso.
E3: Bueno, depende... ¿No hay otros deportistas menos controvertidos?

Active el léxico necesario para llevar a cabo las actividades de esta sección y así, desarrollar con éxito la tarea. Para ello, los estudiantes revisarán con anterioridad las listas al final del capítulo y el glosario para comprender el significado de las palabras.

Información para la actividad 2-1
El cronograma proporciona más información sobre la vida de Maradona en presente para que el estudiante practique la transformación al pasado. Se espera que además los estudiantes incorporen expresiones para situar los acontecimientos biográficos en su momento específico.

La Internet ofrece una amplísima gama de páginas dedicadas a Diego Armando Maradona que pueden ayudar al profesor a actualizar la información sobre la vida de este astro del balón y su importancia para el fútbol argentino y el mundial.

Sugerencias para la actividad 2-1
La biografía puede ser escrita, y el profesor puede especificar el número de acontecimientos que los estudiantes pueden incluir, o que seleccionen los más significativos para ellos (referir a los estudiantes a la lista de expresiones temporales que pueden usar).

Información para la actividad 2-3
Una vez escuchadas y revisadas las respuestas de la audición, el profesor podría promover un pequeño debate, en parejas o en grupo, sobre la presencia o no de Maradona en el grupo de gente genial que van a crear. Si lo considera necesario, el profesor puede llevar material extra (vídeos, hechos, otras citas, etc.) que pueda estimular a los estudiantes a elaborar su posición y animar la discusión.

Se incluye como parte del ejemplo la palabra "controvertidos", mientras que en el capítulo anterior aparece el sinónimo "controversial". Con ello se pretende incorporar de manera indirecta muestras dialectales a nivel morfológico que el instructor podría subrayar como parte de la puesta en común para la actividad.

VOCABULARIO EN CONTEXTO

02-03 to
02-06

2-4 Combinaciones léxicas

Las palabras no se combinan de forma arbitraria, sino que siguen una serie de reglas internas asociadas con el uso que los hablantes hacen de la lengua. En el siguiente cuadro indica si la combinación es posible (p), inusual (i) o inaceptable (n). Modifica las terminaciones de los adjetivos según sea necesario.

	HUMANO/A	PRODIGIOSO/A	SOBREHUMANO/A	INEVITABLE	CONTROVERTIDO/A
Los derechos	p	n	n	n	i
Una hazaña	p	p	p	n	p
Una derrota	n	n	n	p	p
Un conflicto	i	n	n	p	p
Una protesta	i	n	n	i	p
Una acción	i	i	p	p	p
Un esfuerzo	p	p	p	p	p

 Ahora, con un compañero decidan con qué verbos de la siguiente lista es más probable que se combinen las palabras de la primera columna.

LUCHAR por *los derechos humanos*
INFLUIR en un conflicto / una acción
FOMENTAR una protesta / una acción
REALIZAR una hazaña / un esfuerzo
ADMIRAR (a) una hazaña

DEDICAR un esfuerzo
NEGOCIAR una derrota / una protesta
APOYAR (a) una protesta / una acción
ACEPTAR (a) una derrota / un conflicto
COMPARTIR una hazaña

2-5 Verbos para expresar cambios en la vida

Lee los ejemplos para cada verbo. Haz corresponder cada ejemplo con la regla que te parezca más adecuada.

1. PONERSE
   <u>1-b</u> Me puse nervioso en el examen y no pude contestar las preguntas.
2. HACERSE
   <u>2-a</u> Después de ver el documental sobre las ballenas me hice miembro del Greenpeace.
3. VOLVERSE
   <u>3-d</u> No sé qué le pasa a Gabriela últimamente, pero desde que tiene novio se ha vuelto muy rara. Antes no era así.
4. LLEGAR A (SER)
   <u>4-e</u> No tenía estudios, pero era muy trabajador. Empezó en un puesto administrativo y en poco tiempo llegó a ser vicepresidente.
5. QUEDARSE
   <u>5-c</u> ¡Pobre Pablo! Esta semana ha sido horrible para él. Primero, tuvo un accidente y después se quedó sin trabajo y sin casa.

A. Una transformación que está relacionada con la edad, la ideología, la profesión, etc.
B. Un cambio de estado temporal en el aspecto físico o en el ánimo de una persona.
C. La situación de una persona, de una cosa o de un lugar, consecuencia de un suceso o de una actividad anterior y que en general conlleva una pérdida.
D. Una transformación en el carácter o en la actitud de una persona.
E. Una mejora o un logro en la profesión o en el estatus de una persona, fruto de su esfuerzo.

Escribe el número del verbo con que se combina cada palabra.

<u>2, 3</u> budista
<u>3</u> loco
<u>5</u> ciego
<u>1</u> colorado
<u>1</u> contento

<u>1</u> de mal humor
<u>2</u> del Club El Barça
<u>2</u> del Partido Liberal
<u>2, 4</u> una actriz famosa
<u>3</u> luchador

<u>5</u> en la miseria
<u>2, 4</u> millonario
<u>2</u> escultor
<u>2, 3</u> muy antipático
<u>2, 4</u> muy conocido

<u>1</u> preocupado
<u>5</u> sin aliento
<u>5</u> sin amigos
<u>2, 3</u> más humanitario

2-6 Una mujer genial

Le la biografía de Sonia Sotomayor y completa el cuadro con palabras claves que se piden en cada categoría.

Sonia Sotomayor

Hija de padres puertorriqueños, Sonia Sotomayor nació el 25 de junio de 1954 en el condado del Bronx, en Nueva York. Su padre, Juan Sotomayor, murió cuando tenía nueve años y su mamá, Celina Báez, la crió en viviendas subsidiadas junto a su hermano menor, Juan. Sonia se casó en 1976, se divorció en 1983 y no tiene hijos.

A los nueve aprendió a hablar inglés con fluidez. Cursó la secundaria en una escuela católica del Bronx. Gracias a su talento, perseverancia y al apoyo familiar obtuvo una beca para estudiar en la Universidad de Princeton, donde se graduó *summa cum laude* en 1976 y recibió el premio Pyne, el mayor honor académico que se otorga a los estudiantes que van a recibir un título. Posteriormente, en 1979 obtuvo el título *Juris Doctor* en la escuela de leyes de la Universidad Yale. Sotomayor dice que llegó a ser quien es hoy gracias a su madre, la "inspiración de su vida". En una entrevista también dijo: "Iba a la Universidad con la finalidad de ser una abogada, sabía eso cuando tenía 10 años. Eso no es broma".

Entre 1979 y 1984, fue asistente del fiscal del distrito, persiguiendo casos de robos, homicidios, brutalidad policiaca y pornografía infantil. En 1984, George Pavia, abogado representante de Fiat y otras empresas italianas, la contrató para trabajar en el sector privado en la firma Pavia y Harcourt, donde se especializó en litigación de propiedad intelectual.

El 27 de noviembre de 1991, George W. Bush, la designó jueza de la Corte del Distrito Sur de Nueva York, en Manhattan, volviéndose de este modo la juez más joven del aquel distrito y la primera juez federal hispana en todo el estado de Nueva York.

Entre 1998 y 2009 fue jueza de la Corte del Segundo Circuito Federal de Apelaciones hasta que el 26 de mayo del 2009 el presidente Barack Obama le nominó para el cargo de jueza asociada de la Corte Suprema. El 6 de agosto de ese mismo año, Sotomayor se convirtió en la primera hispana y en la tercera mujer del Tribunal Supremo.

PRINCIPALES CAMBIOS BIOGRÁFICOS	CUALIDADES DE GENIALIDAD
• Se graduó de Princenton *summa cum laude*. • Obtuvo el título de *Juris Doctor* de Yale. • En 1979, se hizo asistente social del distrito y estuvo en ese puesto por 5 años. • En 1991, se volvió la jueza más joven del distrito sur de Nueva York y la primera juez hispana. • En 2009, llegó a ser la primera jueza hispana de la Corte Suprema.	• *Tener talento* • Ser perseverante • Ser agradecida •

¿Qué otras de las siguientes cualidades aplican a esta mujer? Elige 3 y razona tu elección.

alegre	entusiasta	responsable	meticuloso/a	prudente	…
atrevido/a	observador/a	culto/a	tolerante	luchador/a	
confiable	incansable	humilde	optimista	atlético/a	

¿Cuáles serían las cualidades de una persona mediocre?

2-7 ¿Qué personaje célebre soy?

Elige un personaje célebre y piensa en algunos datos biográficos. Después, conversa con el mayor número posible de personas en la clase. Cuando hables con ellas contesta a las preguntas que te hagan y dales información sobre tu vida, pero no les digas tu nombre. El objetivo final es, a partir de los datos que te vayan ofreciendo, adivinar el nombre de todos los personajes y saber por qué son célebres o no.

PERSONAJE	INFORMACIÓN
Marilyn Monroe	• *Llegó a ser una gran estrella de la pantalla cinematográfica.* • *Tenía una melena rubia y una figura espectacular.* • *Se divorció 3 veces y murió trágicamente a los 36 años.*

¿A cuántas personas famosas ya conocías? ¿Admiras a alguna?

2-8 Se busca genio

Bill y Melinda Gates buscan al futuro da Vinci. Escucha la noticia y escribe las características que debe tener este genio. ¿Calificas? Y ¿tu compañero? Comparen sus respuestas.

Información para la actividad 2-6
La lectura de esta biografía propone servir como modelo para la tarea del capítulo, pero en este caso en particular se pretende que el estudiante preste atención a los verbos que usamos para indicar cambios en la vida de una persona, los logros que hacen que una persona sea considera genial o no y algunos adjetivos para describir o valorar acciones de otros.

Información para la actividad 2-7
Los estudiantes eligen a un personaje o reciben el nombre de uno, pero sólo ellos lo saben. Cada uno de ellos va a ir dando pistas de quién es, según las preguntas que el resto de personajes le formulen. El objetivo de la actividad es poner en práctica el vocabulario activo y a la vez conseguir el máximo de nombres de celebridades presentes en la fiesta.

Con el objetivo de facilitar la actividad, el profesor puede pedir a sus estudiantes que completen un cuadro similar al del ejemplo. En él pueden anotar el nombre de las personas que vayan adivinando y la información clave que les han ido dando sus compañeros y les ha ayudado a saber de quién se trataba.

Sugerencia para la actividad 2-7
Como posible variante, cada estudiante podría llevar un papel con el nombre de un personaje pegado en su espalda. Así, el estudiante puede dar pistas a sus compañeros sobre el nombre de otros personajes y a la vez recibir pistas sobre el suyo. Esta variante también podría usarse más adelante en la lección a modo de repaso, una vez se hayan cubierto las estructuras gramaticales.

Posibles respuestas para la actividad 2-8
Nivel intelectual superior
Potencial para convertirse en los grandes líderes de las artes, culturas, ciencias y política
Valor para tomar riesgos en el mundo del aprendizaje
Futuro Leonardo da Vinci
Cursos interdisciplinarios

Sugerencia para la actividad 2-8
Al final de la actividad, el profesor podría preguntar a los estudiantes si están de acuerdo con las respuestas procedentes de la audición, o si ellos proponen otras características relacionadas con un carácter "genial". De esta manera se puede ampliar el vocabulario sobre cualidades personales que se desea trabajar en esta sección.

Información para la actividad 2-9
Al finalizar la actividad, y como se hizo en secciones anteriores, el profesor podría pedir la opinión de los estudiantes al respecto de los personajes que aparecen en esta actividad. ¿Los consideran personas geniales? ¿Por qué? ¿Pueden pensar en otras personas geniales dentro de la misma área artística o profesional?

Información para la actividad 2-10
Pida a sus a estudiantes que, individualmente o en parejas, traten de pensar en personajes celebres de la historia a la que se pueden referir las afirmaciones de la actividad.

Pida que escriban sus propias frases para que sus compañeros adivinen los personajes que seleccionaron. Quizá deba recordar a los estudiantes que *para referirse a cualidades y para valorar acciones o logros* se utiliza el pretérito cuando la información es autónoma.

Información para la actividad 2-11
Uno de los objetivos de esta actividad es trabajar con el contraste entre pretérito e imperfecto al hablar de biografías. Otro objetivo es revisar los marcadores y construcciones temporales, que ya se comenzaron a revisar en la lección anterior.

Respuestas para la actividad 2-11
La información que aparece a continuación puede servir como primera referencia para las respuestas de los estudiantes.

- Einstein: *científico alemán del siglo XX que descubrió la teoría de la relatividad.*
- Nelson Mandela: *pacifista sudafricano. En 1993 se le concedió el Premio Nobel de la Paz.*
- Rosa Parks: *activista. Desencadenó la lucha por los derechos civiles en EE.UU.*
- Marie Curie: *científica francesa del siglo XX; fue Premio Nobel de Física (1903) y de Química (1911). Descubrió, junto con su marido Pierre Curie, la radioactividad.*

Información para la actividad 2-12
La presente actividad propone reciclar el uso de las estructuras comparativas dentro del marco de

---

📖 GRAMÁTICA EN CONTEXTO

02-07 to
02-20

2-9　Geniales, ¿por qué?

Escucha a varias personas que hablan de la gente que más admiran. ¿A quién se refiere cada audición? ¿Qué recursos usan para valorarla?

PERSONA	VALORACIÓN / LOGROS
Teresa de Calcuta	*Es la paz hecha humanidad… **Lo fundamental en su vida fue** la paz, sin importarle nada más… Teresa de Calcuta*
John Lennon	Es **uno de los músicos fundamentales** de la historia del rock. Su canción "Imagina" se considera una de las mejores de la historia… John Lennon
Pablo Picasso	Tenía pinta de loco, pero **era un genio. Un personaje importantísimo** dentro del mundo de la pintura… Pablo Picasso
Woody Allen	Neurótico e hipocondríaco. **Para muchos es el mejor** director de cine de todos los tiempos… Woody Allen

2-10　¿Por qué los conocemos?

¿De qué personaje de la historia podemos afirmar estas cosas?

Beethoven, Mozart, etc.
1. Fue fundamental, el mejor músico de todos los tiempos.

Darwin
2. Fue él quien elaboró la teoría de la evolución de las especies.

3. Gracias a él entendemos mejor los motivos de nuestro comportamiento.　Freud u otros

4. Fue la última reina de Egipto. Se dice que era impulsiva, caprichosa y apasionada.　Cleopatra

5. Sus ideas revolucionarias han servido de inspiración para muchos grupos oprimidos.　Marx, Nelson Mandela, Rosa Parks, Tupac Amaru, Che Guevara, etc.

6. Gracias a su invento todo el mundo pudo tener acceso a la literatura y a la cultura en general.　Gutenberg

2-11　Hombres y mujeres geniales de la historia

¿Conoces a estas personas? ¿Por qué son conocidas? Con un compañero completen el cuadro con la información que puedan encontrar sobre estos personajes.

PERSONAJE	ORIGEN	PROFESIÓN	ÉPOCA	CUALIDADES	LOGROS: ¿QUÉ HIZO?
Frida Kahlo	*México*	*Pintora*	*Siglo XX*	*Enérgica, incansable*	*Es una de las artistas más reconocidas de su época…*
A. Einstein					
N. Mandela					
Rosa Parks					
Marie Curie					

Ahora vamos a recoger y compartir entre todos la información.

EJEMPLO:

E1: ¿Quién era Frida Kahlo? ¿Por qué es famosa?
E2: Una pintora mexicana, fue famosa por su arte controversial.
E3: Nosotros creemos que es famosa por….

Observa la nota biográfica sobre Frida Kahlo y los diferentes tiempos del pasado. ¿Por qué se usa a veces el pretérito y otras el imperfecto?

Se casó / se divorció / se quedó viudo.
Tuvo una hija.
Se hizo rico / famoso / …
Se quedó ciego / sordo / manco / …
Se volvió muy introvertido / raro / …
Se convirtió en un mito.
Dejó de escribir a causa de una enfermedad.
Siguió escribiendo hasta su muerte.

COMPARACIONES

Escribió muchos **más libros que** otros escritores de la época.
Sus descubrimientos fueron **menos revolucionarios que** los de otros científicos.
La verdad es que no es **tan original como** todo el mundo dice.
No hizo **tantas cosas como** la gente cree.
Se mereció **tantos premios como** los otros.

EXPRESIONES TEMPORALES

Durante muchos años/unos meses…
(Durante) toda su vida…
    trabajó en una empresa británica.
    viajó con mucha frecuencia a Bolivia.

En su juventud fue aviador.
De niño / joven / mayor… estuvo enfermo.
Al cabo de cinco años se fue a vivir a Brasil.
Unos años más tarde tuvo su primer hijo.
Poco después cambió de trabajo.
Después de casarse se cambió de casa.

*Frida Kahlo **fue** una pintora mexicana del siglo XX. **Era** una artista enérgica e incansable que **pintó** sobre su relación amorosa y artística con Diego Rivera y sobre el dolor físico que **sintió** durante toda su vida.*

Frida Kahlo

Elige uno de uno de los personajes y, siguiendo el modelo, elabora una breve biografía.

2-12 Comparaciones

Compara a estos cantantes con las formas de comparación sugeridas.

	JUANES	JULIETA VENEGAS	ENRIQUE IGLESIAS
Nacimiento	1972 (Medellín, Colombia)	1970 (Tijuana, México)	1975 (Madrid, España)
Familia	5 hermanos	5 hermanos	9 hermanos
Educación académica	Se gradúa de la Universidad Pontífice Bolivariana como diseñador industrial	Estudia música en Southwestern College en San Diego	No termina su carrera en negocios en la Universidad de Miami
Grammys	12	5	1
Altura	1m. 73 cm.	1m. 65 cm.	1m. 87 cm.

(+) _____

(−) _____

(=) _____

(superlativo) _____

2-13 ¿Cómo fue la vida de…?

Con un compañero inventen la biografía de un nuevo cantante. Sean imaginativos y usen todos los verbos del cuadro para escribirla.

volverse	quedarse	ponerse	convertirse en
seguir	dejar	hacerse	llegar a ser

EJEMPLO:

E1: Nació en un pueblo pequeño y ya de niño se puso a estudiar música… Al cabo de unos años…

la lección. Como calentamiento puede llevar fotos o escribir en la pizarra tres nombres de personas que los estudiantes conozcan bien, que estén relacionadas con la universidad, el mundo de los adolescentes, dibujos animados de la infancia, etc., y pedirles que los comparen. A medida que vayan apareciendo las estructuras, escríbalas en la pizarra. También puede remitirles a las columnas centrales de la sección de gramática.

Una vez vistas las estructuras con el calentamiento, haga que sus estudiantes lleven a cabo la actividad propuesta y posteriormente haga una puesta en común de algunas de las comparaciones más interesantes haciendo hincapié en la precisión gramatical de las estructuras comparativas.

Sugerencias para la actividad 2-12

Al finalizar la actividad de comparación, el alumno puede elegir sus personajes según categorías (políticos, actores, pintores, músicos, etc.) y compararlos usando diferentes estructuras de inferioridad, superioridad, igualdad, etc.

Información para la actividad 2-13

Esta actividad permite poner en práctica los verbos y las perífrasis que indican transformación y/o cambio de estado.

Explique a los estudiantes el objetivo de la actividad y, remítalos al apartado "Expresiones temporales" de la columna central para conectar la biografía.

Posibles respuestas para la actividad 2-13

- nació
- se hizo músico
- en su juventud, se casó
- al cabo de unos años, se hizo / llegó a ser una estrella de rock / famoso…
- unos años después, se hizo / se convirtió / se volvió budista
- se puso enfermo
- se hizo / llegó a ser millonario
- se quedó ciego.

📖 INTERACCIONES

02-21 to 02-22

ESTRATEGIAS DE COMUNICACIÓN ORAL

En la elección de nuestra persona genial tenemos que destacar los méritos de varios candidatos. Para ser más precisos, podemos hacer uso de los superlativos. Luego habrá que comprobar que mantenemos la atención o tenemos el acuerdo de nuestros interlocutores. También tendremos que rebatir los argumentos que apoyan a otros candidatos.

Superlativos

La vida de Buda es una de las menos conocidas en la cultura occidental.
Los inventos de Da Vinci fueron los más sobresalientes de su época.
Rigoberta Menchú es la activista más conocida de Centroamérica.
La influencia de Gorbachev en la política mundial ha sido importantísima.

Comprobar que tenemos la atención del interlocutor

Hacemos una pregunta no tanto para tener respuesta como para verificar que el oyente nos está escuchando o comprobar si tenemos el acuerdo.

Maradona es el mejor futbolista de nuestros días, ¿verdad?
Las pinturas de Frida Kahlo son impresionantes, ¿no te/les parece?
Cómicos como Chaplin ya no existen, ¿a que no?

Expresión de rebate

Podemos restar importancia a una valoración:

Hombre, no hay/es para tanto.
No es tan original como se ha dicho.
Hay otras mucho más importantes que ella.

2-14 Deportistas latinos

Observa los siguientes logros. Busca mas información y completa la última línea.

 Si tuvieras que dar un premio al deportista latino de la última década, ¿a quién se lo darías y por qué? Comenta tu elección con otros compañeros.

- Profesional del automovilismo graduada en ingeniería naval con cuatro maestrías.
- Primera mujer en subir al podio en la clase GTS en el 2000 y segunda en ganar en el circuito de Road Atlanta.
- Habla tres lenguas.
- _____

Milka Duno, Venezuela

- Gana su primer torneo de tenis a los ocho años.
- Consigue su primer torneo de Roland Garros a los 19 años, en su primera participación.
- Posee el récord de victorias consecutivas sobre tierra batida.
- _____

Rafa Nadal, España

- En 2009, 2010 y 2011 recibe el balón de oro como mejor jugador del mundo por la FIFA.
- Ganador de la medalla de oro olímpica en Tokio con la selección argentina.
- Está considerado uno de los cinco mejores jugadores de fútbol de la historia.
- _____

Lionel Messi, Argentina

- A los siete años gana su primer campeonato nacional de golf.
- Entre 2008 y 2010 ocupa el primer puesto del ranking de la LPGA.
- Su fundación se dedica a ayudar a personas de bajos recursos económicos.
- _____

Lorena Ochoa, México

EJEMPLO:

E1: Los logros de Milka Duno son los más increíbles
E2: Para mí Rafa Nadal es mucho mejor, ¿no crees?

¿Hay alguno que no está en nuestra lista y te gustaría que estuviera?

 2-15 Tres premios Nobel de la Paz

Vamos a dividir la clase en tres grupos y cada uno debe leer una biografía diferente. En su grupo escriban una ficha con los principales logros de estas personas: ¿por qué piensan ustedes que merecieron el premio Nobel? ¿Cuál de los tres representa mejor su idea de un premio Nobel de la Paz?

MAATHAI (WANGARI)

Nació en 1940 en Nyeri, Kenia. Cursó sus estudios superiores en Estados Unidos donde se licenció en biología. Al regresar a Kenia realizó trabajos de investigación en medicina veterinaria en la Universidad de Nairobi, donde se doctoró y se convirtió en la primera mujer en ocupar un cargo de jefe de departamento en una facultad en Kenia. En 1970 inició su colaboración con organizaciones dedicadas a la lucha contra la deforestación. En 1977 fundó el grupo *Green Belt* (Cinturón Verde), que ha promovido campañas de replantación de árboles en zonas amenazadas por la erosión y la desertización, combinadas con programas de empleo rural para mujeres. Fue arrestada en numerosas ocasiones por participar en actos de protesta. Tras el cambio de gobierno en las elecciones de 2003, el nuevo presidente Kibabi nombró a Wangari Maathai ministra de medio ambiente de su gabinete. En 2004 le fue concedido el Nobel de la Paz; según palabras del comité que concede los premios, Wangari "es una fuente de inspiración para cualquiera que luche en África por el desarrollo sostenible, la democracia y la paz".

GORBACHOV (MIJAÍL)

Expresidente de la antigua Unión Soviética. Nació en 1931. A los 20 años se trasladó a Moscú, donde estudió derecho. En 1952 ingresó en el partido comunista. En 1980 ingresó en el Politburó y en 1985 fue nombrado secretario general del partido. Emprendió reformas, como la *perestroika*, para la democratización del país, que dieron lugar a un sistema de gobierno más abierto y a la promulgación de nuevos derechos civiles. Durante los últimos años de su mandato, las relaciones entre Gorbachov y los presidentes, Ronald Reagan y George Bush (padre), alcanzaron un grado de cordialidad sin precedentes. En 1987 se firmó el primer acuerdo de reducción del armamento estratégico nuclear. En 1989 ordenó la retirada de las tropas soviéticas de Afganistán y en 1990 le fue concedido el premio Nobel de la Paz. En ese mismo año la Unión de Repúblicas Socialistas Soviéticas (URSS) apoyó en la Organización de Naciones Unidas (ONU) la intervención aliada de Irak, la denominada Guerra del Golfo. En 1991 el sector más conservador del partido provocó un golpe de estado y en diciembre de ese año se vio forzado a dimitir.

SCHWEITZER (ALBERT)

Médico, teólogo y músico (Alsacia, 1875–Gabón, 1965). Hijo de un pastor de la iglesia presbiteriana, estudió filosofía y teología. También adquirió una sólida formación musical, y se dedicó también a la construcción de órganos; gracias a él se conservan muchos de estos antiguos instrumentos. A los 29 años leyó un anuncio de una compañía de misioneros; convencido de la deuda que los europeos tenían con África, decidió estudiar medicina y trasladarse a ese continente. En 1913 se fue a Gabón, donde fundó y dirigió un hospital, para cuyos gastos recaudaba fondos dando conferencias y conciertos por toda Europa, algunos con el violonchelista catalán Pau Casals. Durante la Primera Guerra Mundial, él y su esposa fueron internados en un campo de prisioneros. En 1924 regresaron a África, donde se quedaron hasta su muerte. En 1952 se le concedió el premio Nobel de la Paz.

 2-16 Otras opiniones

Escucha estas tres audiciones y escribe algunas de las razones que oirás en apoyo de cada figura.

1. W. Maathai   2. M. Gorbachov   3. A. Schweitzer

Información para la Tarea
Como se podrá observar en las propuestas pedagógicas de cada Paso, la tarea final integra los diferentes contenidos practicados a lo largo del tema. Está pensada para llevarse a cabo en dos días diferentes, pero a la vez ofrece suficiente margen de libertad para que el profesor la adapte según sus necesidades y el interés de los estudiantes.

Los estudiantes van a crear una campaña a favor de un personaje latino y para finalizar, en la clase, se va a elegir a las tres personas más "geniales", siguiendo varios pasos:

En la primera etapa, se recopila la información que ya conocen sobre los personajes de las diferentes listas y a continuación el profesor asigna un listado de personajes a cada grupo.

Una vez decididos los grupos, entre las personas de la lista, eligen a su candidato. Tendrán que repartir las tareas de casa para preparar la defensa de su candidato.

En la segunda clase (o en la segunda parte de la misma clase), cada grupo resume los logros y méritos que han podido encontrar para que su candidato sea elegido como uno de los tres geniales.

Posteriormente, se forman nuevos grupos. Cada nuevo grupo estará integrado por un representante de los grupos anteriores. De forma individualizada, cada representante tendrá que "hacer campaña" por su personaje al resto de compañeros y convencerles de su genialidad. Este será un buen momento para que pongan en práctica las estrategias orales que aprendieron.

Finalmente, los representantes de cada grupo vuelven a sus grupos originales, comparten los argumentos más interesantes de los otros grupos, votan, se recuentan las votaciones y se deciden los candidatos geniales de la clase.

Sugerencias para la Tarea
En vez de biografías se pueden hacer pósteres de campaña (no necesariamente política), en los que se podrían incluir no sólo datos biográficos, sino también citas importantes de cada candidato, imágenes, etc.

TAREA

Recuerde referir a los estudiantes a la lista de vocabulario para completar la tarea.

Crear una campaña publicitaria a favor de un personaje latino.

PREPARACIÓN

¿Conoces alguno de los personajes de esta lista? ¿Qué sabes de ellos?

GRUPO A

- Óscar Arias – político costarricense
- Carlos Cruz Diez – artista venezolano
- Salma Hayek – actriz mexicana
- Rubén Blades – cantautor y político panameño
- Fernando Botero – pintor y escultor colombiano

GRUPO B

- Tito Puente – músico de padres puertorriqueños
- Yoani Sánchez – escritora y bloguera cubana
- César Chávez – líder y activista mexicano-americano
- Octavio Paz - escritor mexicano
- Íngrid Betancourt – política y activista colombiana / francesa

GRUPO C

- John Leguizamo – cómico y actor de madre colombiana y padre puertorriqueño
- Celia Cruz – cantante cubana
- Rosario Ferré – escritora puertorriqueña
- Cristina Fernández de Kirchner – política argentina
- Francisco Toledo – pintor mexicano

GRUPO D

- José Hernández Moreno – astronauta mexicano
- Andrés Segovia – músico español
- Carlos Slim – magnate mexicano
- Rigoberta Menchú – activista guatemalteca
- Manu Ginóbili – jugador de baloncesto argentino

GRUPO E

- Elena Poniatowska – escritora mexicana
- Carolina Herrera – diseñadora de moda venezolana
- Juan Luis Guerra – cantante dominicano
- Quino (Joaquín Lavado) – artista argentino
- Jorge Ramos – periodista y escritor mexicano

GRUPO F

- Michelle Bachelet – política y ex-presidenta de Chile
- Mario Vargas Llosa – escritor peruano
- Gloria Estefan – cantante cubana
- Simón Bolívar – líder político venezolano
- Guillermo del Toro – director de cine mexicano

Paso 1 Elección del personaje

En grupos de tres busquen información sobre los personajes que les propone su profesor, comenten sus méritos y seleccionen a la persona genial de su grupo.

Paso 2 Búsqueda de información adicional

Cada miembro del grupo busca información más detallada sobre la persona seleccionada por el grupo y hace algunas encuestas informales con gente de fuera del aula. ¿Qué aspectos de su vida la hacen genial? Con los datos que encuentre prepara argumentos a favor de tu candidato y piensa en una forma creativa de promocionar su persona y sus logros.

Paso 3 Resumir, promocionar y convencer

 En su grupo comparen los datos y pongan en común los logros y méritos de su candidato. Seguidamente, hablen con estudiantes de otros grupos e intenten convencerlos de que su candidato debe ser una de las tres personas geniales de la clase.

EJEMPLO:

E1: Hemos elegido a Neruda, un poeta chileno. Nació en 1904 y es uno de los mejores autores en la literatura mundial… Lo hemos elegido porque…

Paso 4 Votación

¿Quiénes son las tres personas geniales latinas de la clase?

Información para Gente que lee
Como se mencionó en la lección anterior, las secciones Gente que lee y Gente que escribe ofrecen a profesor y estudiantes la posibilidad de enfocarse directamente en diversas estrategias de lectura y escritura, que también forman parte de los contenidos de las otras secciones en el texto. Si en el primer capítulo el objetivo fue analizar los componentes esenciales en una narración (presentación, complicación y desenlace), así como observar la interrelación de esos componentes con uno u otro tiempo verbal del pasado, en este capítulo el objetivo consiste en encontrar los elementos clave en que sustenta una biografía, tema principal de la lección. Lógicamente, la sección Gente que escribe se acercará a la misma propuesta desde otra perspectiva.

Sugerencias para la actividad 2-17
El profesor puede preguntar sobre los antónimos de cada uno de los términos que aparecen en la actividad, así como posibles sinónimos, todo ello con ejemplos relacionados con personajes conocidos por todos en la clase.

El profesor también podría mencionar el contraste entre los adjetivos que presentan variación en el género gramatical y los que (como "altruista" e "hipócrita") no la tienen por su origen etimológico. A ello se pueden añadir otros ejemplos: chantajista, pesimista, artista, etc.

Información para la actividad 2-18
Según las características de los estudiantes, el profesor podría pedirles que preparasen el resumen del artículo a medida que van leyendo. En principio, creemos más productivo que el estudiante se limite a tomar notas sobre el texto que lee y al terminar ofrecerle unos minutos para que ponga en orden las notas.

📖 EXPLORACIONES

02-23 to 02-27

GENTE QUE LEE

Hacer un resumen

Un buen lector es el que sabe hacer resúmenes. Los resúmenes son textos breves que transmiten la información esencial de otro texto. Habrás usado resúmenes en muchas situaciones, por ejemplo, si tu compañero no pudo conseguir un artículo y te pregunta de qué va. ¿Se te ocurren otros contextos en que los usamos?

¿De qué manera hacer un resumen nos ayuda a comprender un texto? Nos obliga a tomar un papel activo; para hacer un resumen, tenemos que asimilar la información, priorizarla y finalmente expresarla en nuestras propias palabras.

Sugerencias para hacer un buen resumen:

1. Lee el texto para sacar una idea general. Fíjate en el título y en los subtítulos de las diferentes secciones, si es que los hay. ¿Cuál es el tema principal?
2. Vuelve a leerlo para identificar cuáles son las ideas más relevantes y cuáles son prescindibles. Para ello puedes usar diferentes técnicas:
   - subrayar la información fundamental
   - poner notas en los márgenes
   - tomar notas en un papel aparte
   - hacer listas o esquemas
3. Expresa brevemente en tus propias palabras lo que identificaste como esencial del texto.
4. Verifica que no hayas dejado nada importante fuera.

ANTES DE LEER

🍦🍦 2-17 Haciendo inferencias

¿Qué te sugieren las siguientes palabras? Comenta con tu compañero su significado. Si lo necesitan, pueden consultar el diccionario. ¿Cuáles tienen connotación positiva y cuáles negativa?

altruista	egocéntrico/a	desafortunado/a
filántropo/a	comprometido/a	hipócrita

AL LEER

2-18 Tomando nota

Ahora lee el siguiente artículo, aplica las sugerencias que se te han dado y toma nota de las palabras clave y las ideas más relevantes. ¿Qué otro título le darías? ¿Añadirías algún subtítulo?

BONO

¿Es Paul David Hewson un Robin Hood moderno? Ya son muchos los que se preguntan si Bono, el líder del grupo de rock U2, puede salvar el mundo, y aunque, por el momento, parece evidente que la respuesta sigue siendo negativa, la fama, la dedicación y el encanto de la superestrella de la música, le están abriendo muchas puertas en su personal lucha contra la pobreza en África, el SIDA y la cancelación de la deuda externa de los países del tercer mundo. Pese a ello, cada día surgen más voces críticas en contra de las acciones del músico, convertido ahora en abogado de los pobres.

Irlandés, católico, artista venerado y también odiado, hace más de 30 años que se dedica al mundo de la música. Una pasión que últimamente combina con la de activista político y que, según las malas lenguas, le ha causado más de un roce con sus compañeros de banda. Pero, ¿cómo empezó esta inquietud comprometida por ayudar a los menos afortunados?

Parece que todo comienza en el año 1999, con la puesta en marcha de la campaña solidaria "elimina la deuda". Una operación que buscaba convencer a los países ricos para que condonasen la deuda de los países más pobres. Fue una plataforma que le ayudó a conseguir reunirse con un buen puñado de jefes políticos y otras muchas otras personalidades mundiales influyentes. Entre ellos, el presidente de Estados Unidos, al que llegó a decirle que su empeño por conseguir su causa sería como una incómoda piedra en el zapato. Desde entonces, ha estado colaborando con organizaciones como Amnistía Internacional o Greenpeace, ha estado involucrado en conciertos masivos como el *Live 8* de 2005 e incluso, ha puesto en el mercado una nueva marca de ropa, *Red*, en la que colaboran grandes empresas como Gap, Armani y American Express.

Este compromiso político y social del cantante de U2 parece haber inspirado a otras estrellas de la música latina, que han pasado a convertirse en los nuevos portavoces de algunos de los males que afectan al mundo. Nombres como Shakira, Juanes, Maná y Ricky Martin luchan también, a través de sus propias organizaciones y de forma altruista, por su particular causa.

La fundación *Pies descalzos* es la plataforma desde la que trabaja, Shakira, la artista colombiana más cotizada. *Pies descalzos* busca cambiar las condiciones de educación nutrición y convivencia de los niños y niñas victimas de la violencia. Por su lado, su compatriota Juanes, autor de canciones tan populares como *A Dios le pido*, tiene como misión, a través de *United for Colombia,* conseguir apoyo económico para solucionar las necesidades de personas que han sufrido las secuelas de la guerra, además de la lucha contra el uso de las minas antipersonal. Otros también muy comprometidos son el grupo mexicano Maná, empeñados en salvar la ecología del mundo y proteger los derechos de los animales con su fundación, *Selva Negra*. Por su parte, el boricua y exmiembro de la banda Menudo, gracias a la *Ricky Martin Foundation*, tampoco escatima esfuerzos y se dedica a la noble causa de luchar contra el abuso infantil en todo el mundo.

No obstante, no todo el mundo parece ver con buenos ojos las intenciones éticas y solidarias de estas estrellas de la música, especialmente las del líder de U2 y así, últimamente, están surgiendo voces que critican duramente al músico, tachándole de egocéntrico que únicamente va en busca de la foto con líderes mundiales para aumentar su celebridad y vender más discos, reprochándole que se comporte como si fuera el nuevo Mesías de los más desfavorecidos, en lugar de escribir canciones que es lo suyo o que sea capaz de cambiar de lugar de residencia para evitar el pago de impuestos.

Críticas a parte, no se puede negar que este hombre despierta pasiones. Prueba de ello son sus dos nominaciones consecutivas al premio Nobel de la paz, haber sido, según la revista *Times*, el hombre del año en 2005 o haber sido propuesto para dirigir el Banco Mundial. Sin embargo, y a pesar de todos sus reconocimientos, aun somos muchos los que seguimos preguntándonos, ¿es Bono un héroe moderno que está cambiando el mundo de los menos afortunados, un filántropo dedicado a salvar el planeta, o simplemente un hipócrita con gafas oscuras y trajes de Armani haciendo marketing de los derechos humanos?

DESPUÉS DE LEER

 2-19 Resumiendo

Ahora usa tus notas y haz un resumen de unas 100 palabras. Después intercámbialo con el de un compañero/a. ¿Comprendieron de la misma forma el texto original? ¿Están de acuerdo con las ideas que expresa el artículo?

Información para la actividad 2-19
A pesar de que se ha solicitado preparar resúmenes, el profesor no debería olvidar que lo realmente importante en esta actividad de lectura es la detección de términos clave para la comprensión de textos de una determinada extensión.

MESA REDONDA

¿Deben ser los deportistas modelos de comportamiento?
¿Son geniales los deportistas? ¿El deporte inspira genialidad?

Michael Phelps

Tiger Woods

Marion Jones

Roberto Clemente

Mi héroe, Roberto Walker Clemente, me inspira a hacer cosas grandes algún día. Clemente era un jugador de béisbol profesional. Fue el primer jugador hispano en ser elegido para el Salón de la Fama, "Baseball's Hall Of Fame". Clemente nació en Carolina, Puerto Rico. Cuando vino a Estados Unidos para jugar béisbol tuvo que vencer muchos obstáculos, como el lenguaje y el racismo, y seguir adelante. Quiero ser como él porque aunque tuvo que luchar contra lo imposible, realizó sus sueños. Si quiero lograr mi sueño tendré que poner la vista en las cosas importantes y no detenerme en los problemas. Por eso admiro tanto a Roberto Walker Clemente.
Tiffany

Admiro a Roberto Clemente porque él murió intentando obrar bien. A diferencia de algunos atletas que utilizan su dinero para cosas malas, Clemente falleció en un accidente de avión que llevaba provisiones a las víctimas de un terremoto en Nicaragua. Fue un gran hombre con muchas grandes cualidades. Una, él era un gran jugador de béisbol y un buen modelo a imitar para los jóvenes. Dos, era una persona muy bondadosa que invirtió mucho tiempo y dinero en otros países. Tres, fue un gran líder de equipo. Voy a intentar ser como Clemente, a fuerza de mucho trabajar en lo que yo hago como hizo él en todo lo que hacía, y también trataré de ser tan buena persona como él.
Michael

Paso 1 Investiga

¿Qué deportistas te parecen geniales y por qué? ¿Hay deportistas que sirvan más bien de contraejemplo, aunque tengan toques de genialidad? ¿El talento en el deporte prima sobre consideraciones de carácter y comportamiento?

Elige un deportista sobresaliente y busca la siguiente información:

> Datos biográficos
> Logros geniales
> ¿Por qué inspira la idolatración?
> Razones por las que se cuestiona su genialidad

Paso 2 Puesta en común

Después de la investigación, discutan este tema: ¿Cómo se puede definir la genialidad en los deportes? ¿Qué efecto tiene el deporte en la sociedad? ¿Los deportistas deben ser modelos de comportamiento?

GENTE QUE ESCRIBE

2-20 ¡A escribir!

Vas a prepararte para escribir un artículo sobre el deportista que investigaste o sobre un personaje que te interese.

Primero, piensa en toda la información que te inspira y haz un esquema.

Nelson Mandela   Marie Curie   Michelle Bachelet

X ← Personaje → X
↓   ↓
X   X

Después, elige una de las partes del esquema y escribe un párrafo. Recuerda usar organizadores discursivos y temporales que aparecen en esta lección y la anterior. Finalmente, sigue el mismo procedimiento para los párrafos siguientes y escribe tu artículo. Dale un título atractivo que lo resuma.

Información para Gente que escribe
Mientras que en el Capítulo 1 se propone redactar una narración, en esta lección se plantea la preparación de un artículo sobre un deportista famoso.

Si el profesor advierte poco interés hacia personajes relacionados con el deporte, puede proponer la redacción de un artículo sobre otro tipo de personajes. Al fin y al cabo, el objetivo esencial de esta sección reside en desarrollar el esquema de escritura propuesto en el texto, no tanto en el contenido del artículo.

El vocabulario activo está marcado en negrita. Las otras palabras ayudarán al estudiante a completar las actividades del capítulo.

 VOCABULARIO

Las palabras en negrita representan el vocabulario activo. Las otras palabras te ayudarán a completar las actividades del capítulo.

Para hablar de biografías

la acción	**la habilidad**
el/la acusado/a	**la hazaña**
el/la aficionado/a	**el héroe**
el apoyo	la heroína
la biografía	**la humanidad**
la carrera	la iniciativa
las ciencias políticas	la justicia
la colaboración	**el/la líder**
el compromiso	**el logro**
el conflicto	**la lucha**
la cumbre	**el medio ambiente**
los derechos humanos	**el mito**
la derrota	la obra social
el desarrollo sostenible	la pacificación
el descubrimiento	el/la pacifista
el deterioro	**la paz**
la deuda	el pensamiento
el esfuerzo	la población
la etnia	**el premio Nobel**
la facultad	**el prisionero**
el/la fenómeno	la prosperidad
el gabinete	**la protesta**
la genialidad	**el trofeo**
el genio	la violación
la guerra	

Adjetivos para expresar cualidades

adorado/a	inaudito/a
atrevido/a	**incansable**
célebre	**inevitable**
comprometido/a	justo/a
confiable	**luchador/a**
controvertido/a	**meticuloso/a**
deprimente	**oprimido/a**
entusiasta	poderoso/a
espectacular	**prodigioso/a**
famoso/a	**prudente**
fundamental	**sobrehumano/a**
genial	**sobresaliente**
hábil	**sociológico/a**
humanitaria/o	**superdotado/a**
humilde	

Verbos

aceptar	**fomentar**
acusar	**fundar**
admirar	**ganar**
adorar	**graduarse**
alcanzar	**hacerse**
apoyar	**influir (en)**
asesinar	**ingresar**
casarse (con)	**iniciar**
ceder	**inspirar**
colaborar	**licenciarse**
compartir	**llegar a ser**
comprometerse	**lograr**
conceder	**luchar (por)**
convertirse (en)	**morir**
dedicarse (a)	**nacer**
dejar	**negociar**
desarrollar	oprimir
descubrir	pelear(se)
destacar	pertenecer
dimitir	**quedarse**
divorciarse (de)	**realizar**
doctorarse (en)	**separarse (de)**
donar	**sufrir**
emigrar	surgir
empezar	**trasladarse**
enamorarse (de)	**valorar**
especializarse (en)	**volverse**
exiliarse	

Expresiones temporales

al cabo de cinco años	**en su juventud**
en aquel tiempo	**toda su vida**
de niño / joven / viejo	**unos años** / meses más
durante muchos años	tarde
en aquella época	

Frases útiles

llegar a un acuerdo	tomar riesgos
llevar a cabo	**vencer un obstáculo**
tener altibajos	

CONSULTORIO LINGÜÍSTICO

1 Datos biográficos: funciones del pretérito

Recordemos que el pretérito nos permite hablar de eventos, estados o acciones en un momento del pasado por lo tanto se puede usar para:

Identificar a una persona en la historia.

Julio Cortázar **fue** un escritor muy importante para la literatura del siglo XX.

Fidel Castro **organizó** la revolución cubana.

Aportar otros datos: origen, residencia, profesión, estado civil, fallecimiento, etc.

Pablo Picasso **nació** en Málaga en 1881.

Estudió Bellas Artes en Barcelona.

A los veinte años **se fue** a París.

Trabajó incansablemente hasta su muerte, a los 92 años.

Estuvo casado con varias mujeres.

Se casó varias veces.

Se separó de Françoise Gilot en 1935.

Tuvo cuatro hijos.

En 1948 **se instaló** en el sur de Francia.

Murió en Francia en 1973.

Expresar otros cambios en la vida

cambiar de	**Cambió de** trabajo tan pronto tuvo la oportunidad.
convertirse en	**Se convirtió** en el poeta más renombrado del momento.
hacerse	**Se hicieron** famosos por ser los primeros en volar un avión.
ponerse	La joven **se puso** roja cuando la llamaron por el altavoz.
quedarse	**Se quedó** ciego después del accidente en el laboratorio.
volverse	**Se volvió** loco.

2 Datos biográficos: pretérito e imperfecto

Algunas de las caracterísitcas del imperfecto y del pretérito le permiten al hablante de español decidir si usar el pretérito o el imperfecto para refererise a datos biográficos. Todo depende de su intención y por lo tanto, según la selección del hablante, la frase tendrá una implicación diferente.

Pretérito

Alicia Alonso **fue** una gran bailarina cubana. Se **hizo** conocida en Latinoamérica por la belleza de su estilo clásico.

El hablante se enfoca en los hechos como terminados, por lo tanto puede estar resumiendo la información que tiene sobre Alicia Alonso.

Imperfecto

Alicia Alonso **era** una bailarina cubana que se **conocía** en latinoamerica por la belleza de su estilo clásico.

El hablante se enfoca en los hechos como una descripción en el pasado.

Cuando lo que nos interesa es informar de la cantidad de tiempo que dura una acción, o señalar su límite, o hablar del número de veces que ha ocurrido, no se usa el imperfecto. Es decir, con expresiones temporales que delimitan un período se utiliza el **pretérito**:

Durmió *toda la noche.*
Sufrimos *las consecuencias durante dos años.*

3 Frases temporales

Conectores temporales	Etapas de la vida	Duración
Expresiones que suponen una mención temporal previa: **En esa época** *surgía* la poesía feminista. **En aquella época** Alfonsina Storni **salió** adelante. **En esos años** Gabriela Mistral **escribió** sobre el tema de la muerte. **En ese momento** *supo* cuál era su destino. **Entonces** cambió la dirección de su vida	**En su adolescencia** viajó mucho. En mi juventud fui aviador	**Durante unos años / un tiempo / varios meses** tuvo problemas económicos. **(Durante) toda su vida** tuvo problemas económicos.

En el momento
- **de** su muerte, no **sufrió.**
- **del** nacimiento de su hijo, **se puso** muy nervioso.
- **de** decidir su futuro, **vio** claro que **debía** salir de Cuba.

En esa misma época
Ese mismo año } ***empezaron*** las huelgas de trabajadores.
Ese mismo día

Expresiones que relacionan diferentes momentos:

Se casaron en 1980 y **al cabo de** tres años **emigraron** a Chile

…dos años **más tarde tuvieron** su primer hijo

…**poco después** ella **cambió** de trabajo.

En el pasado:

Antes de casarse con Luisa ya **había estado** casado dos veces.

De joven / De niño / De mayor tuvo que irse de su país.

A los 25 **años** decidió abandonar su carrera de músico. (= cuando tenía 25 años)

4 Perífrasis verbales

- Interrupción de una acción.

DEJAR DE + *INFINITIVO*   Tuvo que **dejar de** pintar a causa de una enfermedad.

- Final de un proceso que se ha cumplido.

TERMINAR DE + *INFINITIVO*   **Terminó de** trabajar a las seis.

- Inicio de una acción.

EMPEZAR / COMENZAR A + *INFINITIVO*   **Empezó a** trabajar muy joven.

PONERSE A + *INFINITIVO*   **Se puso a** recoger la ropa cuando vio que llovía.

- Repetición de una acción

VOLVER A + *INFINITIVO*   Un año después del divorcio, **se volvió a** casar.

- Continuación de una acción.

SEGUIR / CONTINUAR + *GERUNDIO*   **Siguió** lloviendo toda la tarde.

- Mejora en la profesión o el estatus.

LLEGAR A (SER) + *NOMBRE*   Era de origen humilde pero **llegó a ser** ministro.

- Futuro inminente o que no llega a cumplirse

ESTAR A PUNTO DE + *INFINITIVO*   Cuando nací yo, **estaba a punto de** estallar la guerra.

Estuvimos a punto de morir en un accidente de tren.

5 Construcciones comparativas

Expresando diferencia

MÁS QUE (+) MAS… QUE (+)	Verbos Sustantivos Adjetivos Adverbios	Manejar de noche me **cuesta más que** manejar de día. Imelda Marcos tenía **más zapatos que** todas las mujeres de su ciudad. La doctora se veía **más preocupada que** el paciente. Alberto Contador pedalea **más rápido que** muchos otros.
MENOS QUE (−) MENOS… QUE (−)	Verbos Sustantivos Adjetivos Adverbios	Los niños en África **comen menos que** los niños en los Andes. Los productos enlatados tienen **menos beneficios que** los frescos. En estos días te veo **menos cansado que** en días pasados Llegó **menos tarde que** ayer; pero era tarde.

El novio se veía más feliz que la novia.

> Observa que podemos usar intensificadores antes de *más* y *menos*:
>
> **Muchísimos** más zapatos…
>
> Me cuesta **bastante** más…

Expresando equivalencia o igualdad

TANTO COMO (=) TANTO/A/OS/AS…COMO (=) TAN…COMO (=)	Verbos Sustantivos Adjetivos Adverbios	**Juegas** al poker **tanto como** mi marido. He comprado **tantos cuadernos como** lápices y libretas. El arte de Kahlo es **tan interesante como** su vida personal. No bailo **tan bien como** bailaba mi madre.
IGUAL QUE IGUAL DE… QUE	Verbos Adjetivos Adverbios	Mi gato **duerme igual que** mi perro, panza arriba. Isabel es **igual de guapa que** Alejandra. Acurio cocina **igual de bien que** muchos chefs europeos.

Superlativo relativo	Destacar a una persona u objeto dentro de un grupo
el/la… + (Sustantivo) más / menos (Adjetivo) + de + grupo	Es la mujer **más guapa de** su clase. Tu carro es **el menos ecológico de** todos. Javier Bardem es el actor español **más destacado de** los últimos años.
Superlativo absoluto	Para expresar que algo muestra un grado muy alto de cierta característica, pero sin establecer un punto de comparación
Adjetivo / adverbio -terminación en ísimo/a/os/as	Las declaraciones de la Miss Universo son **divertidísimas**. Los viajes a Asia siempre son **carísimos**. Sebastián vive **cerquísima** de mi apartamento, en realidad vive en el piso de arriba.

Información para la introducción

Esta sección tiene como meta estimular el interés de los estudiantes hacia el mundo natural y el deporte de aventura, al presentar imágenes y textos con información turística sobre lugares de gran biodiversidad y belleza natural, en particular Manú y otras regiones de Perú. Estos lugares pueden ser escenario para "aventuras" debido a sus accidentes geográficos y su flora y fauna. Esto ayuda a reciclar vocabulario de viaje e introduce vocabulario nuevo de actividades deportivas y rasgos geográficos. Es recomendable que el profesor haga un precalentamiento antes de empezar el capítulo, p.ej., preguntar a los estudiantes cuál es su idea de aventura, averiguar qué tipo de actividades que no han hecho les gustaría hacer como parte de la aventura. También se desea ampliar el vocabulario relacionado con la actividad deportiva, explorando qué deportes les gusta practicar. Las actividades de lectura a lo largo de la lección y la Mesa redonda no sólo expanden el vocabulario, sino que también permiten que el estudiante reflexione sobre temas relacionados al turismo de aventura, particularmente el llamado ecoturismo.

Sugerencias para la introducción

En el precalentamiento, se sugiere empezar con una conversación sobre qué entiende la clase por una "aventura". Se sugiere también apuntar en la pizarra posible vocabulario sobre aventuras, descripciones geográficas y deportes. Si se dispone de tiempo, este trabajo de vocabulario se puede plantear como una lluvia de ideas, un juego de adivinanza o mímica, etc.

En pequeños grupos, se podría pedir que escriban sobre aventuras que han tenido y/o qué les gustaría experimentar. No basta con nombrar el lugar, sino que también hay que especificar actividades y bajo qué condiciones. Luego se debe pedir que los estudiantes lo pongan en común.

Río Manú

Parque Nacional Manú, Perú

Oso de anteojos

TAREA

Vamos a proponer y justificar un viaje de estudios.

MESA REDONDA

¿Dónde está lo ecológico en el ecoturismo? Una visita a las maravillas del mundo.

AVENTURAS EN PERÚ

Manú: un laberinto mágico

¿Has pensado alguna vez en levantarte, mirar a tu alrededor y encontrarte rodeado de un paraíso natural? ¿Has imaginado alguna vez salir de caminata y observar a poca distancia diferentes especies protegidas, como el oso de anteojos, el caimán negro o la nutria gigante de río? Pues, deja de soñar. Empaca la mochila y prepárate para vivir una de las experiencias más maravillosas de tu vida. Dos millones de hectáreas de reserva natural te están esperando. Tendrás en la palma de tu mano la mayor riqueza bioesférica del mundo. Tus ojos quedarán prendados por la belleza de un laberinto de ríos y lagunas en medio de un inmenso museo natural. Vive una experiencia inolvidable descubriendo los secretos de la selva amazónica. Emociónate con el riesgo de deportes de aventura como el descenso de ríos, el *kayak*, el canotaje y el ciclismo de montaña. Te lo facilitamos todo, acepta el reto y ven a Manú.

El itinerario incluye:
guía profesional bilingüe
transporte privado en autobús y bote
alimentación completa y equipo de campamento.

Recomendamos llevar:
bolsa de dormir
binoculares y cámara fotográfica
linterna con baterías de repuesto
botas de caminata
sombrero
lentes de sol
brújula
mapas

Precio por persona:
US$ 720

Si Manú no es lo tuyo… y aún quieres aventura:

Reta a la naturaleza y encuéntrate cara a cara con tus emociones. Ven a Perú.

- Acelera tu corazón al enfrentarte al riesgo de una caída, o de un repentino desprendimiento de piedras… en el norte Andino podrás practicar escalada en roca y desbordar adrenalina… también encontrarás muchos cerros empinados donde practicar senderismo…
- Transfórmate en un ave, quizás un cóndor o un águila. Despliega tus alas de nylon y domina los cielos y las profundidades que a tus pies se extienden. Vence a las fuerzas del aire y del viento… aventúrate en Perú y haz ala delta o parapente…
- Deja que la corriente de tu sangre compita con la furia de los ríos andinos. El *rafting* te expone al frío del agua, al filo de las rocas y una vez más luchas por dominar la fuerza de la naturaleza.
- Ahora, si lo que quieres es costa, mar y playa… veámonos en Chicama o en Pacasmayo, lugares ideales para el *surfing*, donde el sabor de las olas se entremezcla con los latidos de tu corazón.

ACERCAMIENTOS

03-01 to
03-02

3-1 ¿Qué aventura?

Observa las fotos en la página 38 y lee la información sobre *Aventuras en Perú*. Completa las columnas con términos que hagan referencia a espacios donde se realizan aventuras y otros que hablen de este tipo de actividades.

ESPACIOS DE AVENTURA

el río

Paraíso/museo natural

reserva natural

lagunas

selva amazónica

norte andino

cielo

mar

playa

ACTIVIDADES

canotaje

Caminatas

parapente

ciclismo de montaña

kayak

rafting

escalada en roca

surfing

3-2 Expedición

Javier está organizando un viaje de aventura a Perú con tres compañeros de clase. Tienen que decidir qué rutas y qué actividades van a hacer una vez en Perú. Escucha la conversación y completa el cuadro con la información correspondiente.

	ACTIVIDADES POR HACER	TIEMPO EN CADA LUGAR	CONTRATIEMPOS
Manú/La selva	*kayak*, ciclismo, cabalgata	9 días	mosquitos
Costa norte	*surfing*, tomar el sol	4 días	enfermarse del estómago.
Cuzco/Machu Picchu	rutas arqueológicas	5 días	mal de altura, dolor de cabeza, etc.
Lima	visitar museos, restaurantes	1 día	ninguno

3-3 Tu decisión

¿Te interesa esta expedición? Discute tus motivos con tu compañero.

EJEMPLO:

E1: No me interesa nada ir a la selva. Los insectos me disgustan mucho.
E2: Yo quiero ir a la playa, me gusta hacer *surfing*.

Active el léxico necesario para llevar a cabo las actividades de esta sección y así, desarrollar con éxito la tarea. Para ello, los estudiantes revisarán con anterioridad las listas al final del capítulo y el glosario para comprender el significado de las palabras.

Información para la actividad 3-1
En esta actividad se propone que el estudiante use las fotos y la lectura rápida para hacer una lluvia de ideas de la cual salga un primer listado de los temas y el vocabulario pertinente al capítulo.

Sugerencias para la actividad 3-1
Se les puede pedir que en grupo hablen de otros deportes que puedan practicar en esta zona geográfica y qué equipo se necesitaría para este viaje.

Información para la actividad 3-2
El contexto de la conversación de cuatro amigos que negocian y toman decisiones sobre cómo plantear su viaje a Perú se ancla en la actividad anterior, en la que el estudiante ha visto fotos y ha leído sobre viajes de aventura en Perú. Con la actividad auditiva se intenta que el estudiante pueda identificar actividades, duración de tiempo y posibles contratiempos en estos viajes.

Información para la actividad 3-3
Esta vez los estudiantes tienen que plantearse si ellos estarían interesados o dispuestos a hacer alguna de las rutas discutidas en 3-2. Se busca que el estudiante se sienta más involucrado con el tema de los viajes y pueda conectar esa experiencia con alguna personal: p.ej., viajes de aventura con la familia, viajes de exploración, etc.

Sugerencias para la actividad 3-3
Se recomienda que el instructor, antes de hacer la actividad, hable de otras posibilidades en Perú. P.ej., puede hablar de los desiertos de Ica y las dunas para hacer *sandboarding*.

Información para la actividad 3-4
Esta actividad de redes léxicas intenta que los estudiantes establezcan ciertas asociaciones semánticas en el campo de los deportes de aventura.

Posibles respuestas para la actividad 3-4
Agua: *natación, esquí acuático,* surfing, *buceo, buceo con máscara, canotaje, remo,* kayak

Montaña: *escalada, andinismo, alpinismo, escalada en roca, escalada en hielo, caminata*

Aire: *salto en bungee, ala delta, paracaidismo, parapente*

Información para la actividad 3-5
Esta actividad introduce el vocabulario del equipo asociado a las actividades deportivas. Se quiere que el estudiante pueda relativizar la necesidad de los objetos según la actividad que se practica.

Respuestas para la actividad 3-5
Estas son algunas de las posibles respuestas, pero siempre los estudiantes pueden justificar otras marcas, distintas a las presentadas en este cuadro.

Sugerencias para la actividad 3-5
Se recomienda terminar esta actividad con una puesta en común en la clase que responda a la pregunta: ¿Cuál de todos estos implementos crees que es un invento imprescindible para el aventurero? ¿Por qué?

Información para la actividad 3-6
Esta actividad muestra un ránking de deportes según el nivel de riesgo. Estos datos fueron obtenidos de diferentes fuentes de la Internet. Luego, se intenta que los estudiantes, en un proceso de discusión y conversación, puedan determinar y justificar un ránking para los otros deportes que se indican en el cuadro.

Sugerencias para la actividad 3-6
Se pueden hablar de otros deportes de aventura y su nivel de riesgo. Se puede encontrar más información en el Internet, ingresando en la búsqueda "deportes de aventura".

Información para la actividad 3-7
Esta actividad ofrece información sobre las carreras de aventura con el objetivo de que los estudiantes puedan identificar el vocabulario

📖 VOCABULARIO EN CONTEXTO

03-03 to 03-07

👥 3-4 En su elemento

Indica en cada esquema los deportes que se practican en los mencionados elementos naturales. Compara tus respuestas con las de tu compañero.

👥 3-5 Equipo vs. actividad

Con tu compañero marca con una + o un – si el equipo de la lista es necesario para las actividades indicadas.

	ACAMPAR	ESCALAR	CAMINAR	BUCEAR	MONTAR BICICLETA
baterías	+	–	–		–
bolsa de dormir	+	–	–		–
bengalas de señalización	+	+	+	–	+
botiquín de primeros auxilios	+	+	+	+	+
mochila	+	+	+	–	+
machete	+	–	+		–
casco	–	+	–	–	+
lentes de sol	+	+	+		+
linterna	+				
medicina	+	–	–		–
repelente de insectos	+	+	+	–	+
brújula	+	+	+	–	+

👥 3-6 El deporte más arriesgado

Observa los resultados de una votación al deporte más arriesgado. ¿Qué porcentaje de riesgo le darías a los otros deportes de aventura? ¿Por qué? Compara tu respuestas con las de tu compañero.

Las respuestas son totalmente abiertas.

caminata	*rafting*	ciclismo de montaña	ala delta
canotaje	salto en *bungee*	esquí	*surfing*

Buceo
16%

Paracaidismo
31%

Escalada en roca
36%

Votos: 802

EJEMPLO:

E1: Yo, a la caminata le doy 5% de riesgo porque te puedes caer y hacerte daño.
E2: Pues, yo no, yo le doy solamente 2%. Las caídas no son muy serias.

3-7 Reto de resistencia

Escucha el reportaje sobre una carrera de aventura en Costa Rica e identifica los detalles que ofrecen. Completa la información según lo que escuchas.

Lugar donde ocurre:	volcán, cerro
Distancias a recorrer (identifica una):	18 km. / 39 km.
Deportes practicados en las carreras de aventura:	senderismo, ciclismo de montaña, escalada, atletismo, *kayak*, natación
Obstáculos:	psicológicos, físicos
Equipo:	brújula, mapa

3-8 Prepárate para una carrera de aventura

Lee el siguiente texto y con tu compañero habla de los aspectos que ustedes tienen que tomar en cuenta en el entrenamiento para un desafío de resistencia de aventura.

Según los expertos, una carrera de aventura se realiza en equipo y es un evento multidisciplinario que requiere un entrenamiento específico que a su vez debe armonizar y combinar fuerza y resistencia. Tres son las disciplinas que deben ser practicadas: (1) senderismo o carrera, (2) ciclismo de montaña y (3) remo. Para poder terminar una carrera no hay que ser experto en todas las disciplinas, por lo general un conocimiento elemental es suficiente para llegar a la meta. Sin embargo, sí hay que tener en cuenta otros aspectos: (a) es de vital importancia el trabajo en equipo y al menos uno de los miembros debe saber manejar la orientación por medio del uso básico de la brújula y la lectura de mapas complejos; y (b) son esenciales para carreras de larga duración el entrenamiento psicológico, conocimiento de técnicas de cuerdas, medicina, nutrición, cuidado de los alimentos y preparación mental.

EJEMPLO:

E1: Creo que para desarrollar fuerza muscular voy a practicar <u>levantar pesas</u> todos los días.
E2: Buena idea, yo voy a <u>montar la bici</u> por <u>el bosque</u> cerca de mi casa.

3-9 ¿Contratiempos?

 Con tu compañero discute qué imprevistos pueden enfrentar las personas que realizan una carrera de aventura. Juntos, creen una lista.

EJEMPLO:

E1: Una dificultad es tener una bicicleta mala.
E2: Un problema es no tener el entrenamiento apropiado.

Estas son algunas posibles respuestas:

Para practicar <u>senderismo</u> voy a caminar 15 millas todos los días por <u>los caminos del bosque</u>.

Yo voy a ir al <u>gimnasio</u> para usar las máquinas que se parecen a los <u>remos</u>.

Voy a <u>correr</u> al menos 9 millas cada día.

Tenemos que practicar yoga para estar bien <u>psicológicamente</u>.

Necesito aprender a leer <u>mapas</u>.

Necesito usar más <u>la brújula</u>.

Posibles respuestas para la actividad 3-9

Un problema son los posibles accidentes.

Un contratiempo es no tener suficiente agua para beber.

Una dificultad es usar los mapas mal y no saber dónde estamos.

Un obstáculo es no saber usar la brújula. Podemos ir al lugar equivocado.

Una dificultad es estar cansado y no tener fuerzas.

---

al que ya han sido expuestos y apuntar nuevos términos. El léxico aún no presentado es "volcán" y "cerro".

Sugerencias para la actividad 3-7
Se recomienda que antes de hacer la actividad, el instructor pregunte a la clase si alguno está familiarizado con este tipo de carreras. De la misma manera, se puede revisar o presentar el vocabulario que van a escuchar en la audición, empezando por el totalmente nuevo: volcán, cerro, etc. Asimismo, si el instructor tiene acceso a Internet, se le recomienda que busque videos de retos de aventura para mostrar en el aula.

Información para la actividad 3-8
Una vez más, los estudiantes están expuestos al vocabulario de los deportes de aventura, pero en un contexto ligeramente distinto. Esta es una actividad en la que se les pide que, a partir de la lectura y del vocabulario al que han sido expuestos, pongan en uso el léxico nuevo y establezcan conexiones con otros elementos que es posible que ya conozcan. Se desea que practiquen el léxico: deportes (de aventura) y lugares.

Sugerencias para la actividad 3-8
Los estudiantes pueden hacer una lista de 8–10 actividades que deben hacer para estar bien entrenados en otros deportes.

Información para la actividad 3-9
En esta actividad, los estudiantes deben predecir obstáculos o contratiempos que enfrentan los atletas de carreras de aventura. El instructor debe recordar que la actividad es léxica y no forzar a que los estudiantes usen determinadas estructuras gramaticales. La idea es que los estudiantes se vayan preparando para hablar de obstáculos y enfrentar contingencias, contenido que después se trabaja en profundidad en otras secciones.

Sugerencias para la actividad 3-9
Se recomienda hacer esta actividad en grupo con toda la clase, para así recoger las alternativas indicadas por los estudiantes que asumen más riesgo al predecir los obstáculos. Sería interesante que el instructor hiciese hincapié en que las frases deben ser sencillas y "explotando" cualquier material que ya sepan para el momento.

📖 GRAMÁTICA EN CONTEXTO

03-08 to
03-22

3-10 El equipo de Juan Pérez

Juan Pérez va a ir de travesía por los Andes. Relaciona las dos columnas para completar la información. **Lleva…**

una manta **para…**	puedan localizarlo.
unas bengalas de señalización **para que…**	se cruza con algún animal peligroso.
un arma de fuego **por si…**	orientarse.
un protector solar **para que…**	tiene un accidente.
unas buenas botas **para…**	el sol no le queme la piel.
una brújula **para…**	protegerse del frío.
una linterna **para…**	andar por todo tipo de terrenos.
un botiquín **por si…**	alumbrarse por la noche.

¿Podrías formular una regla sobre el uso de *para*, *para que* y *por si*?

¿Y tú? ¿Qué tres cosas llevas siempre cuando vas de excursión? Escribe al menos tres frases usando *para*, *para que* y *por si*.

EJEMPLO:

E1: Yo, normalmente, llevo una navaja, por si hay que cortar una cuerda.

3-11 ¿Qué harías?

 Observa estas situaciones e indica qué harías o cómo reaccionarías. Luego coméntalo con tu compañero.

1. Estás de campamento en las montañas y ves un oso a la distancia.
2. Estás en la pista de patinaje solo, das un salto, te caes y no puedes levantarte.
3. Unos amigos y tú están paseando en bicicleta por las zonas rurales de tu ciudad. De pronto, un perro empieza a perseguirlos.
4. Estás con unos amigos en la mitad de un desierto en una 4 × 4, pero sin mayor aviso, el carro se detiene y no se mueve más.

EJEMPLO:

E1: Si viera un oso a la distancia, mudaría mi tienda a otro lugar.
E2: Si viera un oso a la distancia, lo observaría, pero no me acercaría.
E3: Pues yo le tomaría fotos con mi cámara.

3-12 ¿Qué pasará?

 Observa las siguientes noticias sobre el futuro de los deportes de aventura. Escribe seis oraciones que indiquen el nivel de certeza con el que crees que pueden ocurrir. Coméntalas con un compañero.

FUTURO

Hablar	Comer	Vivir
hablar-é	comer-é	vivir-é
hablar-ás	comer-ás	vivir-ás
hablar-á	comer-á	vivir-á
hablar-emos	comer-emos	vivir-emos
hablar-éis	comer-éis	vivir-éis
hablar-án	comer-án	vivir-án

La próxima semana **viajaremos** a San Diego

Sabes dónde está Miguel. ¿**Estará** ya en la oficina?

EXPRESAR CERTEZA Y PROBABILIDAD

Con seguridad   estaré...
Seguramente

Probablemente
Posiblemente   estaré...   allí dos días.
Quizás   esté...

Puede que
No creo que   esté...

EXPRESAR RELACIONES TEMPORALES

Acciones sucesivas
Cuando termino de trabajar, **doy** un paseo.
Cuando termine de trabajar, te **llamaré**

Sucesión inmediata
En cuanto / tan pronto como llego a casa, **me quito** los zapatos.
En cuanto / Tan pronto como llegue, te **llamaré**.

Límite en el tiempo
Estamos en el café **hasta que cierran**
Estaremos allí **hasta que vengan** a recogernos.

---

1. Los deportes de aventura igualan en popularidad al fútbol o al baloncesto.

2. La moda deportiva convierte las tiendas de campaña en las residencias de los estudiantes en los campus universitarios.

3. Disminuyen los accidentes por avalanchas en las montañas nevadas.

4. El paracaidismo es uno de los deportes más practicados a nivel universitario.

5. Finalmente se incluye el parapente entre los deportes que participan en los Juegos Olímpicos.

6. Cada vez más, equipos juveniles en la escuela secundaria compiten en actividades de aventura como la escalada en roca o el canotaje.

EJEMPLO:
E1: Con toda seguridad los deportes de aventura...

3-13 Una expedición fallida

Lee la entrevista a César Carrasco y subraya en el texto las frases que acompañan las expresiones temporales **cuando**, **hasta que** y **en cuanto**. ¿Qué tiempos verbales las acompañan? ¿En qué se diferencian?

LA CARA NORTE DEL EVEREST
Una expedición fallida

La expedición asturiana compuesta por siete experimentados escaladores salió de Madrid rumbo a Katmandú con la intención de alcanzar la cumbre del Everest por su cara norte. En tres ocasiones intentaron alcanzar la cumbre, pero no lo consiguieron.

¿Ha sido una experiencia muy dura?
Sí, desde el principio fue muy difícil seguir el plan previsto. Ya en China, tuvimos que retrasar la entrada por problemas de papeleo en la frontera. Permanecimos allí seis días hasta que llegaron los permisos para iniciar el viaje. Otra de las dificultades iniciales a las que nos tuvimos que enfrentar fue el mal de altura. Javier Cernedo y Olga Belver se levantaban con fuertes dolores de cabeza, mareos y vómitos. Así que nos vimos obligados a alargar el período de aclimatación casi una semana más, hasta que todo el mundo estuvo preparado.

La cara norte del Everest

¿Por qué no pudisteis llegar a la cumbre?
La primera vez que intentamos el ascenso parecía un día claro, pero cuando estábamos iniciando la marcha, se nos vino encima una avalancha de nieve. Fue horrible. Afortunadamente estábamos bien sujetos y conseguimos protegernos bajo unas rocas. En el segundo intento, en cuanto decidimos salir, el viento empezó a soplar con más fuerza y la temperatura alcanzó los 30 grados bajo cero y no nos

quedó más remedio que volver. En el tercero, la luz allá arriba era tan fuerte que me quemó la córnea. Entonces, mis compañeros decidieron bajarme, me vendaron los ojos hasta que llegó el equipo de salvamento. Dos días más tarde empecé a ver sombras. Permanecimos varios días en el campamento esperando mi recuperación, pero el equipo estaba agotado y el permiso de estancia en el país estaba a punto de finalizar. Fue una decisión difícil, pero no tuvimos más remedio que abandonar.

¿Volveréis a intentarlo en el futuro?
Sí, seguro. No sé cuando, porque depende de muchas cosas, pero volveremos a intentarlo. Lo primero que haremos, con toda seguridad, es buscar los medios para afrontar de nuevo un viaje de este tipo. En cuanto consigamos un patrocinador, podremos empezar a montar el equipo. En fin, cuando estemos preparados y contemos con los medios necesarios, nos lanzaremos de nuevo al Everest. Probablemente tendremos que esperar un tiempo hasta que las condiciones climáticas sean las más adecuadas.

---

certeza o certidumbre se expresa con alguna forma de indicativo (presente o futuro) y las formas de menor probabilidad con el subjuntivo. La actividad también busca el reconocimiento auditivo de la sutil diferencia fonética que marca el uso de ambos modos verbales.

Información para la actividad 3-13
Esta comprensión de lectura pretende hacer que los estudiantes se fijen en las expresiones temporales tales como **cuando**, **en cuanto** y **hasta (que)** para referirse tanto a momentos pasados (imperfecto, pretérito) como a momentos futuros (presente de subjuntivo).

Información para las estrategias de comunicación oral
En las estrategias orales el profesor siempre se puede aprovechar la oportunidad para hablar de comunicación para-lingüística: el tono de voz, los gestos, el lenguaje corporal. Asimismo el profesor podría plantear escenarios para demostrar lo difícil (o los riesgos) de la comunicación si faltan los elementos no verbales. A manera de modelo, puede explicar los riesgos incurridos a partir de la falta de pistas no verbales en comunicaciones por medio del correo electrónico. La ausencia de tono, gestos, y lenguaje corporal limita la información escrita y permite múltiples interpretaciones.

Como práctica con los estudiantes, el instructor puede modelar una de las frases presentadas en los ejemplos con diferentes tonos y gestos. Luego en parejas, los estudiantes deberán practicar distintas entonaciones para las mismas frases. Se les pide a los estudiantes que noten las diferencias.

INTERACCIONES

03-23 to
03-24

ESTRATEGIAS DE COMUNICACIÓN ORAL

Negociar planes: Todos los días hacemos planes con otras personas: dónde ir de vacaciones, qué hacer el fin de semana, qué película ver en el cine, qué comprar para la cena… Tomamos decisiones en parejas o grupos, y para ello tenemos que negociar, es decir: proponer, aceptar y/o rechazar con condiciones, a veces ceder ante la sugerencia de otros, y también, para que los planes salgan bien, prever las posibles contingencias y sus alternativas o soluciones. Éstas serán algunas de las estrategias que te serán útiles para la Tarea del capítulo.

Proponer un plan

¿**Por qué no** formamos un grupo de viajes?
¡**Vamos** al Amazonas!
¿**Qué les parece si** vamos a esquiar a Colorado?
Sería fantástico que nos acompañaras.
Podríamos hacer un documental sobre nuestro viaje a África.

Expresar condiciones

• poner una condición
Sí, **si** podemos coordinar los horarios.
Me parece bien, **siempre y cuando** lleves tú la cámara.
Con tal de que no sea más de una semana.
Fenomenal, **siempre** que sea a un país hispanohablante.

• expresar una excepción al aceptar o rechazar
Luis no puede ir, **a menos que** cambiemos las fechas.
Llegaremos sobre las 12, **a no ser que** suceda algún imprevisto.
Yo no voy, **salvo que** me pagues tú el viaje.

Ceder ante obstáculos

¡**Qué le vamos a hacer**!
Si no hay más remedio, vamos en autobús en vez de en coche.
No queda más remedio que esperar a otro día.
Habrá que cambiar la ruta.
Tendremos que cancelar el viaje.

Pensar en contingencias

¿Cómo llegamos al hotel si llueve?
¿Qué podríamos hacer si no consiguiéramos el visado?
Puede que haga mucho calor por el día y mucho frío por la noche
¿Qué haríamos si perdiéramos el vuelo?

Información para la actividad 3-14
Esta actividad plantea que la clase ponga en práctica tanto proponer actividades como establecer condiciones para que se lleven a cabo las mismas. Lo importante es que el instructor divida a la clase en dos grupos y que los estudiantes se entrevisten mutuamente haciendo uso de las funciones.

 3-14 Excursión

La clase debe decidir a dónde van a hacer una excursión. En este momento, está dividida en dos grupos. A uno le interesa organizar una excursión para escalar una montaña. Al otro le atrae más hacer senderismo. Cada grupo diseña un plan para la excursión que le interesa y busca convencer al otro grupo de que su propuesta es más factible. Así mismo deben pensar en las condiciones bajo las cuales harían la excursión del grupo opuesto.

Posibles argumentos	Posibles condiciones
La experiencia es emocionante	Contratar a un guía experto
La naturaleza está viva	Buscar el equipo apropiado
La adrenalina te hace sentir bien	No tomar las rutas más complicadas
Los panoramas son bellísimos	Llevar radios de transmisión
No es tan difícil si tienes el equipo	Entrevistar a expertos de escalada
Tienes bastante experiencia	Estudiar las condiciones del tiempo

EJEMPLO:

E1: ¡Vamos a escalar la montaña! Sólo toma tres días de subida, y dos de bajada.
E2: No, la verdad es que es mucho tiempo. No me interesa a menos que acortemos el tiempo de la expedición.

 3-15 ¡Qué problema!

Los siguientes son obstáculos que suelen ocurrir en el proceso de una aventura. Explícale a tu compañero como reaccionarías a los siguientes obstáculos y cómo los resolverías.

EJEMPLO:

Un miembro del equipo con quien visitas el desierto de Atacama en Chile sufre una picadura que le afecta gravemente la respiración.

E1: Hay que cancelar la excursión.
E2: No queda otra que llevarlo al hospital más cercano.

Te olvidas el medicamento que te ayuda a controlar los dolores de cabeza por la falta de oxígeno en las alturas.

Si no hay más remedio, tomaré solamente aspirinas.

Tú y tu equipo de aventura descubren que la ruta elegida para atravesar la selva les va a tomar más tiempo del planificado. Les queda poca agua y sólo comida para un día más.

Tendremos que buscar otra ruta.

No queda otra que racionar la comida.

Al segundo día de escalada, tu cuerpo no se acostumbra a la altura de la montaña ni al frío de menos de 20 grados Fahrenheit.

No me queda más remedio que regresarme a la base.

Tendré que regresarme.

Viajas en una 4 x 4 por los Andes camino a una región poco explorada de la sierra ecuatoriana. Estás en una carretera muy angosta y descubres que hubo un deslizamiento de rocas.

Tendremos que regresar al pueblo.

No queda más remedio que esperar a que limpien la carretera.

Antes de empezar a escalar la última sección de la montaña, durante el tercer día, te das cuenta que tu equipo no es el más apropiado. Tienes arneses muy pequeños y las botas no te van a proteger del frío.

No me queda otra que usar el equipo extra que trajo mi compañero.

¡Qué le voy a hacer!

TAREA

Recuerde referir a los estudiantes a la lista de vocabulario para completar la tarea.

Vamos a proponer y justificar un viaje de estudios.

 PREPARACIÓN

La clase se divide en dos comités para decidir el destino de un viaje de estudio. Un comité lee el texto "La jungla" y el otro "El desierto". Después se forman parejas con una persona del otro comité para compartir la información, tomar decisiones y llegar a un acuerdo. ¿Cuál es el lugar de su preferencia? ¿La jungla o el desierto? ¿Por qué?

LA JUNGLA

Lo más molesto en la jungla es la humedad. Las lluvias caen durante todas las estaciones del año. La vegetación es tan espesa que a veces no llegan al suelo los rayos del sol y los árboles alcanzan una altura de 60 m. A veces, la única forma de avanzar es a golpe de machete. Es fácil perderse y con una cobertura vegetal tan espesa es muy difícil emitir señales de humo o luminosas. En caso de sentirse perdido, es aconsejable construir una balsa y seguir el curso de un río, ya que normalmente los ríos atraviesan zonas habitadas.

La jungla en Guatemala

Sin embargo, como la vegetación es tan abundante, es difícil morir de hambre. Muchas plantas son comestibles, aunque algunas sean altamente venenosas. Hay que examinar bien la planta, recoger un poco de su líquido y aplicárselo en una zona de piel sensible. Si se produce irritación o hinchazón, es mejor no comerla.

Los animales más molestos y peligrosos son los mosquitos. Sobre todo, cuando cae la noche, conviene cubrirse el cuerpo con ropa e incluso meter la parte inferior de los pantalones dentro de los calcetines y las botas. Cubrirse la cara con barro resulta también muy eficaz. Otros animales, como las arañas, las serpientes o los cocodrilos, no suelen atacar al hombre si no se sienten amenazados, y son una excelente fuente de alimentos. Aunque…, ¡cuidado con la comida!, con un calor tan húmedo la carne se pudre fácilmente. La solución es ahumarla: se considera que, tras una noche de secado, la carne puede conservarse de cinco a siete días.

Lo esencial es disponer de zapatos y vestidos que no se estropeen con la humedad. El algodón y el cuero, pues, no son lo ideal, porque tardan mucho en secar y se pudren. Los tejidos sintéticos modernos están perfectamente adaptados a su utilización en la selva.

Para dormir hay que evitar a toda costa el contacto directo con un terreno siempre mojado y habitado por insectos.

EL DESIERTO

Viajar por el desierto no es nada fácil, por la falta de agua, de vegetación, y por las temperaturas extremas.

Los mayores peligros en el desierto están relacionados con el sol: la insolación y la deshidratación. El error más grave que puede cometerse es el de quitarse la ropa; en primer lugar, por el riesgo de quemaduras, pero, sobre todo, porque hay que impedir que el cuerpo pierda sus propias reservas de agua. Cubrir el cuerpo es fundamental, ya que el sudor que humedece los vestidos refresca y, a la vez, limita la transpiración.

El elemento más importante de la ropa es, sin duda, el turbante. Es una prenda de algodón, de unos ocho metros. Se usa para cubrir totalmente la cabeza, también protege de las quemaduras solares, del viento, de las tormentas de arena y del calor en la nuca, terriblemente peligroso. Además, al estar sobre la nariz y la boca, retiene la humedad de la respiración.

Es muy importante no exponerse al sol durante las horas de más calor. Como encontrar un lugar sombreado en el desierto puede resultar imposible, la mejor solución es enterrarse en la arena. En profundidad está más fresca y tiene un efecto relajante. Si hay plantas cerca, es mejor cavar a su lado, para aprovechar la humedad de las raíces. De este modo se limita la transpiración.

Uno de los mayores peligros es sufrir quemaduras en los ojos. La luz, durante todo el día, es muy intensa y no llevar protección puede afectar de forma grave a la vista.

La mordedura de víbora en el desierto puede ser mortal. La víbora sólo muerde para defenderse cuando ha sido descubierta, y se esconde buscando lugares sombreados, como las rocas. Si se produce una picadura, tanto de víbora como de escorpión, lo

El desierto

más conveniente es aspirar el veneno con una jeringuilla especial.

El mejor medio de transporte es el animal, el camello o el dromedario, que resisten largas temporadas sin beber y que pueden orientarte y conducirte hacia los pozos de agua. Además, sus excrementos pueden servirnos de combustible.

Las noches son tremendamente frías: la temperatura puede llegar a cinco grados bajo cero. Conviene montar las tiendas y encender un fuego. Es difícil encontrar combustible en el desierto pero si se dispone de gasolina, se puede llenar una lata de conserva con arena empapada en gasolina, encenderla y obtener, así, una estufa muy eficaz.

Paso 1 Elaboración de propuesta

La universidad va a financiar un viaje ecológico. Elegirá la propuesta que mejor describa y justifique el viaje. Formen grupos de tres o cuatro con personas que hayan decidido viajar al mismo lugar que ustedes. Van a preparar una propuesta de viaje para hacer un estudio ecológico en su lugar de destino.

Incluyan un esquema por escrito con la siguiente información:

- lugar y objetivo del estudio
- época y duración del viaje
- medios de transporte a utilizar
- actividades a realizar y las relaciones temporales entre ellas (en cuanto, cuando, hasta que...)
- material / equipo y su uso
- posibles contingencias y su resolución

¡No se olviden de justificar sus decisiones!

Paso 2 Presentación de la propuesta y posibles contingencias

Cada grupo presenta su propuesta a la clase. Los otros grupos deberán tomar notas para luego señalar posibles contingencias o aquellos aspectos que no estén bien desarrollados.

EJEMPLO:
E1: ¿Qué harán cuando encuentren una huelga general en el país al que viajan?
E2: En cuanto llegan hay un desastre natural, ¿cómo creen que van a reaccionar?

Paso 3 Y los fondos los recibe la propuesta...

Al finalizar todas las presentaciones, la clase vota a la propuesta que se presenta como representante de la clase.

Información para la preparacion y los pasos 1-2
La tarea final integra los diferentes contenidos practicados a lo largo del tema. La preparación recoge mucho de lo discutido entre los estudiantes en la pre-tarea. Podrían usar la misma información (jungla o desierto) o proponer otras alternativas interesantes para el viaje. Si el instructor viera a estudiantes desorientados en cuanto al destino del viaje propuesto, se sugiere que lleve una lista de alternativas: Amazonía peruana, Patagonia chilena, los Andes ecuatorianos, los mares españoles, el Caribe venezolano, etc.

El monitoreo de los grupos es crucial en esta etapa. El instructor debe asegurarse de que las interacciones se llevan a cabo, que haya fluidez en el uso lingüístico para su nivel y que los contenidos del capítulo se están poniendo en uso. Se recomienda no intervenir a menos que haya una situación extrema, por ejemplo, un grupo trabado o en silencio (habría que dar un ejemplo sobre lo que esto significa). Lo que recomendamos es que el instructor debe anotar lo que observa (tanto positivo como negativo) para luego ofrecer retroalimentación a los estudiantes.

En preparación para el Paso 1, el grupo debe tomar apuntes de los acuerdos a los que se han llegado. El instructor debe enfatizar la importancia de pensar en las posibles contingencias ya que éstas serán planteadas por sus compañeros durante el Paso 1.

Antes de realizar el Paso 1, el instructor debe recordarles a los estudiantes que el paso final es elegir a una de las propuestas como la ganadora de los fondos para llevar a cabo el viaje. Este énfasis en la "competencia" entre los diferentes grupos va a permitir que la atención prestada a las presentaciones sea adecuada.

Para el Paso 2, la elección del grupo puede ser abierta o en secreto. Se busca que los estudiantes puedan justificar su elección.

03-25 to
03-28

EXPLORACIONES

GENTE QUE LEE

Texto expositivo

El texto expositivo tiene como meta comunicar y difundir información sobre un tema específico. La intención informativa hace que en los textos se enfatice la objetividad de la presentación de las ideas. Estos textos pueden ser divulgativos o especializados. Los divulgativos, como su nombre indica, se dirigen a una audiencia amplia y no requieren un conocimiento profundo del tema. Los especializados, por el contrario, asumen un conocimiento previo del tema, o sea, están dirigidos a un público que puede manejar el nivel de dificultad del tratamiento del asunto.

ANTES DE LEER

 3-16 Votar por las maravillas

¿Te enteraste de la votación que definió la lista de las nuevas siete maravillas del mundo? ¿Cuál fue tu reacción? Discute con tu compañero, ¿a cuál de los monumentos arqueológicos puestos en la lista del proyecto Weber le habrías dado tu voto? ¿Por qué?

AL LEER

3-17 Activando estrategias

Primero lee por encima el siguiente texto expositivo. Luego fíjate en los detalles y responde a las siguientes preguntas. *Estas son algunas respuestas posibles:*

- Identifica las ideas principales del texto. Enuméralas. *Las iniciativas de fomento turístico se deben ver con cuidado ya que hay muchos factores que tienen que ver con el tema de los ingresos, de la conservación de monumentos y turismo responsable.*

- ¿De qué época son los dos monumentos arqueológicos mencionados en el artículo? *Son de la época precolombina.*

- ¿Cómo han reaccionado los pobladores de origen maya a la elección de Chichén Itzá como una nueva maravilla? *Han reaccionado con temor.*

- ¿Cuál es el objetivo oficial del proyecto de Weber? *El objetivo oficial es la promoción de cultura y la defensa de patrimonios arquitectónicos.*

- Menciona dos preocupaciones que expresan los arqueólogos de México y Perú. *Dos preocupaciones son el crecimiento desordenado de hoteles y tiendas y el número de visitantes a las ruinas.*

MÁS ALLÁ DE LAS SIETE MARAVILLAS

Toda iniciativa que difunda y promueva patrimonios nacionales y culturales se ve con aceptación y hasta con simpatía, tanto en los medios gubernamentales como en los ambientes populares. Es por eso que el entusiasmo provocado por aparecer en la lista de las siete nuevas maravillas, ha movido a muchos sectores en los países involucrados. Esta misma exaltación, sin embargo, para muchos otros es causa de controversia. Por un lado, el aumento de divisas gracias al incremento en el número de turistas se percibe como una fuente económica importante para los países. Por otro, arqueólogos de prestigio alertan sobre posibles consecuencias nefastas para estos monumentos, si es que no se toman las medidas necesarias para su protección. Chichén Itzá y Machu Picchu son dos de las nuevas maravillas que se encuentran en territorio latino. Asimismo, ambos monumentos son rezagos de eminentes edificios que funcionaron durante el periodo precolombino, lo cual les asigna su sobresaliente presencia. Estos dos monumentos cuentan ya con una popularidad internacional importante, que probablemente se acentúe aún más a partir de su inclusión en la lista.

En este contexto, son muchos los que expresan algún tipo de preocupación, preocupación que apunta a la pregunta de cuán ecológico puede ser el turismo en estas zonas y cómo se puede promover la responsabilidad no sólo en el país anfitrión sino también en los visitantes. Por ejemplo, en México, vemos el caso de los vendedores de artesanías y habitantes del lugar. Muchos de ellos son descendientes de la cultura maya y ven con temor el novedoso acontecimiento, a la vez que expresan sus dudas sobre los beneficios de esta iniciativa. Su principal objeción es que las comunidades nativas asentadas en esa región no recibirán ninguna ayuda, ni promoción, ni dinero. Es más, muchos incluso temen que con el incremento turístico, los artesanos, herederos de la ancestral cultura maya, sean expulsados de la zona.

Estos temores se originan en la controversia producida por el proyecto del aventurero suizo, Bernard Weber, de quien poco saben los pobladores nativos directamente afectados. A pesar de que el objetivo oficial de la selección de las siete nuevas maravillas fuera la promoción de cultura y la defensa de patrimonios arquitectónicos, la fiesta de gala en la que se divulgaron los resultados de la selección, se convirtió en un gran negocio para Weber con la venta de los derechos de emisión para las cadenas televisivas. De la misma manera, la venta de todo tipo de recuerdos (*souvenir*) a través de la página web, permite cuestionar el objetivo último de esta iniciativa promotora de turismo masivo. No hay una entidad legal que rinda cuentas del manejo y uso de estos fondos. La filosofía de este suizo aventurero es que la cultura no entra en contradicción con el dinero, así el 50% de las ganancias por la venta de entradas a la gala irán a reconstruir las estatuas gigantes de los Budas de Bayimán, en Afganistán. No obstante muchos se preguntan, ¿De dónde saldrán los fondos para los proyectos de conservación y restauración? ¿Cómo responde la iniciativa de Weber a la inminente masificación del turismo?

Uno de los temas que más les preocupa a los arqueólogos y antropólogos es la capacidad máxima de ocupación de los lugares. Por ejemplo, Chichén Itzá es visitado por más de un millón de turistas al año. Es más, los expertos recomiendan que esta cifra no debería pasar de 1.5 millones. Preocupación similar comparte Guillermo Lumbreras para el caso de Machu Picchu. La ciudadela inca corre el riesgo de destrucción por un incontrolado aumento masivo de visitantes. El arqueólogo indica que cuestiones mínimas, como los zapatos que se usan para escalar, tienen efectos en el desgaste del monumento, ya que éste se hizo para ser caminado con sandalias delgadas. Al mismo tiempo, el crecimiento desordenado de hoteles y tiendas alrededor del Santuario inca predice problemas en el futuro para poder fomentar un turismo responsable y ecológico.

Así que no toda iniciativa de fomento de turismo se debe aceptar sin el menor cuestionamiento. Son muchos los pormenores que se deben resolver antes de echar a andar una maquinaria de publicidad con un respaldo institucional más bien débil. Siguiendo esta línea de cuestionamiento la UNESCO (Organización de las Naciones Unidas para la Educación, ciencia y cultura) ha ofrecido severas críticas al proyecto de Weber. Indicó que no bastaba reconocer estos monumentos como elementos emblemáticos para los pueblos. Es mucho más importante ser capaces de discernir los factores políticos, educativos y científicos que forman parte de un desarrollo turístico responsable. El carácter simbólico de las nuevas maravillas no es suficiente para que se pueda llevar a cabo una labor de protección y conservación integral.

DESPUÉS DE LEER

3-18 Expansión Estas son algunas respuestas posibles:

Escribe recomendaciones a Weber sobre cómo mejorar su proyecto turístico respondiendo a las críticas recibidas. ¿Cómo se podrían beneficiar las comunidades nativas de las regiones maya e inca? Comparte tus respuestas. *Weber tiene que asignar más dinero a otros proyectos de conservación. Las comunidades nativas se pueden beneficiar con impuestos al turismo.*

3-19 Conectando el texto
¿Qué conectores usa el autor del texto para establecer relaciones textuales: para ampliar información, dar énfasis, ejemplificar y hacer contraste? Busca otros conectores que puedan cumplir la misma función. Mira la lista que encontrarás en el apéndice.

del texto al mirar elementos tales como el título, fotos, palabras claves. Además, al leer la primera oración de cada párrafo el lector obtiene información relevante sobre las ideas relevantes del texto. *Scanning*, por otro lado, permite encontrar información específica: nombres, fechas y cualquier información de tipo puntual.

Información para la actividad 3-18
La actividad de post-lectura busca que el estudiante explore más allá del texto usando las herramientas lingüísticas y contextuales que tiene. Se desea que pueda ofrecer respuestas a puntos problemáticos planteados en el texto. El instructor ciertamente no se tiene que limitar a estas preguntas. Puede crear algunas más o cambiarlas. P.ej., ¿qué papel tiene la publicidad en el tipo de turismo que se practica? Si visitaran una de estas ruinas, ¿qué medidas tomarías para que tu visita no sólo te beneficie a ti, sino a la comunidad también?

Información para la actividad 3-19
Esta actividad propone que los estudiantes recapaciten y tomen conciencia sobre el uso de conectores en el texto expositivo. Se espera que en la actividad de escritura los estudiantes reciclen esta información. Cuando los estudiantes den sus respuestas, el instructor debe insistir en que explique las relaciones estructurales establecidas por los conectores.

Posibles respuestas para la actividad 3-19
Ampliación de información
– *asimismo*
"Asimismo, ambos monumentos son rezagos de eminentes edificios".

Énfasis – *es más*
"Es más, muchos incluso temen que con el incremento turístico, los artesanos, herederos de la ancestral cultura maya, sean expulsados de la zona".

Ejemplificación – *por ejemplo*
"Por ejemplo, en México, vemos el caso de los vendedores de artesanías".

Contraste – *sin embargo, a pesar de que, no obstante*
"Esta misma exaltación, sin embargo, para muchos otros es causa de controversia".

MESA REDONDA

¿Dónde está lo ecológico en el ecoturismo? Una visita a las maravillas del mundo.

Algunas de las maravillas arquitectónicas del mundo moderno están en terreno latino ¿Puedes relacionar cada una de ellas con el lugar/país en el que se encuentran?

1. Isla de Pascua, Chile
2. península del Yucatán, México
3. valle de Urubamba, Perú
4. Granada, España

Chichén Itzá

Alhambra

Machu Picchu

Moáis

¿Puedes decidir qué culturas vivieron en esos lugares?

1. maya   2. árabe   3. inca   4. rapanui

Paso 1 Investiga

¿Qué otros tesoros arquitectónicos conoces? Elige un país y busca información sobre una de sus joyas arqueológicas: cuándo se construyó, qué influencias tiene de otras culturas, cuál es su estado actual de conservación, si existen peligros debido a su explotación turística, etc. Trae a clase una foto del lugar y ofrece la información que encontraste, sin mencionar el lugar. ¿Conoce la clase el lugar en el que se encuentra?

 Paso 2 Puesta en común

Ahora, comenta con el resto de la clase lo que aprendiste y lo que ya sabías y discute las siguientes preguntas:

1. ¿Pone el turismo en riesgo la conservación de todos estos monumentos?

> Una publicación estadounidense informa que el creciente turismo, el cambio climático, y el desarrollo urbanístico, pueden hacer desaparecer algunos de los tesoros del planeta, si no se pone remedio a la situación.

2. ¿Qué prácticas ecoturísticas pueden recomendar para ayudar a la conservación de estos monumentos?

3. ¿Cómo deben beneficiarse los pueblos herederos de estas culturas con el incremento turístico?

4. Como turistas, ¿qué rol responsable podemos asumir?

GENTE QUE ESCRIBE

3-21 ¡A escribir!

Escribe un texto expositivo sobre la situación de conservación del monumento arqueológico que elegiste para discutir en la Mesa redonda. Toma las siguientes preguntas como base e intenta responderlas en tu texto. Recuerda usar conectores que te permitan estructurar las ideas.

1. ¿Qué retos presenta el ecoturismo en esta región/país?
2. ¿Qué opina la gente común sobre el turismo masivo?
3. ¿Qué opinan los especialistas?

Sugerencias para el Paso 1
Se recomienda que cada estudiante, en la medida de lo posible, investigue un país diferente.

Sugerencia para el Paso 2
El instructor puede recomendar a los estudiantes que busquen en Internet opiniones de personas que se han expresado en relación al ecoturismo y las nuevas maravillas.

Sugerencia para Gente que escribe
El profesor debería revisar con los estudiantes lo que es un texto expositivo. P.ej., se debe enfatizar la característica de objetividad por la intención informativa. Asimismo, valdría la pena recomendar el uso de un diccionario bilingüe e insistir en la revisión del texto, tal como hemos venido haciendo en los capítulos anteriores.

El instructor puede ofrecer otros temas que sean menos complejos:

1. Una descripción de uno de los monumentos premiados, justificando la razón de la premiación
2. Un informe sobre el proceso de votación que terminó en la selección actual
3. Un reportaje sobre una de las maravillas anteriores

Las palabras en negrita representan el vocabulario activo. Las otras palabras te ayudarán a completar las actividades del capítulo.

🔊 VOCABULARIO

Las palabras en negrita representan el vocabulario activo. La otra lista contiene palabras que te ayudarán a completar las actividades del capítulo.

Deportes y riesgos de aventura

el ala delta	**la dificultad**
el alpinismo	**el dolor de cabeza**
el andinismo	**la escalada**
el ascenso	**en roca**
la avalancha	**el esquí**
el buceo	**el kayak**
el buceo con máscara	**la insolación**
la cabalgata	**el mal de altura**
la caída	**el paracaidismo**
la caminata	**el parapente**
el campamento	**la picadura**
el canotaje	**la quemadura**
la carrera	**el remo**
el ciclismo de montaña	**el repuesto**
el contratiempo	**el riesgo**
el deporte de aventura	**el salto en** *bungee*
el descenso	**la sangre**
la deshidratación	**el senderismo**
el desprendimiento	

Equipo

el arma de fuego	**la insolación**
el arnés	**la jeringuilla**
la batería	la lámpara
el bastón	la lancha
las bengalas de señalización	**los lentes de sol**
la bicicleta	**la linterna**
los binoculares	**la manta**
la bolsa de dormir	**el mapa**
la bombona de gas	**la medicina**
las botas	**la mochila**
el botiquín	el paracaídas
la brújula	**el paraguas**
el calentador	**el repelente**
el casco	**el sombrero**
la canoa	el suero
el equipo	el termómetro
el equipo de salvamento	**la tienda de campaña**
la gorra	el traje de buceo
el/la guía	la vacuna

Accidentes geográficos y espacios de aventura

el bosque	**la reserva**
el cerro	**el río**
la cima / **la cumbre**	**la riqueza**
la cordillera	**la ruta**
la costa	**la selva**
la hectárea	**el sendero**
el hielo	**la tormenta**
el laberinto	**el transporte**
la laguna	**la travesía**
el mar	el trayecto
el paraíso	**el volcán**
la playa	

Verbos

acampar	lanzarse
arriesgar	en paracaídas
ascender	**montar bicicleta**
bucear	nadar
caminar	practicar deportes
descender	**remar**
empacar	saltar
escalar	zambullirse

Adjetivos

amazónico/a	**mortal**
apasionante	**natural**
apasionado/a	**peligroso/a**
arriesgado/a	**predecible**
bioesférica	protegido/a

CONSULTORIO LINGÜÍSTICO

1 La finalidad

Expresar circunstancias precisas: Para/Para que

Infinitivo; el segundo sujeto es el mismo.

Iremos en el 4 x 4 **para** poder **pasar** por todo tipo de caminos.
(nosotros)   =   (nosotros)

Subjuntivo; el segundo sujeto **no** es el mismo o **no** está claro por contexto.

Enciende los faros **para que** te **vean**.
(tú)   ≠   (los demás)

Expresar circunstancias eventuales: Por si/Por si a caso, etc.

Llevaremos la tienda de campaña

PRESENTE DE INDICATIVO

por si acaso.

por si no **encontramos** hotel.

PRESENTE DE SUBJUNTIVO

no vaya a ser que los hoteles **estén** completos.

no sea que no **encontremos** habitación.

2 El Futuro

Usos del futuro[1]

Además de indicar eventos o acciones que van a ocurrir en un tiempo posterior, el futuro tiene otras funciones.

Para expresar hipótesis sobre el momento actual, usamos también el futuro y por lo tanto expresar un grado de incertidumbre.

A esta hora **está** en casa.   A esta hora **estará** en casa.
(= lo sé, lo afirmo)   (= hago una hipótesis)

¿Dónde **está** Daniel?   ¿Dónde **estará** Daniel?
(= pienso que mi interlocutor   (= presupongo que mi interlocutor no tiene
tiene la información)   información segura y le invito a hacer una hipótesis)

Cuando la hipótesis es sobre una acción ya cumplida (lo que correspondería a un Pretérito Perfecto), se usa el futuro perfecto de indicativo.

Habrá ido a ver a sus padres.   (= probablemente ha ido a ver a sus padres)
¿**Habrá perdido** el avión?   (= ¿crees que ha perdido el avión?)

Yo me llevaré las botas de montaña por si hace frío. ¡Ahí, y tú lleva las esterillas, no vaya a ser que nos toque dormir en el suelo.

3 Presente de subjuntivo

CONJUGACIÓN REGULAR[1]

habl-e	com-a	viv-a
habl-es	com-as	viv-as
habl-e	com-a	viv-a
habl-emos	com-amos	viv-amos
habl-éis	com-áis	viv-áis
habl-en	com-an	viv-an

[1] Para las formas irregulares, por favor revisar las conjugaciones en el apéndice.

4 Expresar diferentes grados de certeza

La certeza se puede expresar con el futuro del indicativo o la forma presente del subjuntivo. La implicación pragmática es que en el indicativo la certeza es mayor que si usamos el subjuntivo.

Posiblemente		Lo más probable es que	
Con toda seguridad	INDICATIVO	Quizá(s)	SUBJUNTIVO
Seguro que	...**estaré** en Santiago hasta el día 19.	Puede que	...**esté** en Santiago hasta el día 19.
Seguramente		Tal vez	
Probablemente		No creo que	
A lo mejor		Posiblemente	
Igual			
Quizá(s)			
Tal vez			

¿Cuánto tiempo estarás en Costa Rica?

Es probable que esté hasta fines de agosto.

Para cosas que creemos que van a suceder pero que **no deseamos** que sucedan, usamos el indicativo:

Me temo que **tendré que** ir a Santiago el día 19.

5 Relaciones temporales en el futuro

Acciones sucesivas

Cuando termine de trabajar	
Cuando haya sacado la tarjeta de embarque	te **llamaré.**
Cuando llegue a casa,	

Sucesión inmediata

En cuanto llegue	
Tan pronto como llegue	te **llamaré.**
Cuando llegues	**verás** el puente nuevo.

Límite en el tiempo

	hasta cansarnos.
Estaremos allí	hasta que vengan Laura y Fede.
	hasta las 12 de la noche.

6 Imperfecto de subjuntivo

Para formar el imperfecto de subjuntivo, se parte de la forma **ellos** del **pretérito** y se cambia la -o por – a: Cantaron → cantaran

Se usa en todos los contextos en los que se usa el subjuntivo presente pero es producido principalmente porque el verbo principal está en algún tiempo del pasado o la acción en subjuntivo refiere al tiempo pasado.

"También es posible formar este tiempo con las terminaciones: -se, -ses, -se, -semos, -séis, -sen pero son menos frecuentes".

TERMINACIONES	ESTAR	SER/IR
canta-ra	estuviera	fuera
canta-ras	estuvieras	fueras
canta-ra	estuviera	fuera
cantá-ramos	estuviéramos	fuéramos
canta-rais	estuvierais	fuerais
canta-ran	estuvieran	fueran

Pretéritos irregulares de uso muy frecuente a partir de los cuales se forma este tiempo:

Dijeron	dijera / dijese
Pidieron	pidiera / pidiese
Quisieron	quisiera / quisiese
Hicieron	hiciera / hiciese
Vinieron	viniera / viniese
Pudieron	pudiera / pudiese
Supieron	supiera / supiese
Tuvieron	tuviera / tuviese

7 Construcciones condicionales con si

Podemos expresar diferentes niveles de condición según la certeza de que un evento va a ocurrir o no.

Si se tiene certeza de que una situación o evento va a ocurrir, o si se sabe que es muy probable que ocurra, entonces se usa el indicativo (presente o futuro) para expresar la condición:

INDICATIVO	INDICATIVO
Iremos en barco...	... **si** el precio **es** razonable. (= creo que puede ser razonable)

Cuando una situación es improbable o imposible, se la presenta como hipotética expresándola con **la forma condicional**. La condición en sí misma se presenta usando la forma de imperfecto del subjuntivo y se introduce con la palabra **si**.

CONDICIONAL	SUBJUNTIVO
Iríamos en barco...	... **si** el precio **fuera** razonable. (= creo que no será razonable) (= no es razonable y no iremos en barco)

CONJUGACIÓN REGULAR	FORMAS IRREGULARES DEL CONDICIONAL

CONJUGACIÓN REGULAR	CABER	SALIR	QUERER
hablar-**ía**	yo **cabr**-ía	yo **saldr**-ía	yo **querr**-ía
hablar-**ías**	PONER	HACER	VALER
hablar-**ía**	yo **pondr**-ía	yo **har**-ía	yo **valdr**-ía
hablar-**íamos**	DECIR	PODER	SABER
hablar-**íais**	yo **dir**-ía	yo **podr**-ía	yo **sabr**-ía
hablar-**ían**	HABER	TENER	VENIR
	yo **habr**-ía	yo **tendr**-ía	yo **vendr**-ía

8 Otras construcciones para expresar condición

Existen otras partículas y construcciones condicionales. Todas se construyen con subjuntivo.

Alta probabilidad

PRESENTE/FUTURO	PARTÍCULA CONDICIONAL	PRESENTE DE SUBJUNTIVO
Iremos	**siempre y cuando**	el precio **sea** razonable.
Vamos a ir en barco	**en el caso de que**	**haya** billetes.
	a no ser que	**haya** huelga.

Poca probabilidad

CONDICIONAL	PARTÍCULA CONDICIONAL	IMPERFECTO DE SUBJUNTIVO
Iríamos en barco	**siempre y cuando**	el precio **fuera** razonable.
Viajaríamos en barco	**en el caso de que**	**hubiera** billetes.
	a no ser que	**hubiera** huelga

✌✌ 4-1 Las realidades del agua

Lee los siguientes textos y reflexiona sobre ellos. Con tu compañero compara las dos realidades presentadas.

"Dónde vivo los árboles son verdes y el río de color naranja"

A pesar de saber que el agua naranja de su río está contaminada, Sindu, una niña etíope, debe beberla porque no tiene acceso a agua potable. Con este anuncio, la ONG Intermón Oxfam comienza su campaña con el lema de "Cambia su agua, cambia su vida".

Etiopía es uno de los casos más crueles del problema del agua en África. A pesar de que grandes ríos, como el Nilo, recorren su territorio, el 75% de la población no tiene acceso a agua potable y se ven obligados a beber agua contaminada por parásitos y amebas.

Lluvia de lujo

Así como las catas de vino, ahora por 15 euros puedes participar en una cata de aguas. Este tipo de eventos nos hace pensar en que el agua no es sólo una bebida para aliviar la sed, sino un objeto de lujo. El lujo derivado de su escasez ha convertido al agua en un elemento de glamour. Los especialistas en comida gourmet y quienes disfrutan de este tipo de ostentaciones pagan altas sumas de dinero por beber agua de diseño. En un restaurante, estas personas piden la carta de vinos y también la carta de aguas. ¿Pagarías 80 euros por una botella de jugo de nubes?

¿Qué problemas plantean estos textos?

¿Crees que las imágenes hablan por sí solas?

EJEMPLO:

E1: Desde mi punto de vista estos textos comentan una realidad extrema.

E2: Yo creo que la imagen de la niña habla por sí sola. Es terrible que no tenga acceso a agua limpia.

ACERCAMIENTOS

04-01 to
04-02

4-2 La belleza de la imperfección

Lee el siguiente texto y piensa en los distintos tipos de discapacidad física o mental que conoces. Después comenta con tu compañero las dificultades y retos de las personas que sufren esas discapacidades. ¿Qué tipo de avances existen ahora para hacer la vida de estas personas un poco más fácil?

La discapacidad en ámbito público – Alison Lapper en Trafalgar

No cuesta mucho darse cuenta del poco espacio público que se le ha otorgado a la discapacidad. No, no hablamos del lugar para estacionar el coche, no hablamos de los símbolos braille en las puertas del ascensor, ni de los subtítulos que transcriben nuestros programas favoritos de la tele. Hablamos de las esculturas que representan heroísmo, belleza, osadía, valentía…

La escultura *Alison Lapper embarazada* nos invita a acercarnos al tema de la discapacidad con una mirada más amplia. La misma mirada que sabe apreciar en toda estatua pública la belleza del heroísmo puesta ahora en la belleza de la imperfección.

Los que no son físicamente discapacitados pueden tomar este momento para pensar en las diferentes realidades todavía escondidas del ámbito público.

4-3 Opiniones sobre la escultura de la mujer embarazada

Escucha los comentarios de varias personas sobre la escultura y completa el cuadro. Observa si el comentario es de tipo estético o ético, y escríbelo en la columna correspondiente.

	ESTÉTICO	ÉTICO
Miembro de una comisión de derechos		poderosa y llamativa
Editor de revista de arte	horrible, desagradable, brillante, grande	
Estudiante	preciosa	
Agente de turismo	hermosa	
Comentarista de arte de un periódico	grotesca, poca gracia	

Escucha la audición una vez más y marca con una equis (x) las palabras que usan para describir la escultura.

Las respuestas para la segunda parte de la actividad son:

1. grotesca ☒
2. hermosa ☒
3. poderosa ☒
4. fuerte ☐
5. increíble ☐
6. preciosa ☒
7. llamativa ☒
8. política ☐
9. intensa ☐
10. controvertida ☐
11. insustancial ☐
12. horrible ☒
13. interesante ☐

4-4 Reflexión

Tomando en consideración las lecturas anteriores reflexiona y anota cuáles crees son los derechos básicos de los seres humanos. Compara tu reflexión con la de tu compañero y escriban un párrafo que reúna sus reflexiones.

VOCABULARIO EN CONTEXTO

04-03 to
04-08

4-5 ¿Realidad o utopía?

Los siguientes enunciados apuntan a diferentes situaciones actuales. Léelos cuidadosamente y después prepara una lista sobre los contextos en que los derechos humanos todavía presentan desafíos y los esfuerzos que se realizan para mejorar situaciones desafiantes.

> Más de 100 millones de niños, de los cuales 60 millones son niñas, no tienen acceso a la enseñanza primaria.

> Las protestas en las calles contra el régimen en Myanmar (ex Birmania) fueron reprimidas enérgicamente con detenciones en masa.

> A pesar de no ser un fenómeno reciente, el alcance total del impacto de la inmigración desde una perspectiva global no ha sido completamente estudiado.

> Chávez, el presidente de Venezuela, nacionalizó los canales de radio y televisión para tener control de la opinión pública.

> En Latinoamérica, debido a los temores por el fraude, se han creado comisiones que vigilan las elecciones presidenciales.

> En muchos países en vías de desarrollo se han puesto en marcha proyectos que encaran el problema de los niños y su educación fomentando la práctica de deportes.

> En muchos países en general el costo de los gastos médicos puede arruinar la economía de una familia.

> En general, la deserción escolar de niñas por motivos económicos ha ido en aumento, pero se han creado programas de capacitación extraescolar en regiones en vías en desarrollo.

> Más de 960 millones de adultos —dos tercios de ellos mujeres— son analfabetos, tanto en países industrializados como en desarrollo.

> Muchas ONGs financiadas por instituciones de salud mundiales, como la WHO, ofrecen atención médica gratuita o a bajo costo a personas de bajo nivel económico.

Desafíos	*libertad de expresión,* educación primaria, educación de niñas, censura, discriminación, salud gratuita/gratis, deserción de escuela
Esfuerzos para mejorar	*vigilancia en las elecciones,* comisión de la verdad, transparencia, deportes, ONG de salud a bajo costo, capacitación extra escolar

4-6 Estadísticas para pensar

La UNICEF presentó encuestas informales por Internet con preguntas que el público contestó de manera espontánea. Observa los resultados y reflexiona. ¿Qué problemas globales causan más interés? ¿Según el número de votos, ¿cuál sería la preocupación mayor del público general? ¿Qué piensas tú?

 Compara tus respuestas con tu compañero y escriban una lista de acciones individuales o comunitarias que pueden ayudar a combatir los problemas mencionados en las encuestas.

Posibles respuestas para la actividad 4-6

Enseñar a leer a los adultos, limpiar los ríos, reciclar, no contaminar, apoyar la libertad de prensa, escuchar a los jóvenes, proteger a los niños, informar, educar, trabajar, alimentar, etc.

Asimismo, ésta puede ser una buena oportunidad para pedir respuestas que impliquen el reciclaje de algunas estructuras gramaticales (impersonales, subordinadas sustantivas con infinitivo o subjuntivo); sin perder de vista que el objetivo es el vocabulario. P.ej., *Hay que escuchar a los jóvenes. Es necesario que escuchemos a los jóvenes. Pienso que tenemos que escuchar a los jóvenes.*

¿Dónde te parece que hay más discriminación de género en tu comunidad?	¿En tu comunidad, los adultos toman en consideración las opiniones de los jóvenes?	¿Saben los jóvenes en tu país sobre el VIH y SIDA y cómo mantenerse seguros?
En el hogar **24,4%**	Sí **51,3%**	Sí **57,5%**
En el lugar de trabajo **35,6%**	No **48,7%**	No **42,5%**
En la política **40,0%**	**Total de votos: 2.483**	**Total de votos: 895**
Total votos: 45		
¿Cómo consideras tu medio ambiente?	¿Deberían los medios abstenerse de mostrar imágenes demasiado violentas?	¿Crees que practicar deportes ayuda o impide a los estudiantes tener un buen rendimiento escolar?
Muy limpio **6,3%**	Sí **58,1%**	Ayuda **88,4%**
Algo limpio **12,6%**	No **41,9%**	Impide **11,6%**
Algo contaminado **27,5%**	**Totales de votos: 589**	**Total de votos: 3.001**
Muy contaminado **53,7%**		
Total de votos: 1.131		

EJEMPLO:

E1: Uno de los problemas de mayor interés es el sida en los jóvenes.
E2: No creo que los jóvenes tengan la información correcta.

4-7 Asociar palabras

¿Cuántas palabras se te ocurren relacionadas con los siguientes términos?

EJEMPLO:

E1: el progreso → bueno, condiciones mejores, países ricos, educación…

Posibles respuestas para la actividad 4-7

la contaminación	→	mala para la salud, enfermedad, suciedad, cambios climáticos…
el hambre	→	pobreza, injusticia, alimentación, nutrición…
la riqueza	→	desigualdades, pobreza, distribución, ayuda…
los voluntarios	→	trabajo, jóvenes, cambio, ayuda, igualdad…
…	→	

 ### 4-8 Dibujando palabras

Tu profesor va a decir una serie de palabras. En grupos y por turnos van a dibujar cada una de las palabras para que sus compañeros las adivinen.

 ### 4-9 Foro de opinión… hablan los jóvenes

Escucha a estos jóvenes y después identifica el mayor número de palabras que se relacionan con problemas de actualidad. Márcalas con un círculo. Compara tus resultados con los de tu compañero.

1. fuerzas armadas
2. deforestación
3. falta de agua potable
4. capa de ozono
5. educación
6. guerras
7. familia
8. sociedad
9. machismo
10. violencia familiar
11. calentamiento global
12. bilingüismo
13. inmigración
14. maltrato de animales

Información para la actividad 4-7
El objetivo de este ejercicio es que los estudiantes pongan en práctica vocabulario que tienen en su repertorio y a la vez utilizar léxico al cual son expuestos en este capítulo.

Sugerencias / extensión para la actividad 4-7
El profesor puede dar otras palabras para que los estudiantes continúen esta tarea de asociación: discriminación, analfabetismo, bancos de alimento, asistencia social, etc.

Información para la actividad 4-8
En actividades creativas como ésta, puede resultar conveniente que el profesor realice el primer dibujo, para que los estudiantes no se sientan incómodos o cohibidos por una posible falta de destreza artística. Al fin y al cabo, ¡estamos en una clase de español, no de dibujo artístico!

Esta actividad se puede plantear como una competencia por grupos. Algunas palabras que se pueden usar son: indígenas, globalización, abogado, juez, pobreza, violencia, tecnología, educación, desarrollo, niñez, abuso, esperanza, desamparados, derechos de animales, acceso a salud…

Facilitará el éxito de la actividad que los estudiantes puedan tener acceso a la lista de vocabulario del capítulo.

Podría también resultar interesante comparar y reflexionar con toda la clase sobre la manera en que se presentan visualmente algunos de los conceptos anteriores.

📖 GRAMÁTICA EN CONTEXTO

04-09 to 04-19

👥 4-10 ¡Qué señales más raras!

Tú y tu amigo se encuentran un panel lleno de señales que nunca antes vieron. ¿Qué creen que pueden indicar?

EJEMPLO:

E1: Ésta quiere decir que está prohibido escuchar música, ¿no?
E2: No, no puede ser. Todo el mundo tiene derecho a escuchar música, tiene que ser que no puedes escuchar música a volumen alto.

🔊 4-11 ¿Qué hago?

Escucha las confesiones que las siguientes personas hacen a un programa de radio. ¿Qué consejos les darías?

Sugerencia o recomendación →	*Sería recomendable que tu marido vea a un doctor.*
1.	Posibles respuestas para la actividad 4-11 Sería conveniente que hablaran con un doctor; Cambia de habitación.
2.	Es recomendable que te cambies de zapatos más de una vez al día; Proponemos que consultes con un podólogo; Tendrías que probar un remedio con receta médica.
3.	Habla con tu profesor; habría que examinar el despertador parece que no funciona bien.

👥 4-12 El blog del ciudadano

Al navegar por la Internet se encuentran blogs como éste, que pide comentarios de los ciudadanos sobre diversas cuestiones sociales. Primero, hablen sobre estas situaciones en grupo, ¿qué propuestas sugieren? Después, escriban un comentario común para una de ellas.

EJEMPLO:

E1: En mi país no se tiene presupuesto. Habría que invertir en el reciclaje sistemático.
E2: En nuestra ciudad no es obligatorio reciclar. Proponemos que la ley obligue a reciclar.
E3: En muchos lugares la contaminación es desastrosa. Sería conveniente que la basura no contaminara el agua de los ríos o mares.

IMPERATIVO: FORMAS IRREGULARES

	Tú	Usted	Ustedes
HACER	haz no hagas	haga no haga	hagan no hagan
SER	sé no seas	sea no sea	sean no sean
IR	ve no vayas	vaya no vaya	vaya no vayan
TENER	ten no tengas	tenga no tenga	tengan no tengan
SALIR	sal no salgas	salga no salga	salgan no salgan
DECIR	di no digas	diga no diga	digan no digan

ACEPTAR CON CONDICIONES

Reestructuraremos el centro de la ciudad.

De acuerdo, (pero)…

    si se comprometen a que

    siempre que   **haya** parques.

    siempre y cuando

    con tal de que

    si nos prometen que   **habrá** parques.

¿Somos racistas?

Millones de personas indígenas o pertenecientes a minorías étnicas son objeto de racismo y discriminaciones alrededor del mundo.
¿Cuál sería la mejor manera de combatir esta situación?

¿Están las pandillas fuera de control?

La violencia causada por las pandillas callejeras es uno de los problemas de seguridad más apremiante en las grandes ciudades.
¿Cuál es la mejor estrategia para afrontar este problema?

¿Obesidad, una epidemia global?

Los especialistas alertan sobre el creciente número de gente con sobrepeso.
¿Cuál sería la mejor manera de luchar contra esta tendencia?

¿Basura o reciclaje?

Hay países en los que se separa la basura de los materiales reciclables usando tecnología de avanzada. Sin embargo, hay otros en los que aún se aplican métodos artesanales y mucha basura se procesa con los desechos reciclables.
¿Qué problemas hay con la basura en el lugar en el que vive? ¿Qué solución propone?

Deja tu comentario…

Posibles respuestas para la actividad 4-12

- Proponemos que haya leyes contra la marginación de los indígenas
- Es recomendable empezar desde casa. Con la educación familiar y escolar se puede prevenir el aumento de pandillas.
- Sería conveniente que todos los restaurantes de comida rápida cambiaran el menú.

 ### 4-13 ¿Censura? ¿En qué condiciones?

Escucha la conversación que un reportero mantiene en la calle con diversas personas sobre la censura y anota si están a favor o en contra. Si algunos de ellos aceptan la censura, ¿en qué condiciones lo hacen?

	¿A FAVOR O EN CONTRA?	¿EN QUÉ CONDICIONES?
1.	A favor siempre y cuando se ponga en peligro la seguridad nacional.	
2.	Es necesaria la censura siempre que sea para proteger a los niños.	
3.	Totalmente en contra de la censura.	

 ### 4-14 ¿Y tú qué opinas?

El mismo reportero de la actividad anterior ahora te hace preguntas a ti sobre otros temas. Respóndelas por escrito. ¿Cómo reaccionas ante estas situaciones? ¿Qué condiciones explican tu reacción?

EJEMPLO:

E1: Tu mejor amigo te miente, ¿le perdonas?
E2: Bueno, le perdono siempre y cuando tenga una buena razón para mentirme

1. La devuelvo siempre que tenga la información del dueño.

2. La pareja puede cambiar de nacionalidad con tal que mantenga sus lazos culturales.

3. Puedo perdonar la infidelidad siempre y cuando fuera/sea una cuestión física, únicamente.

---

pueden verlas ellos mismos. A fin de saber qué problema tiene, los compañeros se encargan de darle consejos empleando las estructuras correspondientes.

Información para la actividad 4-12
Esta actividad trabaja las mismas formas del ejercicio previo, pero se añade el componente de escritura, que se lleva a cabo inmediatamente después del diálogo entre los estudiantes. Asimismo, se presentan temas un poco más complejos, de modo que el estudiante pueda usar las estructuras gramaticales en diferentes niveles.

Información para la actividad 4-13
Aceptar con condiciones es el enfoque de esta actividad y de la actividad 4-14. En primer lugar los estudiantes están expuestos a una audición donde tienen que identificar las formas en contextos. Luego, deben completar el cuadro con la información obtenida del audio.

Recomendación para la actividad 4-13
Se recomienda que el profesor haga una breve lluvia de ideas sobre la censura y cuándo es buena o no. Luego debe pedir a los estudiantes que entiendan la información que buscan. Si se pone el audio dos veces, el estudiante tendrá oportunidad de completar la información.

Información para la actividad 4-14
En esta actividad le corresponde al estudiante dar respuestas a las preguntas y ofrecer las condiciones en las que aceptaría una u otra situación. Se lleva la función a un contexto más personalizado. Se recomienda que el instructor enfatice al estudiante que debe prestar atención especial a la pregunta final expresada por el entrevistador.

INTERACCIONES

04-20 to
04-22

ESTRATEGIAS PARA LA COMUNICACIÓN ORAL

Observaremos el uso de algunos organizadores que nos permiten añadir o contraponer información.

Enumeraciones y adiciones

El trabajo que hacemos intenta alcanzar inicialmente a bebés, niños, adolescentes y **además** jóvenes adultos. En el futuro podremos tener una sección que se encargue **también** de adultos **y** ancianos.
Es una lástima ver que **ni** los políticos **ni** los empresarios tienen un interés en cambiar los problemas de raíz. **Tampoco** hay una respuesta muy positiva de la gente común.

Contraposiciones

Sin embargo yo quiero señalar que los esfuerzos de grupos como el nuestro intentan hacer algunos cambios.
Las soluciones a los distintos problemas del país no se presentan de manera fácil. **No obstante**, los equipos de trabajo están luchando por encontrarlas.
Estoy de acuerdo en que hay que mejorar ciertas situaciones. **Ahora bien**, cualquier cambio va a tomar años.

Marcadores temporales de inicio

A partir del próximo mes pagaremos los gastos de alimentos con las donaciones recibidas.
De ahora en adelante las personas que usan una silla de ruedas pueden entrar a este edificio; la rampa facilita el acceso.
Desde este momento entra en vigor la ley de descanso por maternidad para todas las mujeres.

4-15 Negociaciones

Tu compañero y tú asumen roles diferentes para llevar a cabo una conversación que intenta resolver los problemas presentados. Deben usar los organizadores discursivos.

Compraste una computadora portátil en una tienda nueva. El precio era muy barato. Sin embargo, cuando la sacaste de la caja y la armaste descubriste una serie de problemas. Decides ir a la tienda para levantar una queja formal y que alguien te diga cómo resolver el problema.

Problemas:	Justificaciones de la tienda:
El botón de encendido tarda en funcionar	La impresora fue un regalo
Es muy lenta	No es tan lenta como parece, las hay más lentas
Se congela después de una hora de trabajo	Se resuelve con un nuevo encendido
La tarjeta de sonido no siempre funciona	Hay que comprar una tarjeta de sonido nueva
La conexión con la impresora (de regalo) es mala	….
…	

Tu compañero y tú entablan una conversación. Uno de ustedes es el cliente, el otro representa a la empresa y debe justificar/excusar los problemas. Finalmente indicarán qué acciones van a llevar a cabo para enfrentar este problema.

EJEMPLO:

E1: Esta portátil es malísima. El botón de encendido no funciona **además** cada vez que la enciendo hay un mensaje de error en la pantalla. Necesito que me devuelvan el dinero.

E2: No, no le podemos devolver el dinero, pero sí tenemos otras soluciones. Sí es cierto, el encendido no es muy eficiente, **sin embargo,** mire qué lindos colores tiene la pantalla…

E1: La tienda le ofrece un servicio de reparación a muy bajo costo. Podemos mejorar su computadora por solo $55,00. Le haremos los arreglos necesarios. Con los arreglos hechos, **a partir de ahora** su computadora funcionará sin problemas.

E2: Está loco. Yo no voy a pagar para que me reparen una computadora que me vendieron mala. Voy a quejarme al servicio del consumidor de la ciudad. **De ahora en adelante** ustedes tendrán menos clientes.

En un restaurante de 4 tenedores	**En un hotel de 5 estrellas**	**En el avión**
Problemas	Problemas	Problemas
La ensalada tenía mucho ajo	La habitación no tiene ventana con vista a la calle, sino a los techos de las casas de los alrededores	El maletín de mano no cabe en los compartimentos
La sopa estaba muy salada		No hay nada de comer
…	El baño no tiene agua caliente	
Justificaciones		…
La receta es así	…	Justificaciones
Usaron sal marina	Justificaciones	El maletín excede el tamaño permitido
	No es la más cara de las habitaciones	Hay cacahuetes en bolsa
…	Enviarán al plomero	
		…
	…	

 4-16 Negociar y redactar regulaciones

1. A continuación tienes tres colectivos que enfrentan situaciones difíciles con frecuencia. En grupos de tres, elijan un colectivo, hablen de los posibles problemas que tiene que enfrentar y comenten posibles soluciones para cambiar las situaciones problemáticas.

	Problemas	Sugerencias: Cómo cambiar la situación
Las empleadas del hogar	• Trabajan más de 8 horas al día. • No tienen seguro de salud. • …	• Deben trabajar sólo 8 horas al día. • Deben tener seguro de salud. • …
Los estudiantes que viven en el campus		
Los estudiantes deportistas		
Los estudiantes que trabajan		

2. Ahora formen nuevos grupos y compartan sus problemas y sugerencias con compañeros que trabajaron los otros colectivos. Cuando discutan las sugerencias expresen las condiciones bajo las cuales estas sugerencias podrían funcionar.

E1: Las empleadas del hogar deberían trabajar 8 horas y tener seguro médico.
E2: Ellas podrían tener seguro de salud **siempre y cuando** paguen impuestos.

3. Finalmente, una vez escuchadas todas las condiciones, escriban las regulaciones que permitan cambios relevantes para estos colectivos. Incorporen las condiciones discutidas, así como un marcador temporal indicando el inicio de la regulación.

E1: A partir del próximo mes, las empleadas del hogar contarán con un seguro de salud pagado por el empleador siempre y cuando aporten dinero a los impuestos del estado.

Información para la actividad 4-16
El profesor debe darse cuenta de que esta actividad tiene tres etapas, de las cuales la última es escrita. Las respuestas serán variadas, dependiendo del colectivo seleccionado. El rol del instructor es vigilar la producción para dar la retroalimentación apropiada. En la primera etapa, los estudiantes tendrían que hablar de las dificultades que enfrentan estos grupos, la idea es que pueden usar las formas lingüísticas para añadir información, tanto afirmativa como negativa. Se les debe alentar a usar las formas para contraponer ideas (sin embargo, ahora bien). Asimismo, en esta etapa, presentan algunas sugerencias para mejorar la situación del colectivo. La segunda etapa es presentar las sugerencias a los otros grupos de la clase, y escuchar las reacciones que éstos tengan. El grupo debe prestar atención a las recomendaciones de los otros grupos. Las propuestas podrán ser completamente aceptadas, aceptadas con condición o rechazadas. Tendrán que reciclar las formas para expresar condición (siempre que, siempre y cuando, con tal que…). Finalmente, cada grupo redacta la ley que afecta al colectivo de su elección, se espera que los estudiantes especifiquen el momento de la introducción de la nueva ley: a partir de ahora, desde este momento, etc.

Información para Tarea
La preparación

Preparación contextualiza la actividad. En este caso, acercamos a los estudiantes al tema de las organizaciones no gubernamentales desde una perspectiva más personal, el trabajo como voluntario. Se recomienda escribir en la pizarra "Un techo para mi país", y antes de escuchar el audio el instructor debe preguntar a los estudiantes con qué asocian la palabra "techo" antes de escuchar el audio. Luego de escuchar el audio, el profesor puede volver a plantear la pregunta y discutir si la imagen de "techo" ha cambiado. También se recomienda que el profesor muestre el video de YouTube: "Un techo para mi País" en el que los voluntarios mencionan lo que para ellos significa un techo.

Si el instructor encontrara dificultad para encontrar el video en Youtube, se recomienda hacer una búsqueda de Google, porque la ONG está bastante consolidada.

Esto es lo que dicen los voluntarios en el video en Youtube: alegría, felicidad, oportunidad, un cambio, esperanza, amor, ayudar, sentimiento, esfuerzo, un cambio, vida.

Paso 1

La clase puede decidir trabajar con un solo colectivo. También pueden decidir como clase qué productos quieren preparar para la publicidad. Si estos grupos no son de su interés, los estudiantes pueden sugerir sus propios colectivos, como por ejemplo:

- Los huérfanos de Darfur
- Los animales que sufren abuso
- Los niños soldados
- Las niñas que viven en pobreza

TAREA

Recuerde referir a los estudiantes a la lista de vocabulario para completar la tarea.

Crear y promocionar una organización no gubernamental (ONG).

PREPARACIÓN

 ¿Qué ONGs conoces? ¿Qué características definen una buena ONG?

Escuchen estos testimonios sobre la ONG "Un techo para mi país" y anoten la idea principal que menciona cada persona.

Voluntario	Organización	Beneficiaria
No recibes nada material, sin embargo recibes mucho amor, mucha alegría. Te sientes útil; aprendes a ver la vida de otra manera.	Funciona gracias a donaciones de la empresa privada. Lo que hacemos no es sólo construir casas, sino construir sueños.	Aunque no es exactamente un regalo porque tenemos que pagar el 10 por ciento, yo siento que me ha tocado la lotería

Comparen sus respuestas y después discutan sobre el objetivo y los beneficios de esta ONG. ¿Piensan que es una organizacion digna de imitación?

Paso 1 **El colectivo**

En grupos van a elegir un colectivo y crear una ONG en su comunidad.
Primero, piensen en aquellos colectivos que les interesen o les gustaría ayudar especialmente.
Algunas ideas son:

- los afectados por desastres naturales

- los niños en el trabajo o en la calle

- los sin techo (indigentes)

- los nuevos inmigrantes

- las mujeres maltratadas

- los veteranos del ejército

- …

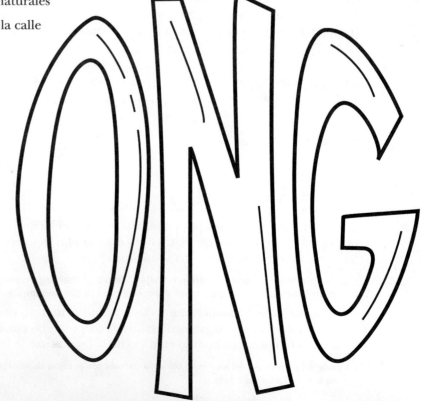

Paso 2 **El plan de acción de la ONG**

Una vez escogido el colectivo, intenten formar grupos por afinidades y tomen las siguientes decisiones:

- el nombre de la ONG

- su objetivo y qué pasos van a seguir para alcanzarlo:

  1. los principios por los que se regirá la actuación de la organización.

  2. qué necesidades se quieren cubrir.

  3. cuáles serán las iniciativas de la ONG.

  4. la promoción de la organización.

  5. la captación de fondos o ayudas económicas.

Paso 3 **La campaña publicitaria**

Para completar el plan de acción, necesitaremos una campaña publicitaria efectiva. Decidan dónde se puede promocionar la organización y sus iniciativas (un póster para la prensa escrita, Internet, anuncios/comerciales de TV, eslóganes…) y ¡preparen la campaña!

Paso 4 **Presentación de la ONG**

Ahora, todos los grupos van a presentar su ONG, con su campaña publicitaria, ante el resto de la clase. Intenten ser creativos, entusiastas y convincentes.

Los demás escuchan sus propuestas; se preparan para hacer preguntas, discutir o señalar los "puntos débiles", etc.

Al final, entre toda la clase, traten de decidir qué ONG es más beneficiosa para su comunidad y por lo tanto, en qué ONG pondrían su esfuerzo y dedicación.

Paso 2
Para el plan de acción es importante que los estudiantes utilicen las formas y funciones que han aparecido en las diferentes actividades del capítulo. De especial importancia serán las expresiones para hacer propuestas, para hablar de derechos o prohibiciones y expresar condiciones.

Paso 3
El Paso 3 es el producto final de la tarea. Los estudiantes tienen plena libertad para ser creativos. Dependiendo del tiempo disponible para dedicarle a la tarea final, esta parte la pueden hacer en la casa o en la clase/laboratorio de lenguas. El profesor y los estudiantes pueden decidir sobre el tipo de materiales que quieren emplear para la campaña de publicidad, según los recursos y posibilidades de cada clase.

Paso 4
El Paso 4 es la puesta en común del trabajo de todos los grupos.

La puesta en común puede realizarse de distintas maneras; recomendamos las siguientes:

1. Cada grupo presenta al resto de la clase su ONG
2. Se forman grupos compuestos por un representante de las diferentes ONGs. Posteriormente, de forma individualizada, cada representante tendrá que presentar su ONG y convencer al resto de que su opción es la mejor.

Si cada grupo ha trabajado con un colectivo distinto, es la oportunidad para que la clase exprese opinión y puedan decidir qué colectivo se beneficiaría más con la ONG creada. Por otro lado, si la clase ha trabajado con un mismo colectivo, la clase tiene la oportunidad de observar qué aspectos de las necesidades proponen resolver las distintas ONGs. Finalmente, entre todos deben decidir cuál tiene más posibilidad de éxito.

EXPLORACIONES

GENTE QUE LEE

Información para Gente que lee
El objetivo de la sección de Gente que lee en este capítulo es el texto argumentativo. Específicamente, se quiere que el estudiante pueda discernir cuál es la tesis del artículo y puede identificar los argumentos presentados por el autor para sustentar su tesis. Asimismo, es importante que el profesor apunte a los contraargumentos, ya que su discusión permite darle fuerza a la argumentación a favor de la tesis inicial. Otro punto importante es que el estudiante debe observar los mecanismos que brindan objetividad a la argumentación: las citas, los ejemplos, las estadísticas así como también las imágenes o diagramas siempre ayudan a corroborar y darle objetividad a la discusión planteada.

El texto argumentativo: tesis y argumentos

La tesis es la respuesta a una pregunta de investigación que plantea el escritor cuando quiere acercarse a discutir un tema específico. La tesis expresa una idea principal o propuesta que va a servir de hilo conductor para organizar los argumentos que la apoyan y discutir aquellos que la oponen. Una buena tesis necesita enfrentar un tema en el que se han planteado perspectivas diversas. El texto argumentativo desarrolla los argumentos que apoyan la tesis, apoyándose de diferentes mecanismos tales como los ejemplos, citas, estadísticas, etc., además de la discusión de los argumentos que van en otra dirección.

En la conclusión se vuelve a hacer referencia a la tesis expuesta en la introducción, pero ahora ésta debe ser confirmada a partir de los argumentos presentados en el desarrollo.

ANTES DE LEER

4-17 Economía y Sociedad

Información para la actividad 4-17
En esta sección se intenta que los estudiantes tengan un acercamiento al vocabulario del texto de lectura. Esta actividad en particular permite que los aprendices establezcan conexiones semánticas. El profesor puede ampliar este paradigma con una lluvia de ideas en clase. Se recomienda altamente que esta actividad se lleve a cabo en la pizarra, o de alguna manera que los estudiantes tengan una imagen visual del ejercicio.

Observa las siguientes palabras y clasifícalas según su contexto de uso. Algunas pueden estar en ambos contextos.

préstamo	crédito	riqueza	nivel de vida
desarrollo	solidaridad	negocio	desigualdad
pobreza	necesidades	oportunidades	Banco Mundial
grupos de apoyo	interés	empresa rural	países en desarrollo

Economía   Sociedad

AL LEER

4-18 Un poco es mucho

Información para la actividad 4-18
Es crucial que el profesor oriente la lectura de los estudiantes. Al final de la actividad el uso de una copia en transparencia permitirá a los estudiantes ver la ilación de los argumentos y observar los mecanismos que ayudan a darles fuerza. Es importante que se haga énfasis en la objetividad de un texto argumentativo, y que el objetivo final es convencer al público de que la tesis original es válida.

Lee el texto. Identifica la tesis y haz una lista de los argumentos que la apoyan. ¿Qué mecanismos usa el autor para dar validez y apoyar su tesis?

Un poco es mucho

Según los informes del Banco Mundial, un cuarto de la población del mundo vive en la pobreza y sólo dispone de poco más de un dólar al día para satisfacer sus necesidades. Aquejados de penurias como la falta de agua o alimentos, además deben pelear contra la falta de oportunidades: no pueden acceder a recursos que son habituales para la mayoría de los habitantes de los países desarrollados.

Por ejemplo, las personas más desfavorecidas en muchas ocasiones no tienen la posibilidad de obtener dinero para iniciar o expandir un pequeño negocio que les ayude a tener algo más de dinero con el que comprar comida, ropas, una olla, cosas imprescindibles... e incluso ahorrar un poco para aumentar el negocio y así poder prosperar. No pueden acceder a un préstamo porque los bancos tradicionales consideran que es un riesgo demasiado grande dejar dinero a esas personas pobres. Pero desde hace ya unos años se ha demostrado que los más pobres sí saben administrar su dinero y devuelven el dinero prestado. Eso se ha hecho evidente con los microcréditos, pequeños préstamos de dinero que en la actualidad funcionan como una de las herramientas más útiles para la lucha contra la pobreza.

Se atribuye a Muhammad Yunus, a quien se conoce como "el banquero de los pobres", la creación de los microcréditos para ayudar a luchar contra la pobreza en los países más desfavorecidos. Se dice que Yunus dio el primer préstamo de su propio bolsillo, el equivalente a 27 dólares, a una mujer que hacía muebles de bambú para alimentar a su familia. Con ese dinero, la mujer pudo obtener mejores herramientas y más bambú para hacer más muebles y con los beneficios pudo devolver el préstamo y además aumentar su negocio y así obtener más beneficios para proveer mejor a su familia.

Tras esa primera experiencia, Yunus, quien recibió el premio Nobel de la paz en el año 2006, fundó el Banco Grameen en Bangladesh en 1976 para hacer pequeños préstamos de dinero a los pobres que no podían obtener préstamos de los bancos tradicionales. Desde entonces, el Banco Grameen ha concedido más de 7,4 billones de dólares a un total de 7,61 millones de personas. La tasa de devolución del dinero tiene un promedio del 98%, superior a la de los bancos tradicionales. Pero aunque los nombres de Yunus y su banco Grameen suenan siempre relacionados con el nacimiento de los microcréditos, en realidad otras entidades ya habían iniciado esas prácticas con antelación: en 1970 el Bank Dagan en Indonesia, en 1971 el Opportunity Internacional en Colombia, en 1973 Acción International en Brasil…

En la mayoría de ocasiones la suma de dinero no supera los 100 dólares, una cantidad suficiente para proporcionar una oportunidad a los más necesitados. Otra característica común es que la mayor parte de los préstamos son concedidos a mujeres –por ejemplo, en el caso del Banco Grameen el 97% de prestatarios son mujeres–, pues se ha comprobado que las mujeres administran mejor el dinero de los préstamos y cumplen mejor con la devolución del dinero que los hombres. Además, habitualmente cuando se solicita un microcrédito se crean unos grupos de apoyo, es decir, por ejemplo un grupo de amigas se pone de acuerdo para ayudarse unas a otras y, en el caso de que una tenga un problema inesperado y no pueda devolver el dinero, colaboran entre todas para cumplir con los pagos y auxiliar a la amiga en dificultades.

No sólo en los países pobres

Con los microcréditos ha sucedido además una curiosa circunstancia: su uso se inició en países en desarrollo para ayudar a los más pobres y desde allí han llegado también para ayudar a las personas más pobres de los países ricos. Antes de la llegada de los microcréditos, la única opción para esas personas era recurrir a usureros que en ocasiones exigen hasta un 200% o 300% de interés, con lo que su problema todavía se agrava más cuando tienen que devolver una cantidad de dinero muy superior a la prestada. En cambio, con los microcréditos pueden obtener dinero por un interés razonable.

Siguiendo con el Banco Grameen, su oficina en Estados Unidos ofrece préstamos de entre 500 y 3.000 dólares y en su primera actuación prestó pequeñas cantidades de dinero a 100 mujeres en el barrio neoyorquino de Queens. ¿Cómo ayuda ese programa? Según explica el Banco Grameen: "Hay panaderos que sólo pueden comprar huevos y leche para un día de trabajo porque no pueden comprar una nevera para conservar los ingredientes. Hay vendedores ambulantes que necesitan alquilar cada día un carrito. Hay peluqueras que necesitan un préstamo cada vez que tienen que comprar champú". Ofreciendo una pequeña cantidad de dinero a un interés aceptable, esas personas consiguen la oportunidad que necesitan para mejorar su negocio y su vida.

Y así, gracias a pequeñas cantidades de dinero y paso a paso, los microcréditos están ayudando a mejorar la situación de muchas personas necesitadas en el mundo, tanto en los países en desarrollo como en los países que se consideran avanzados. No hay que olvidar que en los llamados países ricos también existe la pobreza y la falta de oportunidades. Se puede mencionar el caso de Estados Unidos, pese a ser el país más rico del mundo se calcula que alrededor de un 12,5% de la población vive en la pobreza.

DESPUÉS DE LEER

 4-19 ¿Qué opinas?

Compara las respuestas con un compañero en la clase y juntos identifiquen un argumento y un contraargumento que el autor presente en el texto.

Información para la Mesa redonda
Una lluvia de ideas/opiniones/ reacciones a las fotos y sus pies de fotos es una manera productiva de iniciar esta actividad. Especialmente si se hace con la intención expresa de responder a la pregunta de apertura. ¿Ha habido progreso? ¿Es este progreso utópico?

Información para los Pasos 1 y 2
Como fase preliminar, el instructor puede recomendar a los estudiantes que busquen en Internet casos de violaciones de los derechos humanos que sean muy conocidos o que hayan pasado casi desapercibidos.

La lectura hecha va a permitir iluminar un poco la discusión en la línea esperanzadora de respeto a los derechos humanos. El profesor puede retomar la discusión sobre "Un techo para mi país" y todos los ejemplos en los que participan o se menciona a la gente joven… ¿abre esto una ventana a la esperanza?

MESA REDONDA

¿El respeto a los derechos humanos va en aumento?

Represión policial durante una manifestación

Violencia de género

La pobreza y el hambre

Libertad de expresión

Paso 1 Investiga

Busca información sobre un famoso caso de violación de derechos humanos, sea en Estados Unidos o en cualquier parte del mundo. De igual manera identifica un paso hacia delante en la defensa de los derechos humanos.

Paso 2 Puesta en común

Después de la investigación, discutan este tema: ¿El respeto a los derechos humanos va en aumento? ¿Cuáles son los logros? ¿Qué acontecimientos representan dificultades para los derechos humanos? ¿Hay alguna relación de causa/efecto entre las violaciones de derechos humanos y la promulgación y aplicación de nuevas leyes? Piensen en razones para sentirse optimistas o pesimistas en cuanto al respeto a los derechos humanos en el mundo.

GENTE QUE ESCRIBE

Para escribir un texto argumentativo es crucial delimitar el tema que te interesa. Así puedes proponer una tesis y desarrollar los argumentos para sostenerla. Observa cómo seleccionamos un tema, de lo más general a lo más específico (esquematizado por las flechas). Finalmente, puedes observar el planteamiento de una tesis a partir de un tema que ha sido muy delimitado.

Los niños en el mercado laboral

Los niños en el mercado laboral, países en vías de desarrollo

Los niños en el mercado laboral, países en vías de desarrollo, Asia

Los niños en el mercado laboral, países en vías de desarrollo, China, Tailandia, India

Los niños en el mercado laboral, China

Los niños en el mercado laboral, China: fábrica de ropa

Se plantea la siguiente tesis para este tema:

La presencia de niños trabajadores en las fábricas de ropa de China responde a los altos niveles de pobreza que los afecta directamente.

4-20 Delimitando el tema

Ahora selecciona un tema de los discutidos en la Mesa redonda y delimítalo para poder luego plantear un tema de ensayo y proponer una tesis. El proceso es más sencillo si te enfocas de lo más general a lo más específico.

4-21 El ensayo

A partir del tema seleccionado escribe un texto que incorpore argumentos que apoyan tu tesis.

Sugerencia para Gente que escribe
El profesor debería revisar con los estudiantes lo que es una tesis. Por ejemplo, se debe enfatizar que la tesis responde a una pregunta de investigación. En el caso del ejemplo de la actividad, la pregunta detrás de la tesis sería: ¿Por qué hay trabajadores infantiles en el mercado laboral? El profesor puede indicar cómo la delimitación de la pregunta contribuye a la delimitación del tema. La respuesta a la pregunta es la tesis: "La presencia de niños trabajadores en las fábricas de ropa de China responde a los altos niveles de pobreza que los afecta directamente".

Sugerencia para la actividad 4-20
Se recomienda que el profesor seleccione dos temas y que los estudiantes decidan sobre cuál preparar una tesis. Una comparación de cómo se delimitaron los temas, y cómo se plantearon las tesis sería productiva especialmente para el siguiente paso.

Sugerencia para la actividad 4-21
Con los resultados de la actividad anterior, se sugiere que antes de escribir el ensayo final los estudiantes compartan sus tesis y reciban comentarios de sus compañeros en cuanto a los argumentos y contraargumentos que pueden proponer. El esquema debe ser escueto.

El vocabulario activo está marcado en negrita. Las otras palabras ayudarán al estudiante a completar las actividades del capítulo.

 VOCABULARIO

Las palabras en negrita representan el vocabulario activo. Las otras palabras te ayudarán a completar las actividades del capítulo.

Derechos

el acceso
el agua
   potable
   no potable
el alcance
el analfabeto/a
el aumento
el avance
el beneficiario/la beneficiaria
el calentamiento global
la campaña
la capa de ozono
la censura
el comercio
las condiciones de vida
la contaminación
la cooperación
el crédito
la deforestación
los derechos humanos
el desafío
el desarrollo
la devolución
la dignidad
la discapacidad
la discriminación
la economía
la educación
las empleadas del hogar
la escasez
el esfuerzo
la esperanza
la explotación
el gasto
la globalización
la guerra
el hambre
el heroísmo
la humanidad
los indígenas
la industria
la iniciativa
la injusticia
el lema
la libertad
   de expresión

la lucha
el machismo
el maltrato
la marginación
el medio ambiente
las mejoras
el mercado laboral
los microcréditos
las minorías
la miseria
la ONG (organización
   no gubernamental)
la osadía
la ostentación
el país
   en vías de desarrollo
   industrializado
la población
la pobreza
el préstamo
el progreso
la protesta
el proyecto
el racismo
el recurso
el régimen
las regulaciones
la represión
el reto
la riqueza
la sanidad
la sed
el seguro de salud
la sociedad
la tecnología
el techo
el trato
la valentía
los valores
la violencia
   familiar
   de género
los voluntarios

Adjetivos

alcanzable,
   inalcanzable
analfabeto/a
controvertido/a
desafiante
digno/a, indigno/a
discapacitado/a
fuerte
grotesco/a
hermoso/a
horrible
imprescindible
increíble

insustancial
intenso/a
interesante
justo/a, injusto/a
laboral
llamativo/a
poderoso/a
política
precioso/a
seguro/a, inseguro/a
solidario/a, insolidario/a
tolerante, intolerante

Verbos

abstenerse
abusar
aliviar
apoyar
arruinar
colaborar
combatir
conseguir
contaminar
enfrentar
enfrentarse
empeorar
esforzarse (por)

explotar
fomentar
fundar
luchar
luchar por
maltratar
mejorar
otorgar
prevenir
proveer
salvar
sufrir
vigilar

CONSULTORIO LINGÜÍSTICO

1 Derechos, obligaciones y prohibiciones

Todo individuo
Toda persona
  { tiene derecho a
    podrá
    tendrá que
    deberá
    tiene la obligación de
    está obligado a
    ha de }
+ INFINITIVO
vivir en libertad.

Nadie tiene derecho a
En ningún caso se podrá
Queda prohibido
Está prohibido
  { + INFINITIVO
    maltratar a los animales
    usar teléfonos móviles }

> **Haber de** + *infinitivo* equivale a **tener que** + *infinitivo*, aunque su uso en la lengua oral es menos frecuente.
>
> Los políticos **han de cumplir** sus promesas electorales.

2 Hacer propuestas y sugerencias

Con un sujeto personal

CONDICIONAL DE **DEBER**
Deberías/Deberíamos/...
  } + INFINITIVO
    empezar a tratar este tema más en serio.

CONDICIONAL DE **TENER**
Tendrías/Tendrían...
  } + **que** + INFINITIVO
    que visitar a Ana en el hospital.

PRESENTE DE INDICATIVO
Proponemos
Aconsejamos
Sugerimos
  } + INFINITIVO
    revisar la situación de los jubilados.
    o
    + **que** + SUBJUNTIVO
    que revisen la situación de los jubilados.

De forma impersonal

Habría que
Se tendría que
Se debería
  } + INFINITIVO
    cambiar esa ley. No es justa.

ES/SERÍA + ADJETIVO

Es/Sería
  { conveniente
    necesario
    aconsejable
    deseable }
+ INFINITIVO
escribir las normas
o
+ **que** + SUBJUNTIVO
que escriban / escribieran las normas.

3 El imperativo

Otro modo de dar recomendaciones, advertir o hacer propuestas es haciendo uso del imperativo.

	Conjugación	Tú	Usted	Ustedes	Vosotros	
Afirmativo	-ar	Cambia	Cambie	Cambien	Cambiad	las normas.
	-er	Lee	Lea	Lean	Leed	
	-ir	Decide	Decida	Decidan	Decidid	
Negativo	-ar	No cambies	No cambie	No cambien	No cambiéis	las normas.
	-er	No leas	No lea	No lean	No leáis	
	-ir	No decidas	No decida	No decidan	No decidáis	

Recordemos algunos verbos irregulares en imperativo afirmativo

ir → ve; salir → sal; venir → ven; hacer → haz; poner → pon; decir → di; tener → ten; ser → sé

Recordemos que la forma imperativa afirmativa de **usted/ustedes** es la forma de la tercera persona del presente de subjuntivo.

4 Subordinadas sustantivas: indicativo/subjuntivo

Con aquellas expresiones que sirven para afirmar la veracidad de un hecho, el verbo de la frase subordinada va en indicativo:

Es cierto/Es verdad
Es evidente
Es indudable
Es incuestionable
Es evidente
Está demostrado
Está probado
Está claro
No hay (ninguna) duda de

que + INDICATIVO
que existe una solución a ese problema.

Con las expresiones que sirven para cuestionar o para negar la veracidad de algo, el verbo de la frase subordinada va en subjuntivo:

No es cierto/No es verdad
No es evidente
No está demostrado
No está probado
No está claro

que + SUBJUNTIVO
que exista una solución a ese problema.

También pertenecen a este grupo expresiones con valor negativo:

Es falso
Es mentira

que + SUBJUNTIVO
que vayan a bajar los impuestos

Cuando la oración principal es un juicio de valor sobre la acción de la subordinada, esta última va en subjuntivo:

Es ridículo/fantástico/una vergüenza/...
Considero totalmente injusto/inadecuado/negativo/...
Me parece positivo/una tontería/muy interesante/...
Encuentro absurdo/bastante peligroso/...

que + PRESENTE DE SUBJUNTIVO
que cambien esa ley.

Si el verbo de la oración principal está en condicional, el verbo subordinado estará en imperfecto de subjuntivo:

Sería conveniente/aconsejable/preferible/...

que + IMPERFECTO DE SUBJUNTIVO
que cambiaran las leyes.

Cuando en la oración principal se manifiesta una voluntad de transformar o de incidir de algún modo en la acción subordinada ésta va en subjuntivo:

Yo **propongo**	
Nosotros **defendemos**	
La oposición **quiere**	**que** + SUBJUNTIVO
Están a favor de	**que** se **cambie** la Constitución
Nosotros **estamos en contra de**	

5 Construcciones condicionales

	CONJUNCIÓN	PRESENTE DE SUBJUNTIVO
De acuerdo, firmaremos el contrato	**siempre que**	nos **garanticen** el pago.
	siempre y cuando	(= sólo si nos garantizan el pago)
	con tal de que	nos **garanticen** el pago.
		(= basta con que garanticen el pago)
	a no ser que	no nos **garanticen** el pago.
		(= si no garantizan el pago, no firmaremos)

6 Marcadores temporales de inicio

A partir	**del (próximo)**	verano/año/día 1 de enero/...	
	de la (próxima)	semana/primavera/...	entrará en vigor la nueva ley.
	de la	semana/primavera que viene	

A partir de ahora,	
De ahora en adelante,	tú recogerás la basura y yo plancharé.
Desde este momento,	no se puede circular en coche por la ciudad.
Desde este mismo instante,	

5 GENTE con CORAZÓN

Información para la introducción

Este capítulo tiene como objetivo estimular el interés de los estudiantes en el tema de las emociones desde varias perspectivas. Se explora la expresión de sentimientos que acompañan diferentes circunstancias de la vida cotidiana, entre ellas el amor de pareja. Esta sección inicial pretende, mediante la lectura y la comprensión auditiva, reciclar algunas estructuras lingüísticas y vocabulario para expresar sentimientos que los estudiantes ya vieron en *Gente Nivel básico* y, a su vez, expandir el repertorio funcional y discursivo presentando a los estudiantes algunas nuevas formas.

Sugerencias / expansión para la introducción

Una opción es pedir a los estudiantes que miren las fotografías y el título del capítulo y que intenten identificar la dirección que tomará el tema. En este momento se puede hacer una lluvia de vocabulario sobre relaciones personales que conocen los estudiantes.

Información para la actividad 5-1

Esta primera actividad pretende abordar el tema de las relaciones entre padres e hijos. Se busca que los estudiantes piensen en las diferentes formas que toman los sentimientos en este contexto específico, y que produzcan y reciclen las formas y vocabulario que ya conocen. En los textos que acompañan a las fotos, aparecen de nuevo las oraciones subordinadas nominales y el imperfecto de subjuntivo en construcciones con *si* condicional y en estilo indirecto. Los estudiantes emplean estas estructuras para hablar de los problemas y emociones de los personajes en las fotos, pero no necesariamente las necesitarán para hablar de sus propias situaciones personales en la segunda parte de la actividad.

Se pueden mostrar primero las fotos que aparecen en la sección sin leer los textos y preguntar a la clase qué tipo de problema específico puede tener cada persona. La lectura y discusión posterior puede confirmar o refutar las opiniones iniciales.

El profesor puede dividir a los estudiantes en 2 grupos. Un grupo lee lo que dicen los hijos y el otro, lo que dicen los padres. Posteriormente hablan de los artículos y opinan al respeto a partir de las estructuras que se ofrecen en el ejemplo u otras similares.

5-1 Las relaciones padres-hijos

Lee lo que dicen estas personas sobre las relaciones entre padres e hijos, ¿Qué tipo de problemas tienen? ¿Qué tipo de emociones manifiestan? ¿Son positivas o negativas? ¿Cómo lo sabes? Completa el cuadro.

1. Me molesta que mis padres me traten como si todavía fuera un bebé. Yo, como todos los jóvenes, quiero experimentar, descubrir las cosas por mi misma, arriesgarme. Me pone enferma que a cada momento me estén diciendo lo que tengo que hacer.

3. Antes me indignaba cualquier cosa que dijeran mis padres, pero cuando ingresé en la universidad eso cambió. Me apoyaron y me ayudaron en todo. Ahora me parecen los mejores padres del mundo. En serio, para algunos puede sonar raro, pero los adoro.

5. Mi mujer y yo ya no sabemos qué hacer, pues cuanto más les dices, peor. Antes nos daba miedo que no se integraran con el resto y ahora nos da pánico que acaben teniendo malas compañías.

7. Mis hijos nunca me cuentan qué les pasa o cómo les va la escuela. Es como si no existiera. Cuando yo tenía su edad, jamás ignoré a mi madre.

2. Yo no soporto que me cuestionen todo y no me dejen hacer las cosas que a mi me gustan. Además, cuanto más me prohíben hacer algo, más ganas tengo de hacerlo. ¿Por qué no pueden confiar en mí? ¿Es eso tan difícil? ¿No fueron ellos jóvenes también?

4. Mis padres no me escuchan. Se pasan todo el día estresados, peleándose el uno con el otro. Yo ya decidí no conversar más con ellos. ¿Por qué no pueden dedicar unos minutos a mis problemas? Estoy harto de que me ignoren.

6. Nos encantaría entender a nuestra hija y que ella nos entendiera a nosotros. Sin embargo, cualquier cosa que le decimos se convierte en una pelea. Nos encantaría que nos dijera qué es lo que le molesta, pero prefiere gritarlo a decírnoslo.

8. Es normal que reaccionen así, están en la adolescencia. Sin embargo, hay que ponerles límites y explicarles que la vida impone dificultades y nosotros estamos ahí para amarles y ayudarles, no para amargarles la existencia.

TAREA

Participar en un servicio de citas rápidas.

MESA REDONDA

Representacion artística de los sentimientos: ¿hay límites?

ACERCAMIENTOS

05-01 to
05-02

Active el léxico necesario para llevar a cabo las actividades de esta sección y así, desarrollar con éxito la tarea. Para ello, los estudiantes revisarán con anterioridad las listas al final del capítulo y el glosario para comprender el significado de las palabras.

Problemas	**PROBLEMA**	Emociones	**EMOCIÓN**
1. Los padres la tratan como una niña y le dicen qué tiene que hacer.		negativa ("me pone enferma", "me molesta")	
2. Le cuestionan todo, no confían en él.		negativa ("no soporto")	
3. No hay problema, situación positiva.		positiva ("los adoro")	
4. Los padres no lo escuchan.		negativa ("no converso más con ellos", "estoy harto de que me ignoren")	
5. No saben qué hacer.		negativa ("antes les daba miedo…ahora les da pánico…")	
6. Su hija no les habla y cuando quieren hablar, les grita y se pelean.		negativa ("nos gustaría entenderla y que ella nos entendiera y nos dijera que le molesta")	
7. Sus hijos nunca le cuentan nada.		negativa ("es como si no existiera")	
8. Es normal su reacción pero hay que poner límites.		positiva conciliadora (hay que explicarles que…)	

¿Son familiares para ti estas situaciones? ¿Por qué crees que padres e hijos no pueden ponerse de acuerdo?

EJEMPLO:

E1: A mí me pasa lo mismo. Mis padres siempre me tratan como a un bebé.
E2: Pues a mí no. Yo siempre tuve muy buena relación con mis padres.

5-2 ¿Cuál es la regla?

En la actividad anterior sobre las relaciones entre padres e hijos aparecen frases con subjuntivo y con infinitivo. Busca algunos ejemplos y subráyalos. ¿Sabes cuál es la regla para el uso del subjuntivo y del infinitivo?

 ### 5-3 Diálogos con sentimiento

 Busca fotos en revistas o en la Internet y con un compañero creen una fotonovela que tenga un diálogo que refleje las relaciones de amistad, de trabajo o de convivencia y que incorpore diversas expresiones de sentimiento.

 ### 5-4 El vecino de la cuarta planta

Escucha lo que dicen las siguientes personas sobre el vecino de la cuarta planta y anota si su opinión es positiva o negativa y por qué.

	+	−	¿POR QUÉ?
1.		−	siempre está haciendo ruido
2.		−	mujeriego, arrogante, machista
3.	+		amable, servicial, simpático
4.		−	gigoló, animal
5.	+		ayuda con las bolsas

Información para la actividad 5-2
Los estudiantes se deben fijar en los textos para realizar un ejercicio de inducción y de reflexión gramatical. El profesor debe pedir a los estudiantes que subrayen los verbos de sentimientos y clasificarlos según la forma que estos verbos adoptan: sustantivo, infinitivo o presente o imperfecto de subjuntivo.

Respuestas para la actividad 5-2

Explicación 1: Frases que expresan emoción en presente + que + presente subjuntivo (sujetos diferentes).

Me molesta que mis padres me traten como si todavía fuera un bebé.

Explicación 2: Frases que expresan emoción en pasado + que + imperfecto subjuntivo (sujetos diferentes).

Antes me indignaba cualquier cosa que dijeran mis padres.

Explicación 3: Frases que expresan emoción usando el condicional + infinitivo (mismo sujeto).

Me encantaría entender a mi hija.

Explicación 4: Frases que expresan emoción usando el condicional + que + imperfecto de subjuntivo (sujetos diferentes).

Nos encantaría que nos dijera qué es lo que le molesta.

Información para la actividad 5-3
Esta actividad sugiere que el estudiante pueda recrear diálogos a partir de las expresiones de emoción. El instructor puede llevar revistas o sugerir que los estudiantes usen la Internet para encontrar fotos que representen a los personajes de su foto novela.

Información para la actividad 5-4
Esta actividad propone que los estudiantes identifiquen las estructuras y el léxico relacionadas con la expresión de sentimientos y puedan determinar si los hablantes ofrecen una connotación positiva o no.

El instructor podría comenzar la actividad con una foto de un personaje masculino y mostrarla a la clase para que los estudiantes den opiniones *a priori* sobre lo que piensan sus vecinas de él. Con ello se podría inducir vocabulario y estructuras que después aparecerán en la audición.

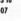 **VOCABULARIO EN CONTEXTO**

05-03 to
05-07

 5-5 Preguntas abiertas

Lee los siguientes blogs e identifica las expresiones que se usan para hablar de las relaciones de amor. Coméntalos con tu compañero y juntos completen las categorías.

¿Has tenido alguna relación con alguien de otro país o que tenga una cultura distinta a la tuya?	
Estrella de mar	Yo colombiana y él salvadoreño… Eran muchas las diferencias culturales. Pero ese no fue el problema principal. Por desgracia, éramos incompatibles. La pasión se acabó muy pronto. No soportaba que me hablara con un tono fuerte. Además, él era egoísta y no tenía modales, muchas veces me daba vergüenza salir con él. Peleábamos constantemente. Según él, yo era intolerante con él y coqueta. Simplemente no éramos el uno para el otro. Era muy celoso, pero eso es por machismo, no por las diferentes culturas. Rompimos al poco tiempo. Ahora sólo me quedan los recuerdos.
Milagro	Nunca me ha importado la cultura de mis novios. De hecho, he tenido novios chilenos y españoles, y he salido con brasileños y peruanos. Finalmente, me casé con un italiano. ¿Problemas culturales? Pues sí, cómo no. El romanticismo es universal, pero hay que mantenerlo vivo. El respeto y la tolerancia son importantes, y también no abusar de la confianza de nadie. Nuestra relación funciona porque no somos conflictivos y nos gusta el diálogo. Hemos aprendido a pedir perdón y a perdonar. Sabemos que somos compañeros, nos respetamos y después de todo, nos amamos.

Verbos	Sustantivos	Adjetivos
(no) soportar	*pasión*	*incompatibles*

¿Sabes lo que significa una "relación platónica"? ¿Has tenido algún tipo de relación como ésta en tu vida? Responde a las preguntas escribiendo un párrafo que incluya detalles de alguna relación platónica que tuviste en algún momento de tu vida.

 5-6 Día de los Enamorados o de San Valentín

Una encuesta en la calle revela cómo celebran algunas parejas el día del amor, qué piensan regalarle a su pareja y qué emoción les produce ese día.

	QUÉ HACEN	QUÉ REGALAN	QUÉ SENTIMIENTO LES CAUSA SAN VALENTÍN
1.	ir a un restaurante exótico	joyas	San Valentín le encanta
2.	a cenar y al cine	vacaciones en la playa	es divertido (diversión)
3.	no lo celebran	un buen vino, libro, ropa	no soporta la fecha, es comercial
4.	cocinar, crear ambiente romántico	algo pequeño, simbólico	es un día romántico
5.	hacer bromas de amor	regalos tontos	San Valentín me anima mucho

Y tú, ¿qué piensas? ¿Celebras el Día de los Enamorados o de San Valentín? ¿Cómo? ¿Conoces otros días especiales relacionados con la expresión de sentimientos en algún país hispanohablante?

 5-7 El color de las emociones

Se dice que los colores representan los sentimientos o los estado de ánimo. Conversa con tu compañero y clasifiquen las emociones del cuadro según el color que crean que les corresponde.

EJEMPLO:

E1: Para mí, el rojo se corresponde con pasión y también con el peligro, porque… ¿Y para ti?
E2: Sí, tienes razón. Yo lo asocio con lo mismo.

■ rojo: pasión…   ■ naranja: entusiasmo…
■ azul: dignidad…   ■ violeta: tristeza…
■ negro: sofisticación…   ■ verde: esperanza…
  amarillo: envidia…

1. excitación
2. serenidad
3. desconsuelo
4. dolor
5. alegría
6. ilusión
7. inquietud
8. malestar
9. peligro

Tu compañero y tú se plantean redecorar su habitación. Hablen de los colores que podrían usar para poder recibir la energía que quieren tener.

EJEMPLO:

E1: Para ti, como eres tan extrovertido, te recomiendo una pared con un tono rojo…
E2: Tú también eres sociable, pero te gusta la esperanza, así que pintaría las ventanas de verde…

5-8 Asociar palabras

¿Cuántas palabras se te ocurren relacionadas con los siguientes conceptos?

EJEMPLO:

E1: La amistad—amigos, compañía, diversión, soledad…

el amor   novios, salir, cita, llevarse bien, recuerdo, amar, enamorarse
el compromiso   casarse, novios, boda, relación de pareja, relación estable
la ruptura   terminar, llevarse mal, pelearse, incompatibles, desconsolado
el recuerdo   terminar, salir con alguien, San Valentín, llevarse mal, conflicto
la rebeldía   los hijos, los padres, respeto, abusar de la confianza, adolescentes, conflicto

Ahora compáralas con las respuestas de tu compañero.

EJEMPLO:

E1: Para mi la amistad se relaciona con los amigos, la compañía y la diversión.

5-9 Mis sentimientos

A continuación tienes un banco de palabras y expresiones. Usa todas las que puedas para escribir un párrafo sobre una situación personal real o imaginaria que te produce sentimientos particulares.

abusar de la confianza	armarse un lío	atraer	soportar	disculpar
conflictivo/a	coqueto/a	desconsolado/a	discutible	enamorado/a
cabezota	salir con alguien	recuerdo	relación	separación
vergüenza	poner los cuernos	pedir perdón	perdonar	

en un contexto más específico, la decoración. El hecho de que los estudiantes trabajen en parejas permite múltiples respuestas, todas válidas, y a la vez abre la oportunidad a la conversación más o menos espontánea sobre las emociones y los colores que las representan.

Sugerencias / expansión para actividad 5-7
Se sugiere incluir otros colores a los ya ofrecidos en la lista. Se puede encontrar información sobre el significado emocional de los colores en diferentes páginas en Internet, relacionadas con la psicología del color

Sugerencias / expansión para la actividad 5-8
El instructor puede pedir a los estudiantes que propongan otros conceptos aparte de los que aparecen en la actividad y de ahí continuar con la asociación libre de otras palabras relacionadas con el tema de la lección.

Información para la actividad 5-9
En esta actividad se desea que los estudiantes pongan en práctica el vocabulario plasmándolo en una breve composición escrita. Debido a que el tema es libre y personalizado y ya que se les ofrece un banco de palabras, se espera que los estudiantes respondan activamente y sin mayores dificultades.

Se sugiere que hagan este ejercicio de una manera que combine la escritura libre, pero con un tiempo pre-determinado (*timed writing*).

Si se prefiere, el instructor podría pedir a los estudiantes que imaginasen y escribiesen sobre la situación imaginaria de un personaje famoso. Después del tiempo establecido para preparar el párrafo, algunos voluntarios podrían leerlo en voz alta para que el resto de la clase intentase adivinar de qué personaje famoso se trata.

📖 GRAMÁTICA EN CONTEXTO

05-08 to
05-21

🔊 5-10 ¿Por qué no funcionó?

Una persona nos relata una historia de amor. Escucha y trata de
anotar los datos más importantes en relación con los siguientes
puntos:

- el lugar y las circunstancias en que se conocieron
- los problemas que tuvieron
- la valoración de la experiencia
- las razones por las que no funcionó

5-11 El baúl de los recuerdos

Piensa en algunos datos y épocas de tu vida y completa el cuadro.

	Fecha	Algo que sucedió	¿Qué hacías en esa época?	Valoraciones
El mejor verano				
La época más difícil				
El año más divertido				

EJEMPLO:

E1: El mejor verano de mi vida fue el del 72. Yo tenía ocho años y vivía con
mis padres y mis hermanos. Aquel año fuimos...

Cuéntalo a los compañeros. Todos juntos traten de averiguar si
hubo un año muy bueno o uno muy malo para toda la clase.

🍦 5-12 ¿Qué sentimiento te provoca?

Lee las siguientes situaciones y piensa en qué sentimientos te
provocan. Después comenta esas emociones con tu compañero.

- Estás en la fila para comprar tu entrada al cine y una pareja se
cuela delante de ti.
- Te das cuenta de que no tienes suficiente dinero para pagar el
estacionamiento. La persona que está detrás de ti ofrece dinero.
- Consigues un premio inesperado por tu trabajo como
voluntario.
- Uno de tus vecinos lleva a pasear a su perro por el vecindario.
Lamentablemente nunca recoge lo que su canino deja atrás.
- Los animales nocturnos que caminan por tu jardin se meten al
bote de basura y tiran todo el contenido por la calle.
- Un desconocido te regala flores y chocolates para tu
cumpleaños.
- En tu barrio los conductores no respetan las señales de tráfico ni
los límites de velocidad.

EJEMPLO:

E1: No soporto que la gente se cuele en la fila.
E2: Yo tampoco. En realidad, lo odio.

Referidas al presente
(Él) no soporta
    no quiere que ella se relacione...
... con su familia.
Me molesta que cada vez **haya** más divorcios.
A los viejos **les incomoda que** las parejas
    se **besen** en los lugares públicos
A Estela **le indignan las mentiras**

Referidas al pasado
(Él) no soportaba
    no **quería** que se **relacionara...**
...con su familia.
Me pareció horrible...
    ...que mis amigos **fueran** a cenar sin mí.
Le sentó fatal que Marta **dijera** eso.
Le puso nervioso la conversación.
No **le gustó**

*Cuando hay un solo sujeto, se utiliza el
infinitivo*
(Él) no quiere ordenar la casa.
Para mí fue buenísimo...
    ...**ir** a los bares porque pude conocer
    gente interesante.
¿**Te alegra comprar** estas flores para tu
    madre?
Le encantó tener la oportunidad de
    conocer gente por via Internet.

EXPRESIÓN DE SENTIMIENTOS / ACTITUDES DE MANERA PERSONAL

pena
A Jorge **le dio vergüenza que** no **disfrutaran**.
rabia
Me puse **de mal humor que** los aviones se **retrasaran** mucho.
Me **encantaría que** las cosas **fueran** claras.
¿Te **molestaría salir** de vez en cuando?

EXPRESIÓN DE SENTIMIENTOS / ACTITUDES DE MANERA IMPERSONAL

Es una pena
que Juan no **llame** más a Marta.
que no **viniera** a la cena.
Es normal
que **haya** tantos divorcios hoy en día.
que **estuviera** enfadado.
Era lógico
que los chicos **se vieran** a escondidas.
Es lógico
que **tuviera** celos.

VALORAR UN PERÍODO

En aquella época yo lo pasé muy mal.
Elena lo pasó fatal.
Durante aquel verano lo pasamos genial.

Fue una época	interesante.
etapa	dura.
temporada	maravillosa.
Fueron unos años	muy difíciles.
unos meses	bastante duros.
unos días	maravillosos.

DISCURSO INDIRECTO

Dijo que podría ir a la biblioteca esta noche.
Comentó que ya no **producían** ese tipo de materiales.
Le aseguró que le **enfadaba** quedarse sola por la noche.
Me preguntó si iba a la playa.

5-13 Relaciones difíciles

Dos amigos alquilaron un apartamento juntos, pero no les fue bien. ¿Por qué? Formula el máximo de frases posibles.

EJEMPLO:

E1: Pancho no soportaba que Óscar no colaborara en la limpieza.

PANCHO GUTIÉRREZ
Era muy limpio y muy ordenado.
Estaba preparando unos exámenes.
Necesitaba mucha tranquilidad.
Tocaba la flauta.
Ensayaba por las mañanas.
Fumaba mucho.
Tenía un gato.
Era un poco tacaño.

ÓSCAR PLANAS
No colaboraba nunca en la limpieza.
Se levantaba muy tarde.
Odiaba los animales.
Escuchaba música hasta muy tarde.
Nunca pagaba el alquiler.
Nunca iba al supermercado.
Se compraba muchas cosas con el dinero común.
No soportaba el tabaco.

Piensa ahora en una relación difícil que hayas tenido con alguien. ¿Qué conflictos tenían? Escribe varias frases como las de la actividad anterior. Luego, comenta con tu compañero si tenías razón para enfadarte.

5-14 Entrevista a Lola Claveles

Lee las respuestas que da en una entrevista la famosa escritora de novelas románticas en español, Lola Claveles. Después escribe un pequeño artículo que recoja las palabras de Lola en la entrevista.

¿El amor es...?
Paciencia, comunicación y un poco de intuición también. El amor no es eterno y nunca debemos confundir pasión con amor.

¿Es usted romántica?
No, no lo soy. Escribo novelas de sentimientos, no historias románticas. ¿Te das cuenta de la diferencia?

¿Justificaría que una persona pierda todo por amor?
No. Jamás. La dignidad y el respeto a uno mismo debe hacerse valer por encima de todo.

Información para la actividad 5-13
El objetivo de la actividad es practicar nuevamente las frases subordinadas sustantivas en pasado que exigen la utilización del pretérito imperfecto de subjuntivo (ya tratado en la unidad Gente y aventura), esta vez referidas a relaciones personales.

Procure que los estudiantes utilicen léxico variado y que no se limiten a reproducir el ejemplo. Puede anotar en la pizarra: *(no) gustar, odiar, no soportar, no aguantar, sentar fatal, molestar, no estar de acuerdo en que…*

Información para la actividad 5-14
En este capítulo se trabaja el estilo indirecto sobre el supuesto de que ya se domina con el tiempo presente de indicativo. Se recomienda al instructor hacer una breve revisión de esta estructura:

"Paso esta tarde por tu casa".
→ Me dice que pasa esta tarde por mi casa.

Las otras formas que se trabajan en este capítulo son el cambio del presente indicativo al imperfecto del indicativo:

Como todas las verduras
→ Dijo que comía todas las verduras.

"¿Quieres venir conmigo a la fiesta?"
→ Me preguntó si quería ir con él a la fiesta.

Del futuro al condicional:

"Vendré por la mañana".
→ Comentó que vendría por la mañana.

Se ha optado en este capítulo por cubrir las formas menos complejas de expresión del discurso indirecto, dejando para el Capítulo 10 las estructuras que requieren otros niveles de complejidad tanto sintáctico como semántico.

Sugerencia / expansión para la actividad 5-14
Se recomienda hacer un seguimiento a esta actividad con una entrevista a un famoso: Cada estudiante adopta la personalidad de alguien célebre o alguien a quien admira y actúa como él/ella en la entrevista. Se hacen mutuamente la entrevista y al hacerla toman notas. Después, cada uno debe escribir un reporte usando el estilo indirecto.

05-22 to
05-25

Información para las estrategias orales

Las estrategias orales en este capítulo exploran y ponen en práctica estructuras para transmitir la información según el compromiso del hablante con la veracidad de lo informado.

El instructor debe observar que si el hablante se siente comprometido con la veracidad de lo expresado, entonces será muy asertivo en su comunicación: *Sé que Juan ha sacado mala nota. Te aseguro que Marta ha comprado un coche nuevo.* Por el contrario, si el hablante no se quiere comprometer con lo que va a transmitir, y quiere ser explícito con el hecho de que la información procede de otra fuente usará otras estructuras: *Según dicen, Juan tiene que repetir el curso.*

Estas formas permiten hacer uso de la forma del chisme. El chisme, como se sabe, es el término coloquial para referirse a la actividad de hablar de otras personas. La acción, chismear, conlleva el uso de la entonación para transmitir la actitud o el sentimiento que el hablante asume frente al enunciado.

Sería importante que el instructor hiciera notar a los estudiantes la importancia de la entonación. Rasgos prosódicos que acompañan los enunciados son cruciales para que el estudiante pueda asociar emoción con significado o actitud del hablante. La prominencia del tono es importante porque a través de ella el hablante decide el valor semántico / pragmático de la información.

INTERACCIONES

ESTRATEGIAS PARA COMUNICACIÓN ORAL

En esta sección presentamos algunas maneras de manejar la información según si queremos indicar que es de primera o segunda mano. También vamos a usar frases que nos permiten relativizar la información, resaltar lo que consideramos esencial de la información o expresar una actitud frente a la información.

Información de segunda mano. No nos comprometemos con lo que se dice.

Según Jaime la fiesta duró hasta las cinco de la mañana. **Por lo que dicen**, estuvo muy divertida.

He oído que hay una escuela secundaria donde los jóvenes tienen reuniones frecuentes con sus padres para discutir los problemas que más los preocupan. Sin embargo, **parece que** esas reuniones no son muy efectivas.

Me enteré de que Josefina terminó con Mario. **Según parece**, conoció a un pintor excéntrico en las calles de Manhattan.

Información de primera mano. Nos comprometemos con lo que se dice.

Te aseguro que Josefina está feliz con el pintor. Va a visitarlo todos los fines de semana. Claro que Josefina necesitaba un cambio en su vida emocional. **Te prometo** que con Mario no iban a ningún lado.

Actitud frente a la información

Por suerte ahora hay muchas oportunidades para conocer a gente interesante a través de la Internet. Sin embargo, **es una pena** que se haya perdido la emoción del primer contacto cara a cara. Y **para colmo**, te puedes pasar meses antes de verle la cara a esa persona detrás de la pantalla. **Afortunadamente**, para conocer alguien en la Internet no necesitas lavarte el cabello ni cambiarte las pijamas.

Chismear o hablar de otras personas

Las frases anteriores nos sirven también cuando queremos hablar de la vida de otros. Podemos relativizar la información o hacerla más o menos propia según nuestra postura.

He oído que a Paco le han dado una evaluación mala en la clase de alemán. **Según dicen**, el profesor no quiso escuchar ninguna razón para excusarle los errores. **Lo cierto es** que Paco anda muy por las nubes desde que sus padres se divorciaron. **Para colmo**, las cosas con Amelia le van fatal.

¿Amelia? ¿La hija del carnicero? Sí, **me han dicho que, por suerte,** es una chica muy sociable. **¿Por suerte?** o **¿por desgracia?** Uno nunca sabe. **Según Jaime**, Amelia es demasiado sociable. **En el fondo**, lo que le pasa a Paco son celos, sólo eso.

Pedir explicaciones

Cuando quedan preguntas pendientes en una conversación, cuando se buscan aclaraciones al mensaje transmitido, o cuando se quiere saber más sobre lo que interlocutor está hablando podemos acudir a frases que nos permiten transmitir esa necesidad.

Y entonces, ¿qué… ?/¿cómo… ?/¿cuándo… ?
¿Cómo es que… ?

¡Puf! Hoy ha sido un día durísimo en el trabajo… los pedidos de los nuevos clientes se perdieron debido a un error del administrador…
Bueno, **y entonces ¿qué ha pasado?** ¿Se ha enterado tu jefe?

5-15 Identificando formas

Escucha la siguiente conversación e identifica qué frases se usan para referirse a la información de primera o segunda mano y a la actitud que manifiesta el hablante al respecto de lo que dice: ¿expresa pena?, ¿dicha?, ¿fortuna?, ¿escándalo?

PRIMERA MANO	SEGUNDA MANO	ACTITUD
sé que	*oí que*	*para colmo*
te aseguro	he oído, se dice	por desgracia
	por ahí, según parece	

 5-16 Chismeando

Tú conoces a Felipe y tu compañero conoce a Ana. Ellos son novios, pero algo no marcha bien en la relación. Lean algunos de los "hechos", inventen otros y luego hablen sobre estas personas.

Felipe

- Es estudiante universitario.
- No es muy guapo, pero sí interesante.
- Terminó con Paula cuando conoció a Ana.
- Le gusta flirtear.
- Es romántico.
- Es fiel cuando está en una relación.
- Se entera que Ana está saliendo con otro.

Ana

- Trabaja en la dirección de una ONG.
- Es coqueta e inquieta.
- No ha tenido relaciones estables.
- Le encanta conocer gente nueva.
- Flirteó con otro en una fiesta.

EJEMPLO:

E1: Según dicen, Ana y Felipe terminaron. Bueno, creo que Ana lo dejó…
E2: ¿Lo dejó? Nada de eso… primero lo engañó con otro…

TAREA

Recuerde referir a los estudiantes a la lista de vocabulario para completar la tarea.

Participar en un servicio de citas rápidas.

PREPARACIÓN

Un/a amigo/a y tú encuentran el siguiente anuncio en un periódico local. Posteriormente deciden probar la experiencia y van al lugar de reunión de las citas rápidas.

¿Sabes que son las citas rápidas?

Es muy fácil. Ven este miércoles a *Toreros* a las 7 de la tarde y encuentra a esa persona especial que buscas en pocos minutos.
El funcionamiento es el siguiente:
- Una vez en el bar, las mujeres se sientan en una mesa y los hombres van rotando cada 3 a 8 minutos.
- Una campana o timbre anuncia el momento en que termina cada cita.
- Los participantes anotan en un formulario los apodos de sus citas y si les gusta o no.
- Luego, el servicio de citas analiza los datos y en el caso de que exista interés de ambas partes, pone en contacto a la pareja mediante correo electrónico o teléfono.

Antes de empezar, el servicio te ofrece una lista de posibles temas de preguntas para tus citas y te pide que pienses en un apodo para ti mismo/a. Escribe tu apodo y algunas preguntas que quieres hacer a tus citas.

Posibles temas para preguntas:

Información personal: habilidades/talentos, virtudes, defectos, miedos, fobias, personalidad, etc.

Amor: celos, cita ideal, intenciones, amores platónicos, etc.

Curiosidades: tatuajes, aretes, perfume, etc.

Intereses: libros, música, pasatiempos, viajes, etc.

Cultura general: política, geografía, cine, etc.

Mi apodo:
Preguntas que quiero hacer:

_____
_____
_____
_____
_____

Paso 1 Las citas

Vas a tener un tiempo específico para obtener el máximo de información de las diferentes citas. Toma notas para no olvidarte de nada y poder tomar una decisión razonada al final.

GENTE CON CORAZÓN
Servicio de citas rápidas
Tarjeta de evaluación de las citas

	APODO	INFORMACIÓN QUE QUIERES RECORDAR	SÍ	NO
1				
2				
3				
4				
5				
6				

Paso 2 Reflexión

Una vez terminadas las citas rápidas, reflexiona sobre cada una de las personas con las que conversaste y con la ayuda de tus notas completa las siguientes oraciones.

- Me gustaría tener otra cita con _____ porque…

- Me llevaría muy mal con _____ porque…

- Siento atracción por _____ porque…

Paso 3 Chismeando

Ahora, conversa con tu amigo/a sobre la experiencia, los participantes, las sensaciones que tuvieron y sobre algunas de las respuestas que les dieron sus citas.

Paso 4 Valoración de la experiencia

El servicio de citas te pide que evalúes el servicio escribiendo un párrafo que resuma tu experiencia con las citas rápidas. ¿Cambiarías algo de esa experiencia?

Paso 1
El propósito de esta tarea no consiste, lógicamente, en buscar ni encontrar pareja para los estudiantes de nuestra clase. Lo que se espera es que los estudiantes re-creen su persona y su personalidad para la ejecución del Paso 1 de esta tarea. El instructor debería animar a los estudiantes a crear personajes interesantes, llamativos o incluso un poco escandalosos para que puedan provocar el chisme o las habladurías en el Paso 3.

Paso 2
El profesor puede añadir más de este tipo de frases si lo considera necesario. P.ej.: me encantó… porque… ; me puso de mal humor conocer a… porque…

El Paso 2 intenta que el estudiante reflexione y saque conclusiones sobre las citas que ha tenido. Debe ser capaz de traducir sus impresiones en frases para expresar sus emociones positivas o negativas y además justificarlas.

Paso 3
Los estudiantes deben tener la motivación para hablar de las citas, las que fueron buenas y malas. Deben usar sus tarjetas informativas para intercambiar información interesante, detalles sorprendentes, etc., para poder así chismear sobre los candidatos con los que hablaron.

Paso 4
De manera escrita se busca que los estudiantes puedan expresar cómo valoran la experiencia del "speed dating". Como extensión al tema se les puede pedir que valoren cada una de las seis citas que tuvieron. Deben incluir la justificación de sus opiniones y emociones

05-26 to 05-28

📖 **EXPLORACIONES**

GENTE QUE LEE

Reconocer relaciones de causa–efecto

Las ideas de un texto están conectadas entre sí mediante diferentes relaciones (causa, efecto, condición, etc.). Estas relaciones van construyendo la coherencia de lo que leemos, y reconocerlas es fundamental para comprender el texto. Aquí vamos a prestar atención a la relación causa–efecto. Los organizadores del discurso, o en ocasiones simplemente el contexto, son la clave para identificar esta relación.

Leonardo da Vinci está considerado un genio universal por su dominio de todos los aspectos de la ciencia.

El éxito de la película es debido a la promoción que se le ha hecho, no a su valor cinematográfico.

PARA EXPRESAR CAUSA	PARA EXPRESAR CONSECUENCIA
por	por eso
porque	por tanto
debido a	por consiguiente
gracias a	por ello
puesto que	por esta razón
ya que	como consecuencia (de ello)

ANTES DE LEER

5-17 ¿Noticias desconectadas?

El autor de estos titulares se olvidó de incluir los conectores. Observa la lista y con un compañero intenten unir las frases haciendo uso de los conectores que consideren más adecuados. Se puede alterar el orden de palabras si es necesario.

En Harvard se aprende a ser feliz

Es la clase más popular de la Universidad de Harvard. Un profesor enseña a sus estudiantes cómo ser más felices.

EJEMPLO:

E1: Un profesor enseña a sus alumnos cómo ser más felices **por eso / como consecuencia** es la clase más popular de la Universidad de Harvard.

Prohibido morir

El alcalde de un pequeño pueblo de Brasil piensa en aplicar esta norma. El cementerio local alcanzó el límite de su capacidad. No se puede ampliar el cementerio actual.

En cien años, adiós al oso polar

Expertos de una Universidad en Canadá, advierten que el oso polar corre peligro de extinción en los próximos cien años. El calentamiento global hace que la capa de hielo se derrita muy rápido. Sin hielo, no pueden cazar focas.

24 de enero: el peor día del año

Un investigador británico asegura que el peor de los días es el 24 de enero. Tiene una fórmula matemática (1/8C+ (D–d) 3/8xTI MxNA) que explica el descubrimiento.

La ilegalidad y la pobreza

Mucha gente necesita transporte interprovincial, pero su situación económica no les permite pagar las tarifas oficiales. Es fácil que surjan operadores ilegales de autobuses y camionetas que los llenan prestando poca atención a medidas de seguridad.

Información para gente que lee
Se propone que los estudiantes puedan identificar relaciones de causa y efecto a lo largo de la lectura del texto. Es importante que el instructor haga notar a los estudiantes que las relaciones de causalidad o de efecto no sólo dependen de conectores discursivos, sino también de expresiones léxicas, y de cómo se expresan las ideas dentro del propio contexto.

Respuestas para Antes de leer
• El alcalde de un pequeño pueblo de Brasil piensa en aplicar la norma de prohibido morir **porque** el cementerio local ha alcanzado el límite de su capacidad y **por lo tanto** no se puede ampliar el cementerio actual.
• Expertos de una Universidad en Canadá, advierten que el oso polar corre peligro de extinción en los próximos cien años **debido a que** el calentamiento global hace que la capa de hielo se derrita muy rápido. **Como consecuencia**, sin hielo, los osos no pueden cazar focas.
• Un investigador británico asegura que el peor de los días es el 24 de enero **ya que** tiene una fórmula matemática (1/8C+ (D–d) 3/8xTI MxNA) que explica el descubrimiento.
• Mucha gente necesita transporte interprovincial, pero su situación económica no les permite pagar las tarifas oficiales. **Por esta razón**, es fácil que surjan operadores ilegales de autobuses y camionetas que los llenan prestando poca atención a medidas de seguridad.

Sugerencias / expansión para Antes de leer
El instructor y los estudiantes podrían proponer otros textos similares a los anteriores para seguir trabajando con los diferentes conectores. Otra posibilidad es comenzar con un conector específico, al que se le va añadiendo texto.

Información para Al leer
Se sugiere que el instructor empiece con una conversación grupal sobre grafiti. ¿Qué saben los estudiantes sobre grafitis? ¿Han visto alguno? ¿Dónde? ¿Qué creen que comunican? Además, se recomienda que el profesor lleve otras muestras de grafiti para los estudiantes. Una presentación de fotos de diferentes tipos de grafiti antes de leer el texto puede ser positiva como actividad que conecte con la Mesa redonda.

AL LEER

5-18 Identificando conectores

Subraya los elementos lingüísticos que expresen relación de causa y efecto en el texto.

¿Arte o vandalismo urbano?

Sorpresa, impacto, espanto, horror. Todas estas y muchas más son emociones que nos puede provocar observar un grafiti en plena vía pública. Puede ser por su originalidad, su calidad artística, su belleza o por el contrario por un sentimiento de repulsión e impotencia ante tal acto de vandalismo. El grafiti, una expresión artística que comenzó como movimiento urbano y que ahora es protagonista de las galerías y museos de arte, ha despertado controversia desde que se popularizó en Nueva York en los años setenta.

¿Qué es exactamente un grafiti? Etimológicamente proviene de la palabra griega *graphein* que significa "escribir". Más tarde ésta evolucionó en la palabra latina *graphiti*, una marca o inscripción hecha rascando o rayando un muro, y de ahí a la palabra italiana *graffito*, que en su forma plural pasa a ser grafiti.

Antecedentes

Todo empieza en Nueva York cuando, en los años sesenta y gracias a la cultura hip-hop, los primeros artistas grafiteros se dedicaban a hacer *tags*. Su objetivo era dejar su firma en el máximo de sitios posibles, puesto que, dentro de los círculos grafiteros, adquirían fama según el número de firmas y según los sitios en los que lograban firmar. Cuanto más peligroso, más estatus. Como consecuencia de ello, cientos de jóvenes empezaron a estampar sus *tags* por toda la ciudad y especialmente en el metro. ¿El resultado? La ciudad tuvo que gastarse miles de dólares en limpieza.

En la actualidad, se denomina grafiti a varias formas de inscripción o pintura, generalmente sobre propiedades públicas o privadas ajenas (como paredes, vehículos, puertas y mobiliario urbano, especialmente pistas de *skate*). En el lenguaje común, grafiti incluye lo que también se llama pintadas. Es decir, el resultado de pintar en las paredes letreros, frecuentemente de contenido político o social, sin el permiso del dueño del inmueble. Además, dentro de la cultura hip-hop es uno de sus 4 elementos y se llama *grafo* o *grafiti* a unos tipos de letra específicos.

Un arte para expresar emociones

Para algunos, hacer un graffiti en la calle es puro vandalismo; sin embargo, para otros es un acto de libertad, de sacar el arte al aire libre. Una manifestación artística que saca a relucir los sentimientos o expresa los pensamientos del artista de una forma diferente a la forma común. En definitiva, una forma más de arte, que expresa diferentes emociones.

Por todo ello, es un arte reconocido en todo el mundo. Sin embargo, es necesario distinguir entre lo que es un graffiti y un simple *tag*, o sea, una firma, que normalmente los artistas de grafiti ponen debajo de sus obras. A su vez, cabe diferenciar entre dos tipos de grafiteros, los que marcan el territorio, rayando las paredes, o los que crean verdaderas manifestaciones artísticas.

Un mal urbano

Los gobiernos tienen una opinión bastante diferente de lo que significa rayar las paredes. Así, los grafitis o pintadas callejeras son considerados como "un mal síntoma de la sociedad moderna", como las drogas y la violencia irracional y, en algunos países, llega a ser penado con años de cárcel. Las autoridades argumentan que no es sólo una cuestión urbana sino también económica. Cada año los municipios gastan cifras astronómicas de dinero público para limpiar paredes, bancos de plaza, cabinas de teléfonos y estaciones de metro y de tren. Por tanto, estas manifestaciones salen caras tanto a los "grafiteros" –que prefieren llamarse "escritores"–, como a los contribuyentes.

Por su lado, las razones de los ciudadanos son que los grafitis hacen que las ciudades se vean sucias, descuidadas y horribles y que por consiguiente no puede ser "arte", sino más bien ganas de destruir las paredes de las casas, edificios y cualquier otra pared de propiedad ajena, y además ofende la vista de todos los ciudadanos que quieren ver limpio el lugar donde viven.

¿Es el grafiti un arte o un acto punible en contra de la propiedad ajena? Si para unos la vertiente creativa del grafiti es un lenguaje urbano, una forma de expresarse que no debe ser reprimida, para otros, este modo de expresión, aún choca con su lado vandálico, provocando que muchas ciudades gasten altas cifras de dinero anualmente, en defensa de los muros sin mácula. Ambos lados tienen claros sus argumentos, algo que hace verdaderamente difícil ser categórico con la respuesta. El debate sigue abierto.

DESPUÉS DE LEER

5-19 Recopilando la información

Escribe algunos ejemplos que encontraste en el texto y compáralos con un compañero.

CAUSA	EFECTO

Respuestas para Después de leer
Estas son algunas de las respuestas para esta actividad:

CAUSA

Un grafiti nos puede provocar emociones de sorpresa, impacto **por** su originalidad, su calidad artística y su belleza.

Un grafiti nos puede provocar emociones **por** la repulsión e impotencia que nos provoca.

Los primeros artistas grafiteros se dedicaban a hacer *tags* en los años 60 **gracias a** la cultura hip-hop.

Los artistas grafiteros tenían objetivo dejar su firma en el máximo de sitios posibles, **puesto que**, dentro de los círculos grafiteros, adquirían fama según el número de firmas y según los sitios en los que lograban firmar.

Los artistas grafiteros tenían objetivo dejar su firma en el máximo de sitios posibles, **puesto que**, dentro de los círculos grafiteros, adquirían fama según el número de firmas y según los sitios en los que lograban firmar.

EFECTO

Cuanto más peligroso (era el lugar escogido para *tags*), más estatus. **Como consecuencia de ello**, cientos de jóvenes empezaron a estampar sus *tags* por toda la ciudad y especialmente en el metro.

El grafiti es una forma más de arte que expresa diferentes emociones. **Por todo ello**, es un arte reconocido en todo el mundo.

Cada año los municipios gastan cifras astronómicas de dinero público para limpiar paredes, bancos de plaza, cabinas de teléfonos y estaciones de subterráneo y de tren. **Por tanto**, estas manifestaciones salen caras tanto a los "grafiteros" –que prefieren llamarse "escritores"–, como a los contribuyentes.

Los grafitis hacen que las ciudades se vean sucias, descuidadas y horribles y **por consiguiente** no puede ser "arte".

MESA REDONDA

Representacion artística de los sentimientos: ¿hay límites?

Paso 1 **Investiga**

Las siguientes son citas de diversas personas en la Internet que tienen una opinión sobre lo que es arte.

"Hoy es arte cualquier cosa que alguien esté dispuesto a decir que es arte."

"El verdadero arte es el que genera controversia."

"Cada obra de arte debe dejar claro lo que pretende decir. El arte es un medio de expresión, así que cuando hay que aclarar o explicar su significado es que es malo."

 Elige una obra de arte e investiga las opiniones de los críticos y el público en general. Posteriormente trata de dar respuesta a las siguientes preguntas:

¿Qué hace que se la pueda llamar obra de arte? ¿Cómo expresa las emociones?

 Paso 2 **Puesta en común**

Después de la investigación, presenten su obra y discutan los siguientes temas:

¿Qué es arte para ustedes?
¿Cualquier persona puede crear arte?
¿Podemos ser todos críticos de arte?
¿Existen los límites para el arte?

GENTE QUE ESCRIBE

Un ensayo puede examinar un tema desde el punto de vista de su causa o de los efectos que éste produce. Para concentrarse en la causa de algo uno debe plantearse preguntas como: ¿Por qué ocurre esto? ¿Qué produce el hecho que estamos estudiando? Para examinar el efecto de un fenómeno o evento, las preguntas que ayudan a orientar el ensayo son: ¿Cuáles son las consecuencias? ¿Qué resulta de este hecho?

EJEMPLO: "La deserción escolar"

CAUSA 1 Jóvenes desmotivados: se dedican a otras actividades (muchas veces ilícitas)

CAUSA 2 Jóvenes en situación de pobreza: necesitan trabajar

CAUSA 3 Jóvenes que no se adaptan al sistema escolar

EFECTO 1 Jóvenes menos capacitados para el mundo laboral

EFECTO 2 Jóvenes desempleados: se dedican a otras actividades

Observa que según este esquema tienes tres posibles temas de ensayo:

Las causas de la deserción escolar
Los efectos de la deserción escolar
Las causas y los efectos de la deserción escolar

5-20 Representación artística de los sentimientos

Piensa en una obra de arte que te haya causado una impresión particular. Por ejemplo, el *Guernica* de Picasso; *Las Dos Fridas* de Frida Kahlo; *La Tierra Santa* de Cecilia Álvarez. Prepara un esquema en el que identifiques tres causas que pueden haber motivado al autor de esta u otra obra de arte y tres efectos que pueda tener en el público en general.

5-21 Puesta en práctica

Observa el modelo a continuación y después trata de hacer lo mismo escribiendo dos párrafos con sus respectivas oraciones temáticas, en relación al tema de *la representación artística de los sentimientos*. En los párrafos debes expresar relaciones de causa o efecto. Une las frases y los párrafos con conectores apropiados.

> ### Drogas en las escuelas
>
> El uso de drogas es uno de los motivos por los que muchos jóvenes dejan las aulas y empiezan una vida sin rumbo. **Ya que** los adolescentes que no encuentran motivación en el currículo escolar o en la socialización que le ofrecen las escuelas, buscan otras maneras de llenar su vida. Las drogas son para algunos una alternativa viable de fácil acceso y bajo coste. Además, **debido a** la importancia que tiene la aceptación de un grupo de pares, el individuo siente que la satisfacción inmediata que **producen** estas drogas tiene mayor peso que una promesa educativa incierta. **Por** el aumento en el uso de drogas, muchas escuelas y gobiernos locales están enfrentando los problemas de la deserción escolar y la violencia, entre otros.

5-22 Ensayo

Escribe el ensayo sobre la obra de arte que te impresionó. Usa conectores y palabras que te ayuden a establecer esta conexión.

Luego con la lista de temas, la conversación puede orientarse hacia una reflexión sobre cómo se manifiestan estas relaciones, y cómo se pueden expresar en un texto escrito.

Sugerencias / expansión para la actividad 5-20
Esta actividad retoma de alguna manera lo trabajado en la Mesa redonda, aunque no se busca necesariamente que se desarrolle una discusión sobre la controversia. El instructor puede alentar al estudiante a que use alguna de las obras de arte discutidas en la Mesa redonda.

Información para la actividad 5-21
Vale la pena recordarles a los estudiantes que la oración temática sintetiza y expresa la dirección que va a tener un párrafo. Asimismo, será necesario que los estudiantes recuerden que la oración temática es la primera oración del párrafo; debe expresar una sola idea; debe proponer algo nuevo (no discutido antes en el texto); y tiene que tener una conexión lógica con las oraciones temáticas que la preceden y que la siguen.

El empleo de una oración temática le ayuda a decidir al escritor qué puede y no puede incorporar en el párrafo. Lo ideal es que el esquema sea una fuente **preparada** de oraciones temáticas.

Información para la actividad 5-22
Conviene que el instructor les dé a los estudiantes una lista de conectores discursivos que expresen relaciones de causa–efecto: *porque, entonces, por esta razón, consecuentemente, en consecuencia, ya que, gracias a (que) puesto que, debido a, por ello, por esta causa, de lo dicho se desprende que, por lo tanto, así, en efecto*. El profesor debería también ofrecer otras palabras/ frases que conllevan el significado de causa–efecto: *producir, desencadenar, provocar, resultar en, el resultado, el motivo por el que, por consiguiente, deberse a que, es responsable de…*

El vocabulario activo está marcado en negrita. Las otras palabras ayudarán al estudiante a completar las actividades del capítulo.

 VOCABULARIO

Las palabras en negrita representan el vocabulario activo. Las otras palabras te ayudarán a completar las actividades del capítulo.

Para hablar de gente con corazón

el acoso laboral/sexual/psicológico
la amistad
el amor
la atracción
los celos
la cita
el/la compañero/a
el compromiso
la confianza
el conflicto
el colega
el corazón
la compatibilidad
el defecto
el desconsuelo
el diálogo
la dignidad
las disculpas
el divorcio
el/la enamorado/a
el entusiasmo
la envidia
el espacio personal
la esperanza

la inquietud
el/la novio/a
la pareja
la pasión
la pelea
el perdón
la privacidad
la rebeldía
el recuerdo
la relación
  de amor
  de pareja
  estable
el respeto
el romance
el romanticismo
la ruptura
el saludo
el sentimiento
la separación
la serenidad
la vergüenza
la virtud

Verbos

aguantar
apoyar
arriesgarse
atraer
casarse
chismear
comprometerse
confiar
confundir
conocerse
deprimirse
dialogar
disculpar
discutir
divertirse
divorciarse
enamorarse
enfadarse
engañar
flirtear

gritar
gustar
ignorar
indignar
invitar a salir
llorar
maltratar
odiar
pelearse
perdonar
poner los cuernos
romper
salir con alguien
saludar(se)
separarse
soportar
terminar
tener chispa
tolerar
vivir juntos

Adjetivos

amable
arrogante
cabezota
celoso/a
compatible/incompatible
conflictivo/a
coqueto/a
desconsolado/a
desolada/o
discutible
egoísta
enamorado/a
enfadado/a
fiel
frustrado/a
frustrante

guapo/a
incómodo/a
inolvidable
inquieto/a
intolerante
introvertido/a
maravilloso/a
machista
mujeriego
simpático/a
sociable
tacaño/a
terco/a
terrible
triste

Frases útiles

abusar de la confianza
armarse un lío
caer(le) bien/mal a alguien
molestar (algo) mucho
para colmo
pasarlo bien/mal
pedir perdón
poner límites

por desgracia
por suerte
quedar con alguien
salir con alguien
ser el uno para el otro
tener ganas de hacer algo
tener modales
tener una cita

CONSULTORIO LINGÜÍSTICO

1 Valorar un período

Para hacer una valoración de un período en el pasado se usa el pretérito y se puede complementar el enunciado con una frase temporal.

Frases temporales	Frase verbal
En aquella época	yo **lo pasé** muy mal
Aquel verano	Rosa **lo pasó** fatal
Durante el viaje	**lo pasamos** genial

De la misma manera, se puede valorar el período refiriéndose a éste por medio de un sustantivo.

Forma verbal	Sustantivo	Adjetivo/Frase adjetiva
Fue(ron)	una época	interesante
	una temporada	emocionante
	unas vacaciones	estresantes
	unos años	un poco duros

2 Subordinadas sustantivas: Indicativo/Subjuntivo

Para expresar un sentimiento o una reacción emotiva ante la acción de la frase subordinada, el verbo de ésta va en subjuntivo.
Expresamos sentimientos o reacciones emotivas con verbos en la oración principal como: **gustar**, **encantar**, **molestar**, **preocupar**, **querer**, **tener ganas**, **preferir**, **odiar**, **no soportar**, etc.

Reacción o sentimiento presente sobre un hecho presente

PRESENTE DE INDICATIVO / FUTURO	PRESENTE DE SUBJUNTIVO
No soporta	
No tiene ganas de	
Quiere	
Prefiere	
Odia	
Le gusta	que Berta **trabaje** con él.
Le molesta	que el futuro **sea** incierto.
Le preocupa	
Le encanta	
Me molestará mucho	
No soportaré	
Me gustará	

Reacción o sentimiento pasado sobre un hecho pasado

IMPERFECTO / PRETÉRITO / PRESENTE PERFECTO DE INDICATIVO	IMPERFECTO DE SUBJUNTIVO
No soportaba	
Quería	
Le encantaba	
Le sentó fatal	
No **le gustó**	que Marta **dijera** eso.
Me molestó mucho	
Le ha preocupado	
Le ha molestado	
No **le ha gustado**	

También podemos valorar, dar una opinión actual sobre algo pasado. Usamos frases impersonales con tal objetivo.

	IMPERFECTO / PERFECTO DE SUBJUNTIVO
Es normal	que **estuviera** enfadado.
Es lógico	que **tuviera** celos.
Es una pena	que no **haya podido** venir.
Qué lástima	

3 Discurso indirecto

Para poder reportar usando el discurso indirecto se necesita introducir la cita con un verbo de habla o verbo introductor (*decir, declarar, comentar, afirmar*, etc.) y el subordinante *que*.

La transformación del estilo directo al indirecto debe considerar el tiempo gramatical de los verbos del enunciado, además de los elementos pronominales y algunos deícticos (mi, tu, aquí ahí, allá, etc.) que deben modificarse para ofrecer una cuenta clara y correcta de lo citado.

ESTILO DIRECTO

ESTILO INDIRECTO

Presente → Presente

Si estamos reportando la noticia inmediatamente, el verbo introductor lo mantenemos en presente y los verbos del enunciando original (en presente) se mantienen en presente. Cambia la persona gramatical y los pronombres asociados.

[sobre las fiestas de Año Nuevo] "Me **dan** igual. **Soy** una vieja de 25 años. Normalmente, la noche del 31 la **paso** en algún lugar tranquilo, rodeada de gente que **quiero**; así **podemos** jugar a las cartas o ver películas. Con eso **soy** feliz".
Scarlett Johansson

Johansson **dice** que le **dan** igual las fiestas de año nuevo. **Declara** que **es** una vieja de 25 años. Normalmente, la noche del 31 la **pasa** en algún lugar tranquilo, rodeada de gente que quiere; así **pueden** jugar a las cartas o ver películas y que con eso **es** feliz.

Presente → Imperfecto

Si estamos reportando la misma noticia más tarde usamos el verbo introductorio en el pretérito y los verbos se pueden transformar al imperfecto.

Johansson **dijo** que le **daban** igual las fiestas de año nuevo. **Declaró** que **era** una vieja de 25 años. Normalmente, la noche del 31 la **pasaba** en algún lugar tranquilo, rodeada de gente que quiere; así **podían** jugar a las cartas o ver películas y que con eso **era** feliz.

Si el tiempo verbal del enunciado original es diferente al presente, seguimos usando el verbo introductorio en el pretérito y los tiempos verbales de lo reportado se modifican siguiendo los siguientes patrones:

Pretérito → Pasado Perfecto

"Nunca **tomé** esteroides ni hormonas y no mentí al Congreso.

Roger Clemens **declaró** que nunca **había tomado** hormonas ni mentido al Congreso.

Presente perfecto → Pasado Perfecto

"**He salido** de casa muy pronto y no **he olvidado** sacar la basura".

Me comentó **que había salido** de casa muy pronto y que no **había olvidado** sacar la basura.

Imperfecto → Imperfecto

"**Comía** todos los días con el jefe"

Dice/dijo que **comía** todos los días con el jefe

Futuro → Condicional

"**Tendré** varias posibilidades".

Afirmó que **tendría** varias posibilidades.

Condicional → condicional

"No me **sorprendería** que llegaran a tiempo".

Comentó que no le **sorprendería** que llegaran a tiempo.

Preguntas

Si se reporta una pregunta con respuesta de contenido, se usa la conjunción 'si'. Si se reporta una pregunta hecha con una palabra interrogativa, se usa la conjunción 'que' y se repite el pronombre interrogativo.

¿Leíste la novela?

Preguntó (que) **si había leído** la novela.

¿Cuándo llegan los invitados?

Preguntó que cuándo llegaban los invitados

Dijo que esa semana había corrido todos los días.

Preguntó que si sabía cuándo eran los exámenes.

Le comentó que no le sorprendería que no llegaran a tiempo.

4 Organizadores discursivos

Cuando el hablante da una información, muestra su actitud frente a esa información. Hay ocasiones en que conectamos la información con otras que ya se comparten con el interlocutor. Algunos recursos los vimos en la sección de estrategias para la comunicación oral y aquí añadimos algunos más:

Para citar la fuente	**Según Jaime/ella/mi prima Rita/…** Pepe es un egoísta.	
Para asegurar o para garantizar una información o una intención	Pepe es demasiado sensible,	**te/se lo aseguro.** **te/se lo juro.** **te/se lo prometo.** **de verdad.** **en serio**
Cuando el hablante no se hace responsable de la información	**Según dicen,** **Dicen que** **Según parece,** **He oído que** **Me he enterado de que**	Laura y Gustavo han roto.
Para resaltar como más importante una información respecto a las anteriores	**En el fondo,**	es una buena persona.
	Lo cierto es que **A fin de cuentas,** **La verdad es que** **De todos modos,** **De todas maneras,**	van a invitar a muchas personas.
Para marcar una actitud frente a la información	POSITIVA **Por suerte,** **Afortunadamente,**	la ambulancia llegó muy rápido.
	NEGATIVA **Por desgracia,** **Desafortunadamente,**	la ambulancia llegó muy tarde.
	UN HECHO ESPERADO **Por fin,** llegó la ambulancia.	
Para presentar información negativa que se añade a otras anteriores	**Para colmo,** **Encima,** **Lo que faltaba,** **Lo que es peor,**	tuvieron un accidente de moto.
Introducir explicaciones sobre el presente porque hay algo problemático	**Lo que pasa es que** **Lo que sucede es que**	María no sabe comunicarse.
Introducir explicaciones sobre el pasado porque ha habido algo problemático	**Lo que ha pasado es que** **Lo que pasó es que** **Lo que pasaba es que**	ha dejado el trabajo. dejó el trabajo. quería irse de España.
Pedir explicaciones, o más información	**Y entonces,** **¿qué** pasó? **¿cómo** volvisteis a casa? **¿cuándo** vino Lucía?	
	¿Cómo es que **¿Por qué** **¿Cómo** no ha venido Carmen?	
Presentar algo que puede recibirse negativamente	**Sinceramente,** no me gusta lo que está pasando en la escuela. **Francamente,** tu cuñado me cae fatal. **La verdad,** no sé qué me estás intentando decir.	
Resumir y concluir	**En resumen,** **Total, que** decidieron cerrar la empresa. **Al final,**	

6-1 Productos con sabor latino

Lee las notas de una de las fichas y prepárate para presentar el producto a tus compañeros de grupo. Al organizar la información, usa conectores.

El mate

- Infusión a partir de la yerba mate. Bebida estimulante.
- Muy popular entre los nativos americanos antes de la llegada de los españoles.
- Se bebe caliente. Se usa un sorbete llamado bombilla y un recipiente llamado mate que tradicionalmente tiene forma de calabaza.
- Es consumido por millones de sudamericanos. Especialmente en Uruguay, Argentina, Paraguay y en partes de Chile y Bolivia.

La horchata

- Bebida refrescante. Se consume en España y México. Se sirve fría.
- Su creación parece deberse a los egipcios.

Los árabes la introducen en España. Los españoles la traen a América.
- En España se prepara con agua, azúcar y chufas, unos tubérculos parecidos a una avellana.
- En México se elabora con arroz, agua o leche, azúcar y canela. Algunas versiones contienen vainilla o almendras.

El pan de muerto

- Tipo especial de pan. Se prepara en México para la celebración del Día de los Muertos, los días 1 y 2 de noviembre.
- Sus ingredientes principales son: harina, huevos, agua y azúcar.
- Existen diferentes variedades según el lugar de México donde se haga.
- Los adornos representan los huesos de un muerto. La bola de la parte superior simboliza una calavera. Algunas versiones hablan del corazón.

La rosca o roscón de reyes

- Pan dulce adornado con frutas. Se come el 6 de enero para celebrar la llegada de los Reyes Magos.
- Es típica de España y México. También se consume en otros países de Latinoamérica.
- En México se esconde una figurita. Representa el niño Jesús. La persona que la encuentra debe preparar una fiesta el 2 de febrero.
- En España se esconden una figurita y un haba. La persona que encuentra el haba paga la rosca. Quien encuentra la figurita es coronado rey.

 Mientras tus compañeros presentan, toma nota de la información que te dan porque después deberás contestar unas preguntas.

TAREA

Preparar una breve conferencia sobre un producto y presentarla al público.

MESA REDONDA

¿Son los productos orgánicos más nutritivos, saludables y tienen mejor sabor?

ACERCAMIENTOS

06-01 to
06-03

 ### 6-2 El concurso

¿Estuvieron atentos? Si es así, no tendrán problema en contestar correctamente a las siguientes preguntas sobre los productos.

	RESPUESTAS
1.	falso
2.	el mate
3.	España y México
4.	los huesos de un muerto
5.	bombilla
6.	harina, huevos, agua y azúcar
7.	en España se elabora con chufas y en México con arroz
8.	hacer una fiesta el 2 de febrero

6-3 Les presento… el jabón

Vas a escuchar una presentación sobre el jabón. Primero, usando el banco, pon en orden la conferencia según creas que la va a estructurar el conferenciante. Después, escucha la presentación, verifica el orden y resume la información principal dentro de cada apartado.

La historia	Los usos principales	El proceso de producción
Esquema resumen de la presentación	El mercado actual del producto	Conclusión

1. Introducción formal

2. Esquema resumen de la presentación

3. La historia

4. Los usos principales

5. El proceso de producción

6. El mercado actual del producto

7. Conclusión

8. Despedida formal

El proceso para obtener jabón, sea industrial o artesanal, consta de tres fases:
1. saponificación
2. sangrado o salado
3. moldeado

Active el léxico necesario para llevar a cabo las actividades de esta sección y así, desarrollar con éxito la tarea. Para ello, los estudiantes revisarán con anterioridad las listas al final del capítulo y el glosario para comprender el significado de las palabras.

Información para la actividad 6-2
La actividad 6-2 tiene como objetivo evaluar la comprensión de la lengua y la habilidad de comprensión oral de los estudiantes de un modo lúdico. Para llevar a cabo la actividad 6-2 con éxito, el profesor debería asegurarse de que los estudiantes disponen de toda la información de las fichas. Por ello, si lo considera necesario, puede añadir la información que crea que no se ha mencionado o pedir a los estudiantes que lean individualmente las notas de todas las fichas.

Información para la actividad 6-3
El principal objetivo de la actividad 6-3 es lograr que el estudiante se enfoque en el esquema de la presentación y que le sirva de modelo de estructuración. Sin embargo, hay que ser consciente de que las formas de acercarse a un texto pueden ser múltiples. En cuanto a la destreza auditiva en sí, cabe indicar que esta actividad se centra no en la comprensión de detalles específicos, como la anterior, sino en el orden de diferentes elementos que componen una presentación oral. Es importante recordar este punto desde el principio de la actividad, para que los estudiantes no se sientan excesivamente preocupados por entender todo el vocabulario, y se concentren en la organización del texto oral. De todos modos, para facilitar la compresión, se recomienda revisar cierto vocabulario antes de escuchar la audición: *mezcla, aceite, cera, olor, grasa, etc.*, así como hacer hincapié en el texto del dibujo.

Información para la actividad 6-4

El instructor debería recordar que la sección de vocabulario tiene como principal objetivo ofrecer al estudiante estrategias que le abran el camino en las posteriores secciones de gramática y especialmente en la realización de la tarea final.

En la presente actividad, los estudiantes trabajan en parejas para crear una cadena léxica a partir de la lectura del texto del aceite de oliva. Posteriormente, se hace una puesta en común en la pizarra.

Respuestas para la actividad 6-4

Esta podría ser una posible secuencia:

Campo Suelo Cultivo Clima

OLIVO

↓

oliva/aceituna

↓

recolección

↓

transporte

↓

almacenamiento

↓

extracción

↓

almazara

↙   ↓   ↘

presión   centrifugación

aceite de oliva virgen

↓

envasado

Estas respuestas son sólo aproximaciones que no deberían ser consideradas como totalmente correctas.

Información para la actividad 6-5

La presente actividad pretende trabajar la derivación de sustantivos a partir de verbos. Los estudiantes realizarán más transformaciones de este tipo en la sección de gramática con el propósito de hacer más formal un texto. Se recomienda revisar el consultorio lingüístico para tener presentes algunas irregularidades.

Información para la actividad 6-6

El presente ejercicio pretende concienciar a los estudiantes sobre la variedad y precisión del léxico. Se busca que presten atención al texto e intenten mejorarlo con sinónimos, evitando repeticiones innecesarias, parafraseando, etc.

📖 VOCABULARIO EN CONTEXTO

06-04 to 06-08

6-4 Cadena de palabras

Subraya las palabras clave para la producción del aceite de oliva. Posteriormente, crea una cadena de palabras que reproduzca la secuencia del proceso desde el árbol hasta el envasado.

prooliva.com
LA OLIVICULTURA
www.prooliva.com

A pesar de su antigüedad (más de 6.000 años), el olivo sigue siendo un cultivo importante, que por otra parte se encuentra en proceso de plena modernización. En efecto, en la actualidad se seleccionan nuevas variedades más productivas, se mecaniza el cultivo y se estudian nuevas técnicas de elaboración para la obtención del aceite, un producto cada día más apreciado por su sabor y por su contribución a una dieta equilibrada y saludable.

La producción de aceite de oliva de calidad constituye un complejo proceso que comienza en el árbol y termina en el envasado. La calidad nace en el campo gracias a una combinación de diversos factores (suelo, clima, variedad, técnicas de cultivo y de recolección), y debe mantenerse durante todo el proceso de elaboración (transporte y almacenamiento de la oliva, extracción y conservación del aceite). Por tanto, la prevención de las enfermedades y plagas del olivo (y, muy especialmente, de aquellas que por alguna causa producen daños al fruto) juega en este proceso un papel importante.

> La extracción del aceite de oliva virgen en una almazara se puede hacer fundamentalmente por dos métodos: presión o centrifugación.

> El número de variedades de olivos que se cultivan es muy elevado. En España son más de 250.

> El de oliva es prácticamente el único aceite vegetal que, al consumirse crudo, conserva íntegramente sus vitaminas, ácidos grasos esenciales y otros componentes de gran importancia dietética.

EL OLIVO → → → → → → → → **EL ENVASADO**

6-5 Familias léxicas

En español podemos derivar sustantivos a partir de verbos. Fíjate en la siguiente lista de verbos e intenta encontrar los sustantivos correspondientes. Ten cuidado porque algunos de esos sustantivos son femeninos y otros masculinos. ¿Cuáles?

VERBO	SUSTANTIVO	MASCULINO	FEMENINO
obtener	(la) obtención		✓
elaborar	(la) elaboración		✓
consumir	(el) consumo	✓	
reducir	(la) reducción		✓
fabricar	(la) fabricación		✓
producir	(la) producción		✓
transportar	(el) transporte	✓	
presentar	(la) presentación		✓
envasar	(el) envasado	✓	
etiquetar	(el) etiquetado	✓	

VERBO	SUSTANTIVO	MASCULINO	FEMENINO
usar	(el) uso	✓	
utilizar	(la) utilización		✓
preparar	(la) preparación		✓
satisfacer	(la) satisfacción		✓
almacenar	(el) almacenamiento	✓	
probar	(la) prueba		✓
presionar	(la) presión		✓
elegir	(la) elección		✓
votar	(la) votación		✓

¿Puedes formular alguna regla?

Los sustantivos terminados en _____ son generalmente

_____.

Los sustantivos terminados en _____ son generalmente

_____.

6-6 En la variedad está el gusto

El siguiente texto es un ejemplo de escrito coloquial y repetitivo. Sustituye algunas de las palabras en negrita por otras del banco y/o haz los cambios que consideres necesarios para que el texto fluya mejor.

producto	artículo	consumir	producir
existir	crear	fino	grueso
alimento	ligero	parte	región
país	elaborar	comida	zona

Las tortillas son una especie de pan **hecho** con harina de maíz o de trigo. Estas **cosas** hoy en día se **hacen** con máquinas que las **hacen muy delgadas** y uniformes. Sin embargo, también se siguen **haciendo** de la forma tradicional, a mano, y no son **tan delgadas**. Se comen en **lugares** como México, Centro América y Estados Unidos.

En Colombia y Venezuela, **hay** una **cosa** similar que se llama *arepa*, pero es **menos delgada**. **Hay** otras variantes rellenas como las *pupusas*, típicas de El Salvador, o las *gorditas*, *sopes* y *tlacoyos*, más típicos de **lugares** como México, Guatemala y Belice. En España se usa el mismo nombre para **hacer** otra **cosa hecha** con papas, cebolla y huevos.

Estas **cosas** son también usadas para **hacer** arte que refleja las raíces chicanas de artistas, como Joe Bravo o Río Yañez.

 ## 6-7 Contextualizando palabras

Van a trabajar en grupos. El profesor va a decir una serie de palabras y cada grupo va a crear una frase para usar la palabra en un contexto adecuado. Después leerán las frases a la clase, y si el profesor considera que el contexto y la gramática son correctos, les dará un punto.

EJEMPLO:

E1: infusión
E2: Cuando estuve en Argentina tomaba infusiones de mate todos los días.

 ## 6-8 Adivina, adivinanza

Escucha a alguien que nos da pistas para adivinar un producto y anota la información clave. ¿Conoces el producto?

 Ahora, en parejas, creen pistas sobre la historia, el proceso o características de un producto. Después, como en el modelo presentado en la audición, den las pistas a sus compañeros para que lo adivinen.

Información para la actividad 6-9

Ciertamente la distinción entre las preposiciones *por* y *para* causa dificultades incluso al estudiante más avanzado. Es también cierto que la distinción se aprenderá mejor a partir del uso y con la exposición a modelos y ejemplos apropiados. Para el nivel intermedio, se espera que éste no sea el primer contacto con las formas *por* y *para;* por lo tanto podemos plantear una actividad de "corrección" de usos erróneos.

Respuestas para la actividad 6-9

- para todos, correcto; el término de la frase preposicional es un pronombre que tiene función receptora.
- para la orilla, incorrecto → por la orilla ; el verbo *pasear* no implica direccionalidad (una dirección final como meta) y por lo tanto uno selecciona POR.
- por sus limitaciones, correcto; el uso de *por* es causal.
- por gente como tú, incorrecto → para gente como tú... *para* marca un sustantivo con función de receptor.
- por qué esperar, correcto; frase interrogativa que busca una causa.
- para usarla, correcto; expresión de finalidad.
- para tomar fotografías; expresión de finalidad.
- para unos dólares más, incorrecto → por unos dólares más; porque se refiere a un intercambio, en este caso concreto, de dinero.
- para poder tomar, correcto; expresión de finalidad.

Información para la actividad 6-10

Contamos con una pareja de textos que representan tanto el registro oral como el escrito respectivamente. La información que aporta cada texto es la misma; es trabajo del estudiante identificar la diferencia de registros.

Respuestas para la actividad 6-10

En la pareja de textos el primero es más formal. Es más formal por la selección del léxico, la colocación de los adjetivos calificativos y el uso de adjetivos posesivos.

Posibles respuestas para la actividad 6-11

Las respuestas van a variar según cuántos cambios se realicen. Obviamente, hay que indicar a

 GRÁMATICA EN CONTEXTO

06-09 to 06-20

6-9 ¿Por o para?

Dos amigos inventores quieren presentar en el mercado un producto nuevo que creen que recibirá mucha atención del público. Han preparado un anuncio en español y te piden que les corrijas *por* y *para.*

Nueva cámara digital Noche, toma fotografías incluso a la luz de la luna y sin flash

 Seguramente tienes una o más cámaras digitales, pero por la noche necesitas activarle el flash. ¡Qué molestia para…✔ todos! Y luego estamos todos con los ojos rojos. Imagina que estás paseando para…✗ la orilla del mar, mojando tus pies con el agua fresca de las olas y se hace de noche. De pronto ves que la luna está hermosa y quieres tomar esa foto especial de revista. Con tu cámara normalita eso no es posible por…✔ sus limitaciones. Bueno, esta es la cámara digital ideal por…✗ gente como tú. ¿Por…✔ qué esperar? No es sólo para…✔ usarla en la noche, también funcionará de la misma manera a plena luz del día. Y para…✗ unos dólares más, se le instala el rayo infra rojo para…✔ poder tomar fotos en la oscuridad.

 Compara tus respuestas con tu compañero y discutan los diferentes usos de *por* y *para* que aparecen en el texto.

6-10 El queso y la formalidad

Compara la siguiente pareja de textos. Subraya las diferencias y coméntalas con tu compañero. ¿Cuál de los textos es más formal? ¿Qué características hacen al texto más formal?

> Han transcurrido muchos siglos de elaboración artesanal de quesos hasta la moderna producción industrial, pero lo que no ha cambiado es el proceso básico de su elaboración: la leche, dejada durante cierto tiempo al aire libre, se coagula y fermenta naturalmente. Las múltiples variedades de quesos con que se cuenta hoy se obtienen no sólo utilizando, como antaño, diferentes clases de leche —por ejemplo, de vaca, de oveja o de cabra y combinaciones de éstas— sino también manipulando la acción de los microbios con mayor conocimiento y precisión que antiguamente.

> Es verdad que ha pasado bastante tiempo desde que se inventó el queso artesanal y se produjo de forma artesanal, pero lo que no ha cambiado nada son los ingredientes que se usan para prepararlo: leche, que se deja fuera un tiempo para que se fermente y se cuaje usando medios naturales. Los diferentes tipos de queso que hay hoy se consiguen usando diferentes tipos de leches –de vaca, oveja o de cabra o sus combinaciones– y controlando lo que hacen los microbios del queso. Pues, se tiene mayor conocimiento que en tiempos pasados.

 ### 6-11 Modificando un texto

Con tu compañero haz al menos 8 cambios que formalicen este texto sobre el mango.

únicamente
principalmente
fundamentalmente
generalmente
especialmente
concretamente   *es un producto de*
                       gran calidad.

efectivamente
naturalmente
evidentemente
indudablemente

...

CONSTRUCCIONES ADVERBIALES

TEMPORALES

Cuando llegues *a casa me llamas.*
Cuando llego *a casa te llamo.*

Siempre que tenga *dinero podré*
comprarte el juguete.
Siempre que tengo *dinero te compro un*
juguete nuevo.

Después de que *me* **hablaras** *del mate,*
compré un paquete en la tienda latina.
Después de que *me* **hablaste** *de tu madre,*
llamé a la mía.

CONCESIVAS

A menos que cocine *pronto, no podré ir*
al cine.
Iremos al cine **con tal que terminemos**
esta parte del proyecto.

                       su precio,
A pesar de   *se vende bien.*
                       ser caro,

Información presentada como nueva
Aunque tiene *bajo contenido de sodio,*
sabe bien.

Información presentada como
presupuesta
Aunque tenga *bajo contenido en sodio,*
sabe bien.

FINALES

Te leí el anuncio **a fin de que** *te* **enteraras**
un poco sobre los inventos nuevos.

La empresa compró una máquina nueva
para que se agilizara *la producción.*

La empresa compró una máquina nueva
para agilizar *la producción..*

---

posee excelentes propiedades   Para empezar,
          ↓   ↓

El mango <u>tiene características muy buenas</u>. La carne del mango tiene mucha fibra, lo cual ayuda a limpiar el intestino y a bajar el colesterol de la sangre. Tomar muchos mangos es muy recomendable si no se tiene diarrea con frecuencia. Si es así, hay que comer poco mango. La fibra del mango también hace que uno se sienta muy lleno, lo que es bueno para la dieta, especialmente si las personas tienen unas libras extras o índices altos de azúcar en la sangre.

Como tiene mucha vitamina C, el mango también tiene características antioxidantes. Estos antioxidantes ayudan a tratar enfermedades degenerativas. Las personas que no aceptan otras fuentes de vitamina C, como la naranja, las fresas o el kiwi ven en el mango una alternativa buena.

EJEMPLO:

E1: El mango posee excelentes propiedades. Para empezar, la carne del mango…

6-12 ¿Escoba o aspiradora?

Se ha llevado un estudio sobre el trabajo doméstico en diferentes países. Léelo. ¿Por qué causa tantos problemas entre las parejas?

Para sorpresa de muchos, cuando limpian los hombres ganan los mexicanos quienes dedican cerca de 14 horas a la semana a estos quehaceres. Así, siempre que la casa esté limpia, las parejas mexicanas tendrán pocos problemas. Según los estudios, Chile y Perú presentan una situación de mayor desigualdad. Las mujeres que trabajan y viven con sus parejas, dedican más tiempo a las tareas domésticas que las mujeres que viven solas. Los hombres, por otro lado, ven una reducción en las horas que invierten al aseo de la casa tan pronto como empiezan a vivir con sus parejas. Antes de casarse, los hombres chilenos o peruanos pasaban más o menos 7 horas a la semana limpiando. En cuanto se unieron a la pareja, redujeron su participación a 5 horas, solamente.
    Pero lo más interesante es que esta tendencia refleja una realidad socioeconómica mayor. A menos que el país enfrente de una manera exitosa las desigualdades de género en las relaciones de trabajo, la situación en el hogar no va a reflejar cambios significativos.

 Identifica los usos del subjuntivo, el indicativo y el infinitivo. Con tu compañero comenta los usos de cada uno.

 6-13 Una encuesta: ¿Escoba o aspiradora?

Escucha las respuestas de las personas para saber cuánto tiempo pasan con los quehaceres de la casa. Reescribe las frases con construcciones adverbiales similares a las usadas por los encuestados.

Usted, es ¿soltero o tiene una pareja? ¿Cuánto tiempo pasa limpiando la casa?

	SOLTERO/CASADO	CONSTRUCCIONES ADVERBIALES
Juan	SOLTERO	cuando llega a casa los martes y jueves, limpia.
Elvira	Casada. Mientras uno tenga hijos, hay que limpiar siempre.	
Rosa	Soltera. Para que la casa esté limpia, contrata a una persona.	
Pedro	Casado. Lava los platos después	de que han terminado de cenar.

---

los estudiantes que un cambio de una forma puede implicar otros cambios en la estructura de la frase. El mango posee excelentes propiedades. Para empezar, su pulpa contiene abundante fibra, lo cual contribuye a la limpieza del intestino y a la reducción del colesterol en la sangre. Así, el consumo de mango es altamente recomendable, a menos que se padezca de diarrea. De ser así, se debe consumir con moderación. Por otro lado, la fibra de esta fruta le da a uno la sensación de saciedad, lo que ayuda en la dieta, especialmente si las personas sufren de obesidad o de diabetes. Además, por su alto contenido de vitamina C, el mango también tiene propiedades antioxidantes, que contribuyen al tratamiento de enfermedades degenerativas. Finalmente, las personas intolerantes a otras fuentes de vitamina C tales como la naranja, las fresas o el kiwi, descubren en el mango una buena alternativa.

Información para la actividad 6-12
Este ejercicio tiene dos partes. La primera es una lectura con la intención de comprender el texto y el contexto. La segunda parte, y quizá más crucial, en esta sección del capítulo corresponde a una orientación metalingüística, ya que intenta ser una reflexión gramatical: los estudiantes deben discutir las explicaciones de la selección subjuntivo/indicativo.

Información para la actividad 6-13
Esta actividad tiene como objetivo exponer al estudiante al uso de las formas subjuntivas, indicativas o infinitivos en contextos coloquiales. De la misma manera, la actividad intenta que el estudiante pueda producir estructuras similares sobre la base del contenido oído en las grabaciones.

📖 INTERACCIONES

06-21 to
06-22

ESTRATEGIAS PARA LA COMUNICACIÓN ORAL

En esta sección nos acercaremos a estrategias orales que nos permitan hacer una buena presentación oral. Para ello, veremos cómo se estructura un texto oral (externamente e internamente); ofreceremos mecanismos para establecer y mantener el contacto con el público y también haremos énfasis en la importancia de no ser repetitivos.

En todo texto podemos identificar una organización externa, o vertical, y una interna, u horizontal. La estructura externa tiene la función de cohesionar el texto, uniendo los párrafos por medio de conectores y transiciones. El siguiente esquema intenta visualizar la estructuración vertical (externa) de un texto. Además, incorporamos en este diagrama los elementos que le permiten al presentador establecer contacto con su público. Observen el esquema.

Estructura vertical
Conectores discursivos que cohesionan el texto: *Además, Sin embargo, Por consiguiente, Por otro lado, Dada esta situación, etc.*

Párrafo 1
Introducción

Párrafo 2

Párrafo 3

Párrafo 4
Conclusión

Contacto con el público

Señores y señoras, público en general…

Como muchos de ustedes ya saben…, No olviden que…, Quisiera recordarles que..

Para terminar,…
Concluyendo…

Como algunos de ustedes ya saben, la estructura más común de todo texto es una introducción, un cuerpo de discurso y una conclusión. El cuerpo comprenderá tantos párrafos como sea necesario para transmitir la información deseada.

Tal como se observa en el diagrama, en un texto de presentación oral se tiene que tomar en cuenta los elementos que necesita el presentador para mantener contacto con el público. Estos elementos ayudan a seguir la estructura del discurso. Para empezar una conferencia, el presentador puede acercarse al público de las siguientes maneras:

Buenos días, buenas tardes, buenas noches/ Señoras y señores, … / público presente, … / damas y caballeros, hoy voy a presentar sobre…/ El tema de mi conferencia es…

Para mantener el contacto con el oyente durante la presentación del contenido de la conferencia, uno puede usar las siguientes formas:

Como muchos de ustedes ya saben, … de la manera que ustedes conocen, … no se sorprendan si…, ya saben ustedes que…, no olviden que…

Para finalizar la presentación y anunciar el fin al público, se pueden usar formas tales:

Para finalizar, … por último, … en resumen, … les agradezco su atención, gracias por su atención, ¿tienen preguntas?, ¿hay alguna pregunta o duda?

Finalmente, como se dijo antes, la organización interna del discurso está dada por la estructuración de las frases que constituyen los párrafos. Éstas también necesitan estar cohesionadas no sólo por el contenido o significado, sino por elementos que las unifican como parte de un párrafo. Observa el siguiente ejemplo:

La reflexión será el plato fuerte del año gastronómico 2009, pues tanto los congresos culinarios como los anunciados encuentros se detienen en el debate y el razonamiento de la revolución culinaria.

Las palabras subrayadas funcionan indicando relaciones de significado entre las frases y además aportan la cohesión del párrafo en sí mismo.

Otra característica de la mayoría de textos es que se debe evitar la repetición innecesaria. Uno de los recursos para evitar la repetición de un término es utilizar otras palabras que en el contexto lo puedan sustituir, o bien elidir ese término o utilizar algún pronombre. Este mecanismo ayuda con la fluidez interna del texto.

6-14 El mate

¿Puedes reconstruir esta conferencia? Ordena el texto según el orden que creas más coherente y usa los conectores del banco.

como probablemente muchos de ustedes saben	en cuanto a las formas de prepararlo	por consiguiente
por otra parte	en lo que se refiere a	señoras y señores
también	los efectos de la yerba mate	no se sorprendan si
aunque	por todo ello	para terminar
por otro lado	por lo que respecta a sus propiedades químicas	gracias por su atención

1. … Cantidades significativas de potasio, sodio, magnesio y manganeso están presentes tanto en las hojas como en la infusión. También contiene numerosas vitaminas, en particular la B1, B2, CA y otras muchas.
2. … Su estructura química es similar a la de la cafeína, pero, en cambio, no tiene efectos negativos sobre el organismo.
3. … la yerba mate es similar al té verde, aunque mucho más nutritiva.
4. … la mateína, sustancia química de la familia de las xanteínas, también es propia de la yerba mate.
5. … la mateína, como la cafeína, es estimulante del sistema nervioso y promotor de la actividad mental, es diferente de esta última por no perturbar el sueño…
6. … Los efectos benéficos y terapéuticos de la yerba mate, verificados a través de siglos de observación y utilización, fueron confirmados por numerosos estudios científicos.
7. … La infusión se logra "cebando" con agua caliente, nunca hirviendo, y se bebe con una bombilla, que es un tubito de metal que posee un filtro en su extremo inferior para evitar que pase la yerba.
8. … Así lo preparan tradicionalmente en Argentina y más que una simple bebida es, para los aficionados, un rito y un arte que se vive a diario.
9. … existen fundamentalmente dos maneras: el mate cebado y el mate cocido, aunque hay para cada una de ellas multitud de variantes.
10. … El mate cebado, como ven en el gráfico, se suele preparar en lo que se llama propiamente "mate", que es una pequeña calabaza llena de yerba mate.
11. … El mate cocido es la infusión que se prepara con las hojas molidas de la yerba mate. Como tantas otras infusiones, se bebe en una taza o en recipientes especiales.
12. … La yerba mate es un cultivo que ha sido desarrollado exclusivamente en la zona comprendida entre el sur del Paraguay, de Brasil y la provincia de Misiones y el noreste de la provincia de Corrientes en la Argentina.
13. … Por ser una bebida sana, estimulante y de un sabor inigualable, el mate es consumido por millones de sudamericanos.

Por ser una bebida sana, estimulante y de un sabor inigualable, el mate es consumido por millones de sudamericanos.

Con respecto a su preparación, la infusión se logra "cebando" con agua caliente, nunca hirviendo, y se bebe con una bombilla, que es un tubito de metal que posee un filtro en su extremo inferior para evitar que pase la yerba. Existen fundamentalmente dos maneras *de prepararlo*: el mate cebado y el mate cocido, aunque hay para cada una de ellas multitud de variantes.

El mate cebado, como ven en el gráfico, se suele preparar en lo que se llama propiamente "mate", que es una pequeña calabaza, llena de yerba mate. Así lo preparan tradicionalmente en Argentina y más que una simple bebida es, para los aficionados, un rito y un arte que se vive a diario.

En cuanto a los efectos de la yerba mate los hay benéficos y terapéuticos. *Estos beneficios han sido* verificados a través de siglos de observación y utilización *y han sido* confirmados por numerosos estudios científicos.

La yerba mate es similar al té verde, aunque mucho más nutritiva. *Por lo que respecta a sus propiedades químicas les diré c*antidades significativas de potasio, sodio, magnesio y manganeso están presentes tanto en las hojas como en la infusión. También contiene numerosas vitaminas, en particular la B1, B2, CA y otras muchas.

No se sorprendan si les digo que la estructura química *de la yerba mate* es similar a la de la cafeína, pero, en cambio, no tiene efectos negativos sobre el organismo. *Para terminar*, la mateína, sustancia química de la familia de las xanteínas, también es propia de la yerba mate. *Esta sustancia química natural*, como la cafeína, es estimulante del sistema nervioso y promotor de la actividad mental. *Aunque* es diferente de esta última por no perturbar el sueño.

Muchas gracias por su atención. ¿Tienen alguna pregunta?

Información para la Tarea
La tarea final de este capítulo intenta recapitular los temas vistos tanto en el área de vocabulario, gramática, funciones y estrategias. Además, recicla las diferentes maneras que tienen los estudiantes de hablar de ellos mismos, plantear preguntas y justificar decisiones u opiniones. Lo más importante es el **uso** fluido y efectivo de la lengua; de esa manera la tarea final recoge las formas y funciones vistas en el capítulo y las integra en esta actividad final grupal.

En concreto, la tarea de *Gente y productos* pretende recoger todos aquellos temas trabajados en el capítulo, reciclar algunos previamente cubiertos en otros capítulos, como los organizadores del discurso, y ponerlos en práctica de forma oral mediante una presentación. En grupos, los estudiantes van a presentar, de modo formal, un producto de su propia elección. Para ello, deberán tomar decisiones relacionadas no únicamente con el producto, sino también decisiones sobre la selección, distribución y presentación de la información.

Información para la preparación
Los pasos para la realización de la tarea son los siguientes:

• Cada grupo elige un producto sobre el que investigar y realizar una presentación. Primero, ponen en común todo lo que saben sobre el producto. Después, consultan diccionarios o navegan por Internet para confirmar esos datos y para conseguir información nueva. Una vez obtenida toda la información necesaria, crean una lista con el vocabulario que ellos consideran clave para entender mejor la conferencia sobre su producto.
• A continuación, preparan el guión de la charla. Siguiendo un esquema tipo: introducción del tema, presentación de los subtemas, desarrollo de los subtemas, conclusiones generales.
• Posteriormente cada grupo presenta su producto, ya sea por medio de un portavoz o dividiendo el trabajo entre varias personas. El resto de compañeros utilizará el turno de preguntas para aclarar dudas.

TAREA

Recuerde referir a los estudiantes a la lista de vocabulario para completar la tarea.

Preparar una breve conferencia sobre un producto y presentarla al público.

 ## PREPARACIÓN

Ustedes asisten a la feria de los inventos donde esperan la presentación del ganador del concurso "Inventa" sobre productos novedosos en el mundo estudiantil. Tu grupo está interesado en participar este año. Mientras esperan la charla, tú y tu compañero pasean por la feria y comentan los productos finalistas:

a. una cuchara con un mini-ventilador incorporado para enfriar la sopa

b. un inodoro con una tapa luminosa para verlo en la oscuridad

c. un gorro de beisbol con un destapador de botellas incorporado

d. un plato con USB incorporado para mantener caliente tu taza de café

¿Cómo son estos productos? Imagínenlos y descríbanlos. ¿Son útiles?

 Luego, escuchen la presentación del producto ganador e individualmente tomen notas sobre los aspectos que lo hacen novedoso y revolucionario. Más tarde, con un compañero preparen una lista de aquellos elementos que consideran claves para que un producto sea ganador.

Los lentes RS3000

_____

_____

_____

_____

_____

 Paso 1 **Recopilar la información**

En grupos de tres o cuatro y tomando como modelo lo creado en la preparación, van a preparar breves presentaciones sobre un producto extraordinario o sobre uno ya conocido pero al que le han hecho alguna modificación innovadora, y con el que esperan ganar el concurso.

Les puede ayudar seguir los siguientes pasos:

1. Propón un producto a tu grupo.
2. Entre todos, decidan el producto sobre el que quieren trabajar.
3. Hagan una lluvia de ideas sobre los temas a incluir en su presentación.
4. Si les falta información más concreta, pueden buscarla en casa, en la biblioteca, o en Internet.
5. Confeccionen una lista de palabras clave sobre su producto.

Paso 2 — Preparar la presentación

Preparen un guión de la presentación:

- Piensen en la estructura de la presentación: como introducir el producto, anunciar los subapartados de la presentación, el uso de las transiciones entre temas, etc.
- Incorporen una breve historia del producto, de su proceso de elaboración, de sus cualidades, de su utilidad hoy en día, de su mercado potencial, etc.
- Tengan en cuenta al público y piensen en cómo van a mantener su atención: consideren elementos visuales, sonoros, usos de eslóganes, la entonación de las frases, etc.

Paso 3 — Presentación del producto

Antes de presentar su producto, cada grupo dará a la clase una lista con las palabras clave (en la pizarra, fotocopias o transparencias) que puedan ayudar a seguir su presentación. Posteriormente, cada grupo presentará el producto al resto de sus compañeros como si estuvieran en la feria y sus compañeros fueran clientes potenciales.

Paso 4 — Preguntas y votación

Mientras un grupo presenta, el resto de estudiantes en la clase deberá tomar notas para preguntar después lo que no quede claro.

Una vez presentados todos los productos, toda la clase decidirá cuál es el producto más original, útil y mejor presentado.

Para mí el mejor invento es _____

porque _____

- Finalmente, se hace una votación para saber qué producto es el más original, útil y atractivo para la clase.

Antes de escuchar el audio, y con el objetivo de crear un poco de expectativa e interés por parte de los estudiantes, el profesor puede escribir en la pizarra algunos nombres de inventos: el jardinero eficiente, el mapa mágico, la cartera tele-transportadora, la catapulta de refrescos, etc., y pedirle a los estudiantes que piensen en qué tipo de productos pueden ser.

Para la audición, el instructor debería advertir a los estudiantes de que oirán un texto de tipo científico, con algunas marcas de carácter formal. Si es necesario, el instructor podría pasar más de dos veces la grabación.

El objetivo principal de la preparación, además de los ya practicados durante el capítulo dirigidos a la tarea, es hacerles ver a los estudiantes la importancia de comprender el vocabulario para que lo tengan en cuenta a la hora de preparar su propia presentación.

Paso 2
En esta fase, es importante que el instructor supervise la preparación del guión y el esquema de ideas para la posterior presentación. La información para estas ideas podría también proceder de materiales recogidos fuera de clase (biblioteca, Internet, etc.).

Paso 3
Aparte de la lista de vocabulario en la pizarra, transparencias, fotocopias o PowerPoint, los grupos podrían aportar otros materiales visuales para hacer la presentación más clara e interesante para sus compañeros.

Paso 4
Es importante que los estudiantes se sientan involucrados mientras los otros grupos presentan su producto, en lugar de esperar su turno únicamente. Por ello, todos deberían tomar notas durante la presentación de los grupos y preparar preguntas para los otros estudiantes sobre aspectos que no quedaron claros o de lo que quieren saber más.

Información para Gente que lee
Se desea que el estudiante pueda identificar las relaciones de comparación presentadas en un texto escrito. Como actividad de pre-lectura, se pedirá a los estudiantes que establezcan puntos de comparación entre las dos pirámides de alimento que han sido de conocimiento público. La actividad durante la lectura servirá para que el estudiante pueda identificar los granos que se han comparado y cómo se ha expresado lingüísticamente la comparación. Para finalizar, la actividad de post-lectura procura medir indirectamente si los estudiantes se han percatado de las comparaciones hechas en el texto desde un punto de vista práctico. Además en esta actividad el estudiante puede recoger información de la actividad de las pirámides.

Posibles respuestas para la actividad 6-16
Las respuestas son abiertas, pero se espera que vayan en la línea de:

• La pirámide más antigua indicaba que se tenían que comer muchos granos. En cambio ahora, hay una distribución diferente.

a) La pirámide más reciente incorpora la importancia de beber agua. En comparación la más vieja no tenía una recomendación al respecto.

b) La pirámide nueva la dieta distribuye los alimentos de una manera diferente. Por ejemplo, se puede beber más leche que en la pirámide vieja.

📖 EXPLORACIONES

06-23 to
06-26

GENTE QUE LEE

El texto expositivo-comparativo

Un texto expositivo-comparativo informa objetivamente, a la vez que compara elementos de los temas expuestos. En la comparación se indican semejanzas o diferencias entre los objetos de la descripción. El texto debe empezar con un párrafo de introducción en el que se presentan los puntos que se van a comparar. Seguidamente, cada párrafo describe un aspecto del objeto e introduce las semejanzas o diferencias que tiene con el punto de comparación. Es decir, los párrafos se desarrollan a partir de las semejanzas o diferencias que se presentan en el texto. La conclusión recoge los puntos principales descritos y comparados.

ANTES DE LEER

6-16 La pirámide de alimentos

 Observa las pirámides de alimentos a continuación. Establece puntos de comparación entre ellas. Compara tus ideas con las de tu compañero.

Mi pirámide
PASOS HACIA UNA MEJOR SALUD

Algunas veces por mes

CARNE ROJA

DULCES

HUEVOS

AVES DE CORRAL

Algunas veces por semana

PESCADO

QUESO Y YOGUR

ACEITE DE OLIVA

FRUTA | LEGUMBRES Y FRUTOS SECOS | HORTALIZAS

PAN, PASTA, ARROZ, CUSCÚS, POLENTA, OTROS CEREALES Y PATATAS

A diario

AGUA
DIARIAMENTE

ACEITE GRASAS AZÚCAR OCASIONALMENTE

Haga ejercicio casi todos los días 30 minutos

GRANOS	VEGETALES	FRUTAS	PRODUCTOS LÁCTEOS	CARNES Y FRIJOLES
CADA DÍA 6 onzas	CADA DÍA 2½ tazas	CADA DÍA 2 tazas	CADA DÍA 3 tazas	CADA DÍA 5 onzas

EJEMPLO:

E1: Antes no recomendaban hacer actividad física; en cambio ahora esta recomendación es parte de la pirámide.

¿Qué cambios importantes ha habido con respecto al consumo de alimentos recomendados? ¿Cuáles son ahora las fuentes de alimento sano? ¿Cuáles eran antes? ¿Comes tú estos alimentos? ¿Con qué frecuencia?

AL LEER

Al grano

Hoy en día, ningún experto discute la importancia de consumir granos y sus alimentos derivados como parte de la dieta diaria para mantener una alimentación equilibrada y saludable. El debate ahora se centra en si es mejor comer granos refinados o granos integrales. Y aunque dietistas y nutricionistas están defendiendo que los granos integrales aportan mayores beneficios al organismo, los granos refinados son todavía más populares y consumidos.

El nombre de "granos" se refiere a las semillas que comemos del conjunto de plantas llamado cereales (este nombre, a su vez, deriva de Ceres, la diosa latina de la agricultura). El trigo, el arroz, la avena, el maíz, la cebada, el centeno y otros más son cereales cultivados desde los orígenes de las civilizaciones. Con ellos se elaboran alimentos, como el pan, las tortillas, las palomitas de maíz, los espagueti… Pero la mayoría de los granos han sido sometidos a un proceso de refinado que elimina importantes nutrientes.

El refinado de los granos se inició para poder conservarlos por más tiempo y para darles una textura más fina. Ello se consigue moliéndolos para quitarles el germen y la cáscara, pero al hacerlo también se les extraen la fibra, el hierro y la vitamina B. En cambio, los granos integrales –también llamados enteros– no reciben ese tratamiento y así conservan todos sus nutrientes que aportan numerosos beneficios para la salud. Comer granos y productos integrales ayuda a regular el peso corporal, e incluso prevenir la obesidad, gracias a la fibra que contienen, y además puede reducir el riesgo de enfermedades cardíacas, el colesterol, la diabetes y ciertos tipos de cáncer, gracias a sus vitaminas y nutrientes.

Sin embargo, el mercado está dominado por los productos refinados, se calcula que tan sólo el 10% de los granos y derivados en las tiendas y supermercados son integrales. Esta falta de oferta es una de las posibles razones por las que no son más consumidos. Otra razón es que tienen un sabor más fuerte y una textura más áspera que los productos refinados, lo que puede suponer un freno para los consumidores acostumbrados a comer, por ejemplo, el llamado pan o arroz blanco. No obstante, a la hora de comprar un producto integral no basta con prestar atención al color, ya que pueden ser cereales refinados a los que se les haya añadido un colorante, hay que verificar que en la etiqueta esté escrito "grano entero" o "grano integral".

Por otra parte, no basta con que el producto sea integral sino que además es importante que sea ecológico. Si se han usado productos químicos en el cultivo, la parte exterior del grano va a mantener buena parte de ellos. Es decir, a los granos refinados se les extrae la cáscara y así se eliminan esos químicos pero los granos integrales, que son mantenidos enteros, conservarían restos de fertilizantes, insecticidas, herbicidas… No se pretende desalentar del consumo de productos integrales, sino informar para que el consumidor busque alimentos integrales y orgánicos.

Integrales o refinados, de lo que no cabe duda es de que los granos son imprescindibles para una alimentación saludable y equilibrada. Arroz, pan, pasta, copos de avena… este grupo de alimentos debe formar parte de nuestra dieta diaria, tal como también recomienda la pirámide de alimentación propuesta por el Departamento de Agricultura de Estados Unidos (www.mypyramid.gov), que además anima a que la mitad de los granos que comamos sean integrales.

6-17 A comparar

 Identifica con tu compañero los tipos de grano que se comparan en el texto.

Tipo 1 granos refinados	Tipo 2 granos integrales	Tipo 3 granos orgánicos

Ahora, identifica los términos usados para expresar la comparación.

EJEMPLO: o, aunque… todavía, en cambio

DESPUÉS DE LEER

6-18 Reflexión

Reflexiona un poco sobre tu dieta, ¿qué harías para mejorarla? Marca cuál de los siguientes propósitos quisieras realizar.

- Buscaré los granos integrales en los ingredientes de panes y cereales.

- Prepararé una nueva receta que lleve granos integrales una vez cada quince días.

- …

Y en relación con otros productos alimenticios (carnes, leches, frutas, etc.), ¿qué cambiarías? Escribe tu lista de propósitos.

Información y sugerencia para la actividad 6-18

Lógicamente, las respuestas para esta actividad serán variadas. Lo que realmente importa es que los estudiantes reflexionen sobre su propia dieta a partir de la información aportada por el texto.

Con el objetivo de establecer algunas comparaciones sobre las diferentes dietas y prácticas de alimentación en el aula, los estudiantes podrían preparar una encuesta con diez preguntas para saber cuál es la dieta de sus compañeros y si éstas son o no saludables.

MESA REDONDA

¿Son los productos orgánicos más nutritivos, saludables y tienen mejor sabor?

Algunos científicos niegan que esto sea del todo cierto; sin embargo, este tipo de productos es cada vez más popular entre los consumidores. ¿Cuál es la razón para que esto ocurra? ¿Cuáles son los verdaderos beneficios de la denominada comida orgánica? ¿Cómo podemos estar seguros de que el producto que compramos es realmente orgánico? ¿Hay alguna diferencia entre orgánico, ecológico y biológico?

Paso 1 **Investiga**

Busca información sobre los productos orgánicos y sobre todos aquellos elementos o fases que forman parte de su proceso de producción. En tu investigación ten en cuenta los argumentos a favor y en contra del consumo de estos productos y también temas o conceptos como los siguientes:

- el tipo de producto
- el sabor, el aspecto, la textura y el olor
- el precio
- el valor nutritivo
- el efecto en la salud
- el impacto ambiental en su producción

- el uso de pesticidas, fertilizantes, herbicidas o fungicidas
- el uso de antibióticos u hormonas
- los estudios o hallazgos científicos
- la manipulación genética
- etc.

Paso 2 **Puesta en común**

Después de la investigación, expón los resultados de tus averiguaciones a la clase y entre todos mantengan una conversación abierta. ¿Cuáles son las ventajas o las desventajas de los productos orgánicos para el medio ambiente, nuestra alimentación, nuestro bolsillo y nuestra salud? ¿Son realmente los productos orgánicos más nutritivos, saludables y tienen mejor sabor?

GENTE QUE ESCRIBE

Para escribir un texto comparativo se recomienda seguir las siguientes pautas:

- Primero, buscar información sobre los objetos, ideas, situaciones o conceptos que se quiere comparar. Es importante seleccionar la información que ayude a establecer las semejanzas y diferencias entre los elementos.

- Como cada párrafo debe hablar de un elemento de comparación diferente, puede resultar muy útil elaborar un esquema que tenga estructura comparativa para visualizar mejor los puntos a comparar.

	BOMBILLA INCANDESCENTE	TUBO FLUORESCENTE	LÁMPARA DE HALÓGENO
Duración	Corta. Entre 1.000 y 1.200 horas de uso.	Muy alta. Entre 8 y 10 veces mayor que la bombilla incandescente.	Alta. Oscila entre las 2.000 y 3.000 horas de uso.
Energía	Sólo aprovechan el 5–10% de energía que consume. Producen mucho calor.	Eficacia energética. Consumen muy poca energía.	Tiene un consumo similar al de la incandescente, pero tiene más potencia y produce más calor.
Luminosidad	Emiten una luz cálida y agradable que no altera los colores de los objetos y permite diferenciar los tonos.	Producen un tipo de luz fría, muy brillante y poco natural.	La luz blanca e intensa que emite muestra los colores reales de los objetos.
Otros datos	Es la más usada. El coste no es mucho, pero la relación durabilidad/precio es menor, por eso es más cara.	Normalmente se usa en lugares que requieren luz difuminada, como la cocina o el baño.	Son pequeñas. Aceptan diferentes voltajes proporcionando así una gran variedad de intensidades de iluminación.

■ Es necesario prestar atención a los conectores y a las estructuras comparativas (más ó menos que, tanto como, igual que…), etc.

En cambio,
Sin embargo,
No obstante,
Mientras tanto,
Por el contrario,
En contraste,
En lugar de…
A diferencia de…
De igual modo,
De la misma manera,

De modo similar,
Así mismo,
Igualmente,
Desde otro punto de vista,
Por otra parte,
Ahora bien,
En cuanto a,
En relación con,
…

Para expresar igualdad:
tanto/s… como
tanta/s… como
tan… como
igual que…
igual de…

Superlativos:
el/la mejor…
el/la peor…
el más…
el menos…

Para expresar superioridad, inferioridad:
más… que   mejor/mayor… que
menos… que   peor/menor… que

6-19 Parejas dispares

 Estas parejas de objetos se pueden comparar entre sí. Con un compañero seleccionen una de ellas y preparen un esquema para un ensayo comparativo. Después, individualmente escribe el ensayo.

Productos lácteos desnatados
Productos lácteos enteros

Aceite de oliva
Aceites vegetales

Carro de hidrógeno
Carro eléctrico

Cámara digital
Cámara mecánica

Computadora portátil
Computadora de mesa

Mochila
Maletín de mano

Bicicleta
Motocicleta

Un álbum de fotos en papel
Un álbum de fotos electrónico

Un correo electrónico romántico
Una carta romántica

El vocabulario activo está marcado en negrita. Las otras palabras ayudarán al estudiante a completar las actividades del capítulo.

🔊 VOCABULARIO

Las palabras en negrita representan el vocabulario activo. Las otras palabras te ayudarán a completar las actividades del capítulo.

El comercio

el artículo	la importación
la calidad	el mercado doméstico
la competencia	**la oferta**
el consumidor	**el precio**
el consumo	**el producto**
la demanda	**el productor**
la estrategia comercial	el proveedor
la exportación	**la variedad**

La agricultura

el campo	**el insecticida**
la cosecha	**el olivo**
el cultivo	**la recolección**
el fertilizante	**el suelo**
el herbicida	

La alimentación

el aceite	**la grasa**
el alimento	**el gusto**
la almendra	**el haba**
la arepa	**el ingrediente**
el aroma	**la mezcla**
la avellana	**la oliva**/aceituna
la avena	**el olor**
la calabaza	**la receta**
la canela	**el recipiente**
la cáscara	**el sabor**
la cebada	**la semilla**
el centeno	**la textura**
la comida	**la tortilla**
la fibra	**el trigo**
la gastronomía	**la vainilla**
el grano	**el vinagre**

Las bebidas

la cafetería	**el producto lácteo**
el grano de café	**la yerba**/hierba mate
la infusión	

Otros productos

los anteojos	**la escoba**
la aspiradora	**el jabón**
la bombilla	**los lentes**
la cera	

Términos relacionados con la salud

la alergia	**el/la dietista**
el beneficio	**la grasa comestible**
la caloría	**el microbio**
la dieta equilibrada	el/la nutricionista

La industria

el almacenamiento	**la mezcla**
la conversación	**la obtención**
el crecimiento	**la presión**
la elaboración	**el proceso**
el envasado	**la producción**
el etiquetado	**la recolección**
la extracción	**la reducción**
la fabricación masiva	el sector industrial
la industria	**el transporte**
el lavado	

Verbos

absorber	**extraer**
adornar	**fabricar**
agregar	**fermentar**
almacenar	incrementar
añadir	**instalar**
aportar	invertir
argumentar	**manipular**
cocer	**mantener**
conservar	mojar
consumir	**obtener**
convertirse	originarse
degustar	**preparar**
digerir	**prestar atención**
elaborar	**probar**
elegir	**producir**
emplear	recolectar
envasar	**reducir**
esconder	refinar
etiquetar	**transportar**
existir	**utilizar**

Adjetivos

artesanal	indispensable
áspero/a	**integral**
atractivo/a	**ligero/a**
comestible	**llamativo/a**
crudo/a	**novedoso/a**
dietético/a	**nutritivo/a**
ecológico/a	**refinado/a**
equilibrado/a	sabroso/a
estimulante	**saludable**
exquisito/a	**sano/a**
fino/a	suculento/a
grueso/a	**terapéutico/a**
imprescindible	vegetariano/a

CONSULTORIO LINGÜÍSTICO

1 Registro formal

FORMAL	COLOQUIAL
En los primeros tiempos el consumo del chocolate parece haber sido en forma de una especie de "cerveza"; es decir, una bebida basada en la fermentación de la pulpa del cacao más que de los granos del mismo. Tal "cerveza de chocolate", cuyos restos se hallan en las vasijas cerámicas de Puerto Escondido, tendría una importante función ritual y muy probablemente se utilizaba en las celebraciones de matrimonios.	Al principio, se consumía el chocolate como si fuera una cerveza. O sea, un líquido que se hacía al podrirse no los granos del cacao sino la pasta de este grano. De esta cerveza de chocolate se encuentran sobras en recipientes de cerámica en México, parece que eran importantes porque se usaban en los rituales antiguos y es casi seguro que también se empleaban en las bodas.

El registro formal se caracteriza por:

a) el uso preferencial de frases sustantivas en vez de frases verbales:
El queso **se elabora** de muchas maneras. ➔ **La elaboración** del queso es variada.

b) la anteposición del adjetivo para enfatizar una cualidad
Para preparar una vinagreta **sabrosa**… ➔ Para la preparación de una **sabrosa** vinagreta…

c) el uso de adverbios terminados en **-mente**
Se puede comer toronjas **con frecuencia**. ➔ Se puede comer toronjas **frecuentemente**.

d) la selección de organizadores discursivos
Pienso participar en una maratón y entreno todos los días. ➔ Pienso participar en una maratón, **por lo tanto** entreno todos los días.

e) el uso de sustantivos o adjetivos en vez de estructuras verbales o subordinadas adjetivas.
Consumir grasas causa problemas **que son serios**. ➔ **El consumo** de grasas causa **serios** problemas.

f) la sustitución de palabras para no repetir (sinónimos y pronombres)
El café es un producto de zonas tropicales. Muchos en el mundo consumen **café**. ➔ El café es un producto de zonas tropicales. Muchos en el mundo **lo** consumen.

La naranja es una de las frutas más populares del mundo. Además, **las naranjas** se valoran mucho por su bajo contenido carbohidrato. ➔ **La naranja** es una de las frutas más populares del mundo. Además **estos cítricos** se valoran mucho por su bajo contenido carbohidrato.

g) Además, el registro formal presenta un uso selectivo de vocabulario y una mayor utilización de estructuras sintácticamente complejas.

2 Sustantivos derivados de verbos

Veamos ahora la formación de sustantivos a partir de una raíz verbal.

Son femeninos los terminados en **-ción/-cción/-sión** y se refieren normalmente al proceso o al resultado de la acción expresada por el verbo correspondiente.

fabricar: **la fabricación**
producir: **la producción**
cocer: **la cocción**
conceder: **la concesión**
adoptar: **la adopción**

En muchos casos, la raíz sufre modificaciones, especialmente cuando se trata de verbos de la 2ª y 3ª conjugación (**-er**, **-ir**).

disolver: **la disolución**
corromper: **la corrupción**
inscribir: **la inscripción**
elegir: **la elección**
pedir: **la petición**

Hay, además, muchas otras formas de derivación. Estos otros sustantivos derivados de verbos son en su mayoría masculinos.

almacenar	**el almacenamiento**	etiquetar	**el etiquetado**	
consumir	**el consumo**	transportar	**el transporte**	
cultivar	**el cultivo**	usar	**el uso**	
envasar	**el envasado**			

Pero:
probar **la prueba**
citar **la cita**

3 Posición del adjetivo

Adjetivo + Sustantivo

La oficina fue invadida por **asquerosas** hormigas

- Cuando va delante, el adjetivo tienen un valor restrictivo: solo hay un tipo de hormigas, las asquerosas.
- Suele ponerse delante siempre que se quiere resaltar una cualidad de algo ya identificado.

La **vieja** foto estaba abandonada en un rincón de la mesa.

Cuando doblamos la esquina nos deparaba la **ancha** calle.

Sustantivo + **Adjetivo**

La oficina fue invadida por hormigas **asquerosas**

- Cuando va detrás del sustantivo, el adjetivo tiene un valor no restrictivo. En el ejemplo, de todas las hormigas que podrían haber invadido la oficina, fueron solamente las asquerosas las que invadieron el lugar.

La foto **vieja** estaba abandonada en un rincón de la mesa.

Cuando doblamos la esquina nos deparaba una calle **ancha**.

Ciertos adjetivos cambian de significado cuando preceden al sustantivo: un **viejo** amigo vs. un amigo **viejo**; un funcionario **alto** vs. un **alto** funcionario; un **simple** funcionario vs. un funcionario **simple**

4 Adverbios acabados en **-mente**

Muchos adverbios terminados en **-mente** sirven para:

a) expresar cómo se realiza una acción: Subió las escaleras **apresuradamente.**

b) modificar a una adjetivo: Llegó **verdaderamente** cansado.

c) organizar el discurso: **Primeramente**, hablaré de los casos normales.

Observamos usos más específicos según la función del adverbio.

Los adverbios significan lo mismo que el adjetivo del que proceden: rápido → rápidamente; único → únicamente

- Para reforzar una afirmación.

Indudablemente,
Efectivamente,
Indiscutiblemente,
Verdaderamente,
Realmente,
este es un producto de muy buena calidad.

- Para terminar.

Finalmente,
quería agradecerles la atención que me han prestado.

- Para destacar excluyendo otros elementos.

Únicamente
Íntegramente
Está fabricado **exclusivamente** con productos biológicos.

- Para señalar evidencia.

Naturalmente,
Evidentemente,
Obviamente,
él no tuvo la culpa del accidente

- Para introducir un determinado punto de vista.

Personalmente,
Humanamente,
Técnicamente,
opino/creo/pienso que esto no es correcto.

- Para intensificar una cualidad.

Particularmente
Es un tipo de verdura **especialmente** indicada para personas con anemia.

- Para destacar o concretar.

Concretamente,
Esencialmente,
Fundamentalmente,
Especialmente,
Principalmente,
los antibióticos fueron un gran descubrimiento

- Para introducir valoraciones.

Afortunadamente,
Felizmente,
no hubo víctimas.

Desgraciadamente,
no hay tratamiento para esta enfermedad.

- Para expresar frecuencia o tiempo.

Habitualmente,
Generalmente,
Frecuentemente,
Mensualmente,
Anualmente,
Últimamente,
vienen a visitarnos nuestros hijos.

5 Usos de **por** y **para**

Las preposiciones **por** y **para** se usan distintamente según el significado que se intenta comunicar.

POR

- Localización indeterminada

  En el espacio:

  Caminamos dos horas **por** el bosque.

  ¿Me pones crema **por** la espalda?

  La leche se derramó **por** la mesa.

  En el tiempo:

  Caminé **por** la mañana.

  Recuerdo que lo hizo **por** abril.

  Trabajaron en el libro **por** años.

- Causa

  Probé este queso **por** su fama.

  Por su culpa estamos en este lío.

- Distribución

  Es una botella de leche **por** persona.

  Nos dan un paquete de lápices **por** oficina.

- Medio

  Se publicitan las medicinas **por** Internet.

  Escuché la noticia **por** la radio.

- Intercambio

  Compré el queso **por** 10 dólares.

  Vendí los juguetes **por** muy poco.

PARA

- Objetivo final al que se dirige algo o alguien.

  Voy **para** casa de mi madre.

  Fuimos **para** los nuevos edificios.

- Finalidad/Propósito

  Llegué a tiempo **para** ver la película

  Para bailar bien recomiendo tomar clases.

  El termómetro sirve **para** medir la temperatura.

- Destinatario

  Esta medicina es **para** mi madre.

  Llegaron las cartas **para** el abuelo.

- Dirección a un destino

  Saldremos **para** Cali en unas horas.

  Caminaremos **para** tu casa.

- Plazo temporal

  Necesito este documento **para** las cinco.

  Para mañana a esta hora ya estaré en Lima.

¿Por qué te gusta tanto?

Por su carácter, por su inteligencia, por su manera de vestir...

Expresiones con **PARA**: (no) ser **para** tanto, (no) estar **para** bromas, **para** colmo

Expresiones con **POR**: por cierto, por ejemplo por fin, por supuesto, gracias por su tiempo, por favor, por si a caso

6 Construcciones adverbiales

Las cláusulas adverbiales se introducen con conjunciones subordinantes, es decir palabras o frases que unen una cláusula principal (con un verbo principal) con una cláusula subordinada (con un verbo subordinado). Estas conjunciones subordinantes son, entre algunas: **antes de que, después de que, puesto que, con tal que, a menos, porque, cuando, para que, con el propósito de que, ya que**, etc.

Algunas de estas frases subordinantes pueden provocar el uso del indicativo o del subjuntivo. Otras, pueden desencadenar el uso del subjuntivo siempre; o el indicativo siempre.

Por regla general, si el evento que expresa la cláusula adverbial ha ocurrido ya o es un hecho, entonces se usa el **modo indicativo:**

Me puedes regalar una computadora nueva **puesto que tienes** tanto dinero.

(el tener dinero es un hecho)

Después de que te fuiste llegó la banda.

(la acción de irse ya ocurrió)

Si el evento de la cláusula subordinada no ha ocurrido o es hipotético, entonces se usa el **subjuntivo**:

Isabel vendrá en cuanto pueda tomar vacaciones.

(**poder tomar vacaciones** aún no ha ocurrido)

Tendremos que tomar medidas preventivas por si **llegara** la epidemia al pueblo.

(la epidemia **no ha llegado aún, pero es posible que llegue**)

Por este motivo, hay un grupo de subordinantes que siempre provocan el subjuntivo, porque los eventos de la cláusula subordinada no han ocurrido.

a fin de que
a menos que
antes de que
con tal de que   }   siempre van con el subjuntivo
en caso de que
para que
sin que

No comía nada **a menos que** su mamá le **cantara** una canción.

A fin de que se levante temprano, le comprará un reloj despertador.

Para que no **tengas** problemas de memoria come manzanas.

Se usa el infinitvo después de algunos subordinantes cuando los verbos (principal y subordinado) tienen el mismo sujeto:

Tengo que salir temprano para **llegar** a tiempo.

(El sujeto de los dos verbos es **yo**.)

Recuerda que cuando el verbo está en infinitivo el sujeto no se menciona.

LOS SIGUIENTES SON DIFERENTES TIPOS DE CLÁUSULAS ADVERBIALES Y EL TIPO DE ESTRUCTURA QUE PROVOCAN:

EXPRESAR CAUSA

debido a que, gracias a que, dado que, puesto que, porque, ya que

Siempre requiere el indicativo.

INDICATIVO

Sé de los quesos de Wisconsin **debido a que** los **publicitan** mucho en mi país.

Gracias a que tienes buena salud podemos hacer andinismo.

EXPRESAR FINALIDAD Y PROPÓSITO

Podemos usar: **para, para que, a fin de que, con el objeto de que…**

Siempre requiere el subjuntivo, a menos que el sujeto de la principal sea el mismo que el de la subordinada, en cuyo caso se elimina **que** y el verbo va en infinitivo.

SUBJUNTIVO

(yo) Lo traje **para que** (él) te **conociera.**

A fin de que Juan **tuviera** dinero para sus gastos diarios, su padre vendió el coche.

INFINITIVO

(ella) Vino **para conocerte.**

Vendí mi coche **a fin de tener** dinero para mis gastos diarios.

EXPRESAR TIEMPO

después (de) que, cuando, desde que, en cuanto, tan pronto como, hasta que, mientras

La selección de modo depende de si el evento expresado en la clausula subordinada ha ocurrido o no.

SUBJUNTIVO

No parará **hasta que gane** la lotería.

Le servirá la comida **cuando llegue** a casa.

INDICATIVO

No paró **hasta que ganó** la lotería.

Le sirvió la comida **cuando llegó** a casa.

EXPRESAR CONCESIÓN

aunque, a pesar de que, aun cuando y pese a que

SUBJUNTIVO

Cuando la oración concesiva (*o sea la cláusula subordinada*) presenta una información que es conocida solo es posible el subjuntivo.

Aunque este vino **sea** de mala calidad, se **seguirá** consumiendo.

Se **seguirá** consumiendo este vino **aunque sea** de mala calidad.

A pesar de que ya no **tenga** energía, terminará la maratón.

Terminará la maratón **a pesar de que** ya no **tenga** energía.

Pese a que este año **hubiera** una buena cosecha de oliva, los precios del aceite no bajarán.

Los precios del aceite no **bajarán pese a que** este año **hubiera** una buena cosecha de oliva.

INDICATIVO

Cuando la información introducida por la frase concesiva es presentada por el hablante como nueva, el verbo va en indicativo.

Aunque este vino **es** de mala calidad, se sigue consumiendo.

Se sigue consumiendo este vino, **aunque** es de mala calidad.

A pesar de que no tiene mucha energía sale todas las mañanas a correr alrededor del parque.

Sale todas las mañanas a correr alrededor del parque **a pesar de que no tiene** mucha energía.

Pese a que este año **hay** una buena cosecha de oliva, los precios del aceite de no bajarán.

Los precios del aceite no bajarán, **pese a que** este año **hay** una buena cosecha de oliva.

7 GENTE y CULTURAS

7-1 Fiestas y tradiciones

Observa las fotos. Luego lee las descripciones de los recuadros y relaciona ambas cosas. ¿Tenías información sobre ellas antes de leer estas descripciones?

TAREA

Creación de un folleto de ayuda a futuros estudiantes hispanos en los EUA.

MESA REDONDA

¿Están los inmigrantes latinoamericanos asimilándose a la cultura estadounidense?

Esta celebración tiene su origen en celebraciones similares en los teatros populares y religiosos de la época medieval. Hay diablos, gigantes y monstruos extraordinarios que echan fuego. El fuego, el humo y el alboroto que se genera hacen que todo el mundo lo pase bien en esta fiesta que se celebra en Cataluña. Esta festividad se llama La Patum y es un espectáculo impresionante.

El Día de los Santos Inocentes recuerda un momento histórico del cristianismo: la matanza de todos los niños menores de dos años nacidos en Belén. Herodes ordenó esta atrocidad con el fin de hacer desaparecer al niño Jesús. En Hispanoamérica y en España, este día se celebra el 28 de diciembre. Es común llevar a cabo bromas de todo tipo. Los diarios, noticieros y otros medios de comunicación alteran la información de tal modo que los reportes (tergiversados) parezcan reales.

En El Salvador, la fiesta de los farolitos celebra a la Virgen María. Los fieles católicos adornan sus viviendas o los árboles de sus calles con muchos farolitos hechos con papel brillante de distintos colores. En el interior colocan una vela encendida. Posteriormente salen todos a caminar en procesión con faroles encendidos.

La quinceañera es una fiesta latinoamericana que celebra a la adolescente que se hace mayor. Así, la joven que cumple 15 años realiza una serie de actividades como parte de la celebración que termina en un baile formal. Si la familia es católica, la festividad suele empezar con una misa. Lo común es tener un banquete para la familia y los amigos. A esto le sigue un baile en el que la muchacha suele estar acompañada por un grupo de jóvenes, llamados chambelanes. En este baile, la chica luce un vestido especialmente hecho para la ocasión. Los detalles varían dependiendo del país o región donde se celebre.

ACERCAMIENTOS

07-01 to
07-02

> La danza de las tijeras es una danza clásica del Ande Peruano, un ritual de carácter mágico y religioso. En la danza el bailarín o bailarines representan coreográficamente los varios espíritus andinos del bien y del mal relacionándolos con varios aspectos de la vida de la gente de la región. Se dice que la vestimenta de los danzantes es un intento de imitar la ropa lujosa de la época de los virreyes.

> La suelta de vaquillas es un evento atractivo para muchos españoles y se lleva a cabo como parte de celebraciones populares distintas. En un ruedo improvisado se encierra a los animales y quien se sienta valiente y atrevido se podrá lanzar a correr y burlar al animal.

 Comenta con tu compañero: ¿Qué te sorprende de estas celebraciones? ¿Hay algo similar en donde tú vives? ¿Cómo se asemejan las celebraciones? ¿Cómo se diferencian? Completen el recuadro indicando qué es nuevo para ustedes y cómo contrasta con fiestas o actos similares en sus culturas.

Posibles respuestas para la actividad 7-1

NOVEDOSO	CONTRASTE
• Me sorprenden mucho las fiestas para quinceañeras, necesitan 15 chambelanes.	Son como las fiestas de "Sweet 16"
• El baile de las tijeras me parece curioso y muy interesante. El hombre que baila tiene un traje muy particular.	Creo que no hay nada como esto en Estados Unidos.
• La Patum es una fiesta muy diferente a las que hay en nuestro país. Me llama la atención que los dragones usen fuego.	Lo más cercano que tenemos acá es el año nuevo chino, por los dragones.
• Me parece extraño que un pueblo completo llene de farolitos con velas las casas y calles.	Sin embargo, se parece mucho a lo que hacemos en Navidad en Estados Unidos. llenamos las casas de lucecitas.
• Me parece extraña la fecha para el día de los inocentes.	En Estados Unidos se celebra en abril y le llamamos de otra manera.
• Me sorprende que la gente haga esas cosas con los animales.	Las vaquillas me recuerdan mucho a los rodeos.

 ### 7-2 Fiestas populares

 Tus compañeros y tú quieren averiguar qué fiestas son populares entre los jóvenes del mundo hispano. Escucha la opinión que expresan algunos estudiantes universitarios de diferentes países y completa la tabla.

QUÉ TIPO DE FIESTA/QUÉ FIESTA	POR QUÉ
Primer hablante: Fiestas religiosas/Candelaria;	porque hay una procesión
Segundo hablante: Lo religioso/Semana Santa;	por las flores, la emoción
Tercer hablante: Los farolitos;	por el pueblo lleno de luces
Cuarto hablante: Los carnavales;	por la combinación de lo pagano con lo religioso
Quinto hablante: No religiosas/La Patum;	porque le parece lo máximo

Y a ustedes, ¿qué fiesta popular les gusta más? ¿Por qué?

me sorprende que…, que son similares a las que tenemos con *gustar*. Al preguntar por lo similar y lo diferente, también estamos animando a los estudiantes a hacer comparaciones. P. ej., los farolitos son como las luces que ponemos en navidades en las casas.

Active el léxico necesario para llevar a cabo las actividades de esta sección y así, desarrollar con éxito la tarea. Para ello, los estudiantes revisarán con anterioridad las listas al final del capítulo y el glosario para comprender el significado de las palabras.

Información para la actividad 7-1
Las fotos que se presentan en esta actividad provienen de celebraciones varias en España y Latinoamérica. Se ha tratado de incorporar material visual que no represente aspectos altamente estereotipados en el aula de enseñanza de español. Además, las celebraciones elegidas intentan motivar la comparación con eventos similares en Estados Unidos, tal como se sugiere en los estándares actuales para la enseñanza de lenguas extranjeras.

El instructor puede añadir más información sobre estas actividades, y también puede complementarla con información sobre otras más relacionadas con su propia experiencia en países hispanohablantes.

Sugerencias / expansión para la actividad 7-2
Se sugiere que el instructor pase el audio haciendo una pausa después de que cada persona termine de expresar su opinión. De esta manera, los estudiantes tendrán tiempo para procesar la información y tomar notas sobre los elementos más destacados.

En función del tiempo disponible y el interés de la clase, el instructor puede pedir a los estudiantes que en grupos de tres preparen una lista de las 10 fiestas más celebradas en su país. Luego toda la clase debe ponerse de acuerdo en las 5 fiestas más celebradas en su país antes o después de hablar de sus preferencias.

Además, si se tiene estudiantes extranjeros, o estudiantes que hayan tenido la oportunidad de pasar tiempo significativo en el extranjero, este podría ser un buen momento de hacerlos participar mucho más de cerca compartiendo sus experiencias y comparándolas con las del país de la mayoría de estudiantes.

📖 VOCABULARIO EN CONTEXTO

07-03 to 07-06

7-3 Celebraciones

Muchas culturas comparten muchas celebraciones o tradiciones ¿En cuál de éstas estuviste últimamente?

la boda
el funeral
la fiesta de graduación
el cumpleaños
el bautizo
la despedida de soltero
la luna de miel
la inauguración de una casa o un negocio, etc.
el carnaval
la navidad
el santo
la quinceañera
las fiestas patrias
la feria

 Comenta con un compañero qué cosas hubo o no en las celebraciones en las que participaste.

el brindis
el banquete
la torta o el pastel
las bebidas típicas
las flores
los juegos
el baile
los regalos
música (orquesta, banda, guitarra, etc.)
los fuegos artificiales
los disfraces
la piñata
el desfile
la procesión
las velas
las imágenes religiosas
los villancicos
el incienso

7-4 Déjame que te cuente

Selecciona una fiesta especialmente significativa para ti o tu familia procedente de tu país o lugar de origen y comparte con un compañero cómo la celebras. Busquen similitudes y diferencias.

Acción de Gracias   Cinco de mayo
Super Bowl   Día de la marmota
Mardi Gras   San Valentín
San Patricio   Día de la madre
Powwow Indígena   Hanukkah
4 de julio   Día del padre
Pascua   Kwanzaa

7-5 ¿Noche Vieja o Año Nuevo?

Mucha gente tiene tradiciones o costumbres especiales para el momento que se entra a un nuevo año. ¿Puedes identificarlas? Escucha lo que dicen estas personas y completa el cuadro.

	TRADICIÓN	¿PARA QUÉ?
1	Coger una maleta y dar vueltas por la calle	Para viajar.
2	Comes una uva con cada campanada a la medianoche	Para pedir deseos.
3	Comer una cucharada de lentejas	Para tener fortuna y prosperidad.
4	Llevar ropa interior amarilla	Para tener suerte.
5	Adornar con espigas	Para tener paz.

¿Te sorprende alguna de estas tradiciones? ¿Qué costumbres tienes tú o tu familia para el año nuevo?

 7-6 Objetos culturales

Todos sabemos que la ciudad inca Machu Picchu, el *Guernica* de Pablo Picasso o las joyas de oro precolombinas son representantes culturales de épocas clave de la historia. Con tu compañero decide qué objetos comunes y corrientes en la actualidad podrían pasar a la historia como representantes de una época y cultura y por qué.

EJEMPLO:

E1: Para mí, la Estatua de la Libertad en Nueva York debe ser un representante cultural de nuestra época. Representa uno de los valores más importantes de este país.

E2: En cambio, yo creo que las películas de Steven Spielberg tienen que ser objetos culturales clave de nuestra época. Reflejan el progreso de la industria cinematográfica.

Si tuvieras que poner tres objetos en una cápsula del tiempo para representar los últimos 50 años en el mundo, ¿cuáles escogerías?

 7-7 Ahora dilo tú

¿Qué es cultura? Reflexiona sobre todos los aspectos involucrados en la palabra *cultura*. Luego, coméntalo con tu compañero. Escriban juntos un párrafo que ofrezca una definición amplia de este término.

Información para la actividad 7-5
Los hábitos, costumbres y rituales que tiene la gente en contextos específicos representan una rica fuente de información cultural. De la misma manera, al ser de naturaleza humana que estos rituales estén extendidos más allá de lo regional o lo social, es muy interesante sugerir comparaciones para concluir que después de todo, no somos tan diferentes los unos de los otros.

Se le pide al instructor explicar que, en algunos lugares de habla hispana, el 31 de diciembre por la noche recibe denominaciones diferentes: Noche Vieja, Fin de Año o Año Nuevo. También se recomienda que el instructor explique cierto vocabulario (campanada, cucharada, atorarse o espiga) antes escuchar la audición.

Información para la actividad 7-6
Esta sección busca que los estudiantes puedan hablar de cultura desde la perspectiva más tradicional: objetos culturales. Queremos fomentar que los estudiantes también exploren esa perspectiva de lo que es cultura desde un punto de vista muy personal.

Información para la actividad 7-7
Esta es la reflexión final para ofrecer a los estudiantes la posibilidad de construir una definición de su entendimiento de lo que es cultura a partir de todo lo que se ha enfatizado en esta primera parte del capítulo.

Una vez los estudiantes han presentado su definición, el profesor puede ofrecerles algunas de las definiciones que se encuentran en los diccionarios y compararlas.

Información para la actividad 7-8
Uno de los objetivos de esta sección de gramática en contexto es poner en práctica algunas estructuras funcionales que usamos al hablar sobre culturas. En este caso las relacionadas con *hábitos y costumbres y la expresión de sorpresa*. Aunque, si el profesor lo considera conveniente, también puede hacer que los estudiantes practiquen las estructuras para *comparar y contrastar los usos y costumbres de una cultura*.

Los estudiantes trabajan primero en parejas o pequeños grupos para discutir y comparar lo que les sorprende o extraña. Al final es conveniente hacer una puesta en común de la actividad.

Sugerencias para la actividad 7-8
El profesor puede ampliar la actividad añadiendo otras situaciones culturales: *mojar las galletas en el café; mirar directamente a los ojos al brindar; en un restaurante, en un grupo grande de amigos, cada uno paga lo que consumió; eructar después de la comida; durante una comida, poner los codos en la mesa o ponerse la servilleta en el cuello; al conversar estar muy cerca de la otra persona o cruzar los brazos; besar a alguien cuando te lo presentan, etc.*

Información para la actividad 7-9
La costumbre del saludo con beso es discutida en grupo. El instructor debe enfatizar la necesidad de usar formas comparativas. La comparación y contraste desde el punto de vista gramatical no es novedosa para el estudiante; sin embargo se busca que el estudiante se dé cuenta tanto de la diversidad de estructuras disponibles como de la complejidad de las mismas.

Información para la actividad 7-10
El objetivo gramatical de esta actividad es el uso de estructuras impersonales. Éstas no se restringen al uso del *se* impersonal. Revise con la clase los cuadros en el consultorio lingüístico; lo importante ahora es la indicación de que una estructura impersonal es conjugada en tercera persona (singular o plural); pero que no hay un sujeto ni un actor de la acción verbal. Se puede tener un objeto directo, pero el sujeto no existe en la estructura.

📖 GRAMÁTICA EN CONTEXTO

07-07 to 07-22

 7-8 ¿Te sorprende…?

Ciertos comportamientos pueden caracterizar una cultura y sorprender a los miembros de otra. ¿Qué te sorprende de las costumbres incluídas en esta lista? Discútelo con un compañero.

Quitarse los zapatos al entrar en una casa
Llegar 5 ó 10 minutos después de la hora acordada para una cita
Sorber la sopa ruidosamente
Entre compañeros de trabajo, pedir dinero prestado
Besar a tu novia/o apasionadamente en un lugar público
Preguntar a un amigo cuánto gana
Pedir prestado algo de comida a un vecino
Mirar fijamente a los ojos al hablar
Acercarse mucho unos a otros en la fila del cine
Saludarse a gritos de un balcón a otro
Preguntar la edad

EJEMPLO:

E1: **A mi me parece extraño** que las personas se quiten los zapatos antes de entrar en una casa.

E2: A mi lo que **me sorprende** es la percepción de tiempo en las diferentes culturas. Por ejemplo, para algunos llegar 10 minutos tarde no afecta nada.

7-9 El beso

¿Sabes quiénes se saludan con beso? Mira el cuadro; discútelo con tu compañero y luego escriban un párrafo comparando y contrastando esta costumbre.

REGIÓN	NÚMERO DE BESOS	¿DÓNDE?	¿ENTRE QUIÉNES?	CONTEXTO
Estados Unidos y Canadá	Uno	Mejilla	Hombre y mujer	Solamente entre personas que se conocen muy bien.
Latinoamérica	Uno	Mejilla	Hombre y mujer Mujer y mujer	Saludo común
Sur de Europa	Por lo general 2, pero varía	Mejilla	Hombre y mujer Mujer y mujer Hombre y hombre –depende del país	Saludo común
Medio Oriente	Uno	Mejilla	Amigos, parientes y amantes. Entre hombres es aceptado luego de mucho tiempo de no verse.	Saludo común
Sudeste Asiático	0	0	No es común saludarse con beso.	
Excepciones: Macao y Filipinas	1 ó 2	Mejilla	Influencia europea	Saludo común

EJEMPLO:

"En mi pueblo la mayor parte de las personas no se saludan con un beso. Pero sé que en Miami muchas personas sí se saludan con un beso por influencia latinoamericana…"

MANIFESTAR SORPRESA

Aquí **me llama mucho la atención**…

Te llevas una sorpresa al descubrir…

A mí, me { parece curioso / resulta extraño / extraña } { el modo de cantar. / que no bailen. }

COMPARAR Y CONTRASTAR USOS Y COSTUMBRES

En España se come a las dos, **mientras que aquí** se come a las doce.

Aquí normalmente se bebe café o té. **En cambio en Argentina** se bebe mate.

El ceviche **más sabroso** del mundo es el peruano.

En México hay **más** celebraciones religiosas **que** paganas.

Las bodas **de aquí y las de mi país**…

… **no se pueden comparar.**

… **no tienen nada que ver.**

… **no se parecen en nada.**

… **tienen mucho en común.**

EXPRESION DE LA IMPERSONALIDAD

Se saluda con un beso en la mejilla.

Se bebe el chocolate sin leche.

Uno debe llegar a tiempo a las citas.

Todo el mundo escribe su nombre completo.

La gente pasa por aduanas.

DAR RECOMENDACIONES Y ADVERTENCIAS

Sobre todo   nunca digas/hagas *eso,…*

no se te ocurra hacer/decir *eso,…*

… se considera una falta de educación.

… está muy mal visto.

Si haces eso, **puedes** { **quedar** muy **mal.**

parecer { un **maleducado.**

un **grosero.**

No escribas *tu nombre con lápiz.*

Jamás aceptes *la invitación de alguien que no conoces.*

EXPRESAR DESEOS

Que te/les vaya bien.
            bonito

Que te mejores / se mejoren.

Que te diviertas / se diviertan.

Que descanses / descansen.

Que seas feliz / sean felices.

Que tengas / tengan suerte.

Que lo pases / lo pasen bien.
            lindo.

Que lo disfrutes / lo disfruten.

FELICITAR

¡Felicidades!
¡Enhorabuena!

¡Feliz cumpleaños! / ¡Que cumplas muchos más!
¡Felices fiestas!

 7-10 Antes de aterrizar en otro país

El avión en el que viajas está por aterrizar y tienes que llenar los formularios necesarios para poder pasar por inmigraciones. Comenta con tu compañero qué se necesita incluir.

Número de vuelo	Es importante tener/que tengas el número de vuelo.
Aereolínea en la que viajas	Es importante tener/que tengas el nombre de la aerolínea.
Dirección en el país que visitas	Es necesario declarar cuánto dinero llevas a ese país.
Número de teléfono	Uno tiene que escribir el número de teléfono.
Número de pasaporte	Todo el mundo tiene que escribir el número de su pasaporte.
Declaración de aduanas	Hay que declarar lo que uno trae de importación.
Cuestionario de seguridad	Uno tiene que llenar el cuestionario de seguridad.
Declaración de dinero	Todos tienen que declarer cuánto dinero llevan.
Tiempo que estará en el país	La gente tiene que declarar cuánto tiempo estará en el país.

EJEMPLO:

E1: Se necesita el número de pasaporte.
E2: Además **uno debe declarar** cuánto tiempo se estará en el país.

 7-11 Recomendaciones para las primeras veces

En grupos vamos a elaborar una serie de recomendaciones y sugerencias para todas aquellas personas que tienen una experiencia cultural por primera vez.

E1: Si es la primera vez que vas de vacaciones a España y no quieres meter la pata, recuerda que **está muy mal visto** llevar sandalias con calcetines.

Sugerencias para
La primera cita, el primer viaje de estudios en el extranjero, la primera entrevista de trabajo, el primer examen de manejo, la primera visita a casa de tu novio/a, el primer semestre en la universidad…

 7-12 No hagas, no digas

Ahora, en grupo, escriban una lista de las cinco recomendaciones más importantes de lo que no se debe hacer en situaciones típicas de la vida universitaria: en clase, en el dormitorio que compartes, en la oficina de tu profesor, en una fiesta, etc.

EJEMPLO:

E1: No uses tu teléfono celular en clase.

🔊 **7-13 ¡Que lo pases lindo!**

Escucha lo que dicen las siguientes personas y reacciona escribiendo una expresión de deseo o una felicitación.

1.	Que te mejores.
2.	Que lo pasen bien, que lo pasen lindo; que se diviertan.
3.	Que sean muy felices; ¡Felicidades! ¡Enhorabuena!
4.	Que tengas mucha suerte.
5.	Que descanses.
6.	Que te vaya bien.

Información para la actividad 7-11
En esta actividad los estudiantes *dan recomendaciones y advertencias.* Por lo tanto, las estructuras gramaticales a usarse pueden incluir las de subjuntivo:

Te sugiero que no aceptes invitaciones de extraños

Como otras tales como el imperativo (afirmativo o negativo) acompañado con adverbios de énfasis o las formas impersonales:

Nunca pretendas lo que no eres
Se deja 15% de propina en los restaurantes

Información para la actividad 7-12
Esta actividad es continuación de la anterior pero se ha separado de la anterior por su carácter de escritura y porque el objetivo gramatical es distinto. En esta actividad se pone en uso las estructuras del imperativo negativo. Es importante que el instructor revise el Consultorio lingüístico con los estudiantes y que enfatice el hecho de que la forma del subjuntivo es la que se debe usar en el imperativo negativo. De la misma manera, no se debe olvidar que la negación también la dan adverbios como *nunca* y *jamás.*

Informacion para la actividad 7-13
La presente comprensión auditiva busca la puesta en práctica de *expresiones de deseo* del tipo *Que + subjuntivo* o las expresiones para *felicitar.*

Sugerencias para la actividad 7-13
Antes de escuchar la audición, lea el título del ejercicio y pregunte cuándo se utiliza esta expresión, ejemplificándolo con posibles contextos. Si ningún estudiante lo sabe, ofrézcales usted mismo algunos contextos de uso. Este puede ser un buen momento para remitirles a las columnas *expresar deseos y felicitar* y pedirles a los estudiantes que busquen un contexto de uso para cada una de las estructuras.

Información para las estrategias orales

En este capítulo las estrategias orales tienen como objetivo que el estudiante trabaje expresiones que le permitan salir de momentos difíciles en el contexto de confusiones por diferencias culturales o de costumbres.

Es una oportunidad para que el instructor anime a los estudiantes a discutir cómo suelen reaccionar ellos cuando no se entienden los comportamientos de personas que tienen un fondo cultural distinto.

En cuanto a las estructuras y expresiones, si bien éstas se aplican a las situaciones específicas del capítulo, el instructor debe enfatizar lo productivas que son en otros contextos. De esta manera, estructuras del tipo *no creas que*, o *lo que pasa es que* son útiles en contextos donde el hablante debe explicar situaciones, no sólo deshacer malentendidos. P.ej., *No creas que tenemos mucho tiempo para terminar este proyecto. Lo que pasa es que tenemos las ideas claras.*

📖 **INTERACCIONES**

07-23 to
07-24

ESTRATEGIAS PARA LA COMUNICACIÓN ORAL

En estas estrategias practicaremos cómo deshacer malentendidos o cómo prevenirlos. Veremos formas y estructuras lingüísticas que nos permitirán arreglar momentos embarazosos. Serán de gran utilidad para todas aquellas personas que tienen la experiencia de vivir en un contexto cultural nuevo para ellas.

Para deshacer malentendidos o prevenirlos

Un malentendido es un fallo en la comunicación que lleva a la interpretación equivocada de un hecho o una situación y puede causar momentos de mucha incomodidad.

Cuando entramos en contacto con personas que tienen costumbres y hábitos distintos a los de uno, las oportunidades para los malentendidos se multiplican.

Estructuras que nos ayudan a deshacer estos malos entendidos son:

No creas que…

No vayas a pensar que….　　{ lo que pasa es que…

No es que sean fríos　　{ es que les toma tiempo / sino que les toma tiempo } expresar confianza

Perdóname…　　{ lo que pasa es que…

Cuánto lo siento, pero　　{ es que

¡Qué metida de pata!… de verdad lo siento mucho… es que…

EJEMPLO:

E1: Su Yin, me encanta que me invites de la sopa que preparas cada noche, es riquísima. Sin embargo, no soporto que la sorbas haciendo tanto ruido.

E2: ¿Cómo? Pero ¿qué me dices? Eres tú la que me ofende cada noche al no sorber los fideos de la sopa. Estoy convencida de que no te gusta nada.

E1: Ay caramba. **No es que no me guste, sino que** en mi país es de MUY mala educación sorber la sopa. Por eso siempre procuro tomarla en silencio.

E2: Vaya. En mi país, en cambio, **lo que pasa es que para expresar** que la sopa está buenísima tienes que sorber los fideos. ¡Qué malentendido!

Información para la actividad 7-14

Esta actividad sirve como calentamiento para la tarea que se llevará a cabo más adelante. Los estudiantes deben ponerse en sintonía de momentos confusos que algún extranjero puede pasar, con la idea de explicarles o aclarar la confusión.

 7-14 ¡Bienvenidos a América!

Las siguientes son entradas en un blog de jóvenes extranjeros que llegaron por primera vez a Estados Unidos. Ellos describen lo que les sorprendió, y cómo se sintieron. Tu compañero y tú deben explicar por qué la gente actúa de ese modo.

EJEMPLO:

E1: …Y me pusieron una multa por fumar en el metro. No dentro del tren, sólo en el área de espera. Me indignó muchísimo. ¡No entiendo esa obsesión de no fumar!

E2: No es que los americanos sean tan represivos. Lo que pasa es que las cuestiones de salud pública se han tomado con mucha seriedad en los últimos años.

1. Me sorprende que los supermercados tengan toda una sección para las mascotas. Especialmente, los perros parecen ser el centro de todo. *No es que los perros sean más importantes que las personas. Lo que pasa es que las mascotas en este país son absolutamente mimadas.*

2. No entiendo qué pasa a mi alrededor. Entro en un café y casi no hay gente sentada en las mesas. Sin embargo, en el estacionamiento veo a la gente que acaba de comprarse la bebida caliente en sus coches, solos y leyendo el diario. Creo que no les gusta la compañía. *No es que a la gente le guste estar sola. Lo que pasa es que les gusta un momento de privacidad.*

3. Pues, yo llegué al campus universitario y todas las chicas me saludaban con su mejor sonrisa como si me conocieran. Primero pensé que yo les resultaba guapo… ¡qué error más grande! Luego me saludaron también los chicos, y luego las mujeres mayores, los viejos, etc. No entiendo nada. *Lo que pasa es que las personas suelen ser muy amigables con todos.*

4. Lo que más me sorprende es que si entro en una tienda de ropa siempre hay alguien que parece seguirme y me pregunta a cada rato, "¿puedo ayudarte?", "¿está todo bien?" ¡No me dejan en paz! *No es que la dependienta quiera molestar a los clientes, es su trabajo hacer que el cliente compre algo.*

5. A mí lo que más me llama la atención es ver que todos los jóvenes de mi edad, hombres o mujeres, llevaban una botella de plástico llena con agua. *No vayas a pensar que la gente está loca. Es que en Estados Unidos es extendido el mito de que se debe beber 8 vasos de agua al día.*

 7-15 ¿Qué pasó aquí?

 En la radio pasan un programa que intenta ayudar a los recién llegados a entender las diferentes maneras de actuar en lugares públicos como las clínicas, hospitales, restaurantes, etc. Tu compañero y tú son panelistas en el programa y explican los malentendidos.

EJEMPLO:

E1: Es que las cosas no funcionan como piensas. Primero debes obtener una cita con el médico principal y luego te pueden asignar a un especialista.

 7-16 ¡Qué metida de pata!

El siguiente cuadro contiene situaciones que pueden ocasionar malentendidos en los Estados Unidos. Trabaja con tu compañero para crear diálogos que expliquen y deshagan el malentendido en cada una de las situaciones. Tengan en cuenta el modelo del ejemplo.

- Dar dos besos al saludar.
- Ponerte a una distancia bien cercana de tu interlocutor.
- Abrir el refrigerador de la casa de un amigo cuando tienes hambre.
- Quedarte con los zapatos puestos cuando llegas a la casa de un amigo y ves que todos dejan los zapatos al lado de la puerta.
- Dejar la mitad de la comida en el plato cuando te invitaron a cenar.
- Poner los pies sobre la mesa de café.
- En la tienda de ropa pedir que te hagan un descuento.

EJEMPLO:

E1: Mira, aquí no se saluda con dos besos. Solo con uno.
E2: Lo siento mucho. No es que sea un fresco, lo que pasa es que pensé que el saludo era como en España.

TAREA

Recuerde referir a los estudiantes a la lista de vocabulario para completar la tarea.

Creación de un folleto de ayuda a futuros estudiantes hispanos en los EUA.

PREPARACIÓN

¿Qué sabes de los estudiantes hispanos? Busca puntos de contraste entre las culturas hispanas y la cultura estadounidense evitando los estereotipos.

Paso 1   **Reflexión personal**

Una vez obtenida toda la información, piensa en aquellos aspectos que serían necesarios que una persona supiera sobre tu comunidad antes de llegar a ella. Haz una lista de los 10 que consideres más importantes.

Mi Lista

1. El espacio personal en la cultura hispana es menor.
2.
3.
4.
5.
6.
7.
8.
9.
10.

 Paso 2   **Puesta en común**

Teniendo en cuenta la lista que obtuviste en tu reflexión, habla con tus compañeros e intercambien información, impresiones y experiencias que les puedan ser útiles a la hora de crear el folleto. Preparen un esquema de los apartados o secciones que piensan incluir.

Paso 3 Diseño y creación de un folleto

Trabajen en grupo en el diseño y la creación de su folleto. Tengan en cuenta la utilidad del folleto como herramienta de información. El objetivo principal es que sea efectivo.

Paso 4 Intercambio de folletos e impresiones

Compartan los folletos que han creado con los de otros grupos. Usando el formulario de evaluación, intercambien comentarios, opiniones y sugerencias. Procuren enfatizar todo aquello que creen que puede ser efectivo o útil, y aquello que a lo mejor debería reconsiderarse o plantearse de otro modo.

Valoración de los folletos:

Utilidad para el público al que se dirige:

1. La calidad de la información es útil y relevante	1	2	3
2. La cantidad de información es adecuada (Número de secciones, selección de ejemplos, etc.)	1	2	3

Diseño:

3. La información está presentada de forma clara y atractiva (Tamaño y color del tipo de letra, formato, etc.,)	1	2	3
4. El apoyo visual es adecuado (Fotos, dibujos, gráficos, mapas, etc.)	1	2	3

Comentarios / Sugerencias

_____

_____

_____

_____

Paso 1
Evidentemente no es necesario que los aspectos a saber sobre la comunidad sean exactamente 10. El profesor puede modificar dicho número a su parecer.

Pasos 2 y 3
Es importante que en estos pasos el instructor supervise la toma de decisiones entre los grupos y la preparación del esquema, pero que lo haga sin influir la producción de los estudiantes, sino mas bien actuando como asesor cuando sea consultado.

Paso 4
Este paso de la Tarea procura servir como post-tarea o fase de reflexión sobre el trabajo realizado por los otros grupos y también el propio. El estudiante tiene la posibilidad de evaluar las producciones de otros estudiantes y autoevaluarse una vez reciba el feedback de los otros grupos. Con esta intención se ofrece un formulario de evaluación. El profesor puede decidir cuántos folletos quiere que evalúen los diferentes grupos, así como el nivel de desarrollo que espera en el *feedback*.

Información para Gente que lee
En esta sección se procura que el estudiante pueda establecer una relación más estrecha con el texto con el objetivo de enfocarse en el proceso de comprensión del mismo. Es importante que el instructor comprenda que para practicar la lectura atenta, debe transmitirse al estudiante la importancia que tiene la combinación de los varios elementos por parte del autor del texto a fin de producir un significado concreto.

Información para Antes de leer
En este apartado se presentan dos ejercicios diferentes que se proponen obtener resultados igualmente importantes para establecer el tono de la actividad de lectura.

La pregunta sobre el conocimiento del mundo es importante porque intenta que el estudiante capte que lo que ocurre en este país no es algo singular. Es importante que el estudiante se dé cuenta de que el tema de la inmigración, por otro lado, puede ser discutido desde muchos puntos de vista: relaciones entre países, la legalidad de la inmigración, las fronteras, la dominación de países, etc.

Información para la actividad 7-18
Álvaro Vargas-Llosa es el director del Center on Global Prosperity en el Independent Institute, un centro de investigación sobre temas sociales y políticos. Además colabora como periodista para el *Washington Post*. Cabe mencionar también que Álvaro es hijo de Mario Vargas-Llosa, escritor peruano y ganador del premio Nobel de Literatura en el 2010.

Este es un ejercicio típico de predicción a partir de los términos usados en el título. En este caso, lo interesante es que la ambigüedad del título le permite al lector pensar que quien sufre el miedo es el inmigrante, cuando en este caso, no es así.

EXPLORACIONES

07-25 to 07-27

GENTE QUE LEE

La lectura atenta

Tiene como objetivo la comprensión rigurosa del texto. Como resultado, el lector podrá hacer una interpretación del contenido del texto apoyándose en el texto mismo y en sus formas. Con la lectura atenta se da mayor importancia a lo particular por encima de lo general. Se presta atención de cerca a cómo se desarrollan las ideas a partir de la observación atenta de los elementos que se combinan en el texto: la selección del léxico, las estructuras sintácticas, etc.

El lector puede usar algunas herramientas cuando tiene que hacer una la lectura atenta. Por ejemplo, al leer cada párrafo se puede plantear preguntas tales como: ¿cuál es el tema de este párrafo? ¿Qué punto en concreto está discutiendo? Y otras preguntas que le ofrezcan detalles: ¿qué, dónde, cuándo? Al lector le va a ser de ayuda subrayar y tomar notas al margen. Es imprescindible que el lector tenga a mano, además, un diccionario.

ANTES DE LEER

 7-17 El mundo que conoces

Además de lo que ocurre en los Estados Unidos, ¿estás enterado de otras comunidades que inmigran a otros países? ¿En qué circunstancias ocurre la inmigración en esos casos? Discute tus respuestas en grupo.

7-18 Predicción

Lee el título del texto a continuación. ¿Cuál crees que va a ser el tema principal del texto? ¿Qué asociaciones te permiten hacer palabras como *inmigración*, *salario* y *miedo*?

AL LEER

Inmigración: El salario del miedo

Álvaro Vargas Llosa

Alguna vez me han llamado "español" en el Perú, "sudaca" en España y "paquistaní" en Gran Bretaña –y soy catalogado como "hispano" en los Estados Unidos (lo que significa "antiguo romano": Hispania fue la provincia ibérica de Roma)–. Durante mi primer viaje a Londres, me preguntaron si existían automóviles en el Perú. Expliqué que prefieren los platillos voladores para evitar la congestión de las horas pico.

Me disculparán ustedes, por tanto, si me ocupo del abismo que separa a la percepción de la realidad en el actual debate sobre la inmigración en los Estados Unidos. El que el Presidente Bush se haya visto obligado a enviar a la Guardia Nacional a la frontera para vencer las resistencias que enfrenta su propuesta de legalizar a millones de hispanos da una idea de cuál es esa percepción.

Cuando surge un desfase importante entre la ley y la realidad, la peor respuesta es intentar adaptar la realidad a la ley por la fuerza. Obligar a millones de personas a ceñirse a una ficción –como procura hacerlo el proyecto de ley aprobado en la Cámara de Representantes y que dio lugar a las recientes protestas de los inmigrantes hispanos– es inspirarse en el totalitarismo.

Nadie piensa seriamente que 12 millones de inmigrantes indocumentados pueden ser deportados de los Estados Unidos y todo aquel que haya contratado o ayudado a un inmigrante ser considerado un delincuente. Sería como desatar un centenar de Katrinas sobre la economía estadounidense y la sociedad mexicana. ¿Se imaginan ustedes esas imágenes en CNN? ¿Conciben a la Iglesia Católica, la mayor denominación cristiana individual en los Estados Unidos y la primera fuente de asistencia para los inmigrantes, clasificada como una organización criminal de la noche a la mañana?

Entre las objeciones contra los inmigrantes, se destacan dos: ellos amenazan el empleo de los estadounidenses y erosionan su cultura. Ambas reposan sobre un temor infundado.

En una economía productiva, más trabajadores significan mayor crecimiento –y por tanto más empleos. Los "anglos" son una minoría en California y Texas, los mayores estados de la unión, y en ambos los hispanos constituyen más del 35 por ciento de la población. Las tasas de desocupación en California y Texas se asemejan al promedio nacional. Según un estudio realizado por United Van Lines, la mayor empresa de mudanzas, en quince años se han mudado a Texas desde otros estados más personas de las que han emigrado, lo cual permite descartar la estampida de "anglos" como explicación del bajo desempleo texano.

Gran parte de la contribución hispana guarda poca conexión con los trabajos no capacitados. Según Geoscape International, un tercio de los hogares hispanos ganan más de $50,000 al año. Pew Hispanic Center coloca el valor neto de los hogares hispanos por encima de los $700 mil millones. HispanTelligence afirma que la tasa de crecimiento del poder adquisitivo hispano en los últimos diez años es tres veces superior al promedio nacional. Es, pues, evidente que estos inmigrantes están agrandando el pastel nacional.

¿Qué ocurre con la cultura? Consulté la opinión de algunos colegas de Samuel Huntington, el gurú de Harvard para quien los hispanos socavan los valores estadounidenses. Marcelo Suárez-Orozco, cofundador del Immigrant Project de Harvard, sostiene que "los puntos de vista de Huntington no están empíricamente fundamentados: los hispanos aprenden inglés más rápido que los italianos y polacos de hace un siglo, y un 30 por ciento de los adultos provenientes de diversos grupos inmigrantes de primera generación se casan con personas no latinas".

En resumen: si están generando riqueza, aprendiendo inglés, formando matrimonios mixtos y cultivando valores familiares, ¿por qué habrían de ser una amenaza para nadie?

La hostilidad contra ellos se nutre de consideraciones atinentes a la seguridad nacional en la estela de los atentados del 11/09 y a la inseguridad económica provocada por la globalización. Son, pues, razones puramente psicológicas.

Una ley que apunte de modo razonable a legalizar a la mayor parte de los hispanos indocumentados y permita a las empresas estadounidenses contratar a más trabajadores en el exterior si los necesitan, liberará parte de los recursos vampirizados por la lucha contra la inmigración ilegal para que puedan ser asignados a verdaderos temas de seguridad. Debido al riesgo de una reacción xenófoba, convendría hacerlo de manera gradual. Pero el objetivo debe ser adaptar la ley a la realidad. El argumento de que no se debe premiar a quienes han quebrantado la ley presupone que una ley que ha sido desbordada por la realidad puede ser aplicada sin efectos secundarios masivos que frustrarán su finalidad por completo.

No hay peligro de que 100 millones de personas crucen la frontera. En última instancia, vendrán aquellos que puedan ser absorbidos por el mercado estadounidense.

© The Washington Post Writers Group

Álvaro Vargas Llosa es Académico Asociado Senior y Director del Centro Para la Prosperidad Global en el Independent Institute. Su libro *Liberty for Latin America* ha sido publicado por Farrar, Straus & Giroux y, en castellano, por Planeta (*Rumbo a la libertad*).

7-19 Diccionario

Busca en el diccionario las siguientes palabras o frases:

Desfase (párrafo 3)	Poder adquisitivo (párrafo 7)
Ceñirse (párrafo 3)	Hostilidad (párrafo 10)
Erosionar (párrafo 5)	

 Luego, con tu compañero, sustitúyelas por palabras o frases de significado cercano.

7-20 Interpretaciones

Explica cómo interpretarías este comentario extraído del párrafo 3: *Sería como desatar un centenar de Katrinas sobre la economía estadounidense y la sociedad mexicana.* ¿Qué evidencia tienes para apoyar tu interpretación? Discútelo con tu compañero.

 ## 7-21 Conclusión

Discutan en grupo la relación *ley* y *realidad* que hace el autor del artículo. ¿Cómo es la realidad de la inmigración? ¿Qué tipo de limitaciones presenta la ley tal cual está pensada?

DESPUÉS DE LEER

7-22 Predicción, parte 2

¿Has podido confirmar la interpretación del título que hiciste antes de leer el texto? ¿Por qué sí? ¿Por qué no?

Sugerencia para la actividad 7-19
Tanto una primera lectura del texto como la primera parte de la actividad 7-19 pueden ser asignadas como tareas de casa. Así, en clase el grupo podría concentrarse en la sustitución de palabras por sinónimos.

Información para la actividad 7-20
Es importante que el instructor recalque el valor de lo hipotético de esta estructura. Después, también es conveniente que se enfatice el conocimiento del mundo del estudiante. ¿Sabe el estudiante que fue *Katrina*? ¿Puede encontrar puntos de comparación entre ese desastre natural y un desastre social?

Se recuerda que Katrina fue el huracán que golpeó la zona de Nueva Orleans y afectó a miles de personas en 2005.

Sugerencias para la actividad 7-20
El profesor puede preferir que los estudiantes trabajen solo con una lluvia de ideas sobre lo que fue *Katrina*. Luego con los elementos que salieran en la lluvia, establezcan los puntos de comparación enfatizando el uso de la forma condicional: *Durante el huracán Katrina hubo muchas muertes innecesarias. La deportación de 12 millones de personas causaría más muertes innecesarias que las ocurridas con Katrina.*

Posibles respuestas para la actividad 7-21
Se espera que el estudiante básicamente pueda decir que si la realidad sobrepasa el efecto de la ley, se deben buscar otras soluciones más que forzar a que la ley se aplique de todas maneras.

Sugerencia para la actividad 7-22
Esta actividad podría funcionar muy bien si se forman grupos de 4. Cada estudiante escribe su profecía en un papel y la pasa para que la lea uno de sus compañeros. Entonces la discusión del grupo se llevaría a cabo de una manera más global que individual.

Información para la Mesa redonda
La Mesa redonda de este capítulo pretende recoger la temática expuesta por la lectura y dirigirla hacia la polémica sobre la adaptación / asimilación / aculturación de los nuevos inmigrantes latinos en los Estados Unidos. Como punto de partida se proponen dos citas con opiniones muy diversas.

Paso 1
El profesor puede ayudar con la investigación sugiriendo o dando algunas lecturas con antelación o dirigiendo a los estudiantes a ciertas páginas de la Internet, como la entrada de blog del Centro para la Prosperidad Global del Instituto Independiente: *Los inmigrantes ilegales: asimilación o rechazo* escrito por Carlos Alberto Montaner o el blog del AOL Blog: *¿Es cierto que los latinos no quieren aprender inglés?* por Carlos Rajo.

Paso 2
Como en las Mesas redondas anteriores, en este paso se plantea el intercambio abierto y fluido de opiniones haciendo uso de la información obtenida en el primer paso. Si las preguntas sugeridas en esta parte no se contestasen y el instructor así lo considerara necesario, se podrían recuperar a modo de cierre o conclusión.

Información para Gente que escribe
Se espera que el estudiante pueda realizar un pequeño trabajo de investigación a partir de un tema propuesto por el instructor y que relacione lo practicado en Gente que lee con el material de la Mesa redonda. Es importante recalcar al estudiante que un trabajo

MESA REDONDA

¿Están los inmigrantes latinoamericanos asimilándose a la cultura estadounidense?

> *"Culturalmente los latinos nunca se van asimilar en su totalidad. Los latinos están creando su propio espacio en este país [...] Y esas características culturales hispanas están cambiando para siempre el rostro de la nación".*
>
> Jorge Ramos, *La ola latina*

> *"Los latinos sí se están asimilando, pero a su manera, conservando mucha de su identidad. Tamales en Navidad. Pavo y menudo en Thanksgiving. Inglés en el trabajo y español en el hogar. El Cuatro de Julio. El Cinco de Mayo[...]Ese aferramiento a su cultura ha hecho que los latinos redefinan poco a poco la identidad del estadounidense".*
>
> New America Media

Paso 1   Investiga

En los Estados Unidos, últimamente es fácil escuchar a un sector de la población decir que los inmigrantes latinoamericanos no se asimilan a la cultura estadounidense mientras que, en el pasado, otras generaciones de inmigrantes sí lo hicieron. ¿Qué elementos/factores crees tú contribuyen a la perspectiva de que a los hispanos les cuesta adaptarse en los Estados Unidos?

Investiga:

a. la opinión del público en general sobre los procesos de asimilación de los hispanos en reportes de noticias, en blogs, etc., y

b. los procesos de adaptación que experimentaron otros grupos migratorios a lo largo de la historia en fuentes de datos históricos.

 ### Paso 2   Puesta en común

Después de la investigación, presenten las diferentes fuentes de información que hayan encontrado y discutan:

a. Los factores que ofrecen perspectivas negativas sobre la asimilación de los hispanos.

b. Las consecuencias que éstas pueden tener en la aceptación de este grupo migratorio por parte de la sociedad.

c. Las experiencias actuales en comparación con las de otros grupos en el pasado.

1. ¿Están los latinoamericanos inmigrantes asimilándose a la cultura estadounidense?

2. ¿Cómo están redefiniendo la cultura estadounidense?

3. ¿Cuál es la diferencia entre asimilación, adaptación y aculturación?

4. ¿Se debe abandonar la cultura propia para poder sentirse aceptado por la cultura receptora?

GENTE QUE ESCRIBE

En este capítulo vamos a escribir un texto que permita la lectura atenta. Por lo tanto tenemos que concentrarnos en hacer investigación sobre un tema de interés y debemos planificar la organización del texto: desde la selección del léxico, a la presentación de la tesis, las oraciones temáticas y los recursos discursivos que vas a utilizar, como: la ejemplificación, la comparación, el contraste, etc.

7-23 Fuentes de información

Busca datos que te permitan escribir un artículo que se desprenda de esta frase incorporada en el texto de Vargas-Llosa: "Los hispanos aprenden inglés más rápido que los italianos y polacos de hace un siglo". Prepara un diagrama de telaraña con los *posibles temas que puedes desarrollar*.

7-24 Delimitación del tema

Una vez tienes el diagrama de telaraña, preséntaselo a tu compañero para discutirlo. Plantéate las siguientes preguntas como apoyo: ¿Qué temas son importantes o interesantes? ¿Cuáles son los temas secundarios? ¿Qué tesis puedo plantear según la evidencia que tengo? ¿Tengo ejemplos? ¿Puntos de comparación? Al finalizar, prepara un esquema de trabajo.

Título:

I.   Parrafo introductorio: tesis
II. Cuerpo:
     Argumento 1 + evidencia
     Argumento 2 + evidencia
     Argumento 3 + evidencia
III. Conclusión

7-25 Tu diccionario

Selecciona una lista de 8–10 palabras claves que van a ayudarte a dar el tono de tu artículo. Sé riguroso, incluye palabras que no son tan comunes en tu vocabulario del día a día.

7-26 ¡A escribir!

Ahora desarrolla un ensayo que tenga como mínimo 500 palabras.

- En el primer párrafo debes atraer al lector. Piensa en una introducción interesante.

- Además, debes establecer tu tesis en la última frase del primer párrafo.

- Cada párrafo debe abrirse con una frase temática que corresponda a algunos de tus argumentos o alguno de los puntos que quieres describir.

- La conclusión debe recoger las ideas establecidas en el primer párrafo.

escrito que implique investigación requiere bastante planificación, que incorpora entre otras cosas una selección consciente del vocabulario.

Sugerencia para la actividad 7-23
Esta actividad de escritura, asi como las 2 siguientes, se pueden asignar como tarea de casa, con la excepción de la presentación al compañero.

Si se necesita, hay que recordarle al estudiante que el diagrama de telaraña corresponde al *web diagram*.

Sugerencia para la actividad 7-24
Se puede asignar unos 20 minutos de clase para que los estudiantes compartan sus diagramas y se ofrezcan *feedback* en relación a ellos. Los últimos minutos de clase deben asignarse a la preparación del esquema final.

Información para la actividad 7-25
Sería importante que el instructor recordara en estos momentos el uso del diccionario y la relevancia que tiene cuando estamos hablando del desarrollo del repertorio lingüístico de los estudiantes. Hay que tomar en cuenta que, por un lado, el diccionario convencional recopila información léxica y, que dependiendo del tipo de diccionario, ésta información incluirá ejemplos de uso. El dato principal que encontramos en los diccionarios son las definiciones que ofrecen el significado o los significados de las palabras. P.ej., gracias al uso del diccionario podemos diferenciar los distintos significados de palabras homónimas. Asimismo, el diccionario ofrece información gramatical clave de los sustantivos (género), de los verbos (transitivo/ intransitivo), etc. Indirectamente los diccionarios nos ofrecen información ortográfica.

Sugerencias para la actividad 7-26
Se sugiere que los estudiantes desarrollen una primera versión de su ensayo, reciban *feedback* de sus compañeros en cuanto al contenido y terminen con una segunda versión que incorpore los cambios sugeridos, que será la que recibe el instructor.

El vocabulario activo está marcado en negrita. Las otras palabras ayudarán al estudiante a completar las actividades del capítulo.

🔊 VOCABULARIO

Las palabras en negrita representan el vocabulario activo. Las otras palabras te ayudarán a completar las actividades del capítulo.

Términos relacionados con celebraciones y fiestas

el alboroto	**la graduación**
el/la anfitrión, a	**Hanukkah**
la atrocidad	**el humo**
el baile	**las imágenes religiosas**
el banquete	**el incienso**
el bautizo	la inuguración
la boda/el matrimonio/el casamiento	**el juego**
el brindis	**Kwanzaa**
la broma	**la luna de miel**
la campana	**el malentendido**
los carnavales	**la matanza**
la celebración	**el monstruo**
el chambelán	la multitud
Cinco de mayo	**la navidad**
la costumbre	**Pascua**
la cultura	**el pastel**
el cumpleaños	**la piñata**
la danza	**la procesión**
la descortesía	**la prosperidad**
el desfile	**la quinceañera**
la despedida de soltero	**el representante**
el diablo	el rito
Día de la madre	**el ritual**
Día de la marmota	**el ruedo**
Día del padre	**el santo**
el disfraz	**San Valentín**
la época	**la Semana Santa**
el espectáculo	**la suelta**
el farol	**la suerte**
la festividad	**la torta**
la flor	**la tradición**
el fiel	**la vaquilla**
la fiesta	**la vela**
la fortuna	**la vestimenta**
el fuego	el velorio/velatorio
los fuegos artificiales	**el villancico**
el funeral/entierro/sepelio	**el virrey**
el gigante	

Verbos

adornar	**pedir prestado**
besar	sacarse/**quitarse**
brindar	saltar
bromear	**saludar**
burlar(se)	soler
comportarse	**sorber**
darse cuenta de	**sorprender**
imitar	tener en cuenta
meter la pata	

Adjetivos para hablar de culturas

atrevido/a	**lujoso/a**
brillante	**mágico/a**
clave	**pagano/a**
cultural	**popular**
encendido/a	**religioso/a**
embarazoso/a	tradicional
impresionante	**valiente**
improvisado/a	

CONSULTORIO LINGÜÍSTICO

1 Expresiones impersonales

Son aquellas expresiones verbales que se usan en tercera persona singular (o en algunos casos plural) pero que no presentan un ejecutor de la acción o agente explícito en la frase. Semánticamente (por el significado) podemos darnos cuenta de que el elemento que realiza la acción es genérico (**todo el mundo, uno**). En español se puede indicar esta impersonalidad de varias maneras:

Se impersonal

Con verbos intransitivos

No **se puede** correr alrededor de la alberca.

Se **suele** cantar el himno nacional por las mañanas.

Con verbos transitivos (sin objeto directo explícito)

En esta escuela **se lee** mucho.

En España todavía **se fuma** demasiado.

Uno/una

El pronombre **uno** tiene un valor impersonal cuando no se refiere al hablante sino que intenta generalizar la experiencia del que habla:

UNO **llega** a viejo sin entender la razón de la vida.

UNO **escribe** cartas que nadie responde.

En algunas variedades de español, se usa **una** si el hablante es una mujer:

UNA **hace** todo por no recordar, pero es imposible.

UNA **tiene** poco tiempo para completar todo lo que piden.

La gente / todo el mundo

Se utiliza cuando el hablante no se compromete (lingüísticamente) con la afirmación del enunciado. Por lo tanto está excluido como ejecutor de la acción verbal.

Todo el mundo compra en las tiendas de moda.

¡**La gente** hace cada cosa más rara!

Todo individuo / **toda persona** tiene derecho a una vivienda digna.

2 Verbos del tipo gustar

Existen en español muchos verbos que expresan afecto, sentimiento o gusto, que funcionan de modo similar a **gustar**. Son de uso muy frecuente:

encantar / **llamar la atención** / **impresionar** / **atraer** / **apasionar** / **volver loco** / **entusiasmar** / **aburrir** / **matar** / **fastidiar** / **repugnar** / **horrorizar** / **fascinar**

CONSTRUCCIONES SINTÁCTICAS

Pronombre + verbo + sustantivo

Me llama la atención el uso de fuegos artificiales en las fiestas religiosas.

¿Siempre **te fastidian** las celebraciones familiares?

Los niños siempre **se aburren** en la misa del gallo.

Cuando visitamos el museo **nos impresionó** la selección de artefactos coloniales.

Me repugnan los baños sucios.

¿**Les sorprenden** las costumbres de este pueblo?

Pronombre + verbo + que + subordinada nominal (verbo en subjuntivo)

Me extraña que no **hayas recibido** mi carta todavía.

¿**Te sorprende** que se **salga** tanto en España?

A este grupo **le horroriza** que aún se **practiquen** las corridas de toros.

Los pronombres y los verbos: PARECER / SORPRENDER / EXTRAÑAR / GUSTAR

Estos verbos pueden usarse o no con un pronombre de objeto indirecto. Hay que prestar atención porque se producen modificaciones de significado y de sintaxis dependiendo del uso pronominal o no.

PARECER (*tener el aspecto de*)

Parecer + INFINITIVO

Las fiestas **parecen** celebrar el retorno de los muertos.

Parecer + ADJETIVO

La casa **parece** deshabitada.

Pareces mexicano; comes todo muy picante.

PARECERSE (a) (*tener semejanza con*)

Me, te, se, nos + parecer + a + SUSTANTIVO

Las danzas folclóricas de este país **se parecen** mucho **a** las españolas.

Te pareces a un chico chileno que conozco.

> No confundirse con PRONOMBRE + PARECER que significa opinar:
>
> **Me parece** terrible que se hayan perdido tantas tradiciones.
>
> Las fiestas navideñas **le parecen** muy lindas.

¡Qué barbaridad! Tus hijas se parecen muchísimo.

¡Uf!, están hartas de que se lo digan.

EXTRAÑAR (*echar de menos*)

Los estudiantes extranjeros **extrañan** mucho a sus amigos.

Extraño la forma de hablar de mi abuela.

EXTRAÑARSE (de) (*sorprenderse*)

Los estudiantes extranjeros **se extrañan** de nuestras costumbres alimenticias.

Me extrañó que esa mujer hablara como mi abuela.

3   Formas comparativas

COMPARACIONES REGULARES

Las cerezas son **más** dulces **que** las moras.   ADJETIVO

Camino **menos** rápido **que** tú.   ADVERBIO

Hay **tantas** celebraciones paganas **como** religiosas. SUSTANTIVO

FORMAS COMPARATIVAS IRREGULARES

Adjetivo	Adverbio	Comparativo singular	Comparativo Plural
bueno	bien	mejor	mejores
malo	mal	peor	peores
pequeño	…	menor / más pequeño	menores / más pequeños
grande		mayor / más grande	mayores / más grandes
poco	poco	menos	menos

La celebración del día de los muertos en los pueblos es mejor que en las ciudades.

El aguardiente es peor que el tequila barato.

Estos panes son menos dulces que los que comí ayer.

SUPERLATIVOS

El superlativo califica un sustantivo expresando superioridad o inferioridad en grado máximo. Establece una relación de comparación con otros nombres:

a) Artículo definido + (sustantivo) + adverbio comparativo + adjetivo + (de + art. definido + sustantivo)

   El país más seguro del mundo no está en este continente.

   La alcaldesa menos respetada de la historia ha sido mal juzgada.

b) Artículo definido + mejor/peor/mayor/menor + sustantivo (de + art. definido + sustantivo)

El mayor criminal de la zona aún sigue libre.

Los mejores sopes de la calle de los tacos los vende doña Paula.

También podemos usar estructuras superlativas con los verbos:

a) Adverbio comparativo + verbo

Cuando **más llueve** es en la primavera.

Peor fue hacer el camino del Inca cuando llovía.

4 Imperativo negativo

El imperativo, en general, sirve para dar instrucciones, dar órdenes, mandar, aconsejar, invitar, dar recomendacines, advertencias o dar permiso. El **imperativo negativo** lo usamos para hacer pedidos negativos. La forma verbal que se usa siempre es el presente de **subjuntivo**. Podemos hacer peticiones negativas con la partícula "**no**" o con cualquier otra que exprese negación, tales como **tampoco**, **nunca** o **jamás**.

No *entres* a la casa con los zapatos puestos.

Nunca *saludes* con un beso a los estadounidenses; pero sobre todo **jamás** *te acerques* mucho a ellos cuando les hables cara a cara.

Tampoco *te rías* durante la celebración de la misa.

Si va a correr con los toros, **no** *lleve* zapatos incómodos **ni** *corra* descalzo.

> Recordemos algunos verbos irregulares en imperativo afirmativo (forma tú)
>
> ir → ve; salir → sal; venir → ven; hacer → haz; poner → pon; decir → di; tener → ten; ser → sé
>
> Recordemos que la forma imperativa afirmativa de **usted/ustedes** es la forma de la tercera persona del presente de subjuntivo.
>
> **¡Pase** adelante!

5 Expresar deseos

Es muy frecuente en español asociar a una fórmula de despedida un deseo formulado con **que** + presente de subjuntivo.

DESPEDIDAS

Adiós, **que te vaya bien / le vaya bien / os vaya bien / les vaya bien.**

Hasta luego, y **que tengas / tenga / tengáis / tengan suerte** en el examen.

Que tengas buen viaje.

AL IRSE A DORMIR

Buenas noches, **que descanses / descanse / descanséis / descansen.**

que duermas bien.

ANTE ALGO DESAGRADABLE

Que no sea nada.

Que te sea leve.

FELICITAR

SANTO, CUMPLEAÑOS

¡Felicidades!

¡Feliz cumpleaños! / ¡Que cumplas muchos más!

Que pases un buen / feliz día.

NAVIDAD, AÑO NUEVO, PASCUA

¡Felices fiestas!

¡Felices Pascuas!

¡Feliz Año Nuevo!

Próspero Año Nuevo.

ANTE ALGO DIVERTIDO

Que te diviertas / se divierta / os divirtáis / se diviertan.

Que lo pases / pase / paséis / pasen bien.

EN LA VISITA A UN ENFERMO

Que te mejores / se mejore.

ALGUIEN QUE NECESITA SUERTE

Que tengas suerte / que tenga suerte.

Que te vaya bien / que le vaya bien.

GRANDES ACONTECIMIENTOS

¡Enhorabuena!

¡Felicidades!

¡Felicitaciones!

¡Te / Les felicito!

> Que tengan buen viaje y que lo pasen bien.

8 GENTE y PROPUESTAS

TAREA

Crear un club universitario y su promoción.

MESA REDONDA

¿Cuáles son los problemas del siglo XXI en tu comunidad?

Información para la introducción
En este capítulo se propone que los estudiantes pongan en práctica las habilidades que les permitan, por un lado, expresar sus reacciones a situaciones problemáticas típicas de su entorno (básicamente servicios en la universidad), y por el otro ofrecer soluciones para las mismas.

Esta sección se abre con una actividad de lectura. Se leen varios mensajes de quejas y sugerencias. Antes de iniciar la lectura, se recomienda al instructor que haga una lluvia de ideas sobre el tipo de mensajes que se escribe en los buzones. ¿Conocen los estudiantes lugares en su comunidad académica donde haya un buzón para recibir sugerencias? ¿Han escrito alguna vez ellos en un buzón de sugerencias? ¿Qué vocabulario suelen usar los estudiantes para quejarse? ¿Sobre qué temas suele quejarse más la gente? Se debe tener en cuenta que en la actividad 8-4 se volverá a plantear una discusión sobre los problemas específicos que los estudiantes pueden tener en su centro académico.

Información para la actividad 8-1
La idea es que los estudiantes se den cuenta que una persona puede tener más de una queja. Es decir, se intenta que el estudiante extraiga esa información de las lecturas y de lo que ha escuchado de sus compañeros.

Asimismo, es una oportunidad para revisar estructuras con OI: les preocupa, les molesta, les aqueja… etc.

BUZÓN DE QUEJAS Y SUGERENCIAS

TU VOZ

¿DE QUÉ ESTÁS HARTO? AQUÍ TIENES TU ESPACIO PARA PROTESTAR PÚBLICAMENTE. ¡NO TE QUEDES CALLADO!

Ya no puedo más…
Vivir en las habitaciones del campus es un problema que crece cada día. Estoy harta del mal ambiente porque hay siempre mucho ruido, música y cosas que te impiden estudiar o dormir. Además en mi edificio viven más de 100 chicos, de los cuales un 75% son unos irresponsables. Me fastidia muchísimo que nadie prevea accidentes o desastres. Dejan velas encendidas mientras duermen, fuman (a pesar de estar prohibido)… Lo ideal sería una manera de vivir menos caótica. Y claro, también sería buenísimo poder comer bien. ¿Alguien ha visitado esas cafeterías últimamente? El servicio es malo, y la comida… grasa, azúcar, ya se imaginan.
Maruja Salas

¡Qué barbaridad!
El otro día tuve que acompañar por el campus a una compañera que tenía que hacer unos trámites e iba en una silla de ruedas. Descubrí lo mal planteada que está la construcción de aceras y el acceso a diferentes lugares para las personas con algún impedimento físico. Cruzar las calles por los paseos peatonales no fue problemático. Lo malo fue bajar y subir de la acera… ¡no había por donde! Lo que más me indignó es que mi amiga ya sabía qué rutas NO podía tomar. Además cuando llegamos al edificio en el que tenía una cita, descubrimos que no había ascensor. Y eso no es nada, la mitad de veces no puede tomar los exámenes a tiempo por falta de la mesa apropiada en el aula. ¡Es el colmo! Mi recomendación es que la administración reaccione y se dé cuenta de que necesita responder a las necesidades de toda la gente.
Pedro Herrero

¿Buen provecho?
Gracias por este buzón de sugerencias, aunque me pregunto si alguien va a prestarle la atención debida. Primero, se trata de la comida que se nos ofrece todos los días en el campus universitario. La grasa parece ser el ingrediente número uno. Luego vienen la sal, el azúcar y las harinas. No tenemos muchas opciones de verduras, y los vegetarianos siempre sufren. Por supuesto, las opciones orgánicas brillan por su ausencia. El servicio es similar al servicio que recibimos en cuanto a vivienda. Un desastre completo. Me resulta inaceptable que nadie tome cartas en el asunto. Quisiera ver más fruta, más comida con sabor natural, mejores dormitorios, ¡Por favor!
Juan Alegría

Los laboratorios de computación
Me perdonarán los que lean este mensaje, pero no puedo evitar quejarme. ¿Cuántos laboratorios de computación tiene este campus? Por supuesto, no suficientes. Además, su horario no parece hecho para estudiantes: de 8 a 5 de la tarde. Entiendo que quieran ahorrar energía eléctrica, pero ese horario no es eficiente. Y por favor, ¿cuándo van a traer computadoras nuevas? Aún tienen modelos del año de mi abuelo. Y los programas, lo último no son. ¿Quién puede esperar que seamos hábiles en tecnología si sólo tenemos *WordPerfect*?
Marta Roche

ACERCAMIENTOS

08-01 to
08-02

Active el léxico necesario para llevar a cabo las actividades de esta sección y así, desarrollar con éxito la tarea. Para ello, los estudiantes revisarán con anterioridad las listas al final del capítulo y el glosario para comprender el significado de las palabras.

 8-1 Preocupaciones

Las personas que escriben a la sección *Buzón de quejas y sugerencias* protestan por distintas cosas. Identifica las personas y sus preocupaciones, y compara el cuadro con tu compañero.

	MARUJA	PEDRO	JUAN	MARTA
La vida en las residencias	x		x	
El acceso para discapacitados		x		
La comida en la cafetería	x		x	
El campus				x

¿Cuál es el tema que preocupa a más gente?

8-2 Cada oveja con su pareja

¿Qué clubes o grupos universitarios les recomiendas a los que escribieron en el buzón?

ANUNCIOS DE CLUBES/GRUPOS UNIVERSITARIOS

Grupo de trabajo

Participa en las reuniones semanales de profesores y alumnos para discutir: *Los efectos del cambio nutricional en jóvenes universitarios: ¿qué nos depara el futuro?* Queremos entender los problemas alimenticios y proponer cambios en el sistema de oferta de comidas en los campus universitarios. Cada quince días en la facultad de antropología.

Tertulias

Te invitamos a las tertulias semanales que se llevan a cabo en el Centro de estudios sociales. El tema de estas tertulias este semestre es: *Derechos de los estudiantes con necesidades especiales y empoderamiento de los jóvenes en su educación.* Todos los martes, al medio día.

El comité de vivienda

Invita a participar en las mesas redondas para discutir planes de mejora del sistema de habitaciones en el campus. La administración quiere trabajar con la población estudiantil para resolver estos problemas. Nos reunimos cada quince días en el sótano del edificio de Arte, a las 7 de la noche.

 8-3 Encuesta

Escucha la encuesta y completa el cuadro con el tema del que hablan y si les preocupa o les interesa a los encuestados.

TEMA	¿PREOCUPACIÓN O INTERÉS?	EXPRESIÓN
1. Los problemas de inmigración, globalización…	Interés	Me interesan
2. Los servicios públicos	Preocupación	Me indignan
3. La falta de recursos educativos	Preocupación	Me alarma
4. Agua, petróleo, alimentos	Preocupación	Me preocupa
5. El medio ambiente	Preocupación (se sobre entiende)	(no dice)
6. La política / Los políticos	Preocupación	Me impacienta / No soporto

8-4 Tu granito de arena

Es tu turno de hacerte escuchar. Escribe un mensaje para *el buzón de quejas* sobre el tema que más te preocupa o interesa en este momento.

Respuestas para la actividad 8-1
El instructor podrá apreciar que el orden de los componentes de la oración en el ejemplo ("La vida en las residencias les preocupa a Maruja y a Juan") es distinto al de la oración en el ejemplo de la actividad 8-2 ("A Maruja le recomiendo las mesas redondas que presentan el comité de vivienda"). Este cambio de orden se debe al tipo de pregunta que se plantea en cada caso, que implica la aparición del elemento nuevo o de mayor interés al principio de la respuesta.

Información para la actividad 8-2
En esta actividad se busca que los estudiantes puedan canalizar las quejas y preocupaciones de los otros a través de actividades que les permitan actuar o elevar una voz más pública. Así, se intenta que los aprendices puedan responder a quejas de otros proponiendo actividades útiles.

Ya que es una actividad de lectura, se recomienda que los estudiantes pongan en práctica la estrategia de lectura rápida de vistazo (*skimming*) para encontrar información relevante para cada persona que ha escrito una queja o preocupación.

Información para la actividad 8-3
Principalmente en esta sección se espera que los estudiantes puedan hacer un trabajo de identificación de léxico y de frases con las que van a trabajar más adelante y que les servirán para expresar indignación.

Información para la actividad 8-4
Esta actividad es de producción escrita y pretende que el estudiante ponga por escrito ideas relacionadas con sus descontentos o molestias sobre las que ha ido reflexionando durante las actividades anteriores.

Sugerencias / expansión para la actividad 8-4
Como una posible actividad de seguimiento, el instructor podría preparar un buzón de quejas en el aula donde los estudiantes pudieran remitir quejas acerca de temas que les interesen de modo especial. Al día siguiente de la primera actividad, el instructor podría leer algunas de las quejas y solicitar propuestas de la clase como grupo.

VOCABULARIO EN CONTEXTO

08-03 to
08-06

8-5 Clasificación

Lee las cinco situaciones que ves en el recuadro Luego, según tu opinión, decide si los problemas son apremiantes, urgentes, importantes o poco importantes. Puedes marcar más de uno. Compara tu clasificación con la de tu compañero. ¿En qué coincidieron? ¿En qué difieren? Discutan sus respuestas.

a. En el barrio de Los Rosales no hay un solo parque de juegos para los niños. La municipalidad reservó dos terrenos grandes, pero han pasado cinco años y no ha construido ni un columpio.

b. En los últimos años, muchos lugares de Carolina del Norte tuvieron que declararse en situación de sequía. La falta de lluvias disminuyó el abastecimiento de agua y por lo tanto muchos ciudadanos aún se ven en la necesidad de adecuarse a medidas de control de agua: no se riegan los jardines, no se lavan los coches, solo una ducha al día, etc.

c. Estudios científicos han descubierto que la población de abejas comunes ha disminuido de manera notable en los últimos años. Se piensa que esta situación es causada por las ondas que producen los teléfonos móviles que han aumentado en número y en cobertura de líneas.

d. Se ha observado que cada vez hay más sacrificios de perros en las perreras municipales porque no hay suficientes personas interesadas en adoptar a los caninos abandonados.

e. La población de mosquitos ha aumentado este verano. Lo mejor será que en el verano se fumiguen las casas y se eliminen los charcos de agua estancada. Se sabe que estos insectos trasmiten la enfermedad de *West Nile*.

	APREMIANTES	URGENTES	IMPORTANTES	POCO IMPORTANTES
a.				
b.				
c.				
d.				
e.				

E1: En mi opinión el problema de sequía en Carolina del Norte es urgente. Además muchos otros lugares sufren de falta de agua, por lo que pienso que en el futuro la situación será apremiante.

8-6 Concurso de propuestas

En grupos de tres seleccionen uno de los problemas anteriores y hagan propuestas de acciones para resolver las dificultades. Se discutirán las propuestas en grupo.

EJEMPLO:

E1: Ya que la falta de parques es apremiante, pidamos al municipio fondos especiales para la construcción de áreas de juego para los niños.

E2: También podemos pedir donaciones y con el dinero recaudado construir un parque nosotros mismos.

 8-7 Clubes de jóvenes

Escucha los anuncios de radio para diferentes clubes de jóvenes. ¿Cuánto te interesan estos clubes? ¿Por qué?

	MUCHÍSIMO	MUCHO	POCO	NADA
1. Inventores				
2. Voluntarios				
3. Arte o cultura				
4. Deportes				

EJEMPLO:

E1: Me interesa mucho ser voluntario. Creo que así puedo ayudar en algo a la comunidad.

8-8 Asociación de palabras

Escribe en un minuto todas las palabras que relacionas con *problemas y recomendaciones*.

PROBLEMAS	RECOMENDACIONES
quejas	*sugerencias*
necesidades, dificultades, caos, obstáculos, conflictos, inconvenientes, contratiempos	propuestas, soluciones, consejos, ideas

8-9 Sobre clubes y otras organizaciones

Aquí tienes algunos ejemplos de clubes universitarios, ¿cuál crees que es su misión? Habla con tu compañero sobre éstas y otras asociaciones estudiantiles que conozcas. ¿Qué actividades hacen? ¿Cuáles te interesan?

HABLEMOS DE AUTISMO

GENTE APRENDIENDO PARA NUEVAS OPORTUNIDADES

EMPRESAS ESTUDIANTILES

DISEÑA TU VIDA

AGUA LIMPIA PARA TODOS

UN TECHO PARA MI PUEBLO

E1: Pienso que *Hablemos de Autismo* hace actividades de recaudación de dinero para el trabajo con niños autistas de clases económicas muy bajas..

Se recomienda que el instructor haga una lluvia de ideas sobre verbos que permitan expresar propuestas o buscar soluciones.

Respuestas para la actividad 8-6
Algunas posibilidades son:

- Pedir fondos al municipio para construir el parque.
- Solicitar donaciones de los negocios.
- Urgir a la población a que proteste la escasez de parques.
- Insistir en que los padres escriban una carta al municipio.

Información para la actividad 8-7
En esta actividad auditiva se busca que los estudiantes reciban información sobre anuncios de clubes y asociaciones para jóvenes cuyo objetivo es ofrecer actividades de todo tipo que los motive o entusiasme según varios intereses.

A la misma vez, en esta actividad exponemos a los estudiantes al gradiente de intensidad, un tema que se volverá a plantear en la sección sobre gramática.

Información para la actividad 8-8
Después de haber realizado ya varias actividades de vocabulario, ésta se presenta como una competencia entre todos los miembros de la clase para ver quién puede ofrecer la lista con más palabras asociadas con 'problemas' y 'sugerencias'.

Sugerencia para la actividad 8-8
El instructor puede organizar esta actividad como un juego de toda la clase o determinar dos o tres grupos y cada miembro debe escribir una palabra distinta según el campo semántico que el instructor lea al azar (*problemas, sugerencias, soluciones*).

Sugerencias para la actividad 8-9
El instructor puede traer a colación otros clubes para jóvenes que puedan resultar atractivos a los estudiantes de la clase. También puede preguntar a los estudiantes sobre clubes que ellos conocen en su centro universitario o comunidad.

Información para la actividad 8-10

Una vez revisadas las estructuras para expresar queja y rechazo y el impacto que cada una de ellas puede tener, dependiendo de la intensidad con la que se produzcan, es el momento de ponerlas en práctica de una forma más personalizada. En esta ocasión se pretende que los estudiantes adviertan y usen adverbios de cantidad, como otra opción para intensificar el mensaje de queja. Se le recomienda al instructor, además hacer observaciones específicas sobre la selección de subjuntivo o indicativo de acuerdo a la expresión para manifestar una queja, revisar el consultorio lingüístico donde hay una explicación más completa sobre la selección de subjuntivo en estos contextos.

Los estudiantes trabajan primero individualmente completando el cuestionario y después entrevistan a un compañero para saber su opinión y averiguar si coinciden en alguna de las respuestas. Esta discusión podría dar pie a una puesta en común en que toda la clase decidiera cuál o cuáles son las cosas que más les molestan. Finalmente, y con el objetivo de practicar diferentes estructuras e intensificadores para expresar rechazo o queja, los estudiantes escriben un párrafo resumen de las cosas que más les molestan.

Sugerencias / expansion para la actividad 8-10

1. Los estudiantes pueden escribir sus propias situaciones para preguntar a sus compañeros.
2. Los estudiantes responden oralmente de forma espontánea a una queja. El profesor les da una situación de queja y los estudiantes deben reaccionar expresando rechazo. Algunas ideas para estos nuevos contextos podrían ser: "estás en un hotel de lujo en verano y el aire acondicionado no funciona" o "los vecinos del apartamento de arriba, todos los días tienen la radio a un volumen muy alto", etc.

Información para la actividad 8-11

En esta actividad se busca que el estudiante identifique las cláusulas adjetivas. El objetivo es que los estudiantes puedan explicar la selección de subjuntivo o de

---

 GRAMÁTICA EN CONTEXTO

08-07 to
08-20

8-10 Me saca de quicio

¿Qué situaciones te molestan más? Primero marca tu opinión. Después, entrevista a tu compañero. ¿Coinciden en algunas?

	MUCHÍSIMO	MUCHO	UN POCO	NADA
Las preguntas sobre mi vida personal				
La gente que habla y come en el cine				
El ruido del despertador por las mañanas				
El abuso de la violencia en la tele				
La gente mentirosa				
La cancelación de un concierto o una fiesta				
La derrota de mi equipo favorito				
La publicidad engañosa				
El mal servicio en un restaurante				
La gente que grita cuando habla				
Que me tomen el pelo				
…				

EJEMPLO:

E1: Me fastidia mucho que me tomen el pelo.
E2: A mí también. En realidad, me molesta tremendamente que haya gente impertinente.

Finalmente escriban juntos un párrafo sobre lo que ambos rechazan con más intensidad.

8-11 Tenemos o necesitamos

En la agencia de publicidad donde trabajas, se está buscando atraer la atención de clientes jóvenes para el nuevo producto que saldrá a la venta en unos meses. Escucha el diálogo e identifica las cláusulas adjetivas que se usan. En el cuadro indica si se usa el subjuntivo o el indicativo para su construcción.

FRASE ADJETIVA	SUBJUNTIVO	INDICATIVO
*Emociones que no **pueden** controlar…*	x	
• ideas que consideran anticuadas		x
• personas que demuestran ser algo conservadoras		x
• personajes que muestren una personalidad atrevida	x	
• situaciones que les sean muy conocidas	x	

Ahora, puedes explicar ¿cuándo se usa subjuntivo y cuándo indicativo en las cláusulas adjetivas?

EXPRESAR RECHAZO

No **soporto**…
No **aguanto**…

Estoy **harto/a de**…

la falsedad de las personas.
tener que pagar impuestos.
que los ríos **estén** tan sucios.

Me **fastidia**…
Me **molesta**…
Me **indigna**…

En plural:
Me fastidian/ molestan / indignan…
        …las mentiras de los políticos

Condicional/ Imperfecto de Subjuntivo:
Me **molestaría** que no nos **hicieran** caso.

PARA INTENSIFICAR SENTIMIENTOS

muchísimo

enormemente

Me fastidia **tremendamente** el ruido de la calle.

especialmente

terriblemente

un poco

Lo que me molesta **demasiado es** el tiempo que tengo que esperar.

Lo que **verdaderamente** me indigna es salir tan tarde de la junta.

No me gusta **nada** el trabajo de reconstrucción del Zócalo.

CLAUSULAS RELATIVAS ADJETIVAS

He conocido a la persona **que traduce** del chino al español.
Aún no encuentro a nadie **que traduzca** del chino al español.
Conozco a alguien **que puede** ayudarte con las matemáticas.
¿Conoces a alguien **que pueda** ayudarme con las matemáticas?
Me voy de viaje a **donde** los árboles **están** llenos de colores.
Me gustaría ir de viaje a **donde** nadie me **conozca**.

CONDICIONAL PARA EXPRESAR DESEOS

Me gustaría mucho **proponer** una junta para tomar decisiones.

Me encantaría **que mejorara** la situación laboral de los mineros.

Sería fantástico **que** los jóvenes **trabajaran** en cuanto se gradúan.

Sería ideal **que** los aviones **llegaran** a tiempo siempre.

DECLARAR INTENCIONES

Buscaremos soluciones para todos.

Nos comprometeremos a buscar soluciones.

Prometemos que los problemas se solucion**arán**.

Vamos a llegar hasta el fondo de la cuestión.

ADVERBIALES DE FINALIDAD

El comité se ha formado **a fin de resolver** el problema de la basura en las calles.

Los encuestadores salieron **para recoger** datos en los pueblos.

La administradora me llamó **para que hablara** con los empleados.

8-12 Con los mejores deseos

En la misma agencia de publicidad, te han pedido que crees una campaña basada en la expresión de deseos y que tenga como imagen un personaje de ficción. La dirección de la agencia elegirá la campaña que mejor exprese los deseos del personaje para una situación concreta. Aquí tienes algunos ejemplos de situaciones y personajes. Elige los que más te gusten de cada columna y crea tus propuestas.

el trabajo	Harry Potter
la escuela	Hombre araña
el futuro	Bart Simpson
el amor	Mafalda
las vacaciones	Darth Vader
el cumpleaños	Shrek
el año nuevo	Barbie
la salud	Indiana Jones
el hogar	Yoda
la economía	Doctor House
la alimentación	Popeye
…	
…	

Lo que más me gustaría es que...

Lo ideal sería que...

8-13 Heroicas intenciones

Además tus personajes van a declarar algunas intenciones sobre algunos cambios que les interesa implementar.

EJEMPLO:

YODA: Lograré que el lado oscuro de la fuerza no se extienda por el universo.

🍦🍦 8-14 Justificación

Tu compañero y tú deben explicar con qué finalidad escogieron a los personajes que querían usar en la publicidad anterior.

EJEMPLO:

E1: Yo seleccioné a Popeye para animar a los niños a que coman espinacas.

E2: Yo, por el contrario, escogí a Darth Vader para que todos sepan que no somos ni buenos ni malos.

---

indicativo en estos contextos. Es importante que al final de la actividad el instructor dirija a los estudiantes al consultorio lingüístico para ver los modelos y contrastar con la explicación que ellos hubieran propuesto.

Información para la actividad 8-12

Normalmente la mayoría de propuestas surgen a partir de una necesidad o un deseo de cambio. Es por ello que esta actividad pretende recuperar algunas expresiones de deseo y facilitar, de esta manera, la incorporación de las mismas en la tarea que los estudiantes van a tener que realizar al final del capítulo. Por otro lado, también busca seguir poniendo en práctica la forma gramatical de las oraciones subordinadas nominales.

Me gustaría mucho ayudarte. (el mismo sujeto)

Me gustaría mucho que me ayudaran. (2 sujetos diferentes)

Los estudiantes van a crear mensajes con expresiones de deseo para contextos específicos, usando personajes de ficción.

Información para la actividad 8-13

En esta sección se busca que el estudiante utilice las estructuras para declarar intenciones. Se espera que como ya conocen más o menos a los personajes a quienes han hecho declarar deseos, las intenciones surgirán de manera fluida. Las respuestas serán variadas.

Información para la actividad 8-14

La actividad busca que el estudiante ponga en práctica las cláusulas subordinadas de finalidad, en las que deben de distinguir la selección de subjuntivo/infinitivo. Esta actividad usa como base a los personajes de la actividad anterior; por lo que se debe motivar a los estudiantes a que sean creativos con su selección porque la tendrán que justificar.

INTERACCIONES

08-21 to
08-23

ESTRATEGIAS PARA LA COMUNICACIÓN ORAL

En este capítulo vamos a poner en práctica estrategias orales que permiten convencer o persuadir a un oyente o a un interlocutor en una conversación informal. Con este objetivo, presentamos diversas formas, estructuras lingüísticas y discursivas. El acto de persuadir y convencer está enmarcado dentro de la actividad argumentativa. Cuando mostramos una intención evidente de actuar sobre el oyente, nuestro objetivo es influir en su comportamiento. Lo que nos interesa en este capítulo es el componente afectivo que se introduce en el momento de intentar convencer a nuestros oyentes.

Para argumentar *y* **contra argumentar**

Es cierto que… no **llegó** a tiempo, pero también es verdad que… se le **dañó** el carro

No es cierto que… **mintiera**, es que… **hubo** un malentendido

Es verdad, pero lo que { no está claro / no está probado es que… / no se puede decir (que)…

Lo { esencial / fundamental / más urgente / prioritario } es reformar totalmente la enseñanza.

EJEMPLO:

E1: Me fastidia muchísimo que no se construyan más parques. Hay muchísimos niños que no tienen donde jugar. Lo fundamental es pensar en los niños, en su bienestar.
E2: Es cierto, hay una escasez de parques, **pero también es verdad** que la municipalidad construyó un centro deportivo para jóvenes y niños. Allí hay un parque y una piscina.
E1: Tienes razón, pero lo que no es justo es que todos tengan que pagar una cuota tan alta.

Para insistir en la persuasión expresando ventajas e inconvenientes

La ventaja / Lo bueno { es que   El inconveniente / Lo malo / El problema { es que

Observemos la continuación de la conversación entre las personas de la sección anterior:

EJEMPLO:

E1: La ventaja de hacer un parque público y central al distrito **es que** los niños pueden ir con sus padres o sus hermanos mayores a jugar en un lugar que no cobra y que se cuida con el pago de los impuestos de los vecinos. **El inconveniente** principal del centro deportivo **es que** queda en las afueras del distrito.
E2: Entiendo lo que dices, sin embargo, **el problema** que yo veo **es que** el ayuntamiento no tiene un presupuesto para todos los proyectos interesantes que podemos proponer. Lo esencial es conseguir fondos, donaciones o algo similar.

 8-15 El comité de agua

Escucha la conversación que lleva a cabo el comité de agua de un pueblo rural que quiere instalar un sistema de agua potable para todos los vecinos. Identifica las formas usadas para argumentar o referirse a ventajas e inconvenientes.

Posibles respuestas para la actividad 8-15

	ARGUMENTAR	VENTAJAS	INCONVENIENTES
Frases	*es imposible*		los problemas son muchos
	es cierto		lo malo
	es verdad	la ventaja es	no tiene ventajas
	otra solución		otro inconveniente

 8-16 Junta de vecinos

En grupos de tres formen comunidades vecinales. Identifíquense con uno de los problemas presentados y discutan posibles alternativas y soluciones.

Muchas personas en el barrio organizan fiestas y tienen el volumen de la música muy alto. Normalmente las fiestas terminan pasadas las 2 de la mañana.

Cuando los dueños sacan a sus perros a caminar y no recogen los "regalitos" que dejan los caninos a su paso por las calles y aceras.

Hay una zona en el vecindario donde el alumbramiento municipal es mínimo. La otra noche a una persona mayor le quitaron su cartera y le dieron un golpe en la cara.

En la intersección de la calle Malta y la Ugarte no hay un semáforo peatonal. El cruce se usa principalmente durante las horas de entrada y salida de la escuela. La gente tiene que calcular la velocidad de los coches y cruzar la calle corriendo a riesgo de ser atropellado.

En el barrio las casas tienen cochera para un carro, pero muchos tienen más de uno. Por este motivo, hay un sinfín de autos estacionados en las calles, impidiendo el tráfico fluido o cerrando por completo las calles. Esto ocurre especialmente los fines de semana y por la noche.

EJEMPLO:

E1: No soporto que haya fiestas en día de semana. Creo que se debe hacer una junta de vecinos para discutir el problema de las fiestas y el ruido. El municipio debe prohibir las fiestas durante los días de semana.
E2: Es **cierto que** el ruido es horroroso, pero también **es verdad que** la gente tiene derecho a celebrar.

 8-17 Problemas con la basura

La junta de vecinos, intenta plantear propuestas a un problema sanitario de recogida de basura. Los empleados sanitarios están en huelga por los bajos sueldos y la falta de beneficios. Primero, formula tu punto de vista utilizando las palabras del banco. Luego con tu compañero habla de las ventajas, desventajas, lo prioritario y lo problemático de las soluciones propuestas.

inaceptable	discutible	injustificable	injusto
vergonzoso	escandaloso	inadmisible	comprensible
justo	un acierto	un error	

A. Los vecinos deben recoger todas las bolsas de basura producida y llevarlas individualmente al basurero municipal.

B. Los vecinos deben dejar que la basura se acumule en sus casas hasta que se solucione el problema de la huelga.

C. Un representante se encargará de recolectar una vez al día la basura con el fin de llevarla al basurero central.

D. Los vecinos deben centralizar un lugar de recogida de basura e insistirle al municipio que la recoja.

EJEMPLO:

E1: Es vergonzoso que la municipalidad no contrate a basureros sustitutos.
E2: **La ventaja de que** alguien se responsabilice de recoger la basura de todos **es que**...

Información para la Tarea
Como en las lecciones anteriores, la Tarea final de *Gente y propuestas* pretende recoger los temas trabajados en el capítulo: vocabulario, gramática, funciones y estrategias. Además, recicla las diferentes maneras que tienen los estudiantes de hablar de sí mismo, plantear preguntas y justificar decisiones u opiniones. En grupos, los estudiantes van a crear un club universitario y sus estatutos. Después harán campaña individualmente para animar a otros estudiantes a inscribirse en su club y finalmente, cada estudiante indicará en un "voto" secreto de qué dos clubes quiere formar parte.

Información para la preparación
Los pasos para la realización de la tarea son los siguientes:

En la preparación los estudiantes escucharán información de diversos clubes de los que saben el nombre y su lema. El primer objetivo de la audición es inferir el objetivo y las propuestas que ofrece el club, a partir de la información que tienen, sin escuchar la audición. El segundo objetivo es constatar si los estudiantes estaban en lo cierto a partir de la información recogida al escuchar el audio y ver algunos ejemplos de posibles clubes.

Paso 1:

Una vez escuchados los ejemplos de clubes de la preparación, cada grupo decide el nombre y el lema, así como los estatutos y objetivos de su club.

TAREA

Recuerde referir a los estudiantes a la lista de vocabulario para completar la tarea.

Crear un club universitario y su promoción.

🔊 PREPARACIÓN

¿Qué características debe tener un club para que te intereses por él?
¿Qué actividades crees que ofrecen los siguientes clubes?
Escucha los anuncios y anota lo que dicen sobre cada grupo.

Sabrosura: un club de cinco tenedores	comer bien, aprender nuevas recetas
Adrenalina: el club sin límites	deportes de aventura, ciclismo de montaña el buceo y la escalada
Bachata: arte en movimiento	baile, conocer a otros estudiantes, cultura musical, mover el cuerpo
¿Te late? entretenimiento garantizado	oferta de ocio, reservas boletos, transporte
Va de nuez: repasa y pasa	estudiar con otros estudiantes y pasar las clases

 Comprueba con un compañero si tienen la misma información ¿Se inscribirían en alguno de los clubes? ¿Qué les atrae de ellos?

Paso 1   Los estatutos

En grupos de tres van a crear un nuevo club estudiantil y posteriormente intentar reclutar nuevos miembros. Primero, piensen en aquellos temas o actividades que les gustaría que ofreciera su club. Una vez llegado a un acuerdo, cada grupo trabaja en la creación de los estatutos (programa con los objetivos, las propuestas, las actividades, etc.). También decide un nombre y un lema.

```
Nombre del club:

Lema:

Misión:

Intenciones y deseos:
```

Paso 2   Campaña personalizada

Una vez creado el club, es el momento de promocionarlo. Para ello, deberán convencer a los miembros de los otros grupos a que se inscriban en sus respectivos clubes.

Paso 3   Inscripción secreta

Una vez promocionadas las excelencias de los respectivos clubes es el momento de decidir qué dos de éstos han captado mejor su atención. Anoten en un papel el nombre de los dos clubes con una breve explicación del porqué los han elegido.

```
1. Quiero formar parte del club:
   Mis razones:
2. Quiero formar parte del club:
   Mis razones:
```

Paso 4   Recuento de las papeletas y constitución de los clubes

Ahora es el momento de conocer el secreto de un buen club. Un comité formado por un estudiante de cada club lee las razones apuntadas por cada estudiante en su papel y se hace el recuento de los "votos". ¿Qué "ingredientes" tiene el club con más miembros nuevos?

En este paso es donde los estudiantes deben trabajar en grupo para poner en práctica todas aquellas estructuras gramaticales y funcionales trabajadas en el capítulo: expresar rechazo, declarar intenciones y promesas, expresar deseos, expresar finalidad, etc., mediante la creación de un discurso coherente y cohesionado.

Posteriormente, cada estudiante usa una tarjeta para apuntar notas sobre los objetivos y propuestas del club y usarlos después para hacer su campaña individualizada.

Paso 2:

Cada grupo apunta en la pizarra el nombre y lema de su club. A continuación, cada estudiante hace campaña de su club de manera individual, para que los otros estudiantes se inscriban a su club, explicando sus estatutos, objetivos, etc. Algunos consejos para "hacer campaña": Cada estudiante, mostrando la tarjeta con el nombre de su club, buscará a un estudiante de otro club con el que podrá hablar durante un tiempo determinado por el instructor. Pasado el tiempo, el instructor dirá ¡Cambio! y se deberá buscar a un nuevo estudiante a quien convencer, hasta que el instructor dé por finalizada la campaña.

Paso 3:

Cada estudiante apunta en una papeleta, de forma anónima dos clubes de los que quiere formar parte, con una breve explicación o argumentación. El instructor puede pasear por la clase mientras los estudiantes rellenan las papeletas, para mantenerse informado de la evolución de las deliberaciones y preveer cualquier incidencia o cambio que pudiera tener lugar.

Paso 4:

Un comité formado por un estudiante de cada grupo recoge las papeletas, las lee frente a la clase y hace el recuento de los "votos". El recuento se apunta en la pizarra y se dan por constituidos los clubes. Si se dispone de tiempo y/o hay suficiente interés entre los estudiantes, se podría pedir a cada club cuáles son sus planes para el futuro ahora que ya está "oficialmente" constituido.

EXPLORACIONES

08-24 to 08-27

GENTE QUE LEE

Textos expositivos: estructura de la información

Los textos expositivos, como hemos visto en el Capítulo 3, permiten explorar la lectura de información objetiva cuya función es divulgar un reportaje o reseña producto de cierta investigación para fundamentar lo expuesto. Por eso es importante que el texto tenga objetividad. En esta sección trabajaremos la objetividad al examinar la selección del lenguaje y el orden en el que se presenta la informacion.

ANTES DE LEER

 8-18 El olor a ti

Discute tus respuestas con tu compañero.

¿Usas perfume? ¿Lo usas siempre o en situaciones específicas?
¿Es importante para ti el olor de otras personas?, ¿Cómo crees te perciben los demás por tu olor?

8-19 Declaraciones de un perfumista

Un experto en armonizar personalidad y perfumes después de muchos años de investigación ha conseguido encontrar las siguientes asociaciones entre personalidad o estado de ánimos y aromas.

Para una persona estresada y con insomnio: lavanda
Para una persona que necesita un tonificante por las mañanas: romero
Para una persona que por momentos tiene la autoestima por los suelos: rosas
Para una mujer romántica y nostálgica: violetas
Para una mujer dinámica: azahares
Para alguien que necesita comunicar bien: té de rosas
Para la claridad mental: menta

Y tú, ¿qué le recomendarías a los siguientes personajes? ¿y por qué?

J.Lo	Bill Gates	Barack Obama	Nancy Pelosi
Hillary Clinton	Martha Stewart	Sarah Palin	Lindsay Lohan

AL LEER

DE PERFUMES Y OTROS OLORES

La elección de un perfume es una acción tan personal como subjetiva. Uno puede elegir un par de zapatos, un abrigo o su pareja siguiendo los impulsos del sentido más poderoso: la vista. Pero el olor de un perfume sólo se vale del olfato, y no hay nada más íntimo.

Es importante tomar en cuenta que, en primer lugar, perfumarse es un acto de complacencia personal, por el cual buscamos sentirnos bien. En segundo término, muchos usan perfumes para enviar un mensaje a los demás. Si realmente lo primero cuenta más que lo segundo uno debe usar el perfume que le guste y con el cuál se sienta cómodo. Pero si lo que uno quiere es comunicar, entonces hay que considerar, como dice Jimmy Boyd, que "cada uno de nosotros vibramos de una forma determinada y hay unos olores que también vibran de una forma determinada con nosotros". Así, la coherencia entre la persona y el perfume es lo que muchos llaman *tener ángel*. Y eso es lo que establece una comunicación con los demás.

Si uno debe tener un perfume o una variedad de ellos es una opción personal. Hay personas que encuentran "su" perfume, aquel con el cual se sienten identificados, cómodos, seguros… y lo convierten en una seña de identidad. Ese enamoramiento puede durar toda una vida o unos años.

Sin embargo, para otros el perfume no es significativo y usan el primer frasco que pillan en el cuarto de baño. Esos suelen comprar los perfumes de moda, los que anuncian en la tele o los "entes inofensivos" que llenan estanterías en los supermercados. Por otro lado, hay otra clase de consumidor, los que cambian de perfume según la estación del año (usando perfumes frescos en el verano y otros más voluptuosos durante el invierno). Una variación de este consumidor es el que usa un perfume para trabajar y otro perfume para sus actividades de fin de semana. Por último, está el consumidor "connoisseur"; éste ama los perfumes, tiene una colección que entiende como arte, admira su carácter efímero, da importancia al sentido del olfato y al uso de distintas fragancias según la ocasión o la condición emocional. A esta persona no le importa pagar una alta suma de dinero en sus perfumes, compra marcas desconocidas por el gran público y huye de las ofertas que ofrecen los centros comerciales.

En lo que se refiere al perfume según el sexo, es curioso observar que como hasta la Revolución Industrial los perfumes carecían de la etiqueta *pour homme* o *pour femme*, los clientes compraban el frasco cuyo olor les gustaba. Más adelante las reglas del mercado impusieron la dictadura del producto ideal para cada sexo y la repetición derivó en costumbre. Así fue como el mercado estableció las asociaciones entre fragancia y género. Ciertamente un perfume muy floral no queda bien en un hombre, al que asociamos con olores más profundos como las maderas. Sin embargo, se sabe que el mercado se reinventa cada cierto tiempo. Por ejemplo, hace unos años el iris era el olor de los pintalabios, ahora Dior hace un perfume masculino ("Dior Homme") con el iris como tema central. El perfume se vende muy bien en los cinco continentes y alegra las cuentas de la multinacional del lujo. Los años 90 vieron florecer perfumes "unisex" al amparo de CK One; perfumes de gran éxito que comparte la pareja heterosexual, porque gusta a ambos.

Finalmente, al plantear la pregunta de si podemos oler las emociones, los expertos apuntan que en realidad no las olemos. En cambio, lo que ocurre es que una emoción –agradable o no– se desencadena en el momento en que se huele una fragancia. Es por esto que si quieres dejar tu huella en el recuerdo de quienes te rodean, la clave es usar la libertad para escoger el perfume o fragancia con el que uno más se identifique.

8-20 Idea general

El primer párrafo abre la lectura con una idea general sobre perfumarse. Identifica el supuesto o propuesta que luego acompañará al resto del artículo.

8-21 Los párrafos

Identifica en cada párrafo la idea principal que se presenta y se desarrolla.

PÁRRAFO	IDEAS
Párrafo 1	Introducción. Lo peculiar del olfato
Párrafo 2	Funciones del perfume: acto de complacencia personal, acto de comunicar
Párrafo 3	Tipos de consumidores de perfume
Párrafo 4	Perfume y el género
Párrafo 5	El olor y las emociones

 ### 8-22 Conectando

Con tu compañero, identifica los conectores que se usan en el texto y comenta el rol que éstos tienen. ¿Cumplen su función?

La elección de un perfume es una acción tan personal como subjetiva. Uno puede elegir un par de zapatos, un abrigo o su pareja siguiendo los impulsos del sentido más poderoso: la vista. **Pero** el olor de un perfume sólo se vale del olfato, y no hay nada más íntimo.

EJEMPLO:

E1: Se usa **pero** para establecer el contraste entre el sentido de la vista y el del olfato

DESPUÉS DE LEER

 ### 8-23 Los recuerdos y la fragancia

Entrevista a algunos de tus compañeros para determinar cuál es la fragancia más común entre todos ustedes que los lleve a su niñez. ¿Es el olor del mar? ¿El olor del cloro de la piscina? O acaso ¿el olor de la crema de sol?

MESA REDONDA

¿Cuáles son los problemas del siglo XXI en tu comunidad?

Paso 1 **Investiga**

Observa los siguientes asuntos y ordénalos de acuerdo a como afectan a tu comunidad.

—— la violencia de género   —— la pobreza   —— las enfermedades de transmisión sexual

—— la escasez de agua   —— el racismo   —— la escasez de energía

—— los desastres naturales   —— el crimen   —— la xenofobia

—— el calentamiento global   —— la deserción escolar

 En grupos, compartan su clasificación y comprueben si coinciden. ¿Han salido otros nuevos? ¿Cómo enfrenta tu comunidad estas cuestiones?

Elige el asunto o asuntos más importantes para la clase y explora la situación actual aportando ejemplos concretos, explicando las causas y ofreciendo propuestas para prevenir efectos desastrosos. ¿Han cambiado esos asuntos con el nuevo siglo o siguen siendo los mismos que en siglos anteriores?

Paso 2 **Puesta en común**

Después de tu investigacion, expón el estado actual del asunto escogido y tus propuestas para prevenir que estos problemas se extiendan o provoquen efectos mayores.

GENTE QUE ESCRIBE

Al escribir un texto expositivo debemos tomar en cuenta la objetividad, la claridad y el orden que observamos en el momento de la lectura. La objetividad se consigue con la búsqueda de datos e información que permitan la fundamentación de las ideas. La claridad se produce con el manejo de la lengua: estructuras de párrafos, de oraciones y el vocabulario apropiado. El orden se logra con el buen uso de conectores que permitirán la coherencia y cohesión del discurso escrito.

8-24 Los títulos y los sentidos

Los siguientes son títulos de novelas o cuentos que apuntan al tema de los sentidos. ¿Qué te sugieren? ¿Qué temas se pueden deducir a partir de los títulos? ¿Conoces otros títulos de obras literarias, canciones o películas que hagan referencia a los sentidos? Coméntalo con tu compañero.

El olor de la guayaba – Gabriel García Márquez → el olfato

El perfume, historia de un asesino – Patrick Suskind → el olfato

Café Babilonia – Marsha Mehran → el gusto, el olfato

El lenguaje de la pasión – Mario Vargas Llosa → todos los sentidos

Las manos que crecen – Julio Cortázar → el tacto

Como agua para chocolate – Laura Esquivel → el gusto

Los ojos verdes – Gustavo Adolfo Bécquer → la vista

Por quién doblan las campanas – Ernest Hemingway → el oído

La fiesta de Babette – Isak Dinesen → el gusto

8-25 Los sentidos y la publicidad

La publicidad sensorial aspira a crear un impacto total a través de los sentidos; así se crean lemas que focalizan la sensación que el producto causa. Veamos algunos ejemplos:

EJEMPLOS:

E1: Se deshace en tu boca, no en tus manos…[chocolates M&M]
Deja respirar a tus pies… [zapatos Geox]

 Con tu compañero inventa lemas para publicitar:

camisetas de algodón	reproductores de música	desodorante
café	lápices de colores para niños	lentes de sol

8-26 Tu artículo

Desarrolla un texto expositivo que presente y discuta a partir de ejemplos reales la presencia del tema de los sentidos y las sensaciones ya sea en la literatura o en la publicidad. Sigue los siguientes pasos:

1. Selección del tema
2. Recolección de información y datos
3. Preparación de esquema de trabajo
4. Escribe el borrador
5. Intercámbialo con un par de compañeros para que te hagan comentarios y te den sugerencias
6. Revisa el borrador y modifícalo según los comentarios y sugerencias
7. Escribe la versión final

- Idea general
- Idea principal
- Ideas de apoyo o secundarias
- Ejemplos
- Conclusión

El vocabulario activo está marcado en negrita. Las otras palabras ayudarán al estudiante a completar las actividades del capítulo.

 ## VOCABULARIO

Las palabras en negrita representan el vocabulario activo. Las otras palabras te ayudarán a completar las actividades del capítulo.

Para hablar de propuestas

el abastecimiento	**el jardín**
la administración	la movilización
el apunte	**la municipalidad**
la asociación	**la necesidad**
el ayuntamiento	la norma
la barrera	**la oferta**
el buzón	**la oportunidad**
la colaboración	**la organización**
el columpio	la participación
la consulta	el peso
la cooperación	la petición
la coordinación	la precariedad
el coste/costo	**la promoción**
el crecimiento	**las quejas**
el debate	**la realidad**
la deserción	el reproche
la dificultad	**la residencia**
la difusión	el resultado
la dirección	**la sequía**
el empoderamiento	**el servicio**
la encuesta	**la solución**
la escasez	**la sugerencia**
el granito de arena	**el trámite**
la identidad	la tribuna
la igualdad	la visión
el incidente	**la vivienda**
la iniciativa	el voluntariado
el/la intérprete	

Verbos

adaptar	**insistir**
adecuar	movilizar
apostar	padecer
apoyar	**participar**
atender	**permitir**
brillar por su ausencia	potenciar
colaborar	**preveer**
comprometer	**promocionar**
contribuir	**propiciar**
debilitar	**proponer**
declararse	**quedarse callado/a**
difundir	**recomendar**
disipar	regar
emanciparse	regular
empoderar	**resolver**
exponer	**solucionar**
facilitar	**tratarse (de)**
grabar	urgir
impulsar	valorar
indignar	

Adjetivos

apremiante	inminente
callado/a	integral
concreto/a	juvenil
creativo/a	**política/o**
crucial	popular
eficaz	precario/a
empoderado/a	**social**
estudiantil	transformador/a
harto/a	**urgente**
importante	

CONSULTORIO LINGÜÍSTICO

1 Construcciones con verbos de afección y sentimiento para expresar rechazo y queja

Las construcciones de este tipo nos permiten mostrar **descontento** y **rechazo** de cosas, situaciones o personas. En el Capítulo 5 ya habíamos observado la estructura con subjuntivo en la cláusula subordinada.

Me molesta Me fastidia Me indigna Me irrita Me da mucha rabia Me saca de quicio	PRESENTE DE SUBJUNTIVO **que** muchos empresarios no **paguen** sus impuestos. SUSTANTIVO EN SINGULAR **la injusticia.**
Me enfada**n** Me fastidia**n** Me molesta**n** Me indigna**n** Me da**n** mucha rabia	SUSTANTIVO EN PLURAL las mentiras. las noticias falsas. las promesas de los políticos. las incoherencias de la publicidad.

Me molesta que parezca un vagabundo.

A mí me irrita su actitud de indiferencia.

2 Intensificadores: muchísimo, enormemente, tremendamente...

PARA INTENSIFICAR O RESALTAR UN SENTIMIENTO

Podemos usar adverbios para expresar intensificación de un sentimiento.

	muchísimo	
	enormemente	
Me fastidia	tremendamente	el tráfico.
	especialmente	
	terriblemente	
	...	

¡Lo que verdaderamente nos indigna es la discriminación!

Así mismo, podemos utilizar una estructura sintáctica particular:

LO QUE + ADVERBIO/FRASE ADVERBIAL + VERBO + ES + INFINITIVO

Lo que más me molesta	es	**esperar.**
		SUSTANTIVO SINGULAR
Lo que de verdad me fastidia	es	**la demagogia.**
		SUSTANTIVO PLURAL
Lo que realmente me desespera	son	**los dogmatismos.**
		que + SUBJUNTIVO
Lo que verdaderamente me indigna	es	**que hables** así.

El adverbio MUY puede ser útil, pero puedes sustituirlo con otros que resaltarán de manera productiva el significado del sentimiento que intentas expresar.

muy intolerable → **realmente** intolerable

muy inaceptable → **verdaderamente** inaceptable

muy inadmisible → **totalmente** inadmisible

...

3 Cláusulas relativas adjetivas

Como sabemos, los adjetivos funcionan como modificadores de los sustantivos. Igualmente, en español hay clausulas subordinadas que pueden tener función adjetiva, es decir, modifican un sustantivo. Un pronombre relativo introduce la cláusula subordinada cuyo verbo estará en **indicativo** o **subjuntivo** dependiendo del contexto.

INDICATIVO (tiempo presente o pasado)	SUBJUNTIVO (presente o pasado)
Se usa el indicativo si se habla de	Se usa el subjuntivo si se habla de
a. algo que se puede identificar en el contexto.	a. algo que no ha sido identificado en el contexto
b. algo que existe en el entorno de la conversación o es conocido.	b. algo que no existe en el entorno de la conversación o aun no se conoce
He conocido a la mujer **que ofrece** información sobre las becas de estudio.	No que conocido a nadie **que ofrezca** información sobre becas de estudio.
Los niños han visto al perro **que llegó** del asilo esta mañana.	Iremos al asilo a buscar a algún perro **que sea** ideal para nuestra familia.
Esta es la universidad **que tiene** el mejor equipo de fútbol americano	¿Existe una universidad **que tenga** un equipo de fútbol americano invencible?
Pásame las tijeras **que cortan** bien.	Pásame unas tijeras **que corten** bien.

4 Condicional para expresar deseos

CONDICIONAL + INFINITIVO / IMPERFECTO DE SUBJUNTIVO

Me gustaría mucho	**colaborar** con una organización no gubernamental (ONG).	Infinitivo > Los dos verbos comparten el mismo sujeto.
Me encantaría	**que mejorara** la educación.	Subjuntivo > Hay dos sujetos diferentes.

CONDICIONAL DE SER + ADJETIVO + INFINITIVO / IMPERFECTO DE SUBJUNTIVO

Sería estupendo		Infinitivo >
Sería genial	**llegar** a un acuerdo entre todos.	Deseo generalizado
Sería maravilloso	**que** Javier **encontrara** trabajo.	Imperfecto de subjuntivo >
Sería fantástico		Deseo específico para una persona
...		

5 Revisión del futuro: expresión de intención

Como se ha visto ya en el Capítulo 3, el español tiene varias maneras de expresar el futuro que incluye conjugación en futuro (la menos usada en el habla cotidiana), el uso de frases temporales que indican futuro y la perífrasis **ir + a**...

En esta sección nos interesa remarcar una de las funciones del futuro: la expresión de promesa y la declaración de intenciones.

Frase temporal + PRESENTE

Esta noche vemos una película, te lo prometo.

Mañana salimos a Guadalajara, no nos queda otra opción.

Pensar (en presente) + INFINITIVO

Pienso viajar a París para mi cumpleaños.

Ir + a + INFINITIVO

Voy a visitar las organizaciones la próxima semana. Necesito ver cómo funcionan.

OTRA FUNCION DEL FUTURO: LA SUPOSICIÓN

El uso del futuro implica una suposición y no una acción en el tiempo venidero, ni una promesa o intención.

Serán las 9 de la noche, digo yo.

Estarán en casa. Suelen llegar a las 7 de la tarde.

Sírvete un vaso de agua, tendrás sed.

6 Subordinadas adverbiales de finalidad

En los Capítulos 3 y 6 se han presentado ya estructuras de finalidad y propósito, así como también el uso de **para**. En este capítulo reciclamos esta estructura y buscamos que sea usada en párrafos más complejos. Primero recordamos la estructura, luego los ejemplos.

Para / a fin de / con el fin de
El segundo sujeto es el mismo, entonces se usa el INFINITIVO.

Buscamos financiamiento de ONGs **para establecer** un centro de recolección de productos reciclables **con el fin de promover** esta actividad en las zonas menos favorecidas.

Ya que salió de prisa **a fin de entregar** su solicitud de trabajo en el plazo indicado, no se dio tiempo **para revisar** la carta de presentación.

Para que / a fin de que / con el fin de que
El segundo sujeto **no** es el mismo o **no** está claro por contexto, entonces se usa el SUBJUNTIVO.

El alcalde de esta ciudad propone un referéndum abierto **para que** la gente **participe** y **se sienta** libre de expresar su opinión.

Los ciudadanos se han organizado bien **con el fin de que** no **haya** más abusos por parte de las autoridades.

Recuerda que **a fin de que** es más formal que **para que**.

7 Construcciones subordinadas sustantivas para expresar opinión

Como continuación de lo presentado y ejemplificado en el Capítulo 5, aquí se observan las subordinadas sustantivas para expresar opinión: **es cierto que** + *indicativo*; **pero también es verdad que…** ; **no es cierto que** + *subjuntivo*; **es verdad pero lo que no está claro es / no se puede decir…**

Para expresar opinión de una manera más compleja, usamos la estructura de subordinación sustantiva. Si el verbo principal es un verbo de pensamiento o de palabra y está en forma negativa, el verbo de la oración subordinada va en subjuntivo.

No creo   que el jefe **vuelva** ya hoy a la oficina.

No pensamos   que este **sea** el camino para solucionar los problemas.

No digo   que no **debamos** apoyar a este grupo, pero creo que no es el mejor momento.

Un recurso con el que podemos formular opiniones o valoraciones, expresar dudas o convicciones, dar explicaciones es la estructura:

Que + verbo en subjuntivo nos permite referirnos a cualquier acción sin afirmar si esta sucede o no.

Que los niños hoy en día no **lean**…   (no afirmamos si leen o no)

Que haya muchas personas solas…   (no afirmamos si hay o no)

Que la gente **sepa** idiomas…   (no afirmamos si saben o no)

LA INTELIGENCIA
emocional

Normalmente se habla de la mente, pero en realidad todos tenemos dos formas básicas de conocimiento que, unidas, componen nuestra vida mental: una mente que piensa, racional y reflexiva, y otra que siente, emocional e impulsiva. Puesto que las emociones son esenciales para el pensamiento y viceversa, generalmente las dos mentes actúan en colaboración, combinando sus distintas formas de conocimiento.

Hasta los años 80, la mayor parte de las investigaciones realizadas sobre la inteligencia se centraba en la mente racional. Hoy en día, sin embargo, la inteligencia emocional es también objeto de numerosos estudios. Ya nadie duda de que las personas que controlan adecuadamente sus emociones, que saben interpretar los sentimientos de los demás y relacionarse eficazmente con éstos, disfrutan más de la vida y suelen sentirse más satisfechas.

Las cinco competencias principales de la inteligencia emocional son:

1. EL AUTOCONOCIMIENTO
Capacidad de reconocer las propias emociones
Conocerse a sí mismo, es decir, ser capaz de reconocer una emoción en el mismo instante en que aparece, es el rasgo esencial de la inteligencia emocional. Las personas que son conscientes de sus emociones suelen dirigir mejor su vida y tomar decisiones con más seguridad.

2. LA SERENIDAD
Capacidad de controlar las emociones
La vida está llena de altibajos, pero todos debemos aprender a mantener el equilibrio; a tranquilizarnos a nosotros mismos; y a controlar la ansiedad, el miedo, la tristeza y las manifestaciones exageradas de irritabilidad. Las personas que lo consiguen se recuperan mucho más rápidamente de las adversidades y de los contratiempos de la vida.

3. LA MOTIVACIÓN
Capacidad de motivarse uno mismo
Hay que ser capaz de motivarse uno mismo, de llegar a entusiasmarse por las cosas, aunque sean pequeños detalles de la vida cotidiana, y afrontar la vida con confianza y perseverancia. Es importante vivir con una cierta dosis de optimismo.

4. LA EMPATÍA
Capacidad de reconocer las emociones ajenas
La empatía es fundamental en las relaciones personales porque nos permite ponernos en el lugar de los demás, saber lo que sienten e incluso llegar a sentir lo mismo que ellos. A las personas empáticas no les cuesta mucho esfuerzo escuchar a los demás; son comprensivas y suelen conectar muy bien con quienes les rodean.

5. LA SINTONÍA
Capacidad para relacionarse
Hay personas que son capaces de calmar la inquietud de los demás y, en situaciones de tensión, dirigir las emociones por vías más positivas. Suelen ser buenos mediadores en conflictos, tienen facilidad para colaborar con los demás y saben crear una buena dinámica en el trabajo en equipo.

La inteligencia emocional es, en la actualidad, una de las facultades más valoradas en el campo profesional. Las personas que la poseen consiguen coordinar eficazmente sus esfuerzos en el trabajo en equipo; son las mejores en lograr el consenso, son capaces de ver las cosas desde la perspectiva de los demás, son persuasivas y promueven la cooperación, al tiempo que evitan los conflictos. Además, toman iniciativas y disponen del autocontrol necesario para organizar su tiempo y su trabajo. En conclusión, la inteligencia emocional influye profundamente sobre todas nuestras otras facultades.

Información basada en el libro de DANIEL GOLEMAN, *Inteligencia Emocional*

TAREA

Organizar y participar en un programa de entrevistas.

MESA REDONDA

¿Qué efectos produce la publicidad en los jóvenes?

ACERCAMIENTOS Active el léxico necesario para llevar a cabo las actividades de esta sección y así, desarrollar con éxito la tarea. Para ello, los estudiantes revisarán con anterioridad las listas al final del capítulo y el glosario para comprender el significado de las palabras.

09-01 to
09-02

9-1 Otro tipo de inteligencia

Según el texto, la inteligencia emocional se basa en cinco capacidades fundamentales. ¿A cuál de ellas se refiere cada una de estas situaciones?

a. Paco el otro día se enfadó muchísimo, se puso a gritar y se fue de la sala dando un portazo. *la serenidad*

b. Aurora se ha pasado todo el fin de semana con unos amigos que estaban enfadados y no se hablaban. Al final, ha conseguido que cada uno hablara de sus sentimientos y todo se ha solucionado. *la sintonía*

c. Diego estaba fatal el otro día, nos quedamos hablando en su casa hasta las tres de la mañana y me contó todo lo que le pasaba. *la empatía*

d. Carolina está pasando una mala época, pero lo peor es que ni ella misma sabe qué le pasa. *el autoconocimiento*

e. Javier quiere aprender a tocar el violín, y también ha empezado una nueva colección de minerales. Además, parece empeñado en cambiar la decoración de toda la casa, y le hace una ilusión tremenda ir a México en verano. *la motivación*

9-2 Relaciones

De las siguientes cualidades, ¿cuáles crees que tienen relación con la inteligencia emocional? Relaciónalas con las capacidades a las que se refiere el texto.

	AUTOCONOCIMIENTO	SERENIDAD	MOTIVACIÓN	EMPATÍA	SINTONÍA
la curiosidad					
la sinceridad					
la ternura					
la sensibilidad					
la constancia					
el sentido del humor					
la generosidad					
la intuición					
la valentía					

 Compara tus puntos de vista con los de un compañero y comenten posibles semejanzas o diferencias.

EJEMPLO

E1: Yo creo que la curiosidad no tiene relación con la inteligencia emocional.
E2: Pues, para mí, una persona curiosa tendrá más capacidad para motivarse.

9-3 Gráfico

Durante una entrevista telefónica, una persona ha reflejado en un gráfico las capacidades de la inteligencia emocional que le gustaría tener y en qué proporción. ¿Qué te parecen?

 Dibuja la tuya en el segundo diagrama. Coméntalo con tu compañero y razona el porqué de tu decisión.

nuevas situaciones para decidir, entre toda la clase, qué tipo de capacidad emocional se aplica mejor a cada una de esas situaciones.

Sugerencias para la actividad 9-2
El instructor debe señalar el cuadro e indicar a sus estudiantes que en la columna de la izquierda aparecen una serie de cualidades que pueden tener relación o no con las cinco competencias principales de la inteligencia emocional. A continuación, se pide que los estudiantes marquen en el cuadro con una X las relaciones que consideren oportunas.

El instructor debe motivar a los estudiantes a que discutan y que argumenten sus puntos de vista; primero, con un compañero y después con el resto de la clase.

Sugerencias para la actividad 9-3
El instructor comenta primero con toda la clase en distribución plenaria el gráfico proporcional de las capacidades de la inteligencia emocional que le gustaría tener a una persona anónima entrevistada por teléfono.

A continuación, el profesor pide a los estudiantes que dibujen su propio gráfico con la proporción de las cualidades de la inteligencia emocional que les gustaría tener. O si lo encuentra oportuno, pueden rellenarlo con aquellas que creen tener. O incluso preparar dos gráficos en que se combinen las opciones anteriores.

Por último, se propondrá que los estudiantes comenten su gráfico con el compañero o con el resto de la clase.

Sugerencias / expansión para la actividad 9-3
Como alternativa a la propuesta anterior y a partir de la situación que se presenta en las instrucciones para la actividad, los estudiantes podrían llevar a cabo entrevistas en parejas o pequeños grupos para recabar información de sus compañeros. Tras recoger la información, cada estudiante daría una breve presentación de los datos aportados por su(s) compañero(s) sobre sus capacidades emocionales.

Si lo cree oportuno, y si dispone de los medios técnicos adecuados, el instructor puede extraer un test de inteligencia emocional de Internet para que sus estudiantes lo realicen después de esta actividad.

VOCABULARIO EN CONTEXTO

09-03 to
09-08

9-4 ¿Qué dicen tus emociones?

¿A qué situaciones asocias las siguientes emociones? Completa las tablas.

el aburrimiento / el tedio	
la alegría / la felicidad	*un día de sol en el campo o en la playa*
el asco / la repugnancia	
el miedo / el temor	
la ira / la cólera	

la serenidad / la calma	
la tristeza / la pena	
el asombro / la sorpresa	
el enojo / el enfado	
la impotencia / la frustración	
la indiferencia / la apatía	

¿Qué emociones te provocan las siguientes situaciones?

una ducha de agua caliente
tragar agua salada
el aire en la cara durante un
   viaje
las arañas

recibir un regalo inesperado
observar el océano
escuchar un piropo
practicar deportes de riesgo
una visita al dentista

tomar una siesta un día
   de verano
la oscuridad
no poder cumplir tus
   objetivos

 Ahora, escribe un texto breve para cuatro de las emociones. Compártelo con tus compañeros y busca en la clase a la persona con la que tienes mayor afinidad emocional.

EJEMPLO:

E1: A mí, me ponen muy triste los hospitales, cuando tenía cinco años me operaron y tuve que pasar dos meses en una habitación…

E2: Pues a mí siempre me ha dado miedo la oscuridad, me hace sentir inseguro.

9-5 Expresiones con emoción

Escucha las siguientes expresiones y clasifícalas según la emoción a la que crees que van asociadas.

- ¡Qué pena! / ¡Qué lástima! / Me parte el alma.
- ¡Qué horror!
- ¡Es repugnante! / ¡Qué asco!
- ¡Qué barbaridad!
- ¡Déjame en paz! / ¡No (me) molestes!
- Pero, ¡qué me dices! / ¿En serio? / ¡No me digas!
- De ninguna manera. / Por nada en el mundo.
- Me da igual. / Me importa un bledo. / Me importa un comino.

- ¡Esto es el colmo! / Lo que me faltaba por oír.
- ¡Qué cara! / ¡Qué fresco!
- Me pone los pelos de punta. / Me produce escalofríos. / Me pone la carne de gallina.
- ¡Basta ya!
- ¡Qué bueno! / ¡Fenomenal! / ¡Fantástico!
- ¡Qué tontería! / ¡Qué disparate!

TRISTEZA	INDIFERENCIA	DESPRECIO/ASCO	SORPRESA	ENFADO	ALEGRÍA
¡Qué pena!	Me da igual	¡Es repugnante!	Pero, ¡qué me dices!	¡Que horror!	¡Qué bueno!
¡Qué lástima!	Me importa un bledo	¡Qué asco!	¿En serio?	¡Déjame en paz!	¡Fenomenal!
Me parte el alma	Me importa un comino	Me pone los pelos de punta	¡No me digas!	¡No (me) molestes!	¡Fantástico!
		Me produce escalofríos	¡Qué barbaridad!	¡De ninguna manera!	
		Me pone la carne de gallina	¡Qué horror!	¡Por nada en el mundo!	
		¡Qué horror!		¡Esto es el colmo!...	

Información para la actividad 9-4
Al igual que el resto de secciones que conducen a la tarea, esta sección de vocabulario tiene un objetivo claro: ofrecer diversos elementos lingüísticos que el estudiante pueda utilizar en el momento de llevar a cabo la tarea.

En la presente actividad se le pide al estudiante que relacione la lista de emociones con situaciones en las que ocurren.

Si el profesor lo considera necesario, podría añadir otras emociones a la lista: *angustia, ansiedad, melancolía, vergüenza, confusión, placer, desesperación, rechazo, satisfacción, euforia,* etc.

La segunda parte de la actividad propone la situación inversa. En este caso se les ofrece una breve situación o contexto y los estudiantes mencionan la primera emoción que les provoca.

La actividad finaliza con la práctica escrita, encaminada al uso de las estructuras lingüísticas ya vistas en el Capítulo 5 de este libro (*Gente con corazón*). Aquí se pretende hacer una revisión de las mismas, pero sin profundizar, ya que no constituyen el objetivo gramatical de la lección.

Información para la actividad 9-5
Al principio de esta actividad, el instructor debería indicar a la clase que, para encontrar respuesta a todas las opciones, los estudiantes deberán prestar atención no sólo al contenido de las expresiones, sino también a la manera en que los hablantes de la grabación las enuncian.

Sugerencias / expansión para la actividad 9-5
El profesor puede apuntar en el encerado o preparar una transparencia con otros titulares que respondan al uso de estas expresiones. Asimismo, podría pedir a los estudiantes que ellos mismos preparasen, individualmente o en grupos pequeños, otros titulares imaginarios o basados en noticias reales para provocar reacciones de sus compañeros y con ello nuevas muestras de las expresiones con emoción.

Observa los siguientes titulares. ¿Qué expresiones usarías para reaccionar a ellos?

"Según el Instituto de Investigación Social (ISR) de la Universidad de Michigan, los países más felices del mundo están en Latinoamérica".

"Según algunos científicos británicos, el cambio climático es la mayor amenaza a la salud que enfrenta el mundo".

"Con la llegada del verano y las vacaciones, se multiplican los abandonos de mascotas".

"Los hombres compran en Internet casi tantos artículos de cosmética y ropa como las mujeres".

"La moda verde o también llamada moda ética está ganando terreno entre los consumidores. Las grandes multinacionales del textil apuestan cada vez más por la creación de ropa a partir de materiales orgánicos".

9-6 Olores, sonidos y texturas

¿A dónde te transportan los siguientes olores, sonidos y texturas? ¿Qué emociones te provocan?

OLORES	SONIDOS	TEXTURAS
la tierra mojada	las uñas arañando la pizarra	la piel del durazno
el abono	el tren chirriando sobre los raíles	el barro
el cloro	un micrófono acoplándose	el algodón
el interior de un carro nuevo	el contacto del tenedor con los dientes o con el plato	el terciopelo
el tabaco de pipa	un violín bien tocado	la seda
el café recién hecho	la bocina de los carros	el merengue
la ropa limpia	el llanto de un bebé	la gelatina

 ¿Puedes pensar en otros? Añádelos y pregúntale después a tu compañero qué emociones le provocan. ¿Coinciden en alguna?

9-7 ¡Qué cara tienes!

Observa las siguientes expresiones. Después, escucha las opiniones de María sobre algunos de sus vecinos y elige la expresión que, según ella, mejor describe a cada uno.

SER	ESTAR	TENER
un sol/ un cielo	como una cabra	mucha cara
un fresco	ciego	un corazón de oro
un bicho raro	de buen ver	muchos humos
más listo que el hambre	en la luna	cara de pocos amigos
un sinvergüenza	como pez en el agua	una lengua muy larga

La vecina del cuarto	es un bicho raro
Julio y María	*Julio y María son unos frescos, unos sinvergüenzas.*
Carmen	*Carmen tiene un corazón de oro.*
Pedro	*Pedro está en la luna.*
Los Sres. Martínez	*Los Sres. Martínez tienen la lengua muy larga.*

¿Y tú, qué expresión elegirías para describirte?

9-8 Asociaciones

 Tu profesor te va a decir una lista de palabras. Reacciona a cada una de ellas anotando la primera palabra con la que la asocies. Compara tus respuestas con las de un compañero.

EJEMPLO:

E1: Yo, "miedo" lo asocio con montarme en la montaña rusa. Me da auténtico pánico.
E2: Yo, sin embargo lo asocio a las arañas. Les tengo terror.

Información para la actividad 9-6
El contexto de esta actividad pretende promover el uso del vocabulario de las emociones, así como la puesta en práctica de algunas de las expresiones vistas en la actividad anterior, pero en un contexto distinto.

Información para la actividad 9-7
Esta actividad busca seguir con la práctica de expresiones que provocan las emociones. En esta ocasión las expresiones van dirigidas a la descripción de alguien y las reacciones que esa persona provoca en la gente.

Sugerencias / expansión para la actividad 9-7
Antes de llevar a cabo la actividad, el profesor debe hacer una presentación de las frases ya sea de forma deductiva o inductiva. Deductivamente el instructor tendría que explicar cada frase. Inductivamente, por el contrario, el instructor debería dejar que los estudiantes se acerquen a los significados de las mismas. Puede consultar el manual del instructor en línea si no conoce el significado de alguna de las expresiones.

Como posible alternativa o expansión a la parte final de la actividad, en que se le pide al estudiante que emplee alguna de las expresiones para definirse a sí mismo, el instructor podría traer algunas imágenes de personajes famosos para motivar, en un formato plenario, el uso de las expresiones entre los estudiantes.

Información para la actividad 9-8
La asociación de emociones a través del vocabulario de la lección es el propósito de esta actividad. Asimismo, la puesta en común puede dar pie a la práctica de estructuras anteriormente presentadas, como por ejemplo los verbos pronominales.

El profesor debe seleccionar algunas de las palabras que han aparecido en la lección o que considere adecuadas para la asociación rápida de ideas. Algunas sugerencias son: *amor, miedo, conflicto, amistad, tarea*, etc.

Una vez seleccionadas las va diciendo a la clase y los estudiantes deben reaccionar escribiendo la primera palabra que asocian a la dicha por el profesor. Al final, se puede hacer una ronda general para ver cuáles fueron algunas de las respuestas o las respuestas más comunes.

Información para la actividad 9-9
Esta actividad plantea que los estudiantes puedan empezar a hablar de sus habilidades y de las habilidades de otras personas. Se intenta que el estudiante hable de lo que puede y de lo que no puede hacer; es decir, que sea capaz de ser crítico con sus propias destrezas.

Información para la actividad 9-10
La actividad en sí tiene como objetivo poner a los estudiantes en situaciones hipotéticas y que puedan exteriorizar en español su reacción a estas situaciones. La actividad permite a los estudiantes usar el condicional simple y el imperfecto del subjuntivo.

Aunque en principio se propone como una actividad oral, también se podría plantear en dos fases: (a) de "preparación" en la que cada estudiante toma notas de manera individual sobre sus reacciones a las situaciones, y (b) de "discusión" en la que los estudiantes comparten sus reacciones en parejas o pequeños grupos. Esta opción en dos fases podría resultar útil con grupos que muestran menor seguridad respecto a la conjugación de los tiempos verbales compuestos que se presentan en esta lección.

Sugerencias y expansión para la actividad 9-10
Al finalizar el ejercicio, el instructor puede pedirles a los estudiantes que inventen nuevas situaciones hipotéticas que involucren a su compañero.

Información para la actividad 9-11
Esta actividad propone que el estudiante ponga en práctica varias de las estructuras gramaticales y funcionales objetivo del capítulo. Por un lado, se trabaja con la morfología y el uso del pluscuamperfecto de subjuntivo y varias perífrasis verbales con tiempos compuestos (tendría[s] que, debería[s], habría sido

---

 GRAMÁTICA EN CONTEXTO

09-09 to 09-22

 9-9 ¿Qué tal eres para...?

Lee la siguiente lista de actividades y piensa en tus habilidades para hacerlas. Después habla con tus compañeros de clase y descubre cuáles de las actividades se les dan bien y cuáles no tanto.

Conquistar chicos o chicas	Reconocer tus propios errores
Los exámenes escritos	Controlar tus emociones
Las citas a ciegas	Hacer y completar tus tareas
Bailar salsa	de español
Pintar	Relacionarte con gente mayor
Adaptarte a una cultura diferente	…

EJEMPLO:

E1: Yo soy un poco torpe para las citas a ciegas, pero sin embargo soy un genio para las matemáticas.

E2: Yo en cambio soy un desastre con las matemáticas, pero soy bueno para aprender español.

Ahora, comenta las habilidades de tus compañeros.

9-10 ¿Qué harías si...?

Lupe y Gabriel últimamente se han encontrado en situaciones especiales. Plantea estas situaciones a un compañero para saber cómo reaccionaría él. ¿Coinciden en alguna de las reacciones? Y tú, ¿te has encontrado alguna vez en una situación incómoda o extraña? Cuéntaselo a tu compañero.

Lupe

– Al abrir su bandeja de correo electrónico se encontró con un mensaje romántico de un compañero de clase de química. Casi ni lo conoce.

– Su novio ha conseguido un trabajo a 5.000 km. de distancia y quiere que Lupe vaya con él.

– Fue a una fiesta a casa de un amigo y se encontró a su ex novio bailando acarameladamente con su compañera de cuarto.

– Una amiga le ha pedido opinión sobre su nuevo corte de pelo (que es horrible).

– El jefe le ha comunicado que le va a bajar el sueldo porque lleva una temporada trabajando muy mal.

Gabriel

– Su novia ha aceptado una invitación a una cena con unos amigos mayores que le caen fatal.

– Compró un bocadillo en el café de su facultad y encontró una cucaracha muerta antes de terminarlo.

– Pedro, su mejor amigo, no apareció el jueves en el concierto. Gabriel ya había comprado las entradas.

– Su jefa le pidió información sobre la vida privada de un compañero.

– Su compañero de casa ha usado el ordenador y le ha borrado todos sus archivos.

HABLAR DE HABILIDADES

HABILIDADES PROPIAS.

Las paellas **se me dan muy bien**.

El pastel de queso **me sale bastante bueno**.

Dicen que dibujo bien.

Los postres **me quedan buenísimos**.

Soy un experto en jardines.

Juego al tenis, y **no lo hago mal del todo**.

En matemáticas **soy un genio**.

Soy muy bueno para los chistes.

Soy lo máximo en ciencias naturales.

Soy un desastre / negado para la música.

La música **se me da fatal**.

Soy **un poco torpe para** hablar con la gente.

No soy bueno para la cocina.

Nada de lo que es cocina **me sale bien**.

Soy un cero a la izquierda para planchar la ropa.

Soy malísima para las tareas de oficina.

HABILIDADES AJENAS.

Ana **es un genio para** la informática.

   es muy buena en matemáticas.

   tiene facilidad para la mecánica.

A Pedro, los ordenadores **no se le dan muy bien**.

A Juan **le quedan muy mal** los pasteles.

A Mónica **le salen terribles** los dulces.

PLUSCUAMPERFECTO DE SUBJUNTIVO

hubiera		
hubieras		hablado
hubiera	+	conocido
hubiéramos		ido
hubierais		hecho
hubieran		

CONDICIONAL COMPUESTO

habría		
habrías		aconsejado
habría	+	parecido
habríamos		sido
habríais		visto
habrían		

SITUACIONES HIPOTÉTICAS

En el presente o el futuro:
Imagínate que vas en un tren y un desconocido **te cuenta** su vida íntima, **¿qué haces?**

¿Qué harías si un desconocido en un tren **te contara** su vida íntima?

En el pasado:
— ¿Qué { **habrías** / **hubieras** } **hecho** si no te **hubiera llamado**?
— Le **habría llamado** yo.
— Si **hubiera hablado** con él, seguramente no se **habría / hubiera ido**.

— ¿Qué **harías** si te **hubieran invitado**?
— No **iría**.
— ¿Es que no me vio?
— Si la **hubiera visto, habría frenado**.

JUICIOS SOBRE COMPORTAMIENTOS PASADOS

Tendría que haber hablado con él.

Deberías habérselo dado/dicho/…

Podrían haber ido antes.

No deberíamos haberlo hecho tan tarde.

Lo mejor habría sido hablar con él.

PETICIONES, CONSEJOS

Si un amigo te **pidiera que fueras** a las cuatro de la madrugada a su casa porque está triste, **¿qué harías?**

Le **diría** que sí / no.

Si mi mejor amigo me **hubiera pedido** consejo antes de dejar a su novia,…

… le **habría/hubiera aconsejado**…

… **que** se **fueran** de vacaciones juntos.

E1: ¿Y tú qué harías si te encontraras a un ex novio en una fiesta bailando acarameladamente con tu compañera de cuarto?
E2: No sé, depende de la relación que tuviera con cada uno de ellos…

 ### 9-11 Una decisión difícil

Escucha este caso que le ocurrió a Rosa, una compañera de estudios. ¿Cómo valoras la situación? ¿Quién crees que actuó bien? ¿Cómo crees que deberían haber actuado los diferentes protagonistas de este incidente?

EJEMPLO:

E1: Yo creo que Roxana actuó mal. Debería haber roto con Rubén antes de empezar a salir con otros chicos.
E2: Yo no. Pienso que quien estuvo fatal fue Rosa. Ella tendría que haberse quedado callada.

Y si tú fueras Rosa, ¿qué le habrías dicho a Rubén?

Le habría recomendado que…

Le habría sugerido que…

Le habría propuesto que…

 ### 9-12 El sexo opuesto

En parejas discutan y conversen sobre la posibilidad hipotética de haber sido del sexo opuesto. Respondan a las siguientes preguntas: ¿Cómo se habrían llamado? ¿Cómo se habrían vestido durante la adolescencia? ¿Qué habrían hecho en su tiempo libre? ¿Habrían tenido los mismos amigos? ¿Cómo habría sido su infancia?

EJEMPLO:

E1: Um… si hubiera sido un chico me habría gustado llamarme Mario.
E2: Yo, si hubiera sido chica, creo que me habría encantado el color lila y habría llevado el pelo muy largo.

Ahora, reflexiona sobre estas preguntas y escribe un párrafo de comentario:

¿Te habría gustado ser del sexo opuesto? ¿Te da miedo la idea? ¿Te pone nervioso/a la idea de vivir como una mujer / un hombre? ¿Por qué sí o por qué no?

---

mejor, podría[s] + infinitivo).
Por el otro, expresar los juicios sobre comportamientos pasados: *"debería haber terminado con su novio"* así como las recomendaciones: *"le diría a María que no hable con su novio"*.

Sugerencias / expansión para la actividad 9-11
Se recomienda que el instructor pase el audio primero para resolver preguntas de comprensión, sobre todo teniendo en cuenta que el principal objetivo de la actividad está más relacionado con la interpretación de los hechos que con su reconstrucción. Los estudiantes deben tomar notas de lo que van escuchando. El instructor se debe asegurar de que los estudiantes comprenden la situación.

Una manera de expandir esta actividad es solicitándoles a los estudiantes situaciones cuestionables que hubieran ocurrido en su medio inmediato. Es mejor aún si se forman "bandos" de opinión para promover la conversación. Otra posibilidad sería que el instructor –o los estudiantes– presentasen a la clase materiales procedentes de revistas o periódicos con situaciones "reales".

Información para la actividad 9-12
El objetivo de esta actividad es poner en práctica el imperfecto de subjuntivo tal como se usa en situaciones hipotéticas en el pasado. Como en actividades anteriores, el instructor podría organizar la actividad en dos fases, la primera para que los estudiantes tomasen algunas notas por escrito sobre sus respuestas, y la segunda para compartir esas notas por vía oral en parejas o pequeños grupos.

Sugerencias / expansión para la actividad 9-12
Se puede iniciar esta actividad planteando situaciones hipotéticas en el presente: si fueras un animal, ¿cuál crees que serías y por qué?

Si en vez de estudiar trabajaras, ¿dónde estarías colocado?

Una expansión posible es hacer la misma actividad pero haciendo referencia a una tercera persona que sea conocida por los estudiantes: Si Hannah Montana hubiera sido chico, se habría llamado Rocky Kentucky.

Las estrategias orales se articulan en gran medida a partir de las estructuras objetivo del capítulo, con el enfoque puesto en el valor funcional de las frases en contextos específicos. De este modo, se le ofrece al estudiante una batería de expresiones funcionales que les permitirá comunicarse en momentos emotivos: pedir perdón, reprochar y hacer juicios de comportamiento.

La sección de *Reprochar* presenta algunas estructuras, pero de todos modos el instructor debe ser capaz de explicarles a los estudiantes que hay otras expresiones de reproche que suelen ir de lo más coloquial a lo más formal. P.ej.:

¡Qué malo/a!

¿Cómo (me) hiciste esto?

A la misma vez, cabe recordarles tanto al instructor como a los estudiantes, que en este capítulo se desea explotar los usos funcionales de las estructuras vistas, y por lo tanto se va a pedir la producción de dichas formas.

En la sección de *Pedir y ofrecer disculpas* la batería de frases presentada apunta más bien al uso de diferentes estructuras en frases hechas que los estudiantes deben aprender como tal.

En la sección *Para expresar juicios morales* la presentación de las frases y estructuras se debe hacer más bien como frases léxicas que pueden cambiar según la conjugación (si involucra verbo) o según el número (si solo es una frase nominal). P.ej., *actuar de mala fe / actuaron o actuó* según el contexto.

Sugerencias para la introducción de las estrategias orales

Si bien se recomienda que el estudiante lea las estrategias en clase, es importante que el instructor revise las funciones y las estructuras usadas. Debe hacer hincapié en la variedad de estructuras posibles y su efecto funcional. P.ej. en:

Tenías que haberte callado

Te hubieras callado

Tendrías que haberte callado

El valor funcional de cada frase es básicamente el mismo, pero la selección de forma verbal tiene un efecto en la asertividad que proyecta o el nivel de familiaridad que denota entre los hablantes.

 INTERACCIONES

09-23

ESTRATEGIAS PARA LA COMUNICACIÓN ORAL

En estas estrategias pondremos en práctica las funciones que nos permiten reprocharle a alguien algo, pedir y ofrecer disculpas, y expresar juicios morales. Estas estrategias orales intentan tener continuidad con las presentadas en el Capítulo 7 que sirven para deshacer malentendidos o prevenirlos.

Reprochar

Un reproche es una crítica o una reprimenda para cuando se considera que se ha cometido algún tipo de error o imprudencia. Se usa mucho para dirigirse a una segunda persona o para hablar de terceros. Algunas estructuras que nos ayudan a *expresar reproches* son:

(No) tenías que haberle ayudado	**Creo que hiciste mal ayudándole**
(No) deberías haberle dicho nada	**Me parece que (no) actuaste bien / mal**

EJEMPLO:

E1: No entiendo porque los padres de mi novio no me tratan bien. Cuando los veo siempre están distantes. Me pone nerviosa ir **a** verlos.

E2: Lo que pasa es que ellos no te conocen muy bien. Y cuando fuiste por primera vez a su casa **no tendrías que haber sido** tan indiscreta haciéndoles preguntas personales.

E1: Es posible que tengas razón, sin embargo, ellos no **tendrían que sentir**se ofen**didos** ya que me hicieron preguntas muy personales, también.

Pedir y aceptar disculpas

Cuando cometemos un error y nos damos cuenta, por lo general, procuramos que la otra persona lo sepa e intentamos pedir disculpas. Queremos que esa persona sepa que lo que hicimos no tuvo mala intención. Para lograr este acto comunicativo tenemos diferentes estructuras, de las más formales a las más coloquiales; de las más distantes a las más familiares. Algunas de estas estructuras son:

Para pedir disculpas

¿Me **perdonas**? Lo hice **sin querer / sin ninguna mala intención**

Discúlpame, no me di cuenta de que te hacía daño.

Oye, **perdóname**, **me sabe mal** haberte hecho esperar.

Mira, de verdad, **lo siento**.

Siento que te he fallado, en serio que lo siento.

Para aceptar disculpas

Bueno, **déjalo ya**. Sé que no tuviste mala intención.

Tranquilo/a. No pasa nada.

No te preocupes. No fue nada serio.

Está bien, **que no vuelva a ocurrir**.

EJEMPLO:

E1: No sabes cuánto me ha molestado que hablaras con el profesor de mi problema. Creo que actuaste muy mal contándole lo que me ocurría.

E2: Mira, de verdad, **lo siento**. No pensé que te iba a molestar tanto.

E1: **No te preocupes**. No fue nada serio.

Expresar juicios morales

Muchas veces nos encontramos en una situación tal que necesitamos expresar una valoración del comportamiento de una tercera persona. La valoración puede ser positiva o negativa. Algunas de estas estructuras son:

Para expresar juicios morales negativamente:

Actuó de **mala fe** / con **mala intención.**

Lo hizo **a propósito.**

Tenía **malas intenciones** desde un principio.

Para expresar juicios morales positivamente:

Actuaron de **buena fe.**

Tenían **las mejores intenciones**.

Con eso **no hacían daño** a nadie.

Mentir **no es un delito** grave.

Bien hecho. Era necesario que actuara así.

EJEMPLO:

E1: A mí me parece imperdonable que tus amigos entraran en tu casa usando la llave de emergencia y que sólo te enteraras por unos vecinos. ¿Qué tenían que hacer en tu casa tus amigos mientras tú estabas en la playa? Pienso que deben **haber tenido malas intenciones,** ya que no te dijeron nada.

E2: Mira, ellos me dicen que necesitaban un libro de cocina que yo tengo porque tenían un invitado a cenar y necesitaban una receta. **No creo que tuvieran malas intenciones.** No avisarme que venían a casa **no es un delito grave.** Sí, me molesta, pero creo que no es grave. Ya me han pedido miles de perdones.

9-13 Situaciones difíciles

 Escucha los siguientes diálogos y relaciónalos con las situaciones que se presentan en los recuadros. Completa la tabla marcando con una equis (x) las expresiones que escuches y luego compara tus respuestas con las de tu compañero.

A Tu mejor amiga se fue de viaje por el fin de semana con su novio pero en su casa ella dice que se quedó a estudiar contigo.

B Abres una carpeta de tu padre y te das una sorpresa: tu madre le ha pedido el divorcio.

D Durante un examen una de tus compañeras te pide ayuda. Le escribes en un papel que te deje tranquilo. Ella te responde: "mal amigo". Precisamente cuando lees el papel, el profesor te ve y te anula el examen.

C Tú y tu rival de la escuela están en una fiesta y conocen a un chico encantador de origen griego. A las dos les gusta mucho y quieren conocerlo más.

	SITUACIÓN	REPROCHES	DISCULPAS	JUICIOS MORALES
Diálogo 1	A		X	X
Diálogo 2	D			X
Diálogo 3	B	X	X	X
Diálogo 4	C	X		X

9-14 Y tú, ¿qué dirías?

 En las mismas situaciones presentadas antes, ¿qué dirías tú? Convérsalo con tu compañero.

EJEMPLO:

E1: Yo creo que la chica **actuó mal.** Tendría que haber hablado con su amiga antes de decirle a su madre una mentira.

E2: Yo creo que la mamá **tenía malas intenciones** al llamar a casa de la amiga. Seguramente ella sospechaba que la hija le había mentido.

9-15 ¿Mala o buena fe o...?

Comenta con tu compañero cómo actuaron *las personas involucradas* en los siguientes acontecimientos.

- Una camarera reconoce a un hombre que no le dejó bastante propina la última vez que estuvo por el restaurante. Cuando se acerca a él, le deja caer un vaso de agua fría sobre las piernas.

- Un administrador se da cuenta que su compañera está falsificando los libros por problemas económicos y una crisis familiar. En vez de denunciarla, él habla con ella. Ella no cambia de actitud y él la denuncia al jefe.

- A Rodrigo le regalaron dos entradas extras para ir a la final del campeonato nacional de béisbol. No sabe a quién darle las entradas, ya que es nuevo en el trabajo y en la ciudad. Al final, decide dárselas a dos de sus tres compañeros de oficina. El tercer compañero descubre que fue excluido y lo confronta.

- Felipe Contreras es un conocido timador. Vende loterías falsas. Muchos incautos compran los números con la ilusión de ganar los 500 ó 1.000 dólares que anuncia el premio.

Información para la actividad 9-15
El objetivo de esta actividad es que los estudiantes reconozcan acciones y puedan expresar su punto de vista sobre los comportamientos de los diferentes actores involucrados. Se recomienda además que el instructor revise estructuras vistas con anterioridad tales como la expresión de opinión –usando tanto el indicativo como el subjuntivo (presente o pasado)– y las especulaciones –usando los condicionales de hipótesis.

TAREA

Organizar y participar en un programa de entrevistas por televisión.

¿Conoces programas de entrevistas? ¿Puedes mencionar alguno que te guste o interese? ¿Qué opinas del tipo de programas que utilizan las emociones de la gente para hacer sus *shows*?

PREPARACIÓN

En los programas de entrevistas ocurren situaciones inesperadas y hay que estar preparado para reaccionar adecuadamente.

¿Si fueras el/la presentador/a de un programa de entrevistas y te encontraras ante las siguientes situaciones, qué harías?

- uno/a de los invitados…
  - se echa a llorar desconsoladamente
  - se levanta y se va
  - te insulta
  - te dice que la única razón por la que está allí es porque está enamorado/a de ti
  - te recrimina algo de tu vida personal
  - empieza a pelearse con otro invitado/a

- alguien del público…
  - cuestiona lo que se le sugirió a uno/a de los invitados
  - hace una pregunta inapropiada

Paso 1 **Preparación del programa de entrevistas (*Talk show*)**

En grupos de 3 ó 4, los estudiantes crean un conflicto típico de los programas de entrevistas tipo *talk show* sobre relaciones personales. Puede ser un conflicto familiar, amoroso, de amistad, etc. Uno de los estudiantes será el/la presentador/a y el resto los invitados.

 Paso 2 **Realización del programa**

El presentador abre el programa, presenta a los invitados y les da la palabra. Cada invitado expone su situación y se abre la discusión, moderada por el presentador.

 Paso 3 **El público opina**

El presentador debe también abrir un turno de intervención y preguntas para el público. El público también participa activamente dando su opinión sobre los problemas o haciendo preguntas.

Paso 4 **Juzgando a los invitados**

El programa te pide que respondas las siguientes preguntas haciendo valoraciones o juicios morales sobre el comportamiento o las reacciones de los invitados.

> **¿Cómo crees que afrontaron las situaciones los invitados de hoy? ¿Qué crees que deberían o podrían haber hecho los invitados? ¿Qué habría sido mejor?**
>
> _____
> _____
> _____
> _____
> _____
> _____
> _____

las preguntas sobre situaciones hipotéticas que ocurren o podrían ocurrir en programas de este tipo. Ello ofrecerá la oportunidad de revisar las estructuras condicionales.

Paso 1
En este primer paso, el profesor debe animar a los estudiantes a que creen sus propias situaciones poniendo en práctica algunas de las estructuras vistas y trabajadas durante todo el capítulo. El profesor debe tener en cuenta que puede aplicar diferentes dinámicas con los estudiantes en este paso. Se recomienda una primera interacción en parejas, primero, de tal manera que los estudiantes puedan crear situaciones prestándole mucha atención a las estructuras gramaticales. Luego, estas parejas podrían compartir sus situaciones con otras, con quienes formarían el grupo final, cuya interacción tendrá que ser menos focalizada en las formas pero dando paso al logro del objetivo final de la tarea.

Pasos 2 y 3
Cada grupo presenta su sección del *talk show* haciendo hincapié en las emociones y animando a que el público intervenga de forma activa y espontánea.

Paso 4
El objetivo principal de este último paso es reciclar las estructuras que se presentaron en la sección de Estrategias para la comunicación oral.

Información para Gente que lee, Antes de leer y actividad 9-16
Retomamos en este capítulo dos estrategias vistas anteriormente: la lectura rápida y la lectura atenta. Asimismo, buscamos presentarle al estudiante la posibilidad de comparar diferentes textos entre los cuales uno es literario. Nos enfocamos en los usos de los tiempos como un mecanismo indicador de cómo se arma temporalmente la narración.

Los estudiantes van a enfrentar 3 textos diferentes. El primero es una sección de una biografía, si bien se pueden apreciar algunos usos de los tiempos pasados, no se intenta hacer una narración con los eventos. Más bien son descripciones de situaciones y sentimientos. En segundo lugar, se presenta un texto periodístico que claramente narra eventos para aclarar la historia principal, el arresto de un supuesto desaparecido. La tercera muestra es un texto literario narrativo. El instructor debería animar a los estudiantes a explicar qué elementos convierten este texto en literario en comparación con los otros dos textos. ¿Es el orden de palabras? ¿La elección de vocabulario o la presencia de figuras literarias?

Información y respuestas para la actividad 9-17
Para llevar a cabo esta sección, el instructor debería plantear un breve repaso de los usos de los tiempos del pasado. P.ej., podría indicar que los tres textos que se presentan acá presentan eventos en el pasado. ¿Qué los distingue? Como se decía anteriormente, el texto biográfico usa el pretérito sólo pocas veces para indicar eventos muy puntuales: "nació". El resto de los verbos están en imperfecto. El uso del imperfecto por un lado, marca la habitualidad de las acciones o de los eventos: *trabajaba, rentaba, criaban*… Por otro lado, el imperfecto también se usa para la descripción de condiciones o para ofrecer contexto de fondo de la historia: *sentía, había (perros), estaban (sueltos)*… Las formas del pretérito identifican como único un evento o una acción: *nació, llegó*…

El texto periodístico, con un lenguaje que pretende ser más bien objetivo, tiene mayor tendencia hacia el uso del pretérito,

 EXPLORACIONES

09-24 to 09-27

GENTE QUE LEE

Lectura rápida de vistazo (*skimming*) y lectura atenta para obtener información específica (*scanning*)

En esta oportunidad vamos a enfocarnos en el desarrollo de dos competencias asociadas a la lectura. La primera es la revisión del uso de destrezas de lectura tales como *skimming* y *scanning*. Además vamos a iniciar la apreciación literaria: identificar un texto literario entre varios, interpretarlo, etc. La segunda competencia es más bien una actitud a desarrollar por el estudiante para disfrutar la lectura en español.

ANTES DE LEER

9-16 Géneros textuales

 Lee los siguientes textos y clasifícalos según el género que crees que sean. Discute con tu compañero qué características definen cada uno de los textos. ¿Pueden identificar el texto literario?

> #### César Millán
>
> Nació en Culiacán, una de las ciudades más viejas de México a 643 millas del D.F. Los recuerdos preferidos de su infancia son las vacaciones en la granja de su abuelo en Ixpalino. El abuelo no era dueño de las tierras, las trabajaba como campesino. Rentaba la tierra. Criaban todo tipo de animales, básicamente para la subsistencia. La casa era pequeña, y vivían un poco apretados. Cuando tenía 14 ó 15 años recién les llegó el agua potable, pero él nunca sintió que eran pobres. En sus ojos, la granja era el paraíso. En la granja sentía que podía ser él mismo, se sentía completamente conectado con la naturaleza. En ese ambiente, había perros siempre dando vueltas. Usualmente vivían en grupos de cinco o siete animales. Estaban siempre sueltos, nunca en la casa. Eran libres. Todos eran chuscos, o la mezcla de varias razas. Los perros eran parte de la familia; pero no eran mascotas al estilo estadounidense. Estos perros trabajaban.

> Un hombre que había desaparecido el martes de su casa fue detenido ayer cuando la policía descubrió que fingió estar secuestrado para cobrar medio millón de pesos por su propio rescate, en el barrio porteño de Caballito.
>
> La División Defraudaciones y Estafas de la policía identificó al apresado como Arnaldo Fabián Savelski, de 36 años, quien fue sorprendido ayer a la tarde cuando fue a buscar el rescate que su esposa, que lo creía secuestrado, había dejado en el baño de un bar cercano a su casa.
>
> Todo comenzó el martes a las 7:30 cuando Savelsky salió de su casa situada en Avellaneda No. 100, de Caballito, rumbo al garaje para retirar su auto y llevar a sus hijos al colegio.
>
> Según dijeron los investigadores, el hombre jamás regresó, por lo que su esposa y sus dos hijos, ambos menores, comenzaron a preocuparse, más aún cuando descubrieron que el hombre tampoco había llegado a la fábrica de cuadros donde trabaja como encargado de *marketing*.

> Me contó una historia mientras nos llevaban. Aquel golpe en su rostro me dolía más a mí. Por fortuna no iba en el camión junto con todas las jóvenes. Ya no había espacio. Durante las marchas gritaba mucho. Organizaba las filas y resistió al gas lacrimógeno como ninguna. La seguí mientras se limpiaba la frente. Entonces se dio cuenta de que le tomé varias fotos y se me acercó un tanto molesta: "Hay otros en verdad valientes que deberías tomar". Le sonreí. Me correspondió. Esa noche hubo toque de queda. No dormimos. Nos contamos la vida en mi hotel. Le dije la verdad, que soy reportero gráfico independiente. Ella dijo ser colombiana, pero no le creí. Su acento era raro. Explicó que porque había vivido en cuatro países.
>
> Como ninguno de los dos nacimos en Honduras, recibíamos trato preferencial en los pocos restaurantes que seguían abiertos. La ciudad era cada vez más parecida a lo que fue Birmania donde logré colarme junto con unos amigos franceses. Salir de aquello fue una aventura que me dejó una larga cicatriz en la ceja. En contraste, el rostro de Laura era el de una reina de concurso. También sus medidas. Me costó entender que alguien así conociera a tantos maestros de la Universidad Pedagógica donde nos reuníamos y a casi todas las mujeres organizadas con cacerolas y banderas. Las feministas eran su tribu. Me miraban con recelo, pero me las gané trabajando. Hacía falta cada vez más ayuda. Yo les dije que con refresco de cola se quita el ardor en la cara por el gas. Me extrañó que no lo supieran.

9-17 ¡Qué tiempos!

 Subraya los tiempos verbales del pasado utilizados en los textos anteriores. Con tu compañero discutan los usos de estos tiempos y cómo contribuyen a darle el énfasis al significado de cada historia.

9-18 Ahora la narrativa

¿Cómo se distingue el texto literario de los otros en el uso de los tiempos verbales? ¿Qué otros elementos contribuyen al efecto de la narración?

AL LEER

9-19 De pesca

Al leer las fábulas de Monterroso identifica los términos que hacen referencia al Bien y al Mal y crea una lista. Estos pueden ser verbos, sustantivos o adjetivos.

9-20 Atentamente

 Lee con cuidado el texto sobre *El rayo que cayó dos veces en el mismo sitio*. Luego comenta con tu compañero el rol de los tiempos del pasado y de las frases temporales utilizadas en esa historia.

MONÓLOGO DEL MAL

Un día el Mal se encontró frente a frente con el Bien y estuvo a punto de tragárselo para acabar de una buena vez con aquella disputa ridícula; pero al verlo tan chico el Mal pensó: "Esto no puede ser más que una emboscada; pues si yo ahora me trago al Bien, que se ve tan débil, la gente va a pensar que hice mal, y yo me encogeré tanto de vergüenza que el Bien no desperdiciará la oportunidad y me tragará a mí, con la diferencia de que entonces la gente pensará que él sí hizo bien, pues es difícil sacarla de sus moldes mentales consistentes en que lo que hace el Mal está mal y lo que hace el Bien está bien".
Y así el Bien se salvó una vez más.

EL RAYO QUE CAYÓ DOS VECES EN EL MISMO SITIO

Hubo una vez un Rayo que cayó dos veces en el mismo sitio; pero encontró que ya la primera había hecho suficiente daño, que ya no era necesario, y se deprimió mucho.

MONÓLOGO DEL BIEN

Los cosas no son tan simples, –pensaba aquella tarde el Bien– como creen algunos niños y la mayoría de los adultos.
Todos saben que en ciertas ocasiones yo me oculto detrás del Mal, como cuando te enfermas y no puedes tomar un avión y el avión se cae y no se salva ni Dios; y que a veces, por el contrario, el Mal se esconde detrás de mi, como aquel día en que el hipócrita Abel se hizo matar por su hermano Caín para que éste quedara mal con todo el mundo y no pudiera reponerse jamás.
Las cosas no son tan simples.

LA BUENA CONCIENCIA

En el centro de la Selva existió hace mucho una extravagante familia de plantas carnívoras que, con el paso del tiempo, llegaron a adquirir conciencia de su extraña costumbre, principalmente por las constantes murmuraciones que el buen Céfiro les traía de todos los rumbos de la ciudad.
Sensibles a la crítica, poco a poco fueron cobrando repugnancia a la carne, hasta que llegó el momento en que no sólo la repudiaron en el sentido figurado, o sea el sexual, sino que por último se negaron a comerla, asqueadas a tal grado que su simple vista les producía náuseas.
Entonces decidieron volverse vegetarianas.
A partir de ese día se comen únicamente unas a otras y viven tranquilas, olvidadas de su infame pasado.

DESPUÉS DE LEER

9-21 Reacción

¿Cual de estas fábulas te gusta más? ¿Por qué? ¿Estás de acuerdo en que las cosas no son tan simples para establecer la frontera entre el Bien y el Mal?

---

logrando así que los eventos se presenten como culminados y por lo tanto, relevantes en la historia. Las formas del tiempo verbal imperfecto tienen la función contextualizar los hechos.

Información para la actividad 9-18
Se recomienda al instructor que haga una revisión de los usos de las formas del pasado para narrar historias. El imperfecto se va a utilizar cuando se quiera expresar el (trans)fondo de la historia: *hacía mucho frío*; cuando se hagan descripciones en el pasado: *era un hombre delgado*, o para expresar habitualidad: *siempre salía a correr por las mañanas*. El pretérito tiene la función de presentar un evento como único, enfocándose o bien en el inicio de la acción (o estado) o en el final de la misma: *caminó toda la noche, estuvo así hasta que murió*.

Información para la actividad 9-19
El instructor puede preguntar a sus estudiantes qué les sugieren los títulos de los textos que están en los recuadros de colores. A continuación, se pregunta a los estudiantes si conocen al autor de las cuatro fábulas, si alguien ha leído algunas de sus obras o si, por el contrario, les resulta totalmente desconocido. En este caso, el instructor podría llevar alguno de los libros de Monterroso a clase y comentar brevemente sus argumentos.

Se recomienda al instructor que haga una recapitulación de lo que son las fábulas en cuanto a género literario. P.ej., el instructor podría decir que suele haber un narrador que relata lo que sucede. El lugar y el tiempo suelen ser indeterminados, o no se les presta mayor atención a ellos. Las fábulas no se sitúan en una época concreta. Además tienen una estructura sencilla. Por lo general, se hace una presentación de una situación inicial, después de la cual surge un problema. La historia busca que se resuelva el problema. Finalmente, la historia suele terminar con una moraleja. En cuanto a los personajes, estos son mayormente animales u objetos humanizados, y los temas son aquellos que le permiten a uno debatir el camino a tomar para la resolución del problema planteado.

MESA REDONDA

¿Qué efectos produce la publicidad en los jóvenes?

Todos tenemos una idea formada del concepto de belleza y por eso sabemos distinguir entre lo que es bonito o feo, atractivo o desagradable, pero ¿influye la publicidad en esa idea de "lo bello" que nos hemos formado? Con esto en mente, ¿refleja la publicidad una imagen realista de los jóvenes de hoy en día, o por el contrario es la publicidad la que nos dicta la moda, el peinado que se lleva, la talla que se debe usar, el carro que debemos comprarnos, etc.?

"Hay ciertas marcas en el mercado que explotan el significado de la palabra negocio al jugar con los sentidos del consumidor. Empiezan vendiendo ropa interior sensual publicitada por modelos de cuerpos esculturales que nos hacen volar la imaginación y terminan ofreciendo fragancias que exacerban todos nuestros sentidos. Especialmente si las usan esos mismo modelos. Dichas marcas se han convertido en el consumismo social por excelencia".

"Ser hombre o mujer, niño o anciano acarrea ciertos comportamientos y actitudes que la sociedad en general puede asumir como verdaderos o incuestionables. La publicidad actual se está encargando de perpetuar ciertas imágenes con un único fin, el lucrativo. Un ejemplo de esto son términos como "orgánico" o "integral" que se añaden a muchos productos para persuadir a potenciales clientes preocupados por mantener una dieta sana".

Paso 1 **Investiga**

¿Qué valores se transmiten a través de los comerciales o anuncios publicitarios? ¿Ayudan o favorecen a que los adolescentes tengan actitudes de irresponsabilidad, consumismo y superficialidad ante la vida o todo lo contrario? ¿Crees que la publicidad influye en nuestro concepto de belleza, nos incita al consumismo o altera nuestra forma de percibir la realidad? Si la respuesta es sí, ¿de qué manera? Investiga, menciona las fuentes consultadas y cita ejemplos de distintos momentos históricos.

Paso 2 **Puesta en común**

Después de la investigación, expongan los resultados de su búsqueda y discutan el efecto que la publicidad tiene en los adolescentes de hoy en día.

GENTE QUE ESCRIBE

Para escribir una historia, una narrativa corta o un cuento debemos responder a algunas preguntas que nos permitirán orientar la dirección que queremos que tome.

El cuento es una narración breve con personajes, generalmente no muchos. La historia presentada en el cuento involucra a los personajes y se desarrolla en un tiempo (o combinación de ellos) y en un espacio.

El siguiente esquema ayudará a quien quiera escribir un cuento:

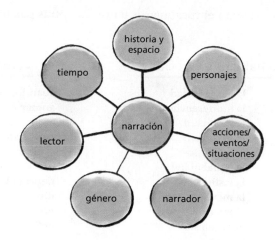

1. ¿En qué tiempo se inscribe tu historia? ¿Es en el pasado, futuro? ¿Una combinación? Según lo que decidas, tienes que concentrarte en los tiempos del pasado y los marcadores temporales.

2. ¿Dónde transcurre la historia? ¿Es en el mismo espacio? ¿Hay cambios? Piensa en los marcadores de lugar.

3. ¿Quiénes son los protagonistas? ¿Cuántos personajes? ¿Qué roles tienen? ¿Cómo son? Descríbelos físicamente y psicológicamente.

4. ¿Qué acciones / eventos / situaciones ocurren? ¿Cómo se desenvuelven? ¿Cómo se involucran los protagonistas?

5. ¿Quién cuenta la historia? ¿Es uno de los personajes? ¿Es un narrador fuera de la historia? ¿Cómo la cuenta? ¿Es un cuento serio, chistoso, sarcástico?

6. ¿A qué genero pertenece tu cuento? ¿Es de amor, de intriga, de ciencia ficción…?

7. ¿Quién es el lector de este cuento?

9-22 La publicidad

Utiliza el tema de la publicidad presentado y discutido en la Mesa redonda. Este será el contexto de fondo para un cuento corto que vas a escribir en parejas con alguno de tus compañeros. Cuando tengas seleccionado el contexto, busca entre tus compañeros a alguien con quien coincidas. Discutan por qué han seleccionado ese contexto, planteen posibles situaciones, acciones o eventos dentro de ese contexto. ¿Qué tipo de cuento es? ¿De amor? ¿Ciencia ficción…?

9-23 Construyendo la narración

Ahora les toca responder a algunas de las preguntas guía. Resuelvan aquellas que les permita delinear un cuento corto, interesante y con personajes desarrollados. Seleccionen el tiempo y el espacio en los que se desarrollan los acontecimientos.

9-24 Un ingrediente más

A la situación que ya tienen preparada y la historia que ya tienen esbozada, añádanle el tema del **miedo**. ¿Cómo pueden incorporar ese sentimiento en su historia, cómo les cambia la secuencia de eventos, cómo se resuelve el cuento?

9-25 ¡A escribir!

Escriban su cuento de manera individual y denle un título. Después de escribir el cuento, compáralo con el de tu compañero. ¿Son similares las historias o no?

VOCABULARIO

Las palabras en negrita representan el vocabulario activo. Las otras palabras te ayudarán a completar las actividades del capítulo.

Sustantivos para hablar de emociones

el aburrimiento	**la generosidad**
la actitud	**la indiferencia**
la adversidad	**la inquietud**
la alegría	**la intuición**
el altibajo	**la ira**
la amistad	**la irritabilidad**
el amor	**la lástima**
la ansiedad	**la mente**
la apatía	**el miedo**
el asco	**el optimismo**
el asombro	**la pena**
la autoestima	**el pesimismo**
la calma	**el piropo**
la confianza	**el portazo**
el conocimiento	la rabia
la constancia	**la sensibilidad**
el contratiempo	**el sentido**
la curiosidad	**el sentido del** humor
la decepción	**la serenidad**
el desprecio	**la sinceridad**
la empatía	**la sintonía**
el enfado	la soledad
el engaño	**la sorpresa**
el equilibrio	**el tedio**
el esfuerzo	**la ternura**
la facultad	**la tristeza**
la falta de cariño	**la valentía**
la frustración	**la vergüenza**
la furia	

Verbos para hablar de emociones

abandonar	entristecer
arañar	**entusiasmarse**
asombrar	**estar a punto de**
conquistar	**gritar**
criticar	indignar(se)
dañar	lastimar
deprimirse	**reconocer**
disculparse	**relacionarse con**
doler	**reprochar**
enfadarse	soportar
enterarse de	**tranquilizarse**

Adjetivos para hablar de emociones

amigable	**estresado/a**
capaz	**impulsivo/a**
comprensivo/a	**incomodo/a**
consciente	**inesperado/a**
decepcionado/a	**íntimo/a**
desconcertado/a	**racional**
desganado/a	reflexivo/a
distraído/a	**repugnante**
emocional	**satisfecho/a**
empático/a	**sensible**
empeñado/a	sensitivo/a

CONSULTORIO LINGÜÍSTICO

1 Hablar de habilidades

Para expresar habilidad en especialidades o en el manejo de instrumentos o herramientas y con verbos en infinitivo se puede utilizar la estructura:

SE + PRONOMBRE OBJETO INDIRECTO + DAR + ADJETIVO (BIEN, MAL…)

> **Se le da fatal** la informática.
>
> **Se me da muy bien** la cocina.
>
> Escribir cartas **se me da terriblemente mal**.

Otra expresión que permite comunicar habilidad en cuanto a productos concretos es:

PRONOMBRE DE OBJETO INDIRECTO + SALIR + ADJETIVO/ADVERBIO + EL OBJETO DE LA HABILIDAD

> **Le salen riquísimas** las paellas.
>
> Los discursos en público **le salen muy emotivos**.
>
> Este cuadro al óleo **le salió perfecto**.

Podemos expresar la habilidad también con una estructura que se enfoca en el sujeto de la frase:

SER + (UN) ADJETIVO/SUSTANTIVO… + (PARA/EN/GERUNDIO)

Soy	**un** desastre	**para** la música.
Ana es	torpe	**en** informática.
Lidia es	**muy buena**	**en/ para las** matemáticas.
Gerardo es	**malísimo**	**para** los deportes.
	un genio	**jugando** al fútbol.
	un as	**calculando** de memoria.

Además podemos expresar la habilidad como capacidad:

SER CAPAZ / INCAPAZ DE + INFINITIVO

> Es **capaz de** hacer un traje en tres horas.
>
> Soy **incapaz de** seguir el ritmo. Me parece un tipo de música muy difícil.

Finalmente, se expresa la habilidad con la construcción:

TENER… + (ADJETIVO) + NOMBRE + (PARA + NOMBRE/VERBO)

> Valentín **tiene (mucha) facilidad para** los idiomas/la música/actuar.
>
> Tú **tienes (buena) voz / (buena) vista / (buen) oído / (buen) olfato**.
>
> Pablo Gómez **tiene don de gentes**.

2 Construcciones condicionales hipotéticas sobre el momento actual o futuro

CONDICIONAL

En la forma condicional el verbo expresa una acción potencial, no necesariamente real.

Ahora mismo **me comería** un plato de fresas con nata.
(= no puedo comérmelo o es difícil)
Me **iría** ahora mismo de vacaciones. ¡Estoy harta!
(= no puedo irme de vacaciones)

En la lengua coloquial, en este uso, aparece también el imperfecto de indicativo.

Yo, en tu lugar, **hablaba** con ella. Seguro que lo **entendía**.

Yo que tú **me presentaba** al examen.

En el ámbito de los consejos (y presuponiendo la condición "si tú o yo estuviéramos en esa situación"):

¿Tú que **harías**?

Yo **hablaría** con ella. Seguro que lo **entendería**.

¿Tú **te presentarías** al examen? La verdad es que no he estudiado mucho.

Yo lo **haría**, a ver qué pasa. Y así ves qué tipo de examen es.

El valor funcional del condicional: construcciones hipotéticas sobre el momento actual o futuro

IMPERFECTO DE SUBJUNTIVO	CONDICIONAL
Si **fuera/fuese** millonario,	**me dedicaría** a trabajos humanitarios.

(= evocamos algo irreal, "no soy millonario")

Si me **tocara/tocase** la lotería,	**me iría** a dar la vuelta al mundo.

(= evocamos algo muy poco probable "seguramente no me tocará la lotería")

3 Pluscuamperfecto de subjuntivo: morfología

Existen dos formas con usos equivalentes.

IMPERFECTO DE SUBJUNTIVO DE **HABER**   +   PARTICIPIO

		PARTICIPIO
hubiera	hubiese	
hubieras	hubieses	
hubiera	hubiese	PARTICIPIO
hubiéramos	hubiésemos	hablado
hubierais	hubieseis	propuesto
hubieran	hubiesen	ido

4 Condicional compuesto: morfología

CONDICIONAL DE **HABER**   +   PARTICIPIO

habrías	
habría	hablado
habríamos	propuesto
habríais	ido
habrían	

5 Construcciones condicionales hipotéticas en el pasado

PLUSCUAMPERFECTO DE SUBJUNTIVO   CONDICIONAL COMPUESTO

Si **te hubieras / hubieses encontrado** en esa situación, **habrías hecho** lo mismo que yo.

Si **hubieras hablado** del tema, seguramente lo **habrías solucionado**.

(= evocamos algo irreal, que no ha sucedido en el pasado)

En el pasado

A veces sustituimos el condicional compuesto por otro pluscuamperfecto de subjuntivo.

Si hubieras llegado antes	**habrías podido**	saludar a Jaime.
	hubieras podido	

Muchas veces se presupone la condición "si yo me hubiera encontrado en esa situación" o "si yo hubiera estado en tu lugar".

> Yo **habría ido** a verle.

> Yo **(que tú) habría pedido** que me devolvieran el dinero.

A veces valoramos la situación imaginaria que no ha llegado a suceder. También en este caso pueden usarse indistintamente el condicional compuesto o el pluscuamperfecto de subjuntivo:

> Lo mejor **habría / hubiera / hubiese sido** hablar con él. Todo **se habría** arreglado.

> **Habría / hubiera / hubiese estado** bien poder encontrarnos en París.

Para reprochar a alguien algo o lamentarnos de que no ha sucedido algo, se usa:

CONDICIONAL	PARTICIPIO PERFECTO (INFINITIVO + PARTICIPIO)	
PERSONAL	**Tendría/s que**	**haber estudiado** más para el examen.
	Debería/s	**habérselo comentado** a Arturo.
IMPERSONAL	**Habría que**	**habérselo** dicho a Juan.

> Tendrías que haber ordenado mejor los papeles de esta mesa.

Para aludir a algo que ha sido posible en el pasado pero que no se ha producido.

CONDICIONAL O IMPERFECTO DE INDICATIVO

> **Podrían**
>
> **haberse quedado** a dormir en casa, pero quisieron ir a un hotel.
>
> **Podían**

6 Comparaciones hipotéticas: como si

A veces utilizamos, para describir una situación o una acción, una comparación con algo imaginario en simultaneidad con la oración principal. Las formas verbales dependerán de la relación temporal establecida entre la oración principal y la subordinada.

PRESENTE	SIMULTANEIDAD	
Vive	**como si fuera** millonaria.	(= "no lo es")

PASADO   SIMULTANEIDAD

> El cielo **estaba** de un color rarísimo, **como si estuviéramos** en otro planeta.

(= "no estamos en otro planeta")

O bien con algo imaginario en anterioridad con la oración principal.

PASADO   ANTERIORIDAD

> Al llegar al aula miró a los alumnos **como si** nunca los **hubiera visto** antes.

> Cuando me vio reaccionó como si hubiera visto un fantasma.

Información para Acercamientos

El presente capítulo busca acercar a los estudiantes a la terminología de los diferentes ámbitos periodísticos y a la vez poner énfasis en la expresión escrita con el fin de que la clase pueda crear su propio periódico. El capítulo sirve para revisar algunas de las estructuras funcionales y gramaticales (expresiones de probabilidad y de hipótesis, opinión, acuerdo y desacuerdo, estilo indirecto, etc.) cubiertas en capítulos anteriores.

Por su parte, esta sección introductoria tiene como propósito exponer el contexto en que se va a desarrollar la lección y plantear algunos temas que puedan motivar posteriormente al estudiante en el momento de crear la tarea.

Información para la actividad 10-1

Con el propósito de contextualizar el tema de las noticias y dar pie a la interacción entre los estudiantes, la primera actividad presenta una serie de fotografías de noticias que en su día dieron la vuelta al mundo. Se ha procurado que las fotos sean lo suficiente relevantes y conocidas para motivar así el interés y la discusión en la clase.

Antes de comenzar con la actividad, el instructor podría crear una lluvia de ideas a través de preguntas del tipo: *¿Cuál es la última noticia que te ha impactado, te ha hecho reír, te ha hecho pensar, etc.?*

Otra posibilidad es que el profesor muestre otras fotografías de eventos más recientes o de su propio archivo de materiales que complementen o amplíen las del capítulo y que pudieran provocar un cierto debate o discusión.

La actividad pide al final que los estudiantes elijan la noticia más relevante o la que más les impactó en los últimos años. Una variación podría ser que hicieran un *ránking* de noticias según la repercusión que tuvieron en sus vidas o según las que ellos consideran fueron las más importantes a nivel mundial. Para ello deberían ponerse de acuerdo primero en parejas o grupos pequeños y más tarde a nivel de clase.

10-1 Noticias de los últimos años

Las siguientes fotos han sido portada de periódicos de todo el mundo en los últimos años ¿Por qué han sido noticia? ¿Con qué eventos las asocias?

TAREA

Crear un periódico local con noticias de diferentes ámbitos.

MESA REDONDA

¿Qué nos ofrece la medicina alternativa?

 ¿Cuál fue para ti la noticia más relevante o la que más te impactó estos últimos años? Coméntalo con tus compañeros.

ACERCAMIENTOS

10-01 to
10-02

10-2 ¿Cuándo ocurrieron?

Pon a prueba tus conocimientos y completa el siguiente test sobre algunas noticias mundiales destacadas en los últimos años.

	2008	2009	2010	2011
Heath Ledger muere accidentalmente en su apartamento de Manhattan.	X			
Un terremoto de 7,0 en la escala de Richter sacude a Haití dejando más de 212.000 muertos, 350.000 heridos y un millón y medio de personas sin hogar.			X	
Susan Boyle se convierte en un fenómeno de masas gracias a YouTube.		X		
El príncipe Guillermo de Inglaterra y Kate Middleton se convierten en marido y mujer.				X
Apple saca al mercado el iPad.			X	
Treinta y tres mineros en Chile son rescatados después de 70 días atrapados bajo 622 metros de roca.			X	
Barack Hussein Obama hace historia al convertirse en el 44 presidente de Estados Unidos.		X		
Las revueltas en el mundo árabe provocan las caídas de los gobiernos de Ben Ali en Túnez, Mubarak en Egipto, Gadafi en Libia, Saleh en Yemen y fuerzan cambios políticos en diversos países de la región.				X
La gripe porcina se convierte en pandemia según la Organización Mundial de la Salud (OMS).		X		
La NASA anuncia que tiene pruebas directas de que hay agua helada en Marte.	X			
España gana el mundial de fútbol en Sudáfrica.			X	
Una explosión en un pozo de BP en el golfo de México causa el mayor desastre petrolífero de la historia.			X	
Javier Bardem gana su primer Óscar por *No es país para viejos*.	X			
Steve Jobs, Amy Winehouse y Elizabeth Taylor nos dejan.				X
Estados Unidos anuncia la muerte de Osama Bin Laden en Pakistán.				X

 Compara tus respuestas con las de un compañero. ¿Son similares o muy diferentes?

 ### 10-3 Reflexión

Teniendo en cuenta las fotos y los titulares del test, primero completa las siguientes frases. Luego, en grupos, comenten sus respuestas.

Me sorprendió _____

Me pareció curioso _____

Me impresionó _____

Antes de hoy no sabía _____

No soporto _____

Reporten a la clase las respuestas más sorprendentes, curiosas, interesantes, etc. de su grupo

Active el léxico necesario para llevar a cabo las actividades de esta sección y así, desarrollar con éxito la tarea. Para ello, los estudiantes revisarán con anterioridad las listas al final del capítulo y el glosario para comprender el significado de las palabras.

Información para la actividad 10-2
La actividad propone una breve prueba de conocimiento general, que sirve asimismo para reforzar la contextualización del capítulo y revisar vocabulario de capítulos anteriores.

A fin de enfocar la atención en el vocabulario, el instructor podría pedir a voluntarios que las lean en voz alta y clarificar dudas de vocabulario antes de dejar que la clase trabaje de manera individual o en grupos con cada titular.

Expansión de la actividad 10-2
El instructor puede ampliar la actividad con otras noticias más recientes y/o de los mismos años de los de la prueba e incluso podría pedirles a los estudiantes que investigaran y posteriormente hicieran preguntas a la clase tipo *Jeopardy*.

Información para la actividad 10-3
Esta actividad busca en primer lugar una reflexión escrita de lo visto hasta ese momento, a la vez que de forma indirecta el estudiante hace uso de las subordinadas sustantivas (*Me soprendió la muerte de Heath Ledger. /Me soprendió que Heath Ledger muriera tan joven.*) que aunque no son el objetivo de la lección desde el punto gramatical si lo son desde el funcional, pues se revisarán diferentes formas de expresar opinión, valoraciones, juicios, etc.

La actividad también pretende ser un acercamiento al uso del estilo indirecto. Es por ello que para finalizar se les pide que reporten las respuestas más sorprendentes, curiosas, interesantes que surgieron en sus grupos de trabajo (*A Sara le pareció curioso que Susan Boyle se hiciera famosa tan rápido, y Xavier antes de hoy no sabía qué era la gripe porcina*).

VOCABULARIO EN CONTEXTO

10-03 to
10-09

Respuestas para la actividad 10-4
Las respuestas para los puntos 2 y 4
pueden variar según las preferencias
del instructor y su conocimiento
sobre el nivel de la clase.

10-4 ¿Qué significan?

Trata de descubrir el significado de las palabras subrayadas, tomando en cuenta el contexto.

¿Son los hipopótamos más temibles que los cocodrilos?

Grandes exploradores clásicos como Livingstone o Stanley, hablan en sus cuadernos de viajes sobre ataques a sus embarcaciones y <u>percances</u> causados por estos sorprendentes mamíferos. Lo que parece claro es que la tradición africana los tiene como los más peligrosos. Hay <u>fuentes</u> que indican que los hipopótamos han acabado algunos años con la vida de unas 400 personas en África. Eso le convertiría en el animal salvaje más peligroso del continente, por delante del cocodrilo, su compañero de hábitat acuático. Son especialmente agresivos en presencia de sus <u>crías</u>. Esa especie de bostezos son en realidad un gesto de <u>amenaza</u> para enseñar los colmillos.

Urgen nuevos antibióticos

El aumento en las infecciones resistentes a todos los antibióticos disponibles hoy se está convirtiendo en una <u>amenaza</u> para la medicina, afirman investigadores británicos.

Se estima que cada año en Gran Bretaña <u>surgen</u> unas 20.000 infecciones de la corriente sanguínea causadas por E. coli, una bacteria que puede causar infecciones graves e incluso la muerte. Y de éstas, dicen los investigadores, el 12% no responde a los tratamientos antibióticos. Y sin embargo, tal como señala la HPA, hasta ahora no se están desarrollando nuevos medicamentos para <u>combatirla</u>.

---

1. ¿Un sinónimo de *percance* puede ser:
   a. táctica   (b.) incidente   c. combate   Dar a entender —una persona— con palabras o gestos que quiere causar un daño —a otra persona.

2. ¿Qué crees que significa *amenazar*? Explica el concepto: _____

3. ¿A qué tipo de *fuente* se refiere el texto?
   a. Manantial de agua que brota de la tierra   b. Plato grande que se usa para servir alimentos
   (c.) Material que sirve de información a un investigador

4. ¿A qué crees que hace referencia la palabra *crías*?
   Animal recién nacido o que aun está bajo el cuidado de los padres. En este caso el hipopótamo. _____.

5. ¿Por qué verbo podríamos sustituir *surgen* en el texto?
   a. hundirse   (b.) aparecer   c. ocultar

6. Busca el verbo *combatir* en el diccionario y escribe un sinónimo en español:
   luchar, pelear, batir, enfrentar, atacar, etc. _____.

10-5 Titulares

Con la ayuda de las definiciones y un diccionario, relaciona los verbos con los sustantivos del cuadro.

| la evidencia | un fraude | un peligro | irregularidades |
| un secreto | importancia | una desgracia | un obstáculo |

Información para la actividad 10-5
Al igual que la 10-7, la presente actividad pretende hacer incidencia en la capacidad de los estudiantes para combinar palabras y reconocer como unidad, bloques integrados por varias palabras que suelen aparecer juntas en el discurso. Consideramos que, además de aprender las formas y los significados de las palabras, es importante concienciar a los estudiantes de la necesidad, utilidad y rentabilidad de aprender cómo se combinan unas palabras con otras. Es decir, las colocaciones léxicas frente a palabras aisladas.

Uno de los diferentes tipos de colocaciones que existen son las que siguen la formula: verbo + sustantivo (con función de objeto) y son éstas las que se trabajan en esta actividad. La selección se hizo a partir de la observación de diversas noticias de diferentes periódicos y se eligió aquellas que se consideraron más frecuentes y rentables.

ocurrir _una desgracia_   tener lugar un accidente o contratiempo

restar _importancia_   minimizar una situación o problema

denunciar _un fraude_   informar a las autoridades de un engaño

sortear _un peligro_   evitar una situación complicada o peligrosa

revelar _un secreto_   descubrir lo que nadie sabía

hallar _la evidencia_   encontrar pruebas irrefutables

superar _un obstáculo_   vencer una dificultad

investigar _irregularidades_   buscar evidencia de algo anómalo o extraño

¿Hay otras combinaciones posibles?   Otras combinaciones / colocaciones posibles son ocurrir un fraude, ocurrir irregularidades, denunciar un fraude, sortear un obstáculo, revelar un fraude, revelar un peligro, revelar irregularidades, hallar irregularidades, superar un peligro, investigar un fraude, investigar un secreto…

Escribe un titular de noticia para seis de las combinaciones de palabras anteriores

EJEMPLO:

E1: Una nueva publicación revela el secreto del naufragio del *Titanic*.

1. _____.   4. _____.
2. _____.   5. _____.
3. _____.   6. _____.

 10-6 Unos minutos de noticias

Al escuchar el siguiente podcast de noticias, identifica el vocabulario clave para cada sección y prepara una lista. Luego, compara tu lista con la de un compañero de clase y juntos preparen una lista común.

CULTURA *Festival de Zacatecas*	DEPORTES *Olimpiadas 2012*	ECONOMÍA *Autos en Japón*	SOCIEDAD *Costa Rica, un país feliz y verde*	CIENCIA Y TECNOLOGÍA *México, líder en robótica*
festival; cultural; actividad; programa; artístico; artista; escenario; jazz; música; presentaciones; conferencias; exposiciones; subastas de arte; concierto; popular; figuras; función; ópera; espectáculo; ballet; estrella; compañías; filarmónica; orquesta sinfónica	béisbol; softbol; competencia; olimpiada; disciplina; juegos; equipo; atleta; medalla; ligas mayores; participar	producción; sector; registrar; incremento; rendimiento; porciento; cifra; analista; pronosticar; optimista; beneficiar; producto; recorte; fábricas; reducir; financiero; ralentizar; crisis global	país; informe; analizar; medir; recursos; nación; nivel; bienestar; expectativa de vida; ciudadanos; sostenible	tecnología, robots, desarrollo, androide, humanoide, desarrollarse, inteligencia artificial, desempeño, algoritmo, geométrico, computacional, robótica, astrofísico, prototipo, avance

10-7 El horóscopo de la semana

Fíjate en los pares de palabras subrayadas en los siguientes extractos de noticias. Ten en cuenta el contexto y trata de relacionar los adjetivos con sus sinónimos correspondientes en la tabla.

- "Si logramos reírnos, es una **señal evidente** de que nos lo hemos pasado muy bien".

- "Después de este premio no hay que perder la cabeza. Hay que seguir trabajando en la misma línea para que esto no sea un **éxito efímero**".

- Otra **obra destacada** en la subasta fue *Paisaje*, que fue vendida en 620.000 dólares, un récord para el artista.

- En un estudio reciente, el **riesgo relativo** de padecer cáncer de pulmón en sujetos que nunca han fumado pero han estado expuestos al humo de tabaco de sus cónyuges, era un 20% superior a los no fumadores no expuestos.

- Especialistas aseguran que un **consumo moderado** de helados beneficia la salud.

- El gobierno aprobará una **medida drástica** para proteger los derechos de autor en las descargas ilegales.

- Las películas basadas en videojuegos se convierten en un **negocio rentable** para Hollywood.

- El sector del automóvil admite preocupación por **la tendencia creciente** de accidentes entre la población adolescente.

moderado/a	discreto, mesurado
rentable	beneficioso, productivo
drástico/a	radical, contundente
relativo/a	parcial, de poca cantidad

efímero/a	breve, momentáneo
evidente	inequívoco, obvio
destacado/a	notorio, relevante
creciente	ascendente, evolutivo

Ahora, elige cuatro de los pares de palabras empleados en los extractos de noticias y redacta predicciones típicas sobre el amor, dinero, salud y trabajo para uno de los signos del horóscopo.

El horóscopo de la semana: _____

Amor: Salud:
Dinero: Trabajo:

GRAMÁTICA EN CONTEXTO

10-10 to 10-21

 10-8 ¿Qué probabilidad existe…?

Observa los siguientes titulares y comenta con un compañero la probabilidad de que puedan ser una realidad en el futuro.

- Se reduce a la mitad el número de personas que viven en las calles.
- El planeta Tierra consigue deshacerse del SIDA.
- Viaje a Venus por $1.500 dólares todo incluido.
- Se mejora el acceso al agua potable para toda la población del mundo.
- Desaparecen las estaciones de primavera y otoño.

EJEMPLO:

E1: Hay pocas probabilidades de que la humanidad encuentre una solución al SIDA.
E2: No estoy de acuerdo contigo. No me cabe ninguna duda de que un día será una realidad.

Ahora compartan su opinión con el resto de la clase.

10-9 A grandes males, grandes remedios

La población mundial continua enfrentando retos que de no resolverse podrían tener efectos catastróficos a diferentes niveles. Algunos de estos retos y sus posibles soluciones están listados en esta sección. Con un compañero, relaciona las dos columnas según la solución más adecuada al problema presentado.

MALES DE LA SOCIEDAD MODERNA	OBJETIVOS A ALCANZAR EN EL FUTURO
b 1. Producción de basura	a. Protección de ciertas especies animales
h 2. Derroche de comida	b. Reciclaje como parte de la vida diaria
e 3. Escasez de petróleo	c. Prohibición de la tala o quema de árboles
f 4. Expropiación de tierras y regiones naturales	d. Erradicación de virus mortales o aparición de una cura contra ellos.
g 5. Contaminación acústica	e. Uso de energías alternativas
d 6 Reaparición de enfermedades endémicas	f. Protección de grupos indígenas y culturas minoritarias
c 7. Deforestación de los bosques	g. Control del ruido
a 8. Peligro de extinción de ciertos animales	h. Concienciación sobre el desperdicio de alimentos

Después sigan el ejemplo para crear frases que expresen las condiciones de cambio necesarias para dejar de lado los males y cumplir los objetivos futuros.

EJEMPLO:

E1: A menos que la que gente tome conciencia de la escasez de agua, llegará un momento que nos quedaremos sin una gota.
E2: Estoy totalmente de acuerdo. Es imperativo que **empecemos** a derrochar menos.

10-10 Transformaciones

Cambia estas declaraciones al discurso indirecto. Al escribirlas, toma en cuenta todos los cambios necesarios.

EXPRESAR CERTEZA Y PROBABILIDAD

No cabe ninguna duda (de) que el resportaje **investiga** el tema a fondo.

Sin lugar a dudas este descubrimiento **supondrá** un avance científico.

Es (muy / poco) probable que el experimento **cause** daños severos.

Hay (muchas / pocas) probabilidades de que haya supervivientes.

Tal vez los resultados **demuestren** la existencia de agua en el planeta.

CLÁUSULAS SUBORDINADAS ADVERBIALES

Se conservará energía **siempre y cuando** las personas **adquieran** un compromiso con la tierra.

A no ser que se trabaje en quipo, no se alcanzarán los resultados esperados.

Se podrán prevenir contagios **con tal de que se tomen** las precauciones necesarias.

(No) se necesitan fondos millonarios **para que** el Amazonas **pueda** mantener su ecología.

A menos que las propuestas **parezcan** irracionales, los resultados se harán notar.

DISCURSO INDIRECTO : VERBO INTRODUCTOR EN EL PASADO

Decir
Preguntar
Responder   + que
Informar
Declarar
…

Declaración en el presente
"No **es** posible obtener evidencia".
Los reporteros **indicaron que** no **era** posible obtener evidencia

Declaración en imperfecto
"La actriz se **levantaba** temprano y **caminaba** por media hora por el bosque".
Informaron que la actriz se **levantaba** temprano y **caminaba** por media hora por el bosque.

Declaración en pretérito
"El grupo de manifestantes marchó por varias horas hasta llegar al palacio del gobierno".
Reportaron **que** el grupo de manifestantes **había marchado** por varias horas…

Declaración en presente perfecto
"Han llegado muchísimas personas a celebrar la Semana Santa en Ayacucho".

Información para la actividad 10-8
A partir de una serie de titulares más o menos ficticios, se pretende que los estudiantes reciclen de forma oral las estructuras para expresar probabilidad que ya vieron en el Capítulo 3 (Gente y aventura).

El instructor podría conectar la estructura propuesta en la actividad (Hay pocas probabilidades de que… + subjuntivo) con otras estructuras similares ya planteadas en capítulos anteriores, como no creo que… + subjuntivo, no me parece posible que… + subjuntivo, etc., así como sus alternativas afirmativas. Con todo ello, el objetivo es reforzar aún más el empleo del modo subjuntivo y el contraste entre el subjuntivo y el indicativo, en ambos casos relacionados con contextos significativos.

Sugerencias / expansión para la actividad 10-8
Antes de empezar la actividad es recomendable que el instructor proponga a los estudiantes algunas frases similares, pero más cercanas a su realidad. Estas servirán para contextualizar y ejemplificar como llevar a cabo la actividad. Ejemplo:
¿Qué posibilidad hay de que Estados Unidos y Cuba sean aliados inseparables?
¿Qué posibilidad hay de que nieve hoy?

Información para la actividad 10-9
La actividad se divide principalmente en 2 partes. En la primera, los estudiantes identifican el "mal" en la columna de la izquierda y lo relacionan con el objetivo a perseguir.

Una vez han conseguido conectar ambas columnas, los estudiantes escriben algunas frases expresando las condiciones que se necesitan para que se puedan cumplir los objetivos: La desforestación de los bosques sólo se podrá evitar **siempre y cuando** se prohíba la tala de árboles. Como se ha indicado para otras actividades en estas notas para el instructor, resulta conveniente que el instructor aproveche que los estudiantes trabajan en parejas o pequeños grupos con la creación de oraciones para revisar el trabajo escrito, y asegurarse así de que el producto que después se comparte con el resto de la clase presenta la suficiente calidad y nivel de corrección.

Señalaron **que habían llegado** muchísimas personas…

Declaración en presente de subjuntivo

"El presidente quiere que todos **tengan** acceso a salud preventiva".

Dijeron **que** el presidente quería que todos **tuvieran** acceso a la salud preventiva.

Declaración en futuro

"De ninguna manera **expropiarán** las tierras de los indígenas".

Declararon **que** de ninguna manera **expropiarían** las tierras de los indígenas.

Cambios referenciales

"**Nuestros** objetivos son llegar al corazón del problema".

Dijo que **sus** objetivos eran llegar al corazón del problema

"**Me** dio el dinero sin hacer**me** mayores preguntas".

Indicó que **le** había dado el dinero sin hacer**le** mayores preguntas.

TIEMPOS DEL PASADO: PRETÉRITO VS IMPERFECTO

Pretérito: Narracion de eventos
Todo **empezó** a temblar

Salí corriendo y **busqué** la salida de emergencia

Bajé las escaleras tan rápido como pude

Imperfecto: detalles y circunstancias alrededor de los eventos

Eran aproximadamente las 7 de la tarde.

Me **encontraba** en la habitación de un hotel viendo la televisión.

Todo el mundo **gritaba** y **corría**.

Pluscuamperfecto: eventos o circunstancias ocurridas con anteriordad a los eventos narrados

Había estado trabajando todo el día.

Eran aproximadamente las 7 de la tarde y **me encontraba** en la habitación de un hotel viendo la televisión tranquilamente. **Había estado** trabajando todo el día y lo único que **quería** era relajarme. De repente, y sin previo aviso, todo **empezó** a temblar. Al principio, **pensé** que estaban reparando una parte del edificio, pero el temblor **era** cada vez más fuerte e insistente. Las sirenas del hotel **comenzaron** a sonar sin piedad. Esta vez no me lo **pensé** dos veces, **salí** corriendo y **busqué** la salida de emergencia. Por los pasillos todo el mundo **gritaba** y **corría**. **Bajé** las escaleras tan rápido como pude. Cuando finalmente **llegué** a la calle, **me sentía** perdido; no **sabía** muy bien qué dirección tomar o qué hacer. **Estaba** aterrorizado.

EL ABUELO DEL *MP3*

"Mi padre me había dicho que el Walkman era el iPod de sus días. Me explicó que era grande, pero no me imaginé que fuera TAN grande. Tiene el tamaño de un libro pequeño. Mis amigos en la escuela nunca se imaginaron a sus padres usando esta monstruosa caja".
—Niño de 13 años después de conocer la vieja tecnología

PIRATERÍA

"Nosotros no discutimos las leyes de propiedad intelectual porque no benefician a la sociedad y hay que cambiar eso. Tendremos que discutir lo que la sociedad necesita, no lo que las grandes compañías quieren".
—Peter Sunde, condenado a un año de cárcel por piratería

PADRE DE SOBREVIVIENTE

"Tengo ganas de ver a mi hija porque está sola y cuando hablé con ella por teléfono la niña preguntó por su mamá. Le hemos dicho que está viva, en otra habitación, para no traumatizarla mucho".
—Kassim, padre de una niña que sobrevivió un accidente aéreo

 10-11 Perdón ¿qué dijo?

Escucha los siguientes enunciados y declaraciones en relación a la muerte del rey del Pop. Luego reconstruye los enunciados.

1. La hermana Janet *dijo que para la gente Michael era un ícono, pero que para los hermanos él era familia.*

2. El reportero preguntó _____.

3. El fan 1 declaró _____.

4. El fan 2 expresó _____.

5. El fan 3 indicó _____.

10-12 Una experiencia inolvidable

Lee el blog sobre una experiencia de voluntariado narrando casi exclusivamente los eventos en el pretérito. Después, añade los detalles y las circunstancias de dicha experiencia usando conectores, el imperfecto y el pluscuamperfecto.

Desde el momento en que pusimos los pies en el aeropuerto, supe que mi verano iba a ser único en muchos sentidos. Aprendí tanto de esta experiencia. Este viaje de voluntariado me sirvió para descubrir y aprender tantas cosas. Aprendí a convivir, a compartir, a apreciar quién soy y, muy especialmente, a valorar los privilegios de los que disfruto. El semestre pasado dediqué muchas horas al estudio para poder disfrutar de esta experiencia, no me arrepiento ni de un segundo. María y su familia me abrieron las puertas de su casa y me hicieron comprender el valor y el significado de la palabra tenacidad. Compartieron conmigo historias bien duras, que narraron con un optimismo y una alegría inusual. Jamás imaginé que alguien con tan pocos recursos pudiera disfrutar tanto de la vida y de todo lo que le rodea. Hoy puedo decir que esta experiencia impactó de forma incuestionable el modo como veo e interactúo con mi realidad.

Información para la actividad 10-10
Esta actividad tiene como objetivo poner en práctica el discurso indirecto. Se recomienda que el instructor deje como tarea a los estudiantes revisar el consultorio gramatical y la chuleta el día anterior para que el estudiante se familiarice con los elementos involucrados en las transformaciones. Además es crucial que el instructor haga un repaso sobre las diferencias entre lo que es discurso directo y lo que es el discurso indirecto; lo mismo que sus funciones. En ese sentido es importante que el instructor enfatice que el discurso directo es útil en ciertos contextos, pero que sin embargo el uso del discurso indirecto denota un mayor dominio del lenguaje y un nivel más alto de formalidad.

Sería útil que el instructor les ofrezca a los estudiantes una ampliación de verbos de habla que facilite el reportaje de lo dicho por otro. Algunos ejemplos: *aclarar, advertir, afirmar, añadir, confirmar, contestar, corroborar, dejar en claro, especificar, exponer, explicar, mencionar, negar, puntualizar, sostener,* entre otros.

Información para la actividad 10-11
Continuamos con el trabajo en el discurso indirecto. Esta vez, sin embargo, se propone que el estudiante sea capaz de captar lo que el individuo dice oralmente para luego parafrasearlo o resumirlo. Para facilitar la actividad se le da al estudiante el verbo conjugado y el sujeto de la declaración.

Información para la actividad 10-12
El objetivo de esta actividad es reciclar el uso de las formas del pasado para que en la tarea del capítulo los estudiantes puedan reportar noticias haciendo uso de los tiempos del pasado. Particularmente interesa que se pongan en práctica los usos del imperfecto y del pluscuamperfecto. Los estudiantes deben usar su creatividad para añadir a la narración aquellos eventos y circunstancias que ocurrieron durante o con anteriordad a las acciones narradas en la entrada de blog.

Información para las estrategias orales
El principal propósito de estas estrategias es el reciclaje de estructuras gramaticales y funcionales para expresar opinión, acuerdo y desacuerdo, ampliar el repertorio de los estudiantes con algunas otras que probablemente desconozcan o no recuerden y, por último, introducir diferentes estrategias lingüísticas para pedir aclaraciones o una explicación más extensa.

Sugerencias para la introducción de las estrategias orales
Un modo efectivo de presentar las estrategias puede ser seleccionar algunas declaraciones o temas recientes y próximos a los estudiantes y pedirles que expresen su acuerdo o desacuerdo. Otra posibilidad en la misma línea consistiría en seleccionar temas controversiales, personas controvertidas, etc., y pedirles a los estudiantes su opinión. A medida que los estudiantes usaran las estructuras el profesor las podría poner en la pizarra. Un primer paso sería clasificarlas dependiendo de la intención (acuerdo débil / fuerte, desacuerdo débil / fuerte, aceptación parcial, etc.), posteriormente se le podría exponer al resto de estructuras y clarificar dudas respecto al significado o uso.

 INTERACCIONES

10-22 to
10-23

ESTRATEGIAS ORALES

Las expresiones de opinión, acuerdo o desacuerdo son muy útiles y necesarias en cualquier lengua para llegar a un consenso, tanto en conversaciones cotidianas e informales, como en exposiciones más formales. En esta sección vamos a revisar algunas de estas expresiones y también algunas estructuras para pedir explicaciones cuando algo no nos queda claro o queremos una opinión o exposición más elaborada.

Expresar opinion

En mi opinión
Para mí   } + *indicativo*
Desde mi punto de vista

Creo / opino / pienso
Me parece   } + que + *indicativo*
No me cabe la menor
   duda de

No creo / no opino / no pienso
No me parece   } + que + *subjuntivo*
Dudo que

Es una pena / una vergüenza /
   un error   } + que + *subjuntvo*
Me parece curioso / raro /
   divertido

Expresar acuerdo

• *Acuerdo débil*
(Es) Cierto
De acuerdo

• *Acuerdo fuerte*
Por supuesto (que sí)
Desde luego (que sí)
Sin duda alguna / Sin lugar a dudas
Es indudable

• *Acuerdo con implicación personal*
Comparto tu punto de vista /
   tu idea / tu opinión
Estoy de acuerdo contigo en lo de…
Tienes razón en que… / en lo de que…   } + *indicativo*
Coincido contigo en eso de que…

• *Aceptación parcial o reserva sobre lo dicho*
Sí, pero…
Sí, aunque…   } + *indicativo*
Comprendo lo que dices, sin embargo

Expresar desacuerdo

• *Desacuerdo débil*
Eso no es así
Eso no tiene sentido
Eso es discutible

• *Desacuerdo fuerte*
De ninguna manera
Por supuesto que no
Me opongo por completo
Eso es ridículo
¡Ni hablar!
¡Todo lo contrario!

Pedir explicaciones

No me queda claro…
¿Puedes aclarar el punto /
   lo de…?
¿Qué quieres decir cuando
   hablas de…?

 10-13 **A favor o en contra**

Vas a escuchar a diferentes personas que usan algunas de las expresiones que no están en la lista anterior. Escribe cada expresión que escuches y después decide con un compañero en qué parte de la escala debería clasificarse cada una de ellas.

Información sobre la actividad 10-13
Como ya se ha hecho anteriormente en otras actividades a lo largo de *Gente*, aquí se desea trabajar la entonación de los enunciados. Por ello, resulta especialmente importante que el profesor haga énfasis en que los estudiantes presten atención al tono con el que los hablantes producen las estructuras. Ello será determinante para que puedan resolver la actividad con éxito.

Posibles respuestas para la actividad 10-14
1. Buena idea (acuerdo débil)
2. Nada más lejos de la verdad (desacuerdo fuerte)
3. No me parece mal, pero… (aceptación parcial o reserva sobre lo dicho)
4. ¡De eso nada! (desacuerdo fuerte)
5. En efecto (acuerdo fuerte)
6. Eso no es exacto (desacuerdo débil)
7. Opino como tú (acuerdo con implicación personal)
8. Creo que te equivocas (desacuerdo con implicación personal)

10-14 Y tú, ¿qué opinas?

Escucha lo que dicen las siguientes personas y reacciona expresando tu opinión.

EJEMPLO:

E1: Ni hablar. Mentir siempre es malo. **E2: Sí, pero** a veces no tienes más remedio, ¿no crees?

 10-15 Declaraciones

¿Qué reacción te provocan las siguientes declaraciones? ¿Quién crees que las dijo? Coméntalo con un compañero.

1	"Éramos tres en este matrimonio, así que estábamos un poco abarrotados." Lady Diana, princesa de Gales
2	"…por qué no te callas." (señalando a Hugo Chávez) Juan Carlos I, Rey de España
3	"Besaría a una rana aún sin la promesa del príncipe azul después del beso. Me encantan las ranas." Cameron Díaz
4	"El demonio vino aquí ayer, justo aquí. Todavía hoy huele a sulfuro." (después de la visita de un Presidente de los Estados Unidos) Hugo Chávez
5	"Tengo una familia que alimentar." (tras rechazar una oferta de 21 millones de dólares). Jugador de la NBA
6	"Acá no se trata de sacarle a los ricos para darle a los pobres, como hacía Robinson Crusoe." Ex presidente de Argentina
7	"No es la polución lo que está perjudicando el medio ambiente. Son las impurezas en nuestro aire y agua que hacen eso." Ex presidente de Estados Unidos

Jugador de la NBA	Ex presidente de EE.UU.	Nicole Kidman (actriz)
Juan Carlos I (Rey de España)	Hugo Chávez (Presidente de Venezuela)	Cameron Díaz (actriz)
Ex presidente de Argentina	Lady Di (Princesa de Gales)	Fidel Castro

EJEMPLO:

E1: Me parece que lo de que el demonio **vino** ayer y que todavía **olía** a sulfuro lo dijo un ex-presidente de México
E2: Creo que te confundes, ¿no lo dijo Hugo Chávez?

 10-16 Juego de papeles

La clase debe dividirse en parejas, cada una con un/a estudiante A y un/a estudiante B. Después, adopten las posturas de sus papeles intentando usar lo más que puedan las expresiones de opinión, acuerdo, desacuerdo y pedir explicaciones.

A. Eres estudiante de periodismo y crees totalmente en la libertad de expresión. Los ciudadanos deben tener el derecho a decidir qué es lo que quieren o no quieren ver o leer en los medios de comunicación. El gobierno no debe hacer uso de poder para censurar información. La realidad debe presentarse sin censuras.

B. Eres estudiante de periodismo y crees que el gobierno debe tener el derecho a censurar toda aquella información que pueda herir a los ciudadanos y por lo tanto debe poder ordenar a los medios de comunicación que no publiquen cierto material ofensivo o peligroso para la seguridad del país.

EJEMPLO:

E1: No creo que nadie tenga el derecho a censurar lo que alguien quiere o no quiere ver en la Internet.
E2: Sí, pero hay veces que es necesario restringir el acceso a ciertos sitios, ¿no crees?

TAREA

Crear un periódico local con noticias de diferentes ámbitos.

👥 PREPARACIÓN

¿Qué secciones has observado que tienen los periódicos regulares o digitales? Con tu compañero haz una lista de estas secciones y ordénenlas de mayor a menor importancia según la relevancia de la información que transmiten.

Observa los siguientes titulares publicados en *El Cebollín*.

¿A qué secciones del periódico puede pertenecer cada una de las noticias?

> ### Récord de desempleo en la historia de Estados Unidos
>
> Los últimos datos de empleo en Estados Unidos desarmaron cualquier esperanza de recuperación económica. Se han perdido alrededor de 470.000 puestos de trabajo y la tasa de desempleo llegó casi al 10 por ciento.

> ### Encuentran tres nuevas especies de dinosaurios
>
> Paleontólogos anunciaron el descubrimiento de tres nuevas especies de dinosaurios en el estado de Queensland, Australia. Por la evidencia encontrada, se cree que uno de ellos era mucho más feroz que el conocido velocirráptor.

> ### Defensa de la marihuana, Brasil
>
> La propuesta de despenalizar la marihuana fue defendida en Brasil por el mismo ministro de Medio Ambiente quien señaló que la legalización evitaría el tráfico ilegal de tal producto.

> ### Finalmente Flickr y Twitter se integran
>
> Flickr, el servicio más popular de intercambio de imágenes de la Internet se ha integrado en 'microbloging' Twitter.

Paso 1 Primero, en grupo, la clase va a decidir:

- El tipo de periódico o revista que van a publicar.
- Seleccionar un nombre para el mismo.
- El formato: ¿es un diario digital, un mural, un póster, se va a imprimir?
- A partir de la lista de secciones que cada pareja creó, ¿cuáles y cuántas secciones van a incorporar?

Posteriormente, se divide la clase en parejas según el número de secciones y cada pareja decide qué tipo de reportaje o noticia va a escribir. Se escribe el plan general de la clase en la pizarra.

Paso 2 Ahora cada grupo prepara / escribe su reportaje / noticia:

- Seleccionen un tema / noticia.
- Definan qué apoyo (visual, audio, etc.) necesitan.
- Escriban la noticia (350–400 palabras).
- Grupos de consulta: cada pareja o grupo revisa el contenido de la noticia de otro grupo o pareja y ofrece comentarios constructivos.

Paso 3 El grupo de la clase arma el periódico y se presenta a la clase como producto final.

El sol universitario

NOTICIAS   CAMPUS   DEPORTES   EVENTOS   OPINIÓN   DIVERSIÓN   BLOGS   MULTIMEDIA

DEPORTES

La universidad se prepara para el partido del año
KELLY ADAMS

Los miembros del sistema universitario solar se preparan para el gran encuentro de fútbol americano en el que los dos Titanes del deporte disputarán el premio del NCAA.

Los equipos han invertido horas de práctica y trabajo. La banda de música y las porristas están listos para el gran encuentro.

Se comenta que el jugador favorito ya está listo para incorporarse al juego luego de tres meses de licencia por cuestiones de salud. Como se sabe, Jim Roses fue operado de la rodilla izquierda luego de una lesión que tuviera en el verano.

CAMPUS

Estudiante gana premio de 10,000 dólares
JEFF NEON

Una estudiante de cine y televisión ha ganado su primer premio con un documental filmado en un pueblo indígena de Morelos, en México. Soledad Miranda pasó un semestre explorando diferentes temas amerindios hasta que ubicó esta comunidad, donde el español aún no ha llegado de manera contundente.

BLOGS

Lectura para el verano
JAIME LEÓN

Ya ha se ha decidido la lectura que tendrán que hacer los alumnos de primer año este verano. La propuesta de leer "*Eating animals*" del autor Jonathan Safran Foer ha sido acogida con mucha expectativa, tanto por los estudiantes como por los profesores. El libro discute temas controversiales asociados con la industria de producción de alimentos. Como es de esperarse, en este trabajo se tocan temas espinosos políticos y éticos.

EVENTOS

Inauguración de conferencia
SONIA ORTIZ

En el marco del mes de la no violencia contra la mujer se ha inaugurado la conferencia internacional en la que participan representantes de diferentes países.

NOTICIAS DEL MUNDO

- Pakistán evalúa sus relaciones con EE.UU. y la OTAN
- Cuatro rehenes de las FARC mueren en un intento fallido para rescatarlos
- Brota la violencia en la capital de RD del Congo poco antes de las elecciones
- Perú: se prepara el juicio para Joran Van der Sloot

Paso 4 Los estudiantes comentan individualmente el resultado del trabajo en el periódico en un blog.

Paso 2

Este paso se lleva a cabo en parejas o en los grupos de tres. Cada pareja/grupo primero selecciona una noticia o un tema dentro del ámbito que han seleccionado trabajar.

Una vez seleccionado el tema, deben decidir y discutir el tipo de apoyo que quieren usar. Obviamente esta decisión irá de la mano con el formato que la clase haya seleccionado para el proyecto.

Paso 3

Este paso se realiza en la clase. Los estudiantes pueden armar el periódico según lo establecido en el Paso 1. El estadio final es la presentación del periódico al instructor. Algunos representantes de la clase deben hablar del proceso de toma de decisiones, de escritura y de finalización del producto final.

Paso 4

Lo importante de la post-Tarea es que los estudiantes se concentren en el aspecto del proceso de trabajo en el periódico. Deben escribir sus impresiones sobre los aspectos positivos y menos positivos del proceso. Esto idealmente se podría realizar a manera de blog para generar una conversación electrónica con los compañeros.

De igual modo, sería interesante que los estudiantes usaran el mismo blog para dar retroalimentación escrita sobre las secciones creadas por sus compañeros.

📖 **EXPLORACIONES**

10-24 to
10-27

GENTE QUE LEE

Los textos expositivo-argumentativos: identificación de la postura del autor y el género del texto

En el ensayo, el autor presenta una reflexión argumentada sobre un tema en específico. A través de la organización del texto y del trabajo del contenido, se puede distinguir el punto de vista del escritor. Los temas del ensayo son libres y van desde lo humanístico, filosófico, político, social y cultural, hasta lo histórico o lo deportivo. En el ensayo el autor no solo expone y argumenta sus ideas; sino que organiza y estructura su ensayo de una manera intencionada para enfatizar su punto de vista.

Para identificar el género de un texto, debemos reflexionar sobre cuál es la función principal que podemos determinar en el texto presentado: ¿nos relata una historia desde un punto de vista objetivo, desde una perspectiva crítica o embelleciendo el lenguaje utilizado, o es un comentario, o nos intenta convencer de algo?

ANTES DE LEER

10-17 ¿Qué postura?

Lee los siguientes párrafos de noticias o reportajes y determina la postura del autor *por el tipo de léxico seleccionado, la presentación de las ideas y los conectores o marcadores usados.* ¿Es favorable o desfavorable?

Favorable

Desfavorable

a) Si bien existe mucho optimismo con la elección del primer presidente afrodescendiente, el pueblo de Estados Unidos de Norteamérica se encuentra actualmente en un periodo muy difícil, enfrentando una crisis económica bastante profunda, una crisis de confianza. Pero concuerdo con la idea de Nelson Manrique: "Se entiende la crisis como una oportunidad porque permite que la gente común, tradicionalmente conservadora, se plantee la necesidad de cambios. Una puerta se ha abierto".

b) El ritmo al que se pierde biodiversidad en el mundo de las aves se acelera, hasta el punto de que 1.200 especies se encuentran amenazadas de extinción. De éstas 190 se enfrentan a una situación crítica.

c) Desde 1996, año en que los talibán tomaron el poder, la relativa libertad de las afganas, que les permitía trabajar, vestir con libertad, conducir o aparecer en público solas, se ha convertido en una pesadilla en la que el más mínimo error puede costarles la vida.

 ¿Qué evidencia encuentras para apoyar tu respuesta? Compara tu respuesta con tu compañero.

	TEXTO 1	TEXTO 2	TEXTO 3
Sustantivos:	*optimismo, crisis, oportunidad...*	extinción, situación	libertad, pesadilla, error, vida
Adjetivos:	*primer, afrodescendiente,...*	amenazadas, crítica	relativa, solas, mínimo
Verbos y formas verbales:	*se entiende (forma impersonal)...*	perder, acelerarse, enfrentar	permitir, subjuntivo, vestir, conducir, aparecer en público, costar
Otros elementos:	*tradicionalmente...*	hasta el punto de que	

AL LEER

Ciencia y religión, ¿destinadas a desentenderse?

Cuando la revolución copernicana desplazó a la Tierra del centro del Universo, en contra de lo afirmado por la teología cristiana, de hecho se abrió la puerta para dudar de una creación y de un creador. En realidad, Nicolás Copérnico no pretendía cuestionar la existencia de Dios, pero en ese entonces una Iglesia todo poderosa, y única depositaria del saber, no estaba dispuesta a permitir ninguna idea en contra de la supremacía de la palabra divina. Así fue que la obra de Copérnico fue prohibida por la iglesia, Giordano Bruno quemado en la hoguera por defenderla y Galileo Galilei se vio forzado a abandonar su defensa de la teoría heliocéntrica para salvar su vida frente a la Inquisición. Ese escenario ha cambiado radicalmente en los últimos quinientos años. El poder sobre el conocimiento que tenía la religión se ha trasladado a la ciencia. El giro fue tan revolucionario que, por ejemplo, hoy en día nadie dudará de que la Tierra se mueve alrededor del sol. Cualquier persona cabal hace cinco siglos habría considerado el postulado heliocéntrico una locura, si no una herejía. Antes imperaban los dogmas religiosos, hoy lo hacen los dogmas científicos.

Hoy en día la ciencia tiene el patrimonio sobre los criterios de verdad, mientras que la religión ha tenido que ceder el poder que antes tuvo en ese ámbito. Hoy, en sus posiciones más extremas, la ciencia niega la existencia de Dios, o como mínimo prescinde de cualquier dios que no sea el de la razón; por su parte, la religión (la cristiana, compañera de viaje de la ciencia nacida en Occidente) considera que a Dios no se llega por la razón, sino por la fe y que por ello la ciencia no dispone de herramientas válidas para preguntarse por la existencia de Dios.

No obstante, entre esos dos puntos irreconciliables, ciencia y religión continúan encontrándose a menudo. Más notorios suelen ser los desencuentros. Pero tampoco faltan desde ambas partes los intentos de conciliación. Claro está que no se trata de dos campos incomunicados, sino que, por ejemplo, la religión es parte importante de la vida de numerosos científicos y, evidentemente, hay creyentes que conviven con la ciencia en prácticamente cada aspecto de sus experiencias cotidianas. Siempre habrá un científico que se preguntará por el papel de un ser omnipotente y, a su vez, desde la religión hay quien no vería con malos ojos la obtención del apoyo científico.

Para poner un ejemplo de uno de esos intentos de encuentro tomemos un campo, el de la medicina, y un asunto que ha sido objeto de análisis: ¿produce el rezo un beneficio en la salud? Sobre ello se han realizado, con resultados dispares, más de 275 estudios. Uno de ellos, impulsado por un sacerdote episcopal y residente de cirugía general del Centro Médico de la Universidad de Pittsburgh (UPMC) en Estados Unidos, ha concluido que la práctica religiosa de una manera regular contribuye a aumentar la esperanza de vida, en concreto, entre 1,8 y 3,1 años. Otro estudio, subvencionado por la fundación John Templeton, investigó los efectos terapéuticos de la oración mediadora, es decir analizó si el rezo de terceras personas por la salud de un enfermo tenía efectos en su recuperación. La conclusión fue negativa.

Es fácil observar que ninguno de estos dos estudios, realizados con métodos científicos, abordaron de forma explícita una pregunta sobre la existencia de Dios. Ciencia y religión no están forzadas a un encuentro, sus caminos ya transcurren separados, pero ello no es, ha sido, ni será un obstáculo para que intenten hallar lugares comunes. Y en cada intento de armonización, en realidad, aquello que se plantea, que se cuestiona o que se pretende defender es la misma existencia de Dios.

 10-18 El esqueleto del primer párrafo

Con tu compañero examina el primer párrafo. Establezcan una línea de sucesión de ideas hasta llegar a la frase final. Numérenlas. ¿Cómo creen que continúa el texto?

EJEMPLO:

1. Cuando la revolución copernicana desplazó a la Tierra del centro del Universo, en contra de lo afirmado por la teología cristiana... – *Se contextualiza, se establece una causa/un antecedente de hecho.*

 10-19 Contraposición de ideas

Con tu compañero examina el tercer párrafo. Comenta qué usa el autor para contraponer ideas. Haz un listado de los conectores y del léxico que expresan contraposición.

Conectores:
No obstante, pero tampoco, sino que, evidentemente,...

Léxico:
irreconciliables, desencuentros, enfrentamientos, ética, moral...

DESPUÉS DE LEER

 10-20 La postura del autor

¿Qué postura toma el autor en relación a la ciencia o a la religión? ¿Cómo lo determinas? Coméntalo con tu compañero.

Información para Al leer
Las actividades están orientadas a que el estudiante pueda analizar, predecir e interpretar los diferentes componentes del ensayo. Se busca también que el estudiante haga un razonamiento evaluativo de elementos estructurales tales como los conectores u otros elementos léxicos o funcionales.

Respuesta para la actividad 10-18
La siguiente es una de las posibles maneras de presentar y discutir el esqueleto del primer párrafo.

2. se abrió la puerta para dudar de una Creación y de un Creador – *Se presenta la consecuencia de lo planteado en 1.*

3. En realidad, Nicolás Copérnico no pretendía cuestionar la existencia de Dios, ... – *Se da una explicación y se contrapone el rol de la iglesia gracias al uso de pero. Asimismo, se establece una segunda causa.*

4. Así fue que la obra de Copérnico fue prohibida por la Iglesia, ... verdad religiosa. – *Se presentan las consecuencias de la segunda causa.*

5. Ese escenario ha cambiado radicalmente en los últimos quinientos años. – *Contraposición de ideas: lo histórico vs lo presente.*

6. El poder sobre el conocimiento que tenía la Religión se ha trasladado a la Ciencia. – *Consecuencia.*

7. El giro fue tan revolucionario que, por ejemplo, hoy en día nadie dudará de que la Tierra se mueve alrededor del Sol, ... – *Se explica lo planteado en 6.*

8. Antes imperaban los dogmas religiosos, hoy lo hacen los dogmas científicos. – *Breve conclusión de las ideas desarrolladas en el último segmento.*

MESA REDONDA

¿Qué nos ofrece la medicina alternativa?

> Por regla general, la medicina alternativa suele incluir cualquier tipo de práctica curativa que no forma parte de la medicina tradicional. Es decir, todas aquellas prácticas que no se enseñan en las facultades de medicina o que normalmente no se usan en las consultas médicas ni en los hospitales.

 Paso 1 Investiga

Todos sabemos que las hierbas y plantas pueden tener un efecto en la salud de una persona. Por ejemplo, la manzanilla se recomienda después de la cena para una buena digestión. ¿Conoces para qué sirven algunas de estas plantas o hierbas? ¿Las has usado alguna vez? ¿Puedes dar ejemplos de tratamientos alternativos y comentar cómo se comparan con los tratamientos que ofrece la medicina tradicional?

- el ajo
- la cebolla
- la valeriana
- la tila
- el apio

- el jengibre
- la alcachofa
- el eucalipto
- el cardo
- la ortiga

- la avena
- el hinojo
- la maca

 En grupos escojan una de las plantas de la lista e investíguenla desde el punto de vista medicinal:

- Cualidades / propiedades generales
- Beneficios y usos medicinales
- Contraindicaciones
- Formas de preparación para ser ingerida
- Comparación con otros remedios ofrecidos por la medicina tradicional

Paso 2 Puesta en común

Después de la investigación, primero expongan todos aquellos datos relevantes que encontraron para cada una de las plantas medicinales investigadas y posteriormente establezcan una conversación sobre los beneficios de la medicina alternativa en comparación con la tradicional, intentando dar respuesta a alguna de las siguientes preguntas:

¿En qué se diferencian ambas medicinas? ¿Son complementarias?

¿Hay casos específicos o tipos de enfermedades en los que la medicina homeopática o natural es más efectiva que la alopática o clásica?

GENTE QUE ESCRIBE

La escritura de un texto argumentativo se realiza en diferentes fases, indicadas en el siguiente esquema:

1. Público que va a leer el trabajo escrito
2. Selección del tema
3. Delimitación del tema
4. Pregunta de investigación o pregunta que intentas enfrentar en el desarrollo del ensayo
5. Esquema del ensayo
6. Desarrollo del trabajo escrito
   a. Introducción
   b. Desarrollo y presentación de argumentos y contraargumentos (esto incluye ejemplos y citas)
   c. Conclusión
7. Revisión
   a. Grupo de consulta
      i. Contenido
      ii. Gramática
   b. Revisión individual
      i. Contenido
      ii. Gramática
8. Versión final

10-21 Guía de revisión

Las siguientes son preguntas que uno puede plantear al hacer una revisión. Marca con una X según si la pregunta apunta al contenido, la organización o al uso lingüístico del autor (gramática y vocabulario).

PREGUNTA	CONTENIDO	ORGANIZACIÓN	GRAMÁTICA	VOCABULARIO
¿Cuál es la tesis del ensayo? ¿Es atractivo el título?	X			
¿Tiene una introducción interesante?	X			
¿Los argumentos apoyan la tesis?	X			
¿Hay una idea para cada párrafo?	X			
¿Aporta suficientes ejemplos para ilustrar los argumentos?	X			
¿Hay citas textuales o paráfrasis?	X			
¿Hay suficientes argumentos? ¿Se presentan en una secuencia adecuada?		X		
¿Son suficientes y apropiados los conectores?		X		
¿Está bien escrita la conclusión?		X		
¿Usa frases complejas?			X	
¿Usa el subjuntivo cuando es necesario?			X	
¿Hay anglicismos o falsos cognados? ¿Usa anglicismos cuando no es necesario?				X
¿Abundan los errores gramaticales?			X	
¿Hay variedad de vocabulario?				X
¿Encuentras errores de acentuación, puntuación, mayúscula/minúscula?		X		

10-22 A revisar

Tu instructor te dará un texto para su revisión. Con un compañero léelo y ofrezcan al autor *feedback* en contenido y en organización. Procuren seguir el modelo que ofrecen las preguntas-guía.

anónimo (o por él mismo) para que sirva como punto de partida en el trabajo de *grupo de consulta* o *peer review*.

El objetivo principal es que los estudiantes puedan ofrecer comentarios relevantes y significativos que puedan servir de ayuda al compañero que revisa el trabajo. Esta sección se enfoca en la etapa de revisión.

Sugerencia para la actividad 10-21
Esta actividad intenta que el estudiante identifique a qué componente del texto escrito apuntan las preguntas de la primera columna. De esta manera, si el estudiante quiere comentar el contenido, esta actividad le ofrece las preguntas que le van a guiar cuando lea el texto de su compañero. Así, organiza el *feedback* de una manera tal que no confunde el tipo de cuestionamiento que le plantee al compañero. En otras palabras, si se le asigna como tarea que ofrezca comentarios solamente al contenido de un texto, qué preguntas le guiarán para ofrecer el mejor comentario o crítica.

El instructor podría comenzar la actividad entregando primero el texto que desee analizar y leyéndolo en voz alta para así comenzar con algunas preguntas orientativas relacionadas con el contenido del cuadro. Esta aproximación un poco más inductiva podría resultar también de utilidad para limitar las dudas que la clase pudiese tener sobre el vocabulario técnico del texto.

Otra posible variación, que sin duda implicaría más tiempo, podría consistir en crear un texto académico entre toda la clase, que después constituiría la base para la actividad de análisis. Para ello, el instructor podría distribuir entre varios grupos distintas ideas relacionadas con el mismo tema. Cada grupo prepararía un párrafo a partir de su idea y después la puesta en común serviría para estructurar los párrafos en un orden coherente. De esta manera, se trabajaría primero la cohesión interna de los párrafos (disposición de la idea principal y los elementos lingüísticos para expresarla) y su coherencia externa (organización de los párrafos para formar un texto).

El vocabulario activo está marcado en negrita. Las otras palabras ayudarán al estudiante a completar las actividades del capítulo.

🔊 VOCABULARIO

Las palabras en negrita representan el vocabulario activo. Las otras palabras te ayudarán a completar las actividades del capítulo.

Sustantivos para hablar de nuestras noticias

el accesorio	el incidente
el alcoholismo	el incremento
la amenaza	**la investigación**
el antibiótico	**la irregularidad**
el aumento	**la libertad de expresión**
el avance	**la masa**
el bienestar	la matanza
la capa de ozono	**la medida**
la cifra	**el método científico**
el ciudadano	**la muerte**
el combate	**la nación**
la competencia	**el naufragio**
la concienciación	**el negocio**
el consumo	**el nivel**
la cría	**el obstáculo**
la deforestación	**la pandemia**
el derroche	**el peligro de extinción**
el desarrollo	**el percance**
el desastre	**el periódico**
la desgracia	**la pesadilla**
el desperdicio	**la protección**
el desplazamiento	**el prototipo**
la disciplina	**el recorte**
el engaño	**el recurso**
la epidemia	el relevo
la erradicación	**el rendimiento**
la escasez	**el reto**
el escenario	**la revista**
el espectáculo	**el riesgo**
la expectativa de vida	**el ruido**
el experto/a	**el secreto**
la explosión	**el sector**
las exposiciones	**la señal**
la expropiación	la sobredosis
la extinción	**las subastas de arte**
el fallecimiento	el suicidio
la fama	**la tendencia**
el fenómeno	**el terremoto**
el fraude	**el tsunami**
la fuente	**el/la víctima**
la función	
la genética	
la gripe	
porcina	
aviar	

Adjetivos

abarrotado/a	**efímero/a**
accidental	**irreconciliable**
agresivo/a	**moderado/a**
ascendente	**potable**
catastrófico/a	**relativo/a**
confundido/a	**rentable**
creciente	**salvaje**
destacado/a	satisfecho/a
discreto/a	**sostenible**
drástico/a	**temible**

Verbos

alcanzar	**explorar**
amenazar	fallecer
aparecer	**hallar**
aprovechar	llevar a cabo
atrapar	medir
batir	**ocultar**
beneficiar	**perjudicar**
brotar	**pronosticar**
censurar	**ralentizar**
colaborar	**reducir**
combatir	**registrar**
contribuir	repatriar
criar	**restar**
denunciar	**revelar**
derrochar	**señalar**
descubrir	someter
desentenderse	**sortear**
deshacerse	**superar**
despenalizar	**surgir**

CONSULTORIO LINGÜÍSTICO

1 Expresar certeza y probabilidad

Como vimos en el Capítulo 3, al expresar certeza debemos usar el indicativo.

No cabe ninguna duda
la menor duda   (de) que los políticos **han hablado** del tema.
Sin lugar a dudas   la investigación previa **nos ofreció** resultados interesantes.

Con toda seguridad
Seguramente   la economia **mejorará** muy pronto.
Estoy seguro de que

Por el contrario, cuando no estamos seguros o queremos expresar cierto grado de probablidad, normalmente usamos el subjuntivo.

Es (muy/poco) probable
Hay (muchas/pocas)   que **se resuelvan** todos los problemas del mundo.
probabilidades de

Posiblemente
Probablemente   la situación **mejore** en poco tiempo.
Quizá(s)
Tal vez

Recordemos que la expresión **a lo mejor** siempre requiere indicativo:

A lo mejor   gana el partido democrático.
                           los políticos llegan a un acuerdo.

2 Revisión cláusulas adverbiales

En español es posible modificar la oración o la acción expresada por el verbo por medio de frases adverbiales. Por ejemplo:

Salimos de casa **muy rápidamente**.

Así mismo, ya hemos visto en capítulos previos que también es posible modificar una oración o la acción expresada por el verbo por una cláusula adverbial, es decir por una oración subordinada cuya función es equivalente a la de un adverbio o de una frase adverbial.

Estas frases subordinadas adverbiales se introducen por medio de una conjunción subordinante, que actúa como estructura conectora de la oración principal y la cláusula subordinada.

Dichas oraciones siguen principalmente la siguiente estructura:

Oración principal	+ estructura conectora (conjunción subordinante)	+ oración subordinada
Las autoridades visitarán la zona	**tan pronto como**	**se restablezca** el suministro eléctrico.
Se apoyará a la población	**siempre que**	se **pueda** acceder a la zona afectada

SIEMPRE CON SUBJUNTIVO:

Para que
A fin de que   Se han establecido regulaciones **para que** las madereras no **destruyan** la selva.
Con el fin de que

Con tal de que   No importa el resultado **con tal de que se llegue** a un acuerdo.
Siempre y cuando   Se podrán prevenir las consecuencias de los desastres naturales **siempre y cuando se realicen** las
Siempre que   investigaciones en esa dirección.

A menos que   **A menos que se trabaje** en equipo, no se podrán plantear soluciones a largo plazo a los problemas sociales.
A no ser que

CON SUBJUNTIVO O CON INDICATIVO

En cuanto **Tan pronto como**	Los problemas del hambre desaparecerán **en cuanto** los países poderosos **se pongan** de acuerdo y **encuentren** soluciones sostenibles.
	Los niños de primaria suelen tener mucha hambre al medio día; **en cuanto llega** la comida todos corren a la cafetería para disfrutar de sus alimentos.
Cuando	Empezaremos a ver progreso **cuando seamos** capaces de aceptar nuestros errores y **hagamos** algo para mejorar.
	Durante su gobierno, el progreso llegó **cuando construyeron** el ferrocarril.
Hasta que	No se llegará a un acuerdo **hasta que** no **se acerquen** las posiciones.
	Los caminantes no dijeron una palabra **hasta que les dio** la voz el líder principal, entonces gritaron arengas de libertad.
Mientras	**Mientras sigamos** manteniendo nuestra actitud, no se alcanzará un acuerdo.
	Mientras comen comida chatarra en la calle, sus madres se esmeran por darles comida sana en casa.
Aunque	**Aunque sea** necesario reconvertir el sector de forma inmediata, primero se deben sentar las bases.
	Aunque ya **han ocurrido** demasiadas muertes innecesarias, es importante protestar y decir basta ya.

Revisa los Capítulos 4 y 6.

3 Discurso indirecto

Revisa el Capítulo 5, donde se introdujo el tema.

El acto de reportar la información dicha por otros se llama **Estilo o discurso indirecto** y cuando queremos reportar este tipo de información, podemos hacerlo usando el presente o el pasado. Observa como Carmen reporta la información de Pepita ambos días.

Cuando reportamos en el presente, no hay cambio en el tiempo verbal, sólo en la persona, pero cuando reportamos en el pasado, hay cambio en la persona y, muchas veces, también en el tiempo verbal.

Presta atención al mensaje que Pepita deja a Carmen en el contestador automático y el posterior mensaje que le escribe su esposo Carlos. ¿Qué otros cambios observas además de los tiempos verbales?

En los ejemplos anteriores el verbo introductor de la información es **decir**, pero dependiendo de la información podemos usar otros verbos introductores: **mencionar, preguntar, pedir, afirmar, asegurar, responder, explicar, declarar**, etc.

Cuando queremos pasar una información desde el estilo directo al estilo indirecto, debemos **prestar atención al tiempo del verbo introductor** para saber los cambios que deberemos hacer en el verbo de la cita.

• **Verbo introductor en presente:**

"**Como** mucho y **duermo** poco"
"**Mis** notas son mejores que las **tuyas**"

dice QUE **come** mucho y **duerme** poco
dice QUE **sus** notas son mejores que las **mías**

• **Verbo introductor en pasado:**

PRESENTE *de* INDICATIVO ⟶ IMPERFECTO DE INDICATIVO
"No **es** posible obtener evidencia"
Los reporteros **indicaron que** no **era** posible obtener evidencia

PRETÉRITO ⟶ PASADO PERFECTO
"**Hice** la tarea"
Javier **explicó** QUE **había hecho** la tarea.

PRESENTE PERFECTO ⟶	PASADO PERFECTO
"**He hecho** el reporte"	El director **mencionó** QUE **había hecho** el reporte.
IMPERFECTO ⟶	IMPERFECTO
"**Tenía** muchos amigos."	**afirmó** QUE **tenía** muchos amigos.
FUTURO ⟶	CONDICIONAL
"No **haré** el trabajo."	**aseguró** QUE no **haría** el trabajo.
CONDICIONAL ⟶	CONDICIONAL
"No **sería** mala idea."	**consideró** QUE no **sería** mala idea.
MANDATO ⟶	IMPERFECTO DE SUBJUNTIVO
"**Haz / haga** la tarea"	**pidió** QUE **hicieras / hiciera** la tarea.
PRESENTE DE SUBJUNTIVO ⟶	IMPERFECTO DE SUBJUNTIVO
"Me gusta que Ana **haga mi** tarea"	**dijo** QUE le gustaba que Ana **hiciera su** tarea.

• **Modificaciones en preguntas**

PREGUNTAS DIRECTAS (SI / NO) ⟶	(que*) + si + verbo
"¿Tienes un puesto?"	preguntó (**que***) **si tenía** un puesto
PREGUNTAS DE INFORMACIÓN ⟶	(que*) + palabra interrogativa + verbo
"¿Cuándo es tu entrevista?"	preguntó (**que***) **cuándo era mi** entrevista

¡ATENCIÓN!

En las preguntas en estilo indirecto, el uso de **que** es opcional.

Otras modificaciones necesarias al reportar la información

• Referencias temporales	mañana > hoy
• Referencias espaciales	aquí > allí / allá
• Pronombres personales / posesivos	yo > él / ella; tus libros > mis libros
• Demostrativos	este documento > ese documento

Nuestros objetivos son llegar al corazón del problema. > Dijo que **sus** objetivos eran llegar al corazón del problema

Me dio el dinero sin hacer**me** mayores preguntas. < Indicó que **le** había dado el dinero sin hacer**le** mayores preguntas

4 Tiempos del pasado

El pretérito nos presenta la narración como una serie de eventos. Cada verbo que usamos en el preterito, añade un evento más a nuestra historia.

> **Salió** del carro deprisa y se puso a caminar hacia la entrada del restaurante. **Abrió** la puerta y **buscó** con la mirada a su grupo. **Encontró** la mesa y **se dirigió** hacia ella. Al llegar saludó a todos los presentes. La **vio** inmediatamente. **Se sentó** a su lado. Sin mediar palabra alguna, **se abrazaron** con pasión y **empezaron** a conversar.

Si además de narrar eventos queremos añadir información que nos ofrezca detalles importantes de lo que pasa alrededor de dichos eventos, entonces usamos el imperfecto.

Por su parte, el pluscuamperfecto señala eventos que tuvieron lugar antes de los eventos o circumastancias narradas.

> **Salió** del carro deprisa y **se puso** a caminar hacia la entrada del restaurante. **Estaba** convencido de que aquel **era** el lugar escogido por Cristina. **Abrió** la puerta y **buscó** con la mirada a su grupo. **Había** mucha gente y **se sentía** muy cansado, pero **era** consciente de que habia estado esperando ese momento durante mucho tiempo. **Encontró** la mesa y se **dirigió** hacia ella. Mientras **sorteaba** a la gente, **pensaba** en lo que había ocurrido la última vez que se vieron. Al llegar **saludó** a todos los presentes. La **vio** inmediatamente. **Estaba** radiante; **llevaba** un vestido rojo que **resaltaba** su físico y la **hacía** parecer una de esas modelos de las revistas. **Se sentó** a su lado. Sin mediar palabra alguna, **se abrazaron** con pasión y **empezaron** a conversar. **Tenían** tantas cosas que contarse.

Revisa el uso de los tiempos del pasado en los Capítulos 1 y 2.

MARCADORES DEL DISCURSO PARA LA ESCRITURA

ESTRUCTURADORES DE LA INFORMACIÓN	ORDENADORES (ordenar la información)	en primer lugar/en segundo lugar; por una parte/por otra parte; por un lado/por otro lado, para empezar, para continuar, a continuación, por último, en último lugar
	TEMATIZADORES (decir que ahora se va a hablar de un tema)	respecto a, a propósito de, en cuanto a
CONECTORES	ADITIVOS (añadir información)	además, incluso, también, asimismo, igualmente
	CAUSALES (establecer una relación de causa y efecto)	a causa de, puesto que, debido a, dado que, ya que, porque
	CONSECUTIVOS (establecer una consecuencia)	por (lo) tanto, por consiguiente, en consecuencia, entonces, pues, así, por eso, así que
	CONTRAARGUMENTATIVOS (presentar una idea que se opone a la anterior)	en cambio, por el contrario, a diferencia de, sin embargo, en contraste, aunque, a pesar de (que)
REFORMULADORES	EXPLICATIVOS (para "volver a decir")	o sea, es decir
	DE RECTIFICACIÓN (para rectificar o expresar con más precisión)	mejor dicho, más bien, en otras palabras
	RECAPITULATIVOS (para resumir o concluir)	en suma, en conclusión, en definitiva, en fin, al fin y al cabo, para terminar, para resumir, en resumen, para concluir
OPERADORES ARGUMENTATIVOS	DE REFUERZO ARGUMENTATIVO (reafirmar la información)	en realidad, de hecho, en efecto, desde luego, por supuesto
	DE CONCRECIÓN (dar un ejemplo o caso específico)	por ejemplo, en particular, (más) específicamente, en especial, a saber

Verb Charts

REGULAR VERBS: SIMPLE TENSES

Infinitive Present Participle Past Participle	Indicative					Subjunctive		Imperative
	Present	Imperfect	Preterit	Future	Conditional	Present	Imperfect	Commands
hablar hablando hablado	hablo hablas habla hablamos habláis hablan	hablaba hablabas hablaba hablábamos hablabais hablaban	hablé hablaste habló hablamos hablasteis hablaron	hablaré hablarás hablará hablaremos hablaréis hablarán	hablaría hablarías hablaría hablaríamos hablaríais hablarían	hable hables hable hablemos habléis hablen	hablara hablaras hablara habláramos hablarais hablaran	habla (tú), no hables hable (usted) hablemos hablad (vosotros), no habléis hablen (Uds.)
comer comiendo comido	como comes come comemos coméis comen	comía comías comía comíamos comíais comían	comí comiste comió comimos comisteis comieron	comeré comerás comerá comeremos comeréis comerán	comería comerías comería comeríamos comeríais comerían	coma comas coma comamos comáis coman	comiera comieras comiera comiéramos comierais comieran	come (tú), no comas coma (usted) comamos comed (vosotros), no comáis coman (Uds.)
vivir viviendo vivido	vivo vives vive vivimos vivís viven	vivía vivías vivía vivíamos vivíais vivían	viví viviste vivió vivimos vivisteis vivieron	viviré vivirás vivirá viviremos viviréis vivirán	viviría vivirías viviría viviríamos viviríais vivirían	viva vivas viva vivamos viváis vivan	viviera vivieras viviera viviéramos vivierais vivieran	vive (tú), no vivas viva (usted) vivamos vivid (vosotros), no viváis vivan (Uds.)

REGULAR VERBS: PERFECT TENSES

	Indicative					Subjunctive	
	Present Perfect	Past Perfect	Preterite Perfect	Future Perfect	Conditional Perfect	Present Perfect	Past Perfect
	he	había	hube	habré	habría	haya	hubiera
	has	habías	hubiste	habrás	habrías	hayas	hubieras
	ha hablado	había hablado	hubo hablado	habrá hablado	habría hablado	haya hablado	hubiera hablado
	hemos comido	habíamos comido	hubimos comido	habremos comido	habríamos comido	hayamos comido	hubiéramos comido
	habéis vivido	habíais vivido	hubisteis vivido	habréis vivido	habríais vivido	hayáis vivido	hubierais vivido
	han	habían	hubieron	habrán	habrían	hayan	hubieran

IRREGULAR VERBS

Infinitive Present Participle Past Participle	Indicative					Subjunctive		Imperative
	Present	Imperfect	Preterit	Future	Conditional	Present	Imperfect	Commands
andar andando andado	ando andas anda andamos andáis andan	andaba andabas andaba andábamos andabais andaban	anduve anduviste anduvo anduvimos anduvisteis anduvieron	andaré andarás andará andaremos andaréis andarán	andaría andarías andaría andaríamos andaríais andarían	ande andes ande andemos andéis anden	anduviera anduvieras anduviera anduviéramos anduvierais anduvieran	anda (tú), no andes ande (usted) andemos andad (vosotros), no andéis anden (Uds.)
caer cayendo caído	caigo caes cae caemos caéis caen	caía caías caía caíamos caíais caían	caí caíste cayó caímos caísteis cayeron	caeré caerás caerá caeremos caeréis caerán	caería caerías caería caeríamos caeríais caerían	caiga caigas caiga caigamos caigáis caigan	cayera cayeras cayera cayéramos cayerais cayeran	cae (tú), no caigas caiga (usted) caigamos caed (vosotros), no caigáis caigan (Uds.)
dar dando dado	doy das da damos dais dan	daba dabas daba dábamos dabais daban	di diste dio dimos disteis dieron	daré darás dará daremos daréis darán	daría darías daría daríamos daríais darían	dé des dé demos deis den	diera dieras diera diéramos dierais dieran	da (tú), no des dé (usted) demos dad (vosotros), no deis den (Uds.)

IRREGULAR VERBS (CONTINUED)

Infinitive Present Participle Past Participle	Indicative Present	Imperfect	Preterit	Future	Conditional	Subjunctive Present	Imperfect	Imperative Commands
decir diciendo dicho	digo dices dice decimos decís dicen	decía decías decía decíamos decíais decían	dije dijiste dijo dijimos dijisteis dijeron	diré dirás dirá diremos diréis dirán	diría dirías diría diríamos diríais dirían	diga digas diga digamos digáis digan	dijera dijeras dijera dijéramos dijerais dijeran	di (tú), no digas diga (usted) digamos decid (vosotros), no digáis digan (Uds.)
estar estando estado	estoy estás está estamos estáis están	estaba estabas estaba estábamos estabais estaban	estuve estuviste estuvo estuvimos estuvisteis estuvieron	estaré estarás estará estaremos estaréis estarán	estaría estarías estaría estaríamos estaríais estarían	esté estés esté estemos estéis estén	estuviera estuvieras estuviera estuviéramos estuvierais estuvieran	está (tú), no estés esté (usted) estemos estad (vosotros), no estéis estén (Uds.)
haber habiendo habido	he has ha hemos habéis han	había habías había habíamos habíais habían	hube hubiste hubo hubimos hubisteis hubieron	habré habrás habrá habremos habréis habrán	habría habrías habría habríamos habríais habrían	haya hayas haya hayamos hayáis hayan	hubiera hubieras hubiera hubiéramos hubierais hubieran	
hacer haciendo hecho	hago haces hace hacemos hacéis hacen	hacía hacías hacía hacíamos hacíais hacían	hice hiciste hizo hicimos hicisteis hicieron	haré harás hará haremos haréis harán	haría harías haría haríamos haríais harían	haga hagas haga hagamos hagáis hagan	hiciera hicieras hiciera hiciéramos hicierais hicieran	haz (tú), no hagas haga (usted) hagamos haced (vosotros), no hagáis hagan (Uds.)
ir yendo ido	voy vas va vamos vais van	iba ibas iba íbamos ibais iban	fui fuiste fue fuimos fuisteis fueron	iré irás irá iremos iréis irán	iría irías iría iríamos iríais irían	vaya vayas vaya vayamos vayáis vayan	fuera fueras fuera fuéramos fuerais fueran	ve (tú), no vayas vaya (usted) vamos, no vayamos id (vosotros), no vayáis vayan (Uds.)

IRREGULAR VERBS (CONTINUED)

Infinitive / Present Participle / Past Participle	Indicative Present	Imperfect	Preterit	Future	Conditional	Subjunctive Present	Subjunctive Imperfect	Imperative Commands
oír / oyendo / oído	oigo oyes oye oímos oís oyen	oía oías oía oíamos oíais oían	oí oíste oyó oímos oísteis oyeron	oiré oirás oirá oiremos oiréis oirán	oiría oirías oiría oiríamos oiríais oirían	oiga oigas oiga oigamos oigáis oigan	oyera oyeras oyera oyéramos oyerais oyeran	oye (tú), no oigas oiga (usted) oigamos oíd (vosotros), no oigáis oigan (Uds.)
poder / pudiendo / podido	puedo puedes puede podemos podéis pueden	podía podías podía podíamos podíais podían	pude pudiste pudo pudimos pudisteis pudieron	podré podrás podrá podremos podréis podrán	podría podrías podría podríamos podríais podrían	pueda puedas pueda podamos podáis puedan	pudiera pudieras pudiera pudiéramos pudierais pudieran	
poner / poniendo / puesto	pongo pones pone ponemos ponéis ponen	ponía ponías ponía poníamos poníais ponían	puse pusiste puso pusimos pusisteis pusieron	pondré pondrás pondrá pondremos pondréis pondrán	pondría pondrías pondría pondríamos pondríais pondrían	ponga pongas ponga pongamos pongáis pongan	pusiera pusieras pusiera pusiéramos pusierais pusieran	pon (tú), no pongas ponga (usted) pongamos poned (vosotros), no pongáis pongan (Uds.)
querer / queriendo / querido	quiero quieres quiere queremos queréis quieren	quería querías quería queríamos queríais querían	quise quisiste quiso quisimos quisisteis quisieron	querré querrás querrá querremos querréis querrán	querría querrías querría querríamos querríais querrían	quiera quieras quiera queramos queráis quieran	quisiera quisieras quisiera quisiéramos quisierais quisieran	quiere (tú), no quieras quiera (usted) queramos quered (vosotros), no queráis quieran (Uds.)
saber / sabiendo / sabido	sé sabes sabe sabemos sabéis saben	sabía sabías sabía sabíamos sabíais sabían	supe supiste supo supimos supisteis supieron	sabré sabrás sabrá sabremos sabréis sabrán	sabría sabrías sabría sabríamos sabríais sabrían	sepa sepas sepa sepamos sepáis sepan	supiera supieras supiera supiéramos supierais supieran	sabe (tú), no sepas sepa (usted) sepamos sabed (vosotros), no sepáis sepan (Uds.)
salir / saliendo / salido	salgo sales sale salimos salís salen	salía salías salía salíamos salíais salían	salí saliste salió salimos salisteis salieron	saldré saldrás saldrá saldremos saldréis saldrán	saldría saldrías saldría saldríamos saldríais saldrían	salga salgas salga salgamos salgáis salgan	saliera salieras saliera saliéramos salierais salieran	sal (tú), no salgas salga (usted) salgamos salid (vosotros), no salgáis salgan (Uds.)

IRREGULAR VERBS (CONTINUED)

Infinitive / Present Participle / Past Participle	Indicative						Subjunctive		Imperative
	Present	Imperfect	Preterit	Future	Conditional		Present	Imperfect	Commands
ser siendo sido	soy eres es somos sois son	era eras era éramos erais eran	fui fuiste fue fuimos fuisteis fueron	seré serás será seremos seréis serán	sería serías sería seríamos seríais serían		sea seas sea seamos seáis sean	fuera fueras fuera fuéramos fuerais fueran	sé (tú), no seas sea (usted) seamos sed (vosotros), no seáis sean (Uds.)
tener teniendo tenido	tengo tienes tiene tenemos tenéis tienen	tenía tenías tenía teníamos teníais tenían	tuve tuviste tuvo tuvimos tuvisteis tuvieron	tendré tendrás tendrá tendremos tendréis tendrán	tendría tendrías tendría tendríamos tendríais tendrían		tenga tengas tenga tengamos tengáis tengan	tuviera tuvieras tuviera tuviéramos tuvierais tuvieran	ten (tú), no tengas tenga (usted) tengamos tened (vosotros), no tengáis tengan (Uds.)
traer trayendo traído	traigo traes trae traemos traéis traen	traía traías traía traíamos traíais traían	traje trajiste trajo trajimos trajisteis trajeron	traeré traerás traerá traeremos traeréis traerán	traería traerías traería traeríamos traeríais traerían		traiga traigas traiga traigamos traigáis traigan	trajera trajeras trajera trajéramos trajerais trajeran	trae (tú), no traigas traiga (usted) traigamos traed (vosotros), no traigáis traigan (Uds.)
venir viniendo venido	vengo vienes viene venimos venís vienen	venía venías venía veníamos veníais venían	vine viniste vino vinimos vinisteis vinieron	vendré vendrás vendrá vendremos vendréis vendrán	vendría vendrías vendría vendríamos vendríais vendrían		venga vengas venga vengamos vengáis vengan	viniera vinieras viniera viniéramos vinierais vinieran	ven (tú), no vengas venga (usted) vengamos venid (vosotros), no vengáis vengan (Uds.)
ver viendo visto	veo ves ve vemos veis ven	veía veías veía veíamos veíais veían	vi viste vio vimos visteis vieron	veré verás verá veremos veréis verán	vería verías vería veríamos veríais verían		vea veas vea veamos veáis vean	viera vieras viera viéramos vierais vieran	ve (tú), no veas vea (usted) veamos ved (vosotros), no veáis vean (Uds.)

STEM-CHANGING AND ORTHOGRAPHIC-CHANGING VERBS

Infinitive / Present Participle / Past Participle	Indicative					Subjunctive		Imperative
	Present	Imperfect	Preterit	Future	Conditional	Present	Imperfect	Commands
almorzar (z, c) almorzando almorzado	almuerzo almuerzas almuerza almorzamos almorzáis almuerzan	almorzaba almorzabas almorzaba almorzábamos almorzabais almorzaban	almorcé almorzaste almorzó almorzamos almorzasteis almorzaron	almorzaré almorzarás almorzará almorzaremos almorzaréis almorzarán	almorzaría almorzarías almorzaría almorzaríamos almorzaríais almorzarían	almuerce almuerces almuerce almorcemos almorcéis almuercen	almorzara almorzaras almorzara almorzáramos almorzarais almorzaran	almuerza (tú) no almuerces almuerce (usted) almorcemos almorzad (vosotros) no almorcéis almuercen (Uds.)
buscar (c, qu) buscando buscado	busco buscas busca buscamos buscáis buscan	buscaba buscabas buscaba buscábamos buscabais buscaban	busqué buscaste buscó buscamos buscasteis buscaron	buscaré buscarás buscará buscaremos buscaréis buscarán	buscaría buscarías buscaría buscaríamos buscaríais buscarían	busque busques busque busquemos busquéis busquen	buscara buscaras buscara buscáramos buscarais buscaran	busca (tú) no busques busque (usted) busquemos buscad (vosotros) no busquéis busquen (Uds.)
corregir (g, j) corrigiendo corregido	corrijo corriges corrige corregimos corregís corrigen	corregía corregías corregía corregíamos corregíais corregían	corregí corregiste corrigió corregimos corregisteis corrigieron	corregiré corregirás corregirá corregiremos corregiréis corregirán	corregiría corregirías corregiría corregiríamos corregiríais corregirían	corrija corrijas corrija corrijamos corrijáis corrijan	corrigiera corrigieras corrigiera corrigiéramos corrigierais corrigieran	corrige (tú) no corrijas corrija (usted) corrijamos corregid (vosotros) no corrijáis corrijan (Uds.)
dormir (ue, u) durmiendo dormido	duermo duermes duerme dormimos dormís duermen	dormía dormías dormía dormíamos dormíais dormían	dormí dormiste durmió dormimos dormisteis durmieron	dormiré dormirás dormirá dormiremos dormiréis dormirán	dormiría dormirías dormiría dormiríamos dormiríais dormirían	duerma duermas duerma durmamos durmáis duerman	durmiera durmieras durmiera durmiéramos durmierais durmieran	duerme (tú) no duermas duerma (usted) durmamos dormid (vosotros) no durmáis duerman (Uds.)

STEM-CHANGING AND ORTHOGRAPHIC-CHANGING VERBS (CONTINUED)

Infinitive Present Participle Past Participle	Indicative					Subjunctive		Imperative
	Present	Imperfect	Preterit	Future	Conditional	Present	Imperfect	Commands
incluir (y) incluyendo incluido	incluyo incluyes incluye incluimos incluís incluyen	incluía incluías incluía incluíamos incluíais incluían	incluí incluiste incluyó incluimos incluisteis incluyeron	incluiré incluirás incluirá incluiremos incluiréis incluirán	incluiría incluirías incluiría incluiríamos incluiríais incluirían	incluya incluyas incluya incluyamos incluyáis incluyan	incluyera incluyeras incluyera incluyéramos incluyerais incluyeran	incluye (tú), no incluyas incluya (usted) incluyamos incluid (vosotros), no incluyáis incluyan (Uds.)
llegar (g, gu) llegando llegado	llego llegas llega llegamos llegáis llegan	llegaba llegabas llegaba llegábamos llegabais llegaban	llegué llegaste llegó llegamos llegasteis llegaron	llegaré llegarás llegará llegaremos llegaréis llegarán	llegaría llegarías llegaría llegaríamos llegaríais llegarían	llegue llegues llegue lleguemos lleguéis lleguen	llegara llegaras llegara llegáramos llegarais llegaran	llega (tú) no llegues llegue (usted) lleguemos llegad (vosotros) no lleguéis lleguen (Uds.)
pedir (i, i) pidiendo pedido	pido pides pide pedimos pedís piden	pedía pedías pedía pedíamos pedíais pedían	pedí pediste pidió pedimos pedisteis pidieron	pediré pedirás pedirá pediremos pediréis pedirán	pediría pedirías pediría pediríamos pediríais pedirían	pida pidas pida pidamos pidáis pidan	pidiera pidieras pidiera pidiéramos pidierais pidieran	pide (tú), no pidas pida (usted) pidamos pedid (vosotros), no pidáis pidan (Uds.)
pensar (ie) pensando pensado	pienso piensas piensa pensamos pensáis piensan	pensaba pensabas pensaba pensábamos pensabais pensaban	pensé pensaste pensó pensamos pensasteis pensaron	pensaré pensarás pensará pensaremos pensaréis pensarán	pensaría pensarías pensaría pensaríamos pensaríais pensarían	piense pienses piense pensemos penséis piensen	pensara pensaras pensara pensáramos pensarais pensaran	piensa (tú), no pienses piense (usted) pensemos pensad (vosotros), no penséis piensen (Uds.)
producir (zc) produciendo producido	produzco produces produce producimos producís producen	producía producías producía producíamos producíais producían	produje produjiste produjo produjimos produjisteis produjeron	produciré producirás producirá produciremos produciréis producirán	produciría producirías produciría produciríamos produciríais producirían	produzca produzcas produzca produzcamos produzcáis produzcan	produjera produjeras produjera produjéramos produjerais produjeran	produce (tú), no produzcas produzca (usted) produzcamos producid (vosotros), no produzcáis produzcan (Uds.)

STEM-CHANGING AND ORTHOGRAPHIC-CHANGING VERBS (CONTINUED)

Infinitive / Present Participle / Past Participle	Indicative					Subjunctive		Imperative
	Present	Imperfect	Preterit	Future	Conditional	Present	Imperfect	Commands
reír (i, i) / riendo / reído	río / ríes / ríe / reímos / reís / ríen	reía / reías / reía / reíamos / reíais / reían	reí / reíste / rio / reímos / reísteis / rieron	reiré / reirás / reirá / reiremos / reiréis / reirán	reiría / reirías / reiría / reiríamos / reiríais / reirían	ría / rías / ría / riamos / riáis / rían	riera / rieras / riera / riéramos / rierais / rieran	ríe (tú), / no rías / ría (usted) / riamos / reíd (vosotros), / no riáis / rían (Uds.)
seguir (i, i) (ga) / siguiendo / seguido	sigo / sigues / sigue / seguimos / seguís / siguen	seguía / seguías / seguía / seguíamos / seguíais / seguían	seguí / seguiste / siguió / seguimos / seguisteis / siguieron	seguiré / seguirás / seguirá / seguiremos / seguiréis / seguirán	seguiría / seguirías / seguiría / seguiríamos / seguiríais / seguirían	siga / sigas / siga / sigamos / sigáis / sigan	siguiera / siguieras / siguiera / siguiéramos / siguierais / siguieran	sigue (tú), / no sigas / siga (usted) / sigamos / seguid (vosotros), / no sigáis / sigan (Uds.)
sentir (ie, i) / sintiendo / sentido	siento / sientes / siente / sentimos / sentís / sienten	sentía / sentías / sentía / sentíamos / sentíais / sentían	sentí / sentiste / sintió / sentimos / sentisteis / sintieron	sentiré / sentirás / sentirá / sentiremos / sentiréis / sentirán	sentiría / sentirías / sentiría / sentiríamos / sentiríais / sentirían	sienta / sientas / sienta / sintamos / sintáis / sientan	sintiera / sintieras / sintiera / sintiéramos / sintierais / sintieran	siente (tú), / no sientas / sienta (usted) / sintamos / sentid (vosotros), / no sintáis / sientan (Uds.)
volver (ue) / volviendo / vuelto	vuelvo / vuelves / vuelve / volvemos / volvéis / vuelven	volvía / volvías / volvía / volvíamos / volvíais / volvían	volví / volviste / volvió / volvimos / volvisteis / volvieron	volveré / volverás / volverá / volveremos / volveréis / volverán	volvería / volverías / volvería / volveríamos / volveríais / volverían	vuelva / vuelvas / vuelva / volvamos / volváis / vuelvan	volviera / volvieras / volviera / volviéramos / volvierais / volvieran	vuelve (tú), / no vuelvas / vuelva (usted) / volvamos / volved (vosotros), / no volváis / vuelvan (Uds.)

SPANISH-ENGLISH GLOSSARY

A

abandonar *to abandon* (9)
abarrotado/a *packed, crammed* (10)
abastecimiento *supply, provision* (8)
absorber *to absorb* (6)
aburrido/a *boring; bored* (1)
aburrimiento *boredom* (9)
aburrirse *to be bored* (1)
abusar *to abuse* (4)
abusar de confianza *to breach a trust* (5)
acampar *to camp* (3)
acceso *access* (4)
accesorio *accessory* (10)
accidental *accidental; casual, chance* (10)
accidentes geográficos *geographical features* (3)
acción *action* (1) (2)
aceite *oil* (6)
aceituna *olive* (6)
aceptar *to accept* (2)
acoso *harassment* (5)
acoso laboral *work harassment* (5)
acoso psicológico *psychological harassment* (5)
acoso sexual *sexual harassment* (5)
actitud *attitude* (9)
actor *actor* (1)
actriz *actress* (1)
actuación *performance* (1)
actuar *to act* (1)
acuerdo *agreement* (2); llegar a un acuerdo
    to arrive at an agreement (2)
acusado/a *accused* (2)
acusar *to accuse* (2)
adaptar *to adapt* (8)
adecuar *to fit* (8)
administración *administration* (8)
admirar *to admire* (2)
adorado/a *adored* (2)
adorar *to adore; to worship* (2)
adornar *to adorn* (6) (7)
adversidad *adversity* (9)
aficionado/a *fan, enthusiast* (2)
agachado/a *squatted, in a crouched position* (1)
agregar *to add* (6)
agresivo/a *aggressive* (10)
agricultura *agriculture* (6)
agua (potable, no potable) *water (drinkable,
    undrinkable)* (4)
aguantar *to support, bear; to withstand, endure* (5)
ala delta *paragliding* (3)
alboroto *excitement; riot; uproar* (7)
al cabo de *after* (2)
alcanzable *reachable, attainable* (4)
alcanzar *to reach* (2) (10)
alegría *joy, happiness* (9)
alergia *allergy* (6)
alimentación *nutrition* (6)
alimento *food* (6)

almacenamiento *storage* (6)
almacenar *to store; to collect* (6)
almendra *almond* (6)
alpinismo *mountaineering* (3)
altibajos *ups and downs* (2) (9)
altura *altitude* (3); mal de altura
    altitude sickness (3)
amable *lovable* (5)
amazónico/a *Amazonian* (3)
amenaza *menace; threat* (10)
amenazar *to menace; to threaten* (10)
amigable *friendly* (9)
amistad *friendship* (5) (9)
amor *love* (5) (9); relación de amor
    romantic relationship (5);
añadir *to add* (6)
analfabeto/a *illiterate* (4)
andinismo *mountaineering* (3)
anfitrión/anfitriona *host/hostess* (7)
ansiedad *anxiety* (9)
anteojos *binoculars; glasses* (6)
antibiótico *antibiotic* (10)
aparecer *to appear; to turn up* (10)
apasionado/a *passionate* (3)
apasionante *exciting; fascinating* (3)
apatía *apathy* (9)
aportar *to contribute; to provide* (6)
apostar *to bet* (8)
apoyar *to lean; to rest; to support* (2) (4) (5) (8)
apoyo *support* (2)
apremiante *pressing, urgent* (8)
aprovechar *to make the most of; to take
    advantage of* (10)
apunte *note* (8)
arañar *to scratch; to scrape together,* (9)
arepa *griddle-cake made of corn* (6)
argumentar *to argue, dispute* (6)
argumento *plot; storyline* (1)
arma de fuego *firearm* (3)
armarse un lío *to make a fuss* (5)
arnés *harness* (3)
aroma *aroma* (6)
arriesgado/a *risky* (3)
arriesgar *to risk* (3)
arrodillado/a, *kneeling* (1)
arrogante *arrogant* (5)
artesanal *artisanal* (6)
artes marciales *martial arts* (1)
artículo *article* (6)
artista *artist* (1)
ascendente *rising* (10)
ascender *to rise, ascend* (3)
ascenso *rise, ascent; promotion* (3)
asco/a *disgusting* (9)
asesinar *to kill* (2)
asociación *association* (8)
asombro *astonishment* (9)
áspero/a *harsh, coarse* (6)

aspiradora *vacuum cleaner* (6)
atención *attention* (6); prestar atención *to
    pay attention* (6)
atender *to pay attention* (8)
atracción *attraction* (5)
atractivo/a *attractive* (6)
atraer *to attract* (5)
atrapar *to trap; to catch* (10)
atrevido/a *daring* (2) (7)
atrocidad *atrocity* (7)
aumento *rise, increase* (10)
ausencia *absence* (8)
autoestima *self-esteem* (9)
avalancha *avalanche* (3)
avance *advance* (4) (10)
avellana *hazelnut* (6)
avena *oat* (6)
aventura *adventure* (1) (3)
ayuntamiento *town/city council; city hall* (8)

B

baile *dance* (7)
banda sonora *soundtrack* (1)
banquete *banquet* (7)
barrera *barrier* (8)
bastón *walking stick; ski pole* (3)
batería *battery* (3)
batir *to beat* (10)
bautizo *christening; baptism* (7)
bebida *drink* (6)
beneficiar *to benefit* (10)
beneficio *profit; benefit* (6)
bengala de señalización *flare* (3)
besar *to kiss* (7)
bicicleta *bicycle* (3); montar en bicicleta
    to ride a bike (3)
bienestar *well-being* (10)
binoculares *binoculars* (3)
bioesférico/a *biospheric* (3)
biografía *biography* (2)
boca abajo *face down* (1)
boca arriba *face up* (1)
boda *wedding, marriage* (7)
boleto *ticket* (1)
bolsa de dormir *sleeping bag* (3)
bombilla *light bulb; tube through which mate
    tea is drunk* (6)
bombona de gas *gas cylinder* (3)
bosque *woods* (3)
botas *boots* (3)
botiquín *medicine cabinet; first-aid kit* (3)
brillante *brilliant* (7)
brillar *to shine* (8); brillar por su ausencia
    to be conspicuous by one's absence (8)
brindar *to toast* (7)
brindis *toast* (7)
broma *joke* (7)

bromear *to joke* (7)
brotar *to sprout; to arise; to spring* (10)
brújula *compass* (3)
bucear *to swim underwater; to dive* (3)
buceo *diving* (3); buceo con máscara *snorkeling* (3)
burlarse *to mock, ridicule, make fun of* (7)
buzón *mailbox* (8)

C

cabalgata *parade; cavalcade* (3)
cabeza *head* (3); dolor de cabeza *headache* (3)
cabezota *pig-headed, stubborn* (5)
cabo *end* (2) (10); al cabo de *after* (2); llevar a cabo *to accomplish, to materialize; to carry out* (1)
caer(le) bien/mal a alguien *be liked/disliked by someone* (5)
cafetería *coffee house; snack bar*(6)
caída *fall* (3)
calabaza *pumpkin* (6)
calentador *heater* (3)
calentamiento global *global warming* (4)
calidad *quality* (6)
callado/a *quiet* (8); quedarse callado/a *to keep quiet* (8)
calma *calm* (9)
caloría *calorie* (6)
cámara *camera* (1)
caminar *to walk* (3)
caminata *long walk, hike* (3)
campamento *camp* (3)
campana *bell* (7)
campaña *campaign* (4); tienda de campaña *tent* (3)
campo *field* (6)
canela *cinnamon* (6)
canoa *canoe* (3)
canotaje *boating* (3)
capa de ozono *ozone layer* (4) (10)
capaz *capable* (10)
cariño *affection* (9)
carnaval *carnival* (7)
carrera *career; race; degree course* (2) (3)
casamiento *wedding, marriage* (7)
casarse (con) *to marry* (2)
casarse *to get married* (5)
cáscara *shell, peel* (6)
casco *helmet* (3)
catastrófico/a *catastrophic* (10)
cebada *barley* (6)
ceder *to yield; to cede* (2)
celebración *celebration* (7)
célebre *famous* (2)
celos *jealousy* (5)
celoso/a *jealous* (5)
censura *censorship* (1)
censurar *to censor; criticize* (1) (10)
centeno *rye* (6)

cera *wax* (6)
cerro *hill* (3)
chambelán *chosen escort, honoree's date* (7)
chismear *to gossip* (5)
chispa *spark* (5); tener chispa *to be spontaneous, have charisma* (5)
ciclismo *cycling* (3); ciclismo de montaña *mountain biking* (3)
ciencia-ficción *science fiction* (1)
ciencias políticas *political science* (2)
cifra *figure; number* (10)
cima *summit* (3)
Cinco de Mayo *Fifth of May* (7)
cine *cinema, movie theater* (1)
cinéfilo *cinephile* (1)
cita *appointment; date* (5)
ciudadano/a *citizen* (10)
clave *key* (7)
cocer *to cook; to boil* (6)
colaboración *collaboration* (2) (8)
colaborar *to collaborate* (2) (4) (8) (10)
colega *colleague* (5)
colmo *height; limit; top* (5); para colmo *to top or cap it all* (5)
columpio *swing* (8)
combate *combat; fight* (10)
combatir *to combat* (4) (10)
comedia *comedy* (1)
comercio *store; trade* (4) (6)
comestible *edible; food* (6)
comida *food* (6)
compañero/a *companion, friend* (5)
compartir *to share* (2)
compatibilidad *compatibility* (5)
compatible *compatible* (5)
competencia *competence, competition* (6) (10)
comportarse *to behave* (7)
comprensivo/a *comprehensive* (9)
comprometer *to compromise* (8)
comprometerse *to commit; to promise; to get engaged* (2) (5)
comprometido/a *engaged* (2)
compromiso *engagement, commitment* (2) (5)
conceder *to give, award; to admit, concede* (2)
concienciación *awareness* (10)
concreto/a *concrete, specific* (8)
condiciones de vida *living conditions* (4)
confiable *trustworthy; reliable* (2)
confianza *confidence, trust* (5) (9)
conflicto *conflict* (2) (5)
confundido/a *confused* (10)
confundir *to confuse* (5)
conocerse *to meet* (5)
conocimiento *knowledge* (9)
conquistar *to win over, seduce* (9)
consciente *conscious* (9)
conseguir *to obtain* (4)
conservar *to conserve, preserve; to save, keep* (6)
constancia *constance* (9)
consulta *office; consultation* (8)

consumidor *consumer* (6)
consumir *to consume* (6)
consumo *consumption* (6) (10)
contaminación *contamination, pollution* (4)
contar *to count; to tell* (1)
contratiempo *accident, mishap* (3)
contribuir *to contribute* (8) (10)
controvertido/a *controversial* (2) (4)
conversación *conversation* (6)
convertirse *to become; to change;* convertirse en *to change into* (2) (6)
cooperación *cooperation* (4) (8)
coordinación *coordination* (8)
coqueto/a *flirtatious* (5)
corazón *heart* (5)
cordillera *mountain range* (3)
corto *short film* (1)
cortometraje *short film* (1)
cosecha *harvest* (6)
costa *coast* (3)
coste *cost* (8)
costo *cost* (8)
costumbre *costume* (7)
creativo/a *creative* (8)
creciente *growing* (10)
crecimiento *growth* (6) (8)
crédito *credit* (4)
cría *baby, young; breeding* (10)
criar *to bring up, raise* (10)
crítica *criticism* (1)
criticar *to criticize* (1) (9)
crítico de cine *film critic* (1)
crucial *crucial* (8)
crudo/a *raw* (6)
cualidad *quality* (2)
cuenta *account, bill;* darse cuenta de *to realize* (7); tener en cuenta *to keep in mind* (7)
cuerno *horn* (5); poner los cuernos *to cheat on (someone)* (5)
cultivo *cultivation; farming* (6)
cultura *culture* (7)
cultural *cultural* (7)
cumbre *height; summit; top* (2) (3)
cumpleaños *birthday* (7)
curiosidad *curiosity* (9)

D

dañar *to harm* (9)
danza *dance* (7)
darse cuenta de *to realize* (7)
de joven *as a youth* (2)
de lado *to one side* (1)
de niño *as a child* (2)
de pie *standing* (1)
de rodillas *kneeling* (1)
de viejo *as an older person* (2)
debate *debate, discussion* (8)
debilitar *to weaken, debilitate* (8)
decepción *disappointment, letdown* (9)

decepcionado/a *disappointed* (9)

declararse *to declare oneself* (8)

decorados *scenery; set* (1)

decorar *to decorate* (1)

dedicarse (a) *to devote time to; to spend time on* (2)

defecto *defect, flaw, shortcoming* (5)

deforestación *deforestation* (4) (10)

degustar *to taste* (6)

dejar *to leave; to quit* (2)

demanda *request; demand* (6)

denunciar *to report; to denounce, condemn* (10)

deporte *sport* (7); deporte de aventura *adventure sport* (3); practicar deportes *to play sports* (3)

deprimente *depressing* (2)

deprimirse *to become depressed* (5) (9)

derechos *rights* (4); derechos humanos *human rights* (2) (4)

derrochar *to squander, waste* (10)

derroche *waste* (10)

derrota *defeat* (2)

desafío *challenge; defiance* (4)

desarrollar *to develop* (2)

desarrollo *development* (4) (10); desarrollo sostenible *sustainable development* (2)

desastre *disaster* (10)

descender *to descend* (3)

descenso *fall; descent* (3)

desconcertado/a *disconcerted; taken aback* (9)

desconsolado/a *heartbroken; inconsolable* (5)

desconsuelo *grief; despair* (5)

descortesía *discourtesy; impoliteness* (7)

descubrimiento *discovery* (2)

descubrir *to discover* (2) (10)

desenlace *denouement, ending* (1)

desentenderse *ignore; neglect* (10)

deserción *desertion* (8)

desfile *parade; march* (7)

desganado/a *lethargic; apathetic* (9)

desgracia *misfortune* (10); por desgracia *unfortunately* (10)

deshacerse *to come undone; to melt, dissolve* (10)

deshidratación *dehydration* (3)

desolado/a *desolate* (5)

despedida *farewell* (7); despedida de soltero/a *stag/hen party* (7)

despenalizar *to legalize* (10)

desperdicio *waste; leftovers* (10)

desplazamiento *displacement; movement; trip* (10)

deportes *sports* (3)

desprecio *disrespect; disdain; snub* (9)

desprendimiento *detachment* (3)

destacado/a *prominent; distinguished* (10)

destacar *to emphasize, stress; to stand out* (2)

deterioro *deterioration* (2)

deuda *debt* (2)

devolución *return; replacement* (4)

día *day* (7)

Día de la Madre *Mother's Day* (7)

Día de la Marmota *Groundhog's Day* (7)

Día del Padre *Father's Day* (7)

diablo *devil* (7)

dialogar *to have a conversation, talk* (5)

diálogo *dialogue* (1) (5)

dibujos animados *animation/cartoons* (1)

dieta equilibrada *balanced diet* (6)

dietético/a *dietary* (6)

dietista *dietician* (6)

dificultad *difficulty* (3) (8)

difundir *to spread* (8)

difusión *spreading, circulation; broadcast* (8)

digerir *to digest* (6)

dignidad *dignity* (4) (5)

digno/a *decent; honorable* (4)

dimitir *to resign* (2)

dirección *address; direction* (8)

director *director* (1)

dirigir *to direct* (1)

discapacidad *disability; impairment* (4)

discapacitado/a *disabled; handicapped* (4)

disciplina *discipline* (10)

discreto/a *discrete/modest* (10)

discriminación *discrimination* (4)

disculpa *apology* (5)

disculpar *to excuse* (5)

disculparse *to excuse oneself* (9)

discutible *arguable, debatable* (5)

discutir *to discuss* (5)

disfraz *disguise* (7)

disipar *to dispel; to squander; to vanish, disappear* (8)

distraído/a *distracted* (9)

divertido/a *amusing, entertaining* (1)

divertirse *to enjoy* (1); *to enjoy oneself* (5)

divorciarse (de) *to divorce (someone)* (2) (5)

divorcio *divorce* (5)

doblaje *dubbing* (1)

doctorarse *to get one's doctorate, PhD* (2)

documental *documentary* (1)

doler *to hurt* (9)

dolor de cabeza *headache* (3)

donar *to donate, give* (2)

drama *drama* (1)

drástico/a *drastic* (10)

durante muchos años *over many years* (2)

E

echado/a *lying down* (1)

ecológico/a *ecological* (6)

economía *economy* (4)

educación *education* (4)

efectos especiales *special effects* (1)

eficaz *efficient; efficacious* (8)

efímero/a *ephemeral* (10)

egoísta *egotistical; selfish* (5)

elaboración *elaboration* (6)

elaborar *to elaborate* (6)

elegir *to elect; to choose* (6)

emanciparse *to free oneself* (8)

embarazoso/a *embarassing, awkward* (7)

emigrar *to emigrate* (2)

emoción *emotion* (9)

emocional *emotional* (9)

emocionante *exciting, moving* (1)

emocionarse *to get excited; to be moved* (1)

empacar *to pack* (3)

empatía *empathy* (9)

empático/a *empathetic* (9)

empeñado/a *determined* (9)

empeorar *to worsen* (4)

empezar *to begin* (2)

empoderamiento *empowerment* (8)

empoderar *empower* (8)

empleadas del hogar *housemaids* (4)

emplear *to employ* (6)

en aquella época *in that era* (2)

en aquel tiempo *at that time* (2)

en su juventud *in his/her youth* (2)

enamorado/a *in love* (5); *lover* (5)

enamorarse (de) *to fall in love (with)* (2) (5)

encendido/a *ignited, lit* (7)

encuesta *survey* (8)

enfadarse *to get angry* (9)

enfadado/a *angry* (5)

enfadarse *to become angry; to become annoyed* (5) (9)

enfado *anger* (9)

engañar *to deceive* (5)

engaño *deception* (9) (10)

ensayar *to try out; to rehearse* (1)

enterarse de *to find out about* (9)

entierro *burial* (7)

entrada *entrance* (1)

entretenido/a *entertaining, amusing* (1)

entristecer *to become sad* (9)

entusiasmarse *to get excited, enthusiastic about* (9)

entusiasmo *enthusiasm* (5)

entusiasta *enthusiast* (2)

envasado *bottling, packing* (6)

envasar *to pack* (6)

envidia *envy* (5)

epidemia *epidemic* (10)

época *era, epoch* (2)

equilibrado/a *balanced* (6)

equilibrio *balance; equilibrium* (9)

equipo *team* (3); equipo de salvamento *rescue team* (3)

erradicación *eradication* (10)

escalada *climb, ascent; rise* (3)

escalar *to climb, ascend* (3)

escasez *scarcity* (10)

escena *scene* (1)

escenario *scenario; stage* (1) (10)

escenificar *to dramatize, adapt for the stage* (1)

escoba *broom* (6)

esconder *to hide* (6)

esforzarse (por) *to make an effort (to)* (4)

esfuerzo *effort* (2) (4) (9)

espacio *space* (3)
espacio personal *personal space* (5)
especializarse *to specialize* (2)
espectacular *spectacular* (2)
espectáculo *entertainment; show; spectacle* (1) (7) (10)
espectador *spectator* (1)
esperanza *hope* (4) (5)
esquí *ski* (3)
estable *stable* (5)
estar a punto de *to be about to, at the point of* (9)
estimulante *stimulate* (6)
estrategia comercial *business strategy* (6)
estrella *star* (1)
estrenar *to show for the first time* (1)
estreno *début* (1)
estresado/a *stressed* (9)
estudantil *student (adj.)* (8)
etiquetado/a *labelling* (6)
etiquetar *to label* (6)
etnía *ethnic group* (2)
exiliarse *to go into exile* (2)
existir *to exist* (6)
expectativa de vida *life expectancy* (10)
experto/a *expert* (10)
explorar *to explore* (10)
explosión *explosion* (10)
explotación *exploitation* (4)
explotar *to exploit* (4)
exponer *to expose* (8)
exportación *exportation* (6)
exposiciones *expositions* (10)
expropriación *expropriation* (10)
exquisito/a *exquisite* (6)
extinción *extinction* (7) (10); peligro de extinción *danger of extinction* (7)
extracción *extraction* (6)
extraer *to extract* (6)

F

fabricación masiva *mass production* (6)
fabricar *to manufacture, produce* (6)
facilitar *to facilitate* (8)
facultad *capacity; power* (2) (9)
falta *lack* (9); falta de cariño *lack of affection* (9)
fama *fame* (10)
familiar *family (adj)* (4)
famoso/a *famous* (2)
farol *streetlight* (7)
fenómeno *phenomenon* (2) (10)
fermentar *to ferment* (6)
fertilizante *fertilizer* (6)
festividad *festivity* (7)
fibra *fiber* (6)
fiel *faithful* (5) (7)
fiesta *party* (7)
filme corto *short film* (1)
fino/a *fine; thin* (6)

flirtear *to flirt* (5)
flor *flower* (7)
fomentar *to foment* (2)
fortuna *fortune* (7)
fraude *fraud* (10)
frustración *frustration* (9)
frustrado/a *frustrated* (5)
frustrante *frustrating* (5)
fuego *fire* (6) (7); fuegos artificiales *fireworks* (7)
fuente *source; spring, fountain* (10)
fuerte *strong* (4)
función *function* (10)
fundamental *fundamental* (2)
fundar *to found, establish* (2)
funeral *funeral, burial* (7)
furia *fury, anger* (9)

G

gabinete *cabinet* (2)
galán *leading man* (1)
ganar *to earn; to win* (1) (2); ganar un papel *to win a role* (1); ganar un premio *to win a prize* (1)
gana *desire; appetite* (5); tener ganas de hacer algo *to want to do something* (5)
gastronomía *gastronomy* (6)
género *genre* (1)
generosidad *generosity* (9)
genética *genetics* (10)
genial *brilliant, great* (2)
genialidad *genius; brilliant idea* (2)
genio *genius* (2)
gigante *giant* (7)
globalización *globalization* (4)
gorra *cap* (3)
grabar *to record* (8)
graduación *graduation* (7)
graduarse *to graduate* (2)
granito de arena *grain of sand* (8)
grano *grain; bean* (6); grano de café *coffee bean* (6)
grasa *fat* (6); grasa comestible *edible fat* (6)
gripe *flu* (10); gripe porcina *swine flu* (10)
gritar *to yell* (5) (9)
grotesco/a *grotesque* (4)
grueso/a *thick* (6)
guapo/a *handsome* (5)
guerra *war* (2) (4)
guía *guide* (3)
guión *script* (1)
guionista *scriptwriter* (1)
gustar *to be pleasing to* (5)
gusto *taste; pleasure* (6)

H

haba *fava bean* (6)
hábil *skillful* (2)
habilidad *skill* (2)

hacerse *to become* (2)
hallar *to find* (10)
hambre *hunger* (4)
Hanukkah *Hanukkah* (7)
harto *full, sated; fed up* (8)
hazaña *deed* (2)
hectárea *hectare* (3)
herbicida *herbicide* (6)
hermoso/a *beautiful* (4)
héroe *hero* (2)
heroína *heroine* (2)
hielo *ice* (3)
hogar *home* (4); empleadas del hogar *housemaids* (4)
horrible *horrible* (4)
humanidad *humanity* (2) (4)
humanitaria/o *humanitarian* (2)
humilde *humble* (2)
humo *smoke* (7)

I

identidad *identity* (8)
igualdad *equality* (8)
imagen *image* (1) (7)
imitar *to imitate* (7)
importación *importation* (6)
importante *important* (8)
imprescindible *essential, indispensable* (6)
impresionante *impressive* (7)
improvisado/a *improvised* (7)
impulsar *to propel, drive* (8)
impulsivo/a *impulsive* (9)
inalcanzable *unreachable, unattainable* (4)
inaudito/a *unheard of; unprecedented* (2)
incansable *tireless* (2)
incidente *incident* (8) (10)
incienso *incense* (7)
incómodo/a *uncomfortable* (5) (9)
incompatible *incompatible* (5)
increíble *incredible* (1, 4)
incrementar *to increase* (6)
incremento *increase; growth* (10)
indiferencia *indifference* (0)
indígenas *indigenous people* (4)
indignarse *to become indignant, upset* (9)
indigno/a *unworthy, shameful, degrading* (4)
indispensable *indispensable* (6)
industria *industry* (4) (6)
inesperado/a *unexpected* (9)
inevitable *inevitable* (2)
influir (en) *to influence* (2)
informativo/a *informative* (1)
infusión *infusion* (6)
ingrediente *ingredient* (6)
ingresar *to enter, come in; to join* (2)
iniciar *to initiate* (2)
iniciativa *initiative* (2) (4) (8)
injusticia *injustice* (4)
injusto/a *unjust, unfair* (4)
inminente *imminent* (8)

inolvidable *unforgettable* (5)
inquieto/a *restless, worried* (5)
inquietud *restlessness, disquiet* (5) (9)
insecticida *insecticide* (6)
inseguro/a *uncertain; insecure; unsafe* (4)
insistir *to insist* (8)
insolación *sunstroke* (3)
insolidario/a *unsupportive* (4)
inspirar *to inspire* (2)
instalar *to install* (6)
insustancial *insubstantial* (4)
integral *integral* (6) (8)
intenso/a *intense* (4)
interesante *interesting* (1) (4)
interpretar *to perform; to play (a role)* (1)
intérprete *interpreter* (8)
íntimo/a *intimate* (9)
intolerante *intolerant* (4) (5)
introvertido/a *introverted* (5)
intuición *intuition* (9)
invertir *to invest* (6)
investigación *investigation* (10)
invitar a salir *to ask out* (5)
ira *anger, rage* (9)
irreconciliable *irreconcilable* (10)
irregularidad *irregularity* (10)
irritabilidad *irritability* (9)

J

jabón *soap* (6)
jardín *garden* (8)
jeringuilla *syringe* (3)
juego *game* (7)
junto/a *together* (5)
justicia *justice* (2)
justo/a *just, fair* (2) (4)
juvenil *youthful* (8)
juventud *youth* (2)

K

kayak *kayak* (3)
Kwanzaa *Kwanzaa* (7)

L

laberinto *labyrinth* (3)
laboral *labor, work (adj)* (4)
laguna *lake, pool, lagoon* (3)
lámpara *lamp* (3)
lancha *launch* (3)
lanzarse *to throw, hurl oneself; to attack* (3)
lástima *pity* (9)
lastimar *to hurt* (9)
lavado *wash, washing* (6)
lentes *glasses; spectacles* (6); lentes de sol
    sunglasses (3)
lento/a *slow* (1)
levantado/a *high; standing up* (1)
libertad de expresión *freedom of expression* (10)

licenciarse *to graduate* (2)
líder *lider* (2)
ligero/a *light; slight* (6)
límite *boundary, limit* (5)
linterna *lantern* (3)
lío *mess* (5)
llamativo/a *eye-catching, striking* (4) (6)
llegar a ser *to prove to be; to become* (2)
llegar a un acuerdo *to arrive at an
    agreement* (2)
llevar a cabo *to accomplish; to materialize,
    to carry out* (2) (10)
llorar *to cry* (5)
lograr *to attain, achieve, succeed* (2)
logro *achievement* (2)
lucha *fight* (2); *struggle* (4)
luchador/a *fighter* (2)
luchar *to fight* (4); luchar (por)
    to fight (for) (2)
lujoso/a *luxurious* 7
luna de miel *honeymoon* (7)

M

machismo *machismo; sexism* (4)
machista *sexist* (5)
madre *mother* (7)
mágico *magic* (7)
mal de altura *altitude sickness* (3)
malentendido/a *misunderstood* (7)
maltratar *to mistreat* (4) (5)
maltrato *mistreatment* (4)
manipular *to manipulate* (6)
manta *blanket* (3)
mantener *to maintain* (6)
mapa *map* (3)
mar *ocean, sea* (3)
maravilloso/a *marvelous* (5)
marmota *groundhog* (7)
masa *dough* (10)
máscara *to mask* (3)
masivo/a *massive* (6)
matanza *butchering; slaughter* (7)
matrimonio *wedding, marriage* (7)
medicina *medicine* (3)
medida *measurement* (10)
medio ambiente *environment* (2) (4)
medir *to measure* (10)
mejora *improvement* (4)
mejorar *to improve* (4)
mente *mind* (9)
mercado *market* (4) (6); mercado
    doméstico *domestic market* (6); mercado
    laboral *labor market* (4)
meter pata *to put one's foot in
    (one's mouth)* (7)
meticuloso/a *meticulous* (2)
mezcla *mixture* (6)
microbio *microbe* (6)
microcréditos *microcredit* (4)
miedo *fear* (9)

minoría *minority* (4)
miseria *misery* (4)
mito *myth* (2)
mochila *backpack* (3)
modales *manners* (5)
moderado/a *moderate* (10)
mojar *to get or make wet* (6)
molestar *to bother* (5)
monstruo *monster* (7)
montaje *editing* (1)
montaña *mountain* (3)
montar bicicleta *to ride a bike* (3)
morir *to die* (2)
mortal *fatal* (3)
movilización *mobilization* (8)
movilizar *to mobilize* (8)
muerte *death* (10)
mujeriego *womanizer* (5)
multitud *multitude* (7)
municipalidad *municipality* (8)

N

nacer *to be born* (2)
nación *nation* (10)
narración *narration* (1)
natural *natural* (3)
naufragio *shipwreck* (10)
Navidad *Christmas* (7)
necesidad *necessity* (8)
negociar *to negotiate* (2)
negocio *business* (10)
nivel *level* (10)
norma *norm* (8)
novedoso/a *new, original; innovative* (6)
novio/a *fiancé(e); boyfriend/girlfriend* (5)
nutricionista *nutritionist* (6)
nutritivo/a *nutritious; nourishing* (6)

O

obra social *social work* (2)
obstáculo *obstacle;* vencer un obstáculo
    to overcome an obstacle (10)
obtención *obtaining, securing* (6)
obtener *to obtain, get* (6)
ocultar *to hide* (10)
odiar *to hate* (5)
oeste *west* (1)
oferta *offer, bargain; supply* (6) (8)
oliva *olive* (6)
olivo *olive (tree)* (6)
olor *smell, odor* (6)
ONG (organización no gubernamental)
    nongovernmental organization (NGO) (4)
oportunidad *opportunity* (8)
oprimido/a *oppressed* (2)
oprimir *to oppress* (2)
optimismo *optimism* (9)
organización *organization* (8)
originarse *to originate, start* (6)

otorgar *to award; to grant* (1); otorgar un permiso de filmación *to grant a permit to film* (1); otorgar un premio *to award a prize* (1)

ozono *ozone* (4)

P

pacificación *pacification* (2)
pacifista *pacifist* (2)
padecer *to suffer from* (8)
padre *father* 7
pagano *pagan* (7)
pandemia *pandemic* (10)
pantalla *screen* (1); pantalla chica *small screen* (1); pantalla grande *big screen* (1)
papel *role* (1)
paracaídas *parachute* (3)
paracaidismo *parachuting* (3)
para colmo *to top or cap it all* (5)
parado/a *standing* (1)
paraguas *umbrella* (3)
paraíso *paradise* (3)
parapente *paragliding* (3)
pareja *couple* (5); relación de pareja *committed monogamous relationship* (5)
participación *participation* (8)
participar *to participate* (8)
pasarlo bien/mal *to have a good/bad time* (5)
Pascua *Easter* (7)
pasión *passion* (5)
pastel *cake; pie* (7)
pata *paw* (7); meter la pata *to put one's foot in (one's mouth)* (7)
paz *peace* (2)
pedir perdón *to ask forgiveness* (5)
pedir prestado *to borrow* (7)
pelea *fight, quarrel* (5)
pelear(se) *to fight* (2) (5)
película *film* (1); película de acción *action film* (1); película de artes marciales *martial arts film* (1); película de aventura *adventure film* (1); película de ciencia-ficción *science fiction film* (1); película de dibujos animados *animated film* (1); película del oeste *Western* (1); película de suspenso/thriller *suspense film, thriller* (1); película de terror/horror *horror film* (1); película musical *musical* (1); película romántica *romantic film* (1)
peligro de extinción *in danger of extinction* (10)
peligroso/a *dangerous* (3)
pena *pity, shame* (9)
pensamiento *thought* (2)
percance *mishap; minor accident* (10)
perdón *pardon* (5); pedir perdón *to ask forgiveness* (5)
perdonar *to pardon* (5)
periódico *newsletter* (10)
perjudicar *to damage, harm* (10)
permitir *to permit* (8)

personaje (principal, secundario) *character (principal, secondary)* (1)
pertenecer *to belong to, pertain to* (2)
pesadilla *nightmare* (10)
peso *weight* (8)
petición *petition; request* (8)
picadura *bite, sting* (3)
piñata *piñata* (7)
piropo *compliment; catcall* (9)
playa *beach* (3)
población *population* (2) (4)
pobreza *poverty* (4)
poderoso/a *powerful* (2) (4)
política *politics* (4); ciencias políticas *political science* (2)
político/a *politician* (8)
poner *to put* (5); poner cuernos *to cheat on (someone), be unfaithful to* (5); poner límites *to establish boundaries* (5)
popular *popular* (7) (8)
por ciento *percent* (10)
por desgracia *unfortunately* (5)
por suerte *luckily* (5)
portazo *slam (noun)* (9)
potable *drinkable* (10)
potenciar *to boost, foster, promote; to improve* (8)
practicar *to play; to practice*; practicar deportes *to play sports* (3) (7)
precariedad *precariousness* (8)
precario/a *poor; scarce; precarious, unstable* (8)
precio *price* (6)
precioso/a *precious, valuable; beautiful* (4)
predecible *predictable* (3)
premio *prize* (1)
Premio Nobel *Nobel Prize* (2)
preparar *to prepare* (6)
presión *pressure* (6)
prestado/a *on loan* (7); pedir prestado *to borrow* (7)
préstamo *loan* (4)
prestar atención *to pay attention* (6)
prever *predict, foresee* (8)
prisionero *prisoner* (2)
privacidad *privacy* (5)
probar *to taste; to test, try* (6)
procesión *procession* (7)
proceso *process* (6)
prodigioso/a *prodigious, incredible, phenomenal, exceptional* (2)
producción *production* (6)
producir *to produce* (1) (6)
producto *product* (6); producto lácteo *dairy product* (6)
productor *producer* (6)
progreso *progress* (4)
promoción *promotion* (8)
promocionar *to promote* (8)
pronosticar *to predict* (10)
propiciar *to favor; to bring about* (8)
proponer *to propose* (8)
propuesta *proposal* (8)

prosperidad *prosperity* (2) (7)
protagonista *protagonist; leading role* (1)
protagonizar *to star in* (1)
protección *protection* (10)
protegido/a *protected* (3)
protesta *protest* (2)
prototipo *prototype* (10)
proveedor *provider* (6)
proyecto *project* (4)
prudente *prudent* (2)
psicológico/a *psychological* (5)

Q

quedar con alguien *to arrange to meet with someone* (5)
quedarse *to remain* (2); quedarse callado/a *to keep quiet* (8)
queja *to complain* (8)
quemadura *burn* (3)
quinceañera *birthday party for fifteen-year-old girl* (7)
quitarse *to go away; to take off; to give up* (7)

R

rabia *anger* (9)
racional *rational* (9)
racismo *racism* (4)
ralentizar *to slow down* (10)
realidad *reality* (8)
realizar *to carry out, execute* (2)
rebeldía *defiance; rebelliousness* (5)
receta *receipt* (6)
recipiente *recipient; container* (6)
recolección *harvest, collection* (6)
recolectar *to harvest, pick; to gather, collect* (6)
recomendar *to recommend* (8)
reconocer *to recognize* (9)
recorte *cutting; clipping; reduction* (10)
recuerdo *memory; souvenir* (5)
recurso *resource; means* (10)
reducción *reduction* (6)
reducir *to reduce* (6) (10)
refinado/a *refined; subtle* (6)
refinar *to refine* (6)
regar *to water, irrigate* (8)
registrar *to register* (10)
regulaciones *regulations* (4)
regular *to regulate* (8)
relación *connection, relationship* (5); relación de pareja *committed monogamous relationship* (5); relación de amor *romantic relationship* (5); relación estable *stable relationship* (5)
relacionarse con *to be related to, be connected with; to meet* (9)
relatar *to report, relate, recount* (1)
relato *story, account* (1)
relativo/a *relative; relating to* (10)
religioso/a *religious* (7)

remar *to row, paddle* (3)
remo *oar, paddle* (3)
rendimiento *performance; yield, return* (10)
rentable *profitable, worthwhile* (10)
repatriar *to repatriate* (10)
repelente *repellent* (3)
representante *representative* (7)
reprochar *to reproach* (9)
reproche *reproach* (8)
repuesto *spare part* (3)
repugnante *repugnant* (9)
reserva *reservation; reserve* (3)
residencia *residence; dormitory* (8)
resolver *to resolve* (8)
respeto *respect* (5)
restar *to subtract, take away, deduct* (10)
resultado *result* (8)
reto *challenge* (4) (10)
revelar *to reveal* (10)
revista *magazine* (10)
riesgo *risk* (3) (10); tomar riesgos *to take risks* (2)
río *river* (3)
riqueza *richness* (4); *wealth* (3)
rito *rite, ceremony* (7)
ritual *ritual* (7)
rodaje *filming, shooting (of a movie)* (1)
rodar *to film* (1)
romance *romance* (5)
romanticismo *romanticism* (5)
romántico/a *romantic* (1)
romper *to break* (5)
ruedo *arena; ring* (7)
ruido *noise* (10)
ruptura *rupture* (5)
ruta *route* (3)

S

sabor *flavor* (6)
sabroso/a *flavorful, delicious* (6)
sacarse *to take off, to remove* (7)
salir *to go out; to leave* (9); invitar a salir *to ask out* (5); salir con alguien *to go out with someone* (5)
saltar *to jump* (3) (7)
salto en bungee *bungee jump* (3)
salud *health* (4)
saludable *healthy* (6)
saludar *to greet* (7)
saludarse *to greet each other* (5)
saludo *greeting* (5)
salvamento *rescue team* (3)
salvaje *savage, wild* (10)
salvar *to save* (4)
San Valentín *St. Valentine* (7)
sangre *blood* (3)
sanidad *health* (4)
sano/a *healthy* (6)
santo/a *saint's day* (7)
satisfecho/a *satisfied* (10)

secreto *secret* (10)
sector *sector* (10)
sector industrial *industrial sector* (6)
seguro/a *sure, secure, certain* (4); seguro de salud *health insurance* (4)
selva *forest* (3)
Semana Santa *Holy Week* (7)
semilla *seed* (6)
señal *signal* (10)
señalar *to signal* (10)
señalización *signaling* (3); bengala de señalización *flare* (3)
senderismo *hiking, trekking* (3)
sendero *path* (3)
sensibilidad *sensitivity; feeling* (9)
sensible *sensitive* (9)
sensitivo/a *sensory* (9)
sentado/a *sitting up* (1)
sentido *sense, meaning* (9); sentido del humor *sense of humor* (9)
sentimiento *feeling* (5)
separación *separation* (5)
separarse *to move away from; to split up* (2) (5)
sepelio *burial* (7)
séptimo arte *cinema* (1)
sequía *drought* (8)
ser uno para otro *to be made for one another* (5)
serenidad *serenity* (5) (9)
servicio *service* (8)
simpático/a *nice, pleasant* (5)
sinceridad *sincerity* (9)
sintonía *harmony* (9)
sobredosis *overdose* (10)
sobrehumano *superhuman* (2)
sobresaliente *outstanding, excellent* (2)
sociable *sociable, friendly* (5)
social *social*; obra social *social work* (2) (8)
sociedad *society* (4)
sociológico/a *sociological* (2)
soledad *solitude* (9)
soler *to be in the habit of; to usually do something* (7)
solidario/a *supportive* (4)
soltero/a *single* (7); despedida de soltero/a *stag/hen party* (7)
solución *solution* (8)
solucionar *to solve, settle* (8)
sombrero *hat* (3)
someter *to subject; to subjugate* (10)
sonido *sound* (1)
soportar *to endure; to tolerate* (5) (9)
sorber *to sip; to suck in or up* (7)
sorprender *to surprise* (7)
sorpresa *surprise* (9)
sortear *to avoid; to negotiate; to get around, overcome* (10)
sostenible *sustainable* (2) (10)
subasta de arte *art auction* (10)
subtítulos *subtitles* (1)
suculento *succulent* (6)

suelo *floor* (6); *ground* (6)
suelta *release* (7)
suero *saline solution* (3)
suerte *luck* (7); por suerte *luckily* (7)
sufrir *to suffer* (2) (4)
sugerencia *suggestion* (9)
suicidio *suicide* (10)
superar *to exceed, go beyond, supersede* (10)
superdotado/a *highly gifted* (2)
surgir *emerge; to rise, arise* (2) (10)
suspenso *suspense* (1)

T

tacaño *miserly, stingy* (5)
taquilla *ticket office, box office* (1)
taquillero *box office success* (1)
techo *roof* (4)
tecnología *technology* (4)
tedio *boredom* (9)
temible *terrible, dreadful* (10)
tendencia *tendency; trend* (10)
tener altibajos *to have ups and downs* (2)
terremoto *earthquake* (10)
tener chispa *to be spontaneous, have charisma* (5)
tener en cuenta *to keep in mind* (7)
tener ganas de hacer algo *to want to do something* (5)
tener modales *to have manners* (5)
tener una cita *to have a date, appointment* (5)
terapéutico/a *therapeutic* (6)
terco/a *stubborn* (5)
terminar *to end, finish* (5)
termómetro *thermometer* (3)
ternura *tenderness* (9)
terrible *terrible* (5)
textura *texture* (6)
tienda de campaña *tent* (3)
toda su vida *all his/her/your life* (2)
tolerante *tolerant* (4)
tolerar *to tolerate* (5)
tomar riesgos *to take risks* (2)
tormenta *storm* (3)
torta *cake* (7)
tortilla *tortilla* (6)
tradición *tradition* (7)
tradicional *traditional* (7)
trámite *procedure, step; transaction* (8)
traje de buceo *diving suit* (3)
transformador/a *transformative* (8)
transportar *to tranport* (6)
transporte *transportation* (3) (6)
trasladarse *to translate* (2)
tratarse (de) *to deal with, be about* (8)
trato *deal; treatment* (4)
travesía *journey* (3)
trayecto *trajectory, path, journey* (3) (10)
tribuna *platform; gallery* (8)
trigo *wheat* (6)

triste *sad* (5)
tristeza *sadness* (9)
trofeo *trophy* (2)

U

unos años / meses más tarde *a few years / months later* (2)
urgente *urgent* (8)
urgir *to urge* (8)
utilizar *to use; to utilize* (6)

V

vacuna *vaccine* (3)
vainilla *vanilla* (6)
valentía *bravery, courage* (9)
valiente *brave, courageous* (7)
valorar *to assess; to value* (2) (8)

valores *values* (4)
vaquilla *heifer* (7)
variedad *variety* (6)
vegetariano/a *vegetarian* (6)
vela *candle; vigil; wake* (7)
velatorio *wake* (7)
velorio *wake* (7)
vencer *to win; to overcome* (2)
vencer un obstáculo *to overcome an obstacle* (2)
vergüenza *embarassment* (9); *shame* (5)
vestimenta *clothes* (7)
vestuario *wardrobe* (1)
villancico *(Christmas) carol* (7)
vinagre *vinegar* (6)
violación *rape* (2); *violation* (2)
violencia *violence*; violencia familiar *domestic violence* (4)
virrey *viceroy* (7)

virtud *virtue* (5)
visión *vision* (8)
vivienda *dwelling; aparment* (8)
vivir juntos/as *to live together* (5)
volcán *volcano* (3)
voluntariado *volunteering* (8)
voluntario *volunteer* (4)
volverse *to become* (2)
vuelta *round, lap; turn* (5)

Y

yerba/hierba mate *traditional South American infused drink* (6)

Z

zambullirse *to duck or dive underwater; to immerse oneself* (3)

ENGLISH-SPANISH GLOSSARY

A

abandon *abandonar* (9)
absence *ausencia* (8)
absorb *absorber* (6)
abuse *abusar* (4)
accept *aceptar* (2)
access *acceso* (4)
accessory *accesorio* (10)
accident *contratiempo* (3)
accidental *accidental* (10)
accomplish *llevar a cabo* (10)
account *relato* (1)
accuse *acusar* (2)
accused *acusado/a* (2)
achieve *lograr* (2)
achievement *logro* (2)
act *actuar* (1)
action *acción* (1)
action film *película de acción* (1)
actor *actor* (1)
actress *actriz* (1)
adapt (for the stage) *escenificar* (1)
adapt *adaptar* (8)
add *agregar* (6); *añadir* (6)
address *dirección* (8)
administration *administración* (8)
admire *admirar* (2)
admit *conceder* (2)
adore *adorar* (2)
adored *adorado/a* (2)
adorn *adornar* (6) (7)
advance *avance* (4) (10)
adventure *aventura* (1) (3); adventure film
    película de aventura (1); adventure sport
    deporte de aventura (3)
adversity *adversidad* (9)
affection *cariño* (9)
aggressive *agresivo/a* (10)
agreement *acuerdo* (2)
agriculture *agricultura* (6)
allergy *alergia* (6)
all his/her/your life *toda su vida* (2)
almond *almendra* (6)
altitude sickness *mal de altura* (3)
Amazonian *amazónico/a* (3)
amusing *divertido/a; entretenido/a* (1)
anger *enfado, furia, ira, rabia* (9)
angry *enfadado/a* (5)
antibiotic *antibiótico* (10)
animated film *película de dibujos animados/
    de animación* (1)
animation *dibujos animados/animación* (1)
anxiety *ansiedad* (9)
apartment *vivienda* (8)
apathetic *desganado/a* (9)
apathy *apatía* (9)
apology *disculpa* (5)

appear *aparecer* (10)
appointment *cita* (5)
arena *ruedo* (7)
arguable *discutible* (5)
argue *argumentar* (6)
arise *brotar* (10); *surgir* (2)
aroma *aroma* (6)
arrive at an agreement *llegar a un
    acuerdo* (2)
arrogant *arrogante* (5)
art auction *subasta de arte* (10)
article *artículo* (6)
artisanal *artesanal* (6)
artist *artista* (1)
as a child *de niño* (2)
as an older person *de viejo* (2)
as a youth *de joven* (2)
ascend *ascender* (3); *escalar* (3)
ascent *ascenso, escalada* (3)
ask forgiveness *pedir perdón* (5)
ask out *invitar a salir* (5)
assess *valorar* (8)
association *asociación* (10)
astonishment *asombro* (9)
atrocity *atrocidad* (7)
attain *lograr* (2)
attainable *alcanzable* (4)
attitude *actitud* (9)
attract *atraer* (5)
attraction *atracción* (5)
attractive *atractivo/a* (6)
avalanche *avalancha* (3)
avoid *sortear* (10)
award *conceder* (2); *otorgar* (1); award a
    prize *otorgar un premio* (1)
awareness *concienciación* (10)
awkward *embarazoso/a* (7)

B

baby *cría* (10)
backpack *mochila* (3)
balance *equilibrio* (9)
balanced *equilibrado/a* (6)
balanced diet *dieta equilibrada* (6)
banquet *banquete* (7)
baptism *bautizo* (7)
bargain *oferta* (6)
barley *cebada* (6)
barrier *barrera* (8)
battery *batería* (3)
be about *tratarse de* (8)
be about to *estar a punto de* (9)
beach *playa* (3)
bean *grano* (6); *haba* (6)
bear *aguantar* (5)
beat *batir* (10)
be at the point of *estar a punto de* (9)

beautiful *hermoso/a; precioso/a* (4)
be bored *aburrirse* (1)
be born *nacer* (2)
become *convertirse; hacerse; llegar a ser;
    volverse* (2) (6)
become angry *enfadarse* (5)
become annoyed *enfadarse* (9)
become depressed *deprimirse* (5) (9)
become indignant *indignarse* (9)
become sad *entristecer* (9)
be connected with *relacionarse con* (9)
be conspicuous by one's absence *brillar por
    su ausencia* (8)
begin *empezar* (2)
behave *comportarse* (7)
be in the habit of *soler* (7)
bell *campana* (7)
belong to *pertenecer* (2)
be made for one another *ser uno para
    otro* (5)
be moved *emocionarse* (1)
benefit *beneficiar; beneficio* (6) (1)
be pleasing to *gustar* (5)
be related to *relacionarse con* (9)
be spontaneous *tener chispa* (5)
bet *apostar* (8)
be unfaithful to *poner cuernos* (5)
bicycle *bicicleta* (3)
big screen *pantalla grande* (1)
binoculars *anteojos; binoculares* (3) (6)
biography *biografía* (2)
biospheric *biosférico/a* (3)
birthday *cumpleaños* (7)
bite *picadura* (3)
blanket *manta* (3)
blood *sangre* (3)
boating *canotaje* (3)
boil *cocer* (6)
boost *potenciar* (8)
boots *botas* (3)
bored *aburrido/a* (1)
boredom *aburrimiento* (9); *tedio* (9)
boring *aburrido/a* (1)
borrow *pedir prestado* (7)
bother *molestar* (5)
bottling *envasado* (6)
box office *taquilla* (1)
box office success *taquillero* (1)
brave *valiente* (7)
bravery *valentía* (9)
breach a trust *abusar de confianza* (5)
break *romper* (5)
brilliant *brillante* (1); *genial*; brilliant idea
    genialidad (2)
bring about *propiciar* (8)
bring up *criar* (10)
broadcast *difusión* (8)
broom *escoba* (6)

bungee jump *salto en* bungee (3)
burial *funeral; entierro; sepelio* (7)
burn *quemadura* (3)
business *negocio* (10)
business strategy *estrategia comercial* (6)
butchering *matanza* (7)

C

cabinet *gabinete* (2)
cake *torta* (7); *pastel* (7)
calm *calma* (9)
calorie *caloría* (6)
camera *cámara* (1)
camp *acampar* (3); *campamento* (3)
campaign *campaña* (4)
candle *vela* (7)
canoe *canoa* (3)
cap *gorra* (3)
capable *capaz* (1)
capacity *facultad* (2) (9)
career *carrera* (2) (3)
carnival *carnaval* (7)
carol (Christmas carol) *villancico* (7)
carry out *llevar a cabo; realizar* (2)
cartoons *dibujos animados* (1)
catastrophic *catastrófico/a* (10)
catcall *piropo* (9)
catch *atrapar* (10)
cavalcade *cabalgata* (3)
cede *ceder* (2)
celebration *celebración* (7)
censor *censurar* (1)
censorship *censura* (1)
censure *censurar* (10)
ceremony *rito* (7)
certain *seguro/a* (4)
challenge *desafío; reto* (4) (10)
change *convertirse* (6); change into
  convertirse en (2)
character (principal, secondary)
  personaje (principal, secundario) (1)
cheat on *poner los cuernos* (5)
choose *elegir* (6)
chosen escort *chambelán* (7)
christening *bautizo* (7)
Christmas *Navidad* (7)
cinema *cine* (1)
cinema *séptimo arte* (1)
cinephile *cinéfilo* (1)
cinnamon *canela* (6)
circulation *difusión* (8)
citizen *ciudadano/a* (10)
city hall *ayuntamiento* (8)
climb *escalada; escalar* (3)
clipping *recorte* (10)
clothes *vestimenta* (7)
coarse *áspero/a* (6)
coast *costa* (3)
coffee bean *grano de café* (6)
coffee house *cafetería* (6)

collaborate *colaborar* (2) (4) (8) (10)
collaboration *colaboración* (2) (8)
colleague *colega* (5)
collect *almacenar; recolectar* (6)
collection *recolección* (6)
combat *combate; combatir* (4) (10)
comedy *comedia* (1)
come in *ingresar* (2)
come undone *deshacerse* (10)
commit *comprometerse* (2)
companion *compañero/a* (5)
compass *brújula* (3)
compatibility *compatibilidad* (5)
compatible *compatible* (5)
competence *competencia* (6) (1)
competition, *competencia* (6) (10)
complain *queja* (8)
compliment *piropo* (9)
comprehensive *comprensivo/a* (9)
compromise *comprometer* (8)
concede *conceder* (2)
concrete *concreto/a* (8)
condemn *denunciar* (10)
confidence *confianza* (5) (9)
conflict *conflicto* (2) (5)
confuse *confundir* (5)
confused *confundido/a* (10)
connection *relación* (5)
conquer *conquistar* (9)
conscious *consciente* (9)
conserve *conservar* (6)
constance *constancia* (9)
consultation *consulta* (8)
consume *consumir* (6)
consumer *consumidor* (6)
consumption *consumo* (6) (10)
container *recipiente* (6)
contamination *contaminación* (4)
contribute *aportar, contribuir* (6) (8) (10)
controversial *controvertido/a* (2) (4)
conversation *conversación* (6)
cook *cocer* (6)
cooperation *cooperación* (4) (8)
coordination *coordinación* (8)
cost *coste, costo* (8)
costume *costumbre* (7)
count *contar* (1)
couple *pareja* (5)
courage *valentía* (9)
courageous *valiente* (7)
crammed *abarrotado/a* (10)
creative *creativo/a* (8)
credit *crédito* (4)
criticism *crítica* (1)
criticize *criticar* (1) (9); *censurar* (10)
crucial *crucial* (8)
cry *llorar* (5)
cultivation *cultivo* (6)
cultural *cultural* (7)
culture *cultura* (7)
curiosity *curiosidad* (9)

cutting *recorte* (10)
cycling *ciclismo* (3)

D

dairy product *producto lácteo* (6)
damage *perjudicar* (10)
dance *baile* (7); *danza* (7)
danger of extinction *peligro de extinción* (10)
dangerous *peligroso/a* (3)
daring *atrevido/a* (2) (7)
date *cita* (5)
day *día* (7)
deal *trato* (4); deal with *tratarse (de)* (8)
death *muerte* (10)
debatable *discutible* (5)
debate *debate* (8)
debilitate *debilitar* (8)
debt *deuda* (2)
début *estreno* (1)
deceive *burlar* (1); *engañar* (5)
decent *digno/a* (4)
deception *engaño* (9)
declare oneself *declararse* (8)
decorate *decorar* (1)
deduct *restar* (10)
deed *hazaña* (2)
defeat *derrota* (2)
defect *defecto* (3)
defiance *desafío* (4)
deforestation *deforestación* (4) (10)
degrading *indigno/a* (4)
degree course *carrera* (3)
dehydration *deshidratación* (3)
delicious *sabroso/a* (6)
demand *demanda* (6)
denouement *desenlace* (1)
denounce *denunciar* (10)
deportes *sports* (3)
depressing *deprimente* (2)
descend *descender* (3)
descent *descenso* (3)
desertion *deserción* (8)
desolate *desolado/a* (5)
despair *desconsuelo* (5)
detachment *desprendimiento* (3)
deterioration *deterioro* (2)
determined *empeñado/a* (9)
develop *desarrollar* (2)
development *desarrollo* (4) (10)
devil *diablo* (7)
devote one's time to *dedicarse (a)* (2)
dialogue *diálogo* (1) (5)
die *morir* (2)
dietary *dietético/a* (6)
dietician *dietista* (6)
difficulty *dificultad* (3) (8)
digest *digerir* (6)
dignity *dignidad* (4) (5)
direct *dirigir* (1)
direction *dirección* (8)

director *director* (1)
disability *discapacidad* (4)
disabled *discapacitado/a* (4)
disappear *disipar* (8)
disappointed *decepcionado/a* (9)
disappointment *decepción* (9)
disaster *desastre* (10)
discipline *disciplina* (10)
disconcerted *desconcertado* (9)
discourtesy *descortesía* (7)
discover *descubrir* (2) (10)
discovery *descubrimiento* (2)
discrete/modest *discreto/a* (10)
discrimination *discriminación* (4)
discuss *discutir* (5)
discussion *debate* (8)
disdain *desprecio* (9)
disguise *disfraz* (7)
disgusting *asco/a* (9)
dispel *disipar* (8)
displacement *desplazamiento* (10)
dispute *argumentar* (6)
disquiet *inquietud* (9)
disrespect *desprecio* (9)
dissolve *deshacerse* (10)
distinguished *destacado/a* (10)
distracted *distraído/a* (9)
dive *bucear* (3)
dive underwater *zambullirse* (3)
diving *buceo* (3)
diving suit *traje de buceo* (3)
divorce (someone) *divorciarse (de)* (2) (5)
divorce *divorcio* (5)
documentary *documental* (1)
domestic market *mercado doméstico* (6)
domestic violence *violencia familiar* (4)
donate *donar* (2)
dough *masa* (10)
dormitory *residencia* (8)
drama *drama* (1)
dramatize *escenificar* (1)
drastic *drástico/a* (10)
dreadful *temible* (10)
drink *bebida* (6)
drinkable *potable* (10)
drought *sequía* (8)
dubbing *doblaje* (1)
duck underwater *zambullirse* (3)
dwelling *vivienda* (8)

E

earn *ganar* (1) (2)
earthquake *terremoto* (10)
Easter *Pascua* (7)
ecological *ecológico/a* (6)
economy *economía* (4)
edible *comestible*; edible fats *grasa comestible* (6)
editing *montage* (film) (1)
education *educación* (4)
effort *esfuerzo* (9)

efficacious *eficaz* (8)
efficient *eficaz* (8)
effort *esfuerzo* (2) (4)
egotistical *egoísta* (5)
elaborate *elaborar* (6)
elaboration *elaboración* (6)
elect *elegir* (6)
embarassing *embarazoso/a* (7)
embarassment *vergüenza* (9)
emerge *surgir* (10)
emigrate *emigrar* (2)
emotion *emoción* (9)
emotional *emocional* (9)
empathetic *empático/a* (9)
empathy *empatía* (9)
emphasize *destacar* (2)
employ *emplear* (6)
empower *empoderar* (8)
empowerment *empoderamiento* (8)
end *terminar* (5)
ending *desenlace* (1)
endure *aguantar* (5)
engaged *comprometido/a* (2)
engagement *compromiso* (2) (5)
enjoy *divertirse* (1)
enjoy oneself *divertirse* (5)
enter *ingresar* (2)
entertaining *divertido/a; entretenido/a* (1)
entertainment *espectáculo* (1)
enthusiast *aficionado/a; entusiasta* (2)
enthusiastic *entusiasmo* (5)
entrance *entrada* (1)
environment *medio ambiente* (2) (4)
envy *envidia* (5)
ephemeral *efímero/a* (10)
epidemic *epidemia* (10)
epoch *época* (2)
equality *igualdad* (8)
equilibrium *equilibrio* (9)
era *época* (2)
eradication *erradicación* (10)
essential *imprescindible* (6)
establish *fundar* (2); establish boundaries *poner límites* (5)
ethnic group *etnía* (2)
exceed *superar* (10)
excellent *sobresaliente* (2)
exceptional *prodigioso/a* (2)
excitement *alboroto* (7)
exciting *apasionante* (3); *desenlace* (1)
excuse *disculpar* (5); excuse oneself *disculparse* (9)
execute *realizar* (2)
exist *existir* (6)
exit *salida* (3)
expert *experto/a* (10)
exploit *explotar* (4)
exploitation *explotación* (4)
explore *explorar* (10)
explosion *explosión* (10)
exportation *exportación* (6)

expose *exponer* (8)
expositions *exposiciones* (10)
expression *expresión* (7)
expropriation *expropiación* (10)
exquisite *exquisito/a* (6)
extinction *extinción* (7) (10)
extract *extraer* (6)
extraction *extracción* (6)
eye-catching *llamativo/a* (4) (6)

F

face down *boca abajo* (1)
face up *boca arriba* (1)
facilitate *facilitar* (8)
fair *justo/a* (2) (4)
faithful *fiel* (5) (7)
fall *caída*; (3); *descenso* (3); fall in love (with) *enamorarse (de)* (2) (5)
fame *fama* (10)
family (adj) *familiar* (4)
famous *célebre* (2); *famoso/a* (2)
fan *aficionado/a* (2)
farewell *despedida* (7)
farming *cultivo* (6)
fascinating *apasionante* (3)
fat *grasa* (6)
fatal *mortal* (3)
father *padre* (7)
Father's Day *Día del Padre* (7)
favor *propiciar* (8)
fear *miedo* (9)
fed up *harto/a* (8)
feeling *sensibilidad* (9); *sentimiento* (5)
ferment *fermentar* (6)
fertilizer *fertilizante* (6)
festivity *festividad* (7)
few years / months later *unos años / meses más tarde a* (2)
fiancé(e) *novio/a* (5)
fiber *fibra* (6)
field *campo* (6)
Fifth of May *Cinco de Mayo* (7)
fight (for) *luchar (por)* (2)
fight *combate* (10); *lucha* (2); *luchar* (4); *pelea* (5); *pelear(se)* (2) (5)
fighter *luchador/a* (2)
figure *cifra* (10)
film *película* (1); *rodar* (1)
film critic *crítico de cine* (1)
filming *rodaje* (1)
find *hallar* (10)
find out about *enterarse de* (9)
fine *fino/a* (6)
finish *terminar* (5)
fire *fuego* (7)
firearm *arma de fuego* (3)
fireworks *fuegos artificiales* (7)
fit *adecuar* (8)
flare *bengala de señalización* (3)
flavor *sabor* (6)

flavorful *sabroso/a* (6)
flaw *defecto* (3)
flirt *flirtear* (5)
flirtatious *coqueto/a* (5)
floor *suelo* (6)
flower *flor* (7)
flu *gripe* (10); swine flu *gripe porcina* (1)
foment *fomentar* (2)
food *alimento, comida* (6); *comestible* (6)
foresee *prever* (8)
forest *selva* (3)
fortune *fortuna* (7)
foster *potenciar* (8)
found *fundar* (2)
fountain *fuente* (10)
fraud *fraude* (10)
free oneself *emanciparse* (8)
freedom *libertad* (10); freedom of
  expression *libertad de expresión* (10)
friendly *amigable* (9); *sociable* (5)
friendship *amistad* (5) (9)
frustrated *frustrado/a* (5)
frustrating *frustrante* (5)
frustration *frustración* (9)
full *harto/a* (8)
function *función* (10)
fundamental *fundamental* (2)
funeral *funeral* (7)
fury *furia* (9)

G

gallery *tribuna* (8)
game *juego* (7)
garden *jardín* (8)
gas cylinder *bombona de gas* (3)
gastronomy *gastronomía* (6)
gather *recolectar* (6)
generosity *generosidad* (9)
genetics *genética* (10)
genius *genialidad* (2); *genio* (2)
genre *género* (1)
geographical features *accidentes geográficos* (3)
get *obtener* (6)
get angry *enfadarse* (9)
get around *sortear* (10)
get engaged *comprometerse* (5)
get excited *emocionarse* (1); get excited
  about *entusiasmarse* (9)
get married *casarse* (5)
get one's doctorate, PhD *doctorarse* (2)
get or make wet *mojar* (6)
giant *gigante* (7)
give *conceder* (2); *donar* (2)
give up *quitarse* (7)
glasses *anteojos* (6); *lentes* (6)
globalization *globalización* (4)
global warming *calentamiento global* (4)
go away *quitarse* (7)
go beyond *superar* (10)
go in exile *exiliarse* (2)

go out *salir* (9); go out with someone
  salir con alguien (5)
gossip *chismear* (5)
graduate *graduarse* (2); *licenciarse* (2)
graduation *graduación* (7)
grain *grano* (6); *granito* (8)
grant *otorgar* (1); grant a permit to film
  otorgar un permiso de filmación (1)
great *genial* (2)
greet *saludar* (7); greet each other
  saludarse (5)
greeting *saludo* (5)
griddle-cake made of corn *arepa* (6)
grief *desconsuelo* (5)
grotesque *grotesco/a* (4)
ground *suelo* (6)
groundhog *marmota* (7)
Groundhog Day *Día de la Marmota*
growing *creciente* (10)
growth *crecimiento, incremento* (6) (8) (10)
guide *guía* (3)

H

handicapped *discapacitado/a* (4)
handsome *guapo/a* (5)
Hanukkah *Hannukah* (7)
happiness *alegría* (9)
harassment *acoso* (5)
harm *dañar* (9); *perjudicar* (10)
harness *arnés* (3)
harsh *áspero* (6)
harvest *cosecha, recolección* (6); *recolectar* (6)
hat *sombrero* (3)
hate *odiar* (5)
have a conversation *dialogar* (5)
have a date, appointment *tener una cita* (5)
have a good/bad time *pasarlo bien/mal* (5)
have charisma *tener chispa* (5)
have manners *tener modales* (5)
have the desire to do something *tener ganas
  de hacer algo* (5)
have ups and downs *tener altibajos* (2)
hazelnut *avellana* (6)
head *cabeza* (7)
headache *dolor de cabeza* (3)
health *salud* (4)
health insurance *seguro de salud* (4)
healthy *saludable* (6); *sano/a* (6)
heart *corazón* (5)
heartbroken *desconsolado/a* (5)
heater *calentador* (3)
hectare *hectárea* (3)
heifer *vaquilla* (7)
height *colmo* (5); *cumbre* (3)
helmet *casco* (3)
hen/stag party *despedida de soltero/a* (7)
herbicide *herbicida* (6)
hero *héroe* (2)
heroine *heroína* (2)
hide *esconder* (6); *ocultar* (10)

highly gifted *superdotado/a* (2)
hike *caminata* (3)
hiking *senderismo* (3)
hill *cerro* (3)
Holy Week *Semana Santa* (7)
home *hogar* (4)
honeymoon *luna de miel* (7)
honorable *digno/a* (4)
honoree's date *chambelán* (7)
hope *esperanza* (4) (5)
horrible *horrible* (4)
horror film *película de terror / horror* (1)
host/hostess *anfitrión/anfitriona* (7)
housemaids *empleadas del hogar* (4)
humanitarian *humanitaria/o* (2)
humanity *humanidad* (2) (4)
human rights *derechos humanos* (2) (4)
humble *humilde* (2)
hunger *hambre* (4)
hurl oneself *lanzarse* (3)
hurt *doler, lastimar* (9)

I

ice *hielo* (3)
identity *identidad* (8)
ignited *encendido/a* (7)
ignore *desentenderse* (10)
illiterate *analfabeto/a* (4)
image *imagen* (1)
imitate *imitar* (7)
immerse oneself *zambullirse* (3)
imminent *inminente* (8)
impairment *discapacidad* (4)
impoliteness *descortesía* (7)
important *importante* (8)
importation *importación* (6)
impressive *impresionante* (7)
improve *mejorar* (4); *potenciar* (8)
improvement *mejora* (4)
improvised *improvisado/a* (7)
incense *incienso* (7)
incidente *incidente* (8) (10)
incompatible *incompatible* (5)
inconsolable *desconsolado/a* (5)
increase *aumento; incrementar; incremento*
  (6) (10)
incredible *increíble* (1) (4); *prodigioso/a* (2)
indifference *indiferencia* (9)
indigenous people *indígenas* (4)
indispensable *imprescindible,
  indispensable* (6)
industrial sector *sector industrial* (6)
industry *industria* (4) (6)
inevitable *inevitable* (2)
infant *cría* (10)
influence *influir (en)* (2)
informative *informativo/a* (1)
infusion *infusión* (6)
ingredient *ingrediente* (6)
in his/her youth *en su juventud* (2)

initiate *iniciar* (2)
initiative *iniciativa* (2) (4) (8)
injustice *injusticia* (4)
in love *enamorado/a* (5)
innovative *novedoso/a* (6)
insecticide *insecticida* (6)
insecure *inseguro/a* (4)
insist *insistir* (8)
inspire *inspirar* (2)
install *instalar* (6)
insubstantial *insustancial* (4)
integral *integral* (6) (8)
intense *intenso/a* (4)
interesting *interesante* (1) (4)
interpreter *intérprete* (8)
in that era *en aquella época* (2)
in that time *en aquel tiempo* (2)
intimate *íntimo/a* (9)
intolerant *intolerante* (4) (5)
introverted *introvertido/a* (5)
intuition *intuición* (9)
invest *invertir* (6)
investigation *investigación* (10)
irreconcilable *irreconciliable* (10)
irregularity *irregularidad* (10)
irrigate *regar* (8)
irritability *irritabilidad* (9)

J

jealous *celoso/a* (5)
jealousy *celos* (5)
join *ingresar* (2)
joke *broma* (7); *bromear* (7)
journey *travesía, trayecto* (3)
joy *alegría* (9)
jump *saltar* (3) (7)
just *justo/a* (2) (4)
justice *justicia* (2)

K

kayak *kayak* (3)
keep *conservar* (6); keep in mind *tener en cuenta* (7); keep quiet *quedarse callado* (8)
key *clave* (7)
kill *asesinar* (2)
kiss *besar* (7)
kneeling *de rodillas, arrodillado/a* (1)
knowledge *conocimiento* (9)
Kwanzaa *Kwanzaa* (7)

L

label *etiquetar* (6)
labelling *etiquetado/a* (6)
laberinth *laberinto* (3)
labor *laboral* (4); labor market *mercado laboral* (4)
lack *falta* (9); lack of affection *falta de cariño* (9)

lagoon *laguna* (3)
lake *laguna* (3)
lamp *lámpara* (3)
lantern *linterna* (3)
lap *vuelta* (5)
launch *lancha* (3)
leading role *galán (m.)*, *protagonista* (1)
lean *apoyar* (8)
leave *dejar* (2); *salir* (9)
leftovers *desperdicio* (10)
legalize *despenalizar* (10)
letdown *decepción* (9)
lethargic *desganado/a* (9)
level *nivel* (10)
lider *líder* (2)
life expectancy *expectativa de vida* (10)
light *ligero/a* (6)
light bulb *bombilla* (6)
like/dislike someone *caer bien/mal alguien* (5)
limit *límite* (5)
lit *encendido/a* (7)
live together *vivir juntos* (5)
living conditions *condiciones de vida* (4)
loan *prestamo/a* (4)
lovable *amable* (5)
love *amor* (5) (9)
luck *suerte* (7)
luckily *por suerte* (5)
luxurious *lujoso/a* (7)
lying down *echado/a* (1)

M

machismo *machismo* (4)
magazine *revista* (10)
magic *mágico* (7)
mailbox *buzón* (8)
maintain *mantener* (6)
make a fuss *armarse un lío* (5)
make an effort (to) *esforzarse (por)* (4)
make fun of *burlarse* (7)
make the most of *aprovechar* (10)
manipulate *manipular* (6)
manners *modales* (5)
manufacture *fabricar* (6)
map *mapa* (3)
march *desfile* (7)
marriage *boda* (7); *casamiento* (7); *matrimonio* (7)
marry *casarse (con)* (2)
martial arts *artes marciales*; martial arts film *película de artes marciales* (1)
marvelous *maravilloso/a* (5)
mask *máscara* (3)
massive *masivo/a* (6)
mass production *fabricación masiva* (6)
mate *yerba/hierba mate* (6)
meaning *sentido* (9)
means *recurso* (10)
measure *medir* (10)
measurement *medida* (10)

medicine *medicina* (3)
medicine cabinet *botiquín* (3)
meet *conocerse* (5); *relacionarse con* (9)
melt *deshacerse* (10)
memory *recuerdo* (5)
menace *amenaza* (10); *amenazar* (10)
mess *lío* (5)
meticulous *meticuloso/a* (2)
microbe *microbio* (6)
microcredit *microcréditos* (4)
mind *mente* (9)
minor accident *percance* (10)
minority *minoría* (4)
miserly *tacaño* (5)
misery *miseria* (4)
misfortune *desgracia* (10)
mishap *contratiempo* (3); *percance* (10)
mistreat *maltratar* (4) (5)
mistreatment *maltrato* (4)
misunderstood *malentendido/a* (7)
mixture *mezcla* (6)
mobilization *movilización* (8)
mobilize *movilizar* (8)
mock *burlarse* (1)
moderate *moderado/a* (10)
monster *monstruo* (7)
mother *madre* (7)
Mother's Day *Día de la Madre* (7)
mountain *montaña* (3); mountain biking *ciclismo de montaña* (3); mountain range *cordillera* (3)
mountaineering *alpinismo* (3); *andinismo* (3)
move away from *separarse* (2) (5)
movement *desplazamiento* (10)
moving *desenlace* (1); *emocionante* (1)
multitude *multitud* (7)
municipality *municipalidad* (8)
musical *película musical* (1)
myth *mito* (2)

N

narration *narración* (1)
nation *nación* (10)
natural *natural* (3)
necessity *necesidad* (8)
neglect *desentenderse* (10)
negotiate *negociar* (2); *sortear* (10)
new *novedoso/a* (6)
newspaper *periódico* (10)
nice *simpático/a* (5)
nightmare *pesadilla* (10)
Nobel Prize *Premio Nobel* (2)
noise *ruido* (10)
nongovernmental organization (NGO) *ONG (organización no gubernamental)* (4)
norm *norma* (8)
note *apunte* (8)
nourishing *nutritivo/a* (6)
number *cifra* (10)

nutrition *alimentación* (6)
nutritionist *nutricionista* (6)
nutritious *nutritivo/a* (6)

O

oar *remo* (3)
oat *avena* (6)
obstacle *obstáculo* (10)
obtain *conseguir* (4); *obtener* (6)
obtaining *obtención* (6)
ocean *mar* (3)
odor *olor* (6)
offer *oferta* (6) (8)
office *consulta* (8)
oil *aceite* (6)
olive tree *olivo* (6)
olive *aceituna* (6); *oliva* (6)
on loan *prestado/a* (7)
opportunity *oportunidad* (8)
oppress *oprimir* (2)
oppressed *oprimido/a* (2)
optimism *optimismo* (9)
organization *organización* (8)
original *novedoso/a* (6)
originate *originarse* (6)
outstanding *sobresaliente* (2)
overcome *sortear* (10); *vencer* (2)
overcome an obstacle *vencer un obstáculo* (2)
overdose *sobredosis* (10)
over many years *durante muchos años* (2)
ozone *ozono*; ozone layer *capa de ozono* (4) (10)

P

pacification *pacificación* (2)
pacifist *pacifista* (2)
pack *empacar* (3); *envasar* (6)
packed *abarrotado/a* (10)
packing *envasado* (6)
paddle *remar* (3); *remo* (3)
pagan *pagano* (7)
pandemic *pandemia* (10)
parachute *paracaídas* (3)
parachuting *paracaidismo* (3)
parade *cabalgata* (3); *desfile* (7)
paradise *paraíso* (3)
paragliding *ala delta* (3); *parapente* (3)
pardon *perdón* (5); *perdonar* (5)
participate *participar* (8)
participation *participación* (8)
party *fiesta* (7)
passion *pasión* (5)
passionate *apasionado/a* (3)
path *sendero* (3); *trayecto* (3)
pay attention *atender* (8); *prestar atención* (6)
peace *paz* (2)
peel *cáscara* (6)
percent *por ciento* (10)
perform *interpretar* (1)
performance *actuación* (1); *rendimiento* (10)

permit *permitir* (8)
personal space *espacio personal* (5)
pertain to *pertenecer* (2)
petition *petición* (8)
phenomenon *fenómeno* (2) (10)
pick *recolectar* (6)
pie *pastel* (7)
pig-headed *cabezota* (5)
piñata *piñata* (7)
pity *lástima* (9); *pena* (9)
platform *tribuna* (8)
play (a role) *interpretar* (1); play sports
    practicar deportes (3) (7)
pleasant *simpático/a* (5)
pleasure *gusto* (6)
plot *argumento* (1)
political science *ciencias políticas* (2)
politician *político/a* (8)
politics *política* (4)
poor *precario/a* (8)
popular *popular* (7) (8)
population *población* (2) (4)
poverty *pobreza* (4)
power *facultad* (2) (9)
powerful *poderoso/a* (2) (4)
practice *practicar* (7)
precarious *precario/a* (8)
precariousness *precariedad* (8)
precious *precioso/a* (4)
predict *prever* (8); *pronosticar* (10)
predictable *predecible* (3)
prepare *preparar* (6)
preserve *conservar* (6)
pressing *apremiante* (8)
pressure *presión* (6)
price *precio* (6)
prisoner *prisionero* (2)
privacy *privacidad* (5)
prize *premio* (1)
procedure *trámite* (10)
process *proceso* (6)
procession *procesión* (7)
prodigious *prodigioso/a* (2)
produce *fabricar* (6); *producir* (1) (6)
producer *productor* (6)
product *producto* (6)
production *producción* (6)
profit *beneficio* (6)
profitable *rentable* (10)
progress *progreso* (4)
project *proyecto* (4)
prominent *destacado/a* (10)
promise *comprometerse* (2)
promote *potenciar* (8); *promocionar* (8)
promotion *ascenso* (3); *promoción* (8)
propel *impulsar* (8)
proposal *propuesta* (8)
propose *proponer* (8)
prosperity *prosperidad* (2) (7)
protagonist *protagonista* (1)
protected *protegido/a* (3)
protection *protección* (10)

protest *protesta* (2)
prototype *prototipo* (10)
provide *aportar* (6)
provider *proveedor* (6)
provision *abastecimiento* (10)
prudent *prudente* (2)
psychological *psicológico/a* (5); psychological
    harassment *acoso psicológico* (5)
pumpkin *calabaza* (6)
put *poner* (5); *meter* (7); put one's foot in
    (one's mouth) *meter pata* (7)

Q

quality *calidad* (6); *cualidad* (2)
quarrel *pelea* (5)
quiet *callado/o* (1) (8); keep quiet
    quedarse callado/a (8)
quit *dejar* (2)

R

race *carrera* (3)
racism *racismo* (4)
rage *ira* (9)
raise *criar* (10)
rape *violación* (2)
rational *racional* (9)
raw *crudo/a* (6)
reach *alcanzar* (2) (10)
reachable *alcanzable* (4)
reality *realidad* (8)
realize *darse cuenta de* (7)
rebelliousness *rebeldía* (5)
receipt *receta* (6)
recipient *recipiente* (6)
recognize *reconocer* (9)
recommend *recomendar* (8)
record *grabar* (8)
recount *relatar* (1)
reduce *reducir* (6) (10)
reduction *recorte* (10); *reducción* (6)
refine *refinar* (6)
refined *refinado/a* (6)
register *registrar* (10)
regulate *regular* (8)
regulations *regulaciones* (4)
rehearse *ensayar* (1)
relate *relatar* (1)
relationship *relación* (5)
relating to *relativo/a* (10)
relative (adj.) *relativo/a* (10)
release *suelta* (7)
reliable *confiable* (2)
religious *religioso/a* (7)
remain *quedarse* (2)
remove *despegar* (10); *sacarse* (7)
repatriate *repatriar* (10)
repellent *repelente* (3)
replacement *devolución* (4)
report *denunciar* (10); *relatar* (1)
representative *representante* (7)

reproach *reprochar* (9); *reproche* (8)
repugnant *repugnante* (9)
request *demanda* (6); *petición* (8)
rescue team *equipo de salvamento* (3); *salvamento* (3)
reservation *reserva* (3)
reserve *reserva* (3)
residence *residencia* (8)
resign *dimitir* (2)
resolve *resolver* (8)
resource *recurso* (10)
respect *respeto* (5)
rest *apoyar* (8)
restless *inquieto/a* (5)
restlessness *inquietud* (5) (9)
result *resultado* (8)
return *devolución* (4); *rendimiento* (10)
reveal *revelar* (10)
richness *riqueza* (4)
ride a bike *montar bicicleta* (3)
ridicule *burlarse* (1)
rights *derechos* (4); human rights *derechos humanos* (2) (4)
ring *ruedo* (7)
riot *alboroto* (7)
rise *ascender* (3); *ascenso* (3); *aumento* (10); *escalada* (3); *surgir* (2)
rising *ascendente* (10)
risk *arriesgar* (3); *riesgo* (3) (10)
risky *arriesgado/a* (3)
rite *rito* (7)
ritual *ritual* (7)
river *río* (3)
role *papel* (1)
romance *romance* (5)
romantic *romántico/a* (1); romantic film *película romántica* (1)
romanticism *romanticismo* (5)
romantic relationship *relación de amor* (5)
roof *techo* (4)
round *vuelta* (5)
route *ruta* (3)
row *remar* (3)
rupture *ruptura* (5)
rye *centeno* (6)

S

sad *triste* (5)
sadness *tristeza* (9)
saint's day *santo/a* (3)
saline solution *suero* (3)
sand *arena* (8)
sanity *sanidad* (4)
sated *harto/a* (8)
satisfied *satisfecho/a* (10)
savage *salvaje* (10)
save *conservar* (6); *salvar* (4)
scarce *precario/a* (8)
scarcity *escasez* (10)
scenario *escenario* (10)

scene *escena* (1)
scenery *decorados* (1)
science fiction *ciencia-ficción* (1)
science fiction film *película de ciencia-ficción* (1)
scratch *arañar* (9)
screen *pantalla* (1)
script *guión* (1)
scriptwriter *guionista* (1)
sea *mar* (3)
secret *secreto* (10)
sector *sector* (10)
secure *seguro/a* (4)
securing *obtención* (6)
seed *semilla* (6)
self-esteem *autoestima* (9)
sense *sentido* (9)
sensitive *sensible* (9)
sensitivity *sensibilidad* (9)
sense of humor *sentido del humor* (9)
sensory *sensitivo/a* (9)
separation *separación* (5)
serenity *serenidad* (5) (9)
service *servicio* (8)
set *decorados* (1)
settle *solucionar* (8)
sexism *machismo* (4)
sexist *machista* (5)
sexual harassment *acoso sexual* (5)
shame *pena* (9); *vergüenza* (5)
shameful *indigno/a* (4)
share *compartir* (2)
shell *cáscara* (6)
shine *brillar* (8)
shipwreck *naufragio* (10)
shooting (of a movie) *rodaje* (1)
short film *corto, cortometraje, filme corto* (1)
shortcoming *defecto* (3)
show *espectáculo* (1) (10); show for the first time *estrenar* (1)
signal *señal* (10); *señalar* (10)
signaling *señalización* (3)
silent *callado/a* (1)
sincerity *sinceridad* (9)
single *soltero/a* (7)
sip *sorber* (7)
sitting up *sentado/a* (1)
ski *esquí* (3)
skill *habilidad* (2)
skillful *hábil* (2)
ski pole *bastón* (3)
slam (noun) *portazo* (9)
sleeping bag *bolsa de dormir* (3)
slight *ligero/a* (6)
slow *lento/a* (1); slow down *ralentizar* (10)
small screen *pantalla chica* (1)
smell *olor* (6)
smoke *humo* (7)
snack bar *cafetería* (6)
snorkeling *buceo con máscara* (3)
snub *desprecio* (9)

soap *jabón* (6)
sociable *sociable* (5)
social *social* (8); social work *obra social* (2)
society *sociedad* (4)
sociological *sociológico/a* (2)
solitude *soledad* (9)
solution *solución* (8)
solve *solucionar* (8)
sound *sonido* (1)
soundtrack *banda sonora* (1)
source *fuente* (10)
souvenir *recuerdo* (5)
spare part *repuesto* (3)
spark *chispa* (5)
special effects *efectos especiales* (1)
specialize *especializarse* (2)
spectacle *espectáculo* (7)
spectacles *lentes* (6)
spectacular *espectacular* (2)
spectator *espectador* (1)
split up *separarse* (2) (5)
sport *deporte* (7)
spread *difundir* (8)
spreading *difusión* (8)
spring *brotar* (10); *fuente* (10)
sprout *brotar* (10)
squander *derrochar* (10); *disipar* (8)
squatted *agachado/a* (1)
stable *estable* (5)
stag/hen party *despedida de soltero/a* (7)
stage *escenario* (1)
standing *de pie / parado* (1); standing up *levantado/a* (1)
stand out *destacar* (2)
star *estrella* (1); star in *protagonizar* (1)
start *originarse* (6)
stay with some one *quedar con alguien* (5)
step *trámite* (8)
stimulate *estimulante* (6)
sting *picadura* (3)
stingy *tacaño/a* (5)
storage *almacenamiento* (6)
store *almacenar* (6); *comercio* (6)
storm *tormenta* (3)
story *relato* (1)
storyline *argumento* (1)
streetlight *farol* (7)
stress *destacar* (2)
stressed *estresado/a* (9)
striking *llamativo/a* (4) (6)
strong *fuerte* (4)
struggle *lucha* (4)
stubborn *terco/a* (5)
student (*adj.*) *estudantil*
subject *someter* (10)
subjugate *someter* (10)
subtitles *subtítulos* (1)
subtle *refinado/a* (6)
subtract *restar* (10)
succeed *lograr* (2)
succulent *suculento/a* (6)

suck in or up *sorber* (7)
suffer *sufrir* (2) (4)
suffer from *padecer* (8)
suggestion *sugerencia* (9)
suicide *suicidio* (9)
summit *cima* (3)
sunglasses *lentes de sol* (3)
sunstroke *insolación* (3)
superhuman *sobrehumano* (2)
supersede *superar* (10)
supply *oferta* (6) (8); *abastecimiento* (10)
support *aguantar* (5) (9); *apoyar* (2); *apoyo* (2)
supportive *solidario/a* (4)
sure *seguro/a* (4)
surprise *sorprender* (7); *sorpresa* (9)
survey *encuesta* (8)
suspense *suspenso* (1); suspense film *película de suspenso* (1)
sustainable *sostenible* (2) (10); sustainable development *desarrollo sostenible* (2)
swim underwater *bucear* (3)
swing *columpio* (8)
syringe *jeringuilla* (3)

T

take advantage of *aprovechar* (10)
take away *restar* (10)
taken aback *desconcertado* (9)
take off *quitarse* (7); *sacarse* (7)
take risks *tomar riesgos* (2)
talk *dialogar* (5)
taste *degustar* (6); *gusto* (6); *probar* (6)
team *equipo* (3)
technology *tecnología* (4)
tell *contar* (1)
temper *genio* (2)
tendency *tendencia* (10)
tenderness *ternura* (9)
tent *tienda de campaña* (3)
terrible *terrible* (5); *temible* (10)
test *probar* (6)
texture *textura* (6)
therapeutic *terapéutico/a* (6)
thermometer *termómetro* (3)
thick *grueso/a* (6)
thin *fino/a* (6)
thought *pensamiento* (2)
threat *amenaza* (10)
threaten *amenazar* (10)
thriller *película de suspenso, thriller* (1)
throw *lanzarse* (3)
ticket *boleto* (1)
ticket office *taquilla* (1)
tireless *incansable* (2)
to one side *de lado* (1)
toast *brindar* (7); *brindis* (7)
together *junto/a* (5)
tolerant *tolerante* (4)
tolerate *soportar* (5); *tolerar* (5)

top *cumbre* (2)
top it all *para colmo* (5)
tortilla *tortilla* (6)
town/city council *ayuntamiento* (8)
trade *comercio* (4)
tradition *tradición* (7)
traditional *tradicional* (7)
trajectory *trayecto* (3)
transport *transportar* (6)
trasaction *trámite* (8)
transformative *transformador/a* (8)
translate *trasladarse* (2)
transportation *transporte* (3) (6)
trap *atrapar* (10)
treatment *trato* (4)
trekking *senderismo* (3)
trick *engaño* (10)
trip *desplazamiento* (10)
trophy *trofeo* (2)
trust *confianza* (5) (9)
trustworthy *confiable* (2)
try *probar* (6); try out *ensayar* (1)
tube through which mate tea is drunk *bombilla* (6)
turn *vuelta* (5)
turn up *aparecer* (10)

U

umbrella *paraguas* (3)
unattainable *inalcanzable* (4)
uncertain *inseguro/a* (4)
uncomfortable *incómodo/a* (5) (9)
unexpected *inesperado/a* (9)
unfair *injusto/a* (4)
unforgettable *inolvidable* (5)
unfortunately *por desgracia* (5)
unheard of *inaudito/a* (2)
unjust *injusto/a* (4)
unprecedented *inaudito/a* (2)
unreachable *inalcanzable* (4)
unstable *precario/a* (8)
unsupportive *insolidario/a* (4)
unworthy *indigno/a* (4)
up *levantado/a* (1)
uproar *alboroto* (7)
ups and downs *altibajos* (2)
upset *indignar* (9)
urge *urgir* (8)
urgent *apremiante* (8); *urgente* (8)
use *utilizar* (6)
usually do something *soler* (7)
utilize *utilizar* (6)

V

vaccine *vacuna* (3)
vacuum cleaner *aspiradora* (6)
valuable *precioso/a* (4)
value *valorar* (2)
values *valores* (4)

vanilla *vainilla* (6)
vanish *disipar* (8)
variety *variedad* (6)
vegetarian *vegetariano/a* (6)
viceroy *virrey* (7)
vigil *vela* (7)
vinegar *vinagre* (6)
violation *violación* (2)
violence *violencia* (4)
virtue *virtud* (5)
vision *visión* (8)
volcano *volcán* (3)
volunteer *voluntario* (4)
volunteering *voluntariado* (8)

W

wake *velatorio, velorio* (7)
walk *caminar* (3); *caminata* (3)
walking stick *bastón* (3)
want to do something *tener ganas de hacer algo* (5)
war *guerra* (2) (4)
wardrobe *vestuario* (1)
wash *lavado* (6)
washing *lavado* (6)
waste *derrochar* (10); *derroche* (10); *desperdicio* (10)
water (drinkable, undrinkable) *agua (potable, no potable)* (4)
water *regar* (8)
wax *cera* (6)
weaken *debilitar* (8)
wealth *riqueza* (3)
wedding *boda, casamiento, matrimonio* (7)
weight *peso* (8)
well-being *bienestar* (10)
west *oeste* (1)
Western *película del oeste* (1)
wheat *trigo* (6)
wild *salvaje* (10)
win *ganar* (1) (2); *vencer* (2); win a prize *ganar un premio* (1)
win a role *ganar un papel* (1)
withstand *aguantar* (5)
womanizer *mujeriego* (5)
woods *bosque* (3)
work (adj) *laboral* (4); work harassment *acoso laboral* (5)
worried *inquieto/a* (5)
worsen *empeorar* (4)
worship *adorar* (2)
worthwhile *rentable* (10)

Y

yell *gritar* (5) (9)
yield *ceder* (2); *rendimiento* (10)
young (*noun*) *cría* (10)
youth *juventud* (2)
youthful (8); *juvenil* (8)

CREDITS

Text Credits

p. 10, From the screenplay *El hijo de la novia* by Juan José Campanella and Fernando Castets; p. 13, "Miento, luego existo" por José M. Pascual used by courtesy of the author; p. 14 (top left), From "Entrevista con el actor salvaje Benicio del Toro: 'Soy como un enterrador'" by Beatrice Sartori, Cronica, www.elmundo.es, 18 January 2004; p. 14 (top right), From "Estrellas latinas brillan por su ausencia" by María Lorente, Los Angeles/AFP, July 2004; p. 14 (bottom left), From "Un terrible año para latinos en la televisión" by Arturo Varela, 12/16/10, Al Dia News, www.pontealdia.com; p. 14 (bottom right), From "Latinos en Hollywood" by Paola Marín, 3 July 2007, www.boomonline.com; p. 56 (top), Adapted from "Donde vivo los árboles son verdes y el río color naranja," ELMUNDO.ES, Madrid, 11/28/2005; p. 58, Data from "La juventud opina" www.unicef.org, April 2011; p. 96 (center), From http://www.quesos-ovejanegra.cl/historia-del-queso.php; pp. 122–123, From *The Washington Post*, © 2006 *The Washington Post*. All rights reserved. Used by permission and protected by the Copyright Laws of the United States. The printing, copying, redistribution, or retransmission of the Material without express written permission is prohibited; p. 124 (left), From *La ola Latina*, HarperCollins by Jorge Ramos, HarperCollins Publishers, 2005; p. 124 (right), From "Los latinos se asimilan bajo sus propias condiciones" by Hiram Soto, http://news.newamericamedia.org, Posted: Jul 27, 2007; p. 148, Adapted from *Inteligencia* Emocional, by Daniel Goleman, Translated by David González and Fernando Mora, Barcelona: Editorial Kairós, 2010; p. 158, From "Desnuda en un jardín con flores violentas" by Alma Karla Sandoval. Used by permission of the author; p. 159, Four fables by Augusto Monterroso © Augusto Monterroso. Used by permission. p. 168 (left), Adapted from "¿Son los hipopótamos más temibles que los cocodrilos?" www.quo.es, Used by permission of Hachette Filipacchi S.L. www.quo.es; p. 168 (right), From "Urgen nuevos antibióticos," BBC Ciencia, BBCMUNDO.COM, 12 September 2008; p. 171, quotes from "Cambié mi iPod por un Walkman." BBC Mundo, martes, 30 de Junio de 2009. Accessed February 3, 2012. http://www.bbc.co.uk/mundo/ciencia_tecnologia/2009/06/090629_1700_walkman_ipod_wbm.shtml, "Nosotros no discutimos las leyes." BBC Mundo, lunes, 1 de Junio de 2009. Accessed February 3, 2012. http://www.bbc.co.uk/mundo/economia/2009/06/090520_esp_pirateria_piratebay_mes.shtml, "Habla la niña que sobrevivió a desastre aéreo." BBC Mundo, miércoles, 1 de Julio de 2009. Accessed February 3, 2012. http://www.bbc.co.uk/mundo/internacional/2009/07/090701_1220_sobreviviente_baya_med.shtml.

Photo Credits

Round Table Design Element in Tarea Section (this image is used as the design element throughout the book): czardases/iStockphoto

p. 3 (top left), Archives du 7eme Art/Photos 12/Alamy; p. 3 (center left), Pictorial Press Ltd/Alamy; p. 3 (center right), Photos 12/Alamy; p. 3 (top right), Photos 12/Alamy; p. 10, Archives du 7eme Art/Photos 12/Alamy; p. 14 (top left), Moviestore collection Ltd/Alamy; p. 14 (top center), Photos 12/Alamy; p. 14 (top right), CINEMA COLLECTION/Photos 12/Alamy; p. 14 (center left), Archives du 7eme Art/Photos 12/Alamy; p. 14 (center right), Archives du 7eme Art/Photos 12/Alamy; p. 15 (bottom right), image100 Lifestyle AG/Alamy; p. 15 (bottom left), Leah Warkentin/Design Pics Inc/Alamy; p. 20 (top left), Trinity Mirror/Mirrorpix/Alamy; p. 20 (top right), Associated Sports Photography/Alamy; p. 20 (center left), EPA/Photoshot; p. 20 (center right), Allstar Picture Library/Alamy; p. 23, Kristoffer Tripplaar/Alamy; p. 25 (top right), Pictorial Press Ltd/Alamy; p. 25 (center left), KPA/CBI/Sven Hoogerhuis/United Archives GmbH/Alamy; p. 25 (center), Benedicte Desrus/Alamy; p. 25 (center right), RIA Novosti/Alamy; p. 26 (center left), Pete Klinger/Alamy; p. 26 (center right), Neale Cousland/Shutterstock; p. 26 (bottom left), Associated Sports Photography/Alamy; p. 26 (bottom right), Todd Bigelow/Aurora Photos/Alamy; p. 27 (top left), jeremy sutton-hibbert/Alamy; p. 27 (center left), ITAR-TASS Photo Agency/Alamy; p. 27 (bottom left), Trinity Mirror/Mirrorpix/Alamy; p. 31, 360b/Shutterstock; p. 32 (top left), Aflo Foto Agency/Alamy; p. 32 (top center), photogolfer/Shutterstock; p. 32 (top right), INTERFOTO/Personalities/Alamy; p. 32 (bottom left), Ilene MacDonald/Alamy; p. 33 (bottom right), Torsten Leukert/vario images GmbH & Co.KG/Alamy; p. 33 (bottom center), Pictorial Press Ltd/Alamy; p. 33 (bottom left), Eye Ubiquitous/Alamy; p. 38 (top left), Alexey Stiop/Shutterstock; p. 38 (top center), Hemis.fr/SuperStock; p. 38 (top right), Arco Images/Huetter, C./Arco Images GmbH/Alamy; p. 38 (bottom left center), Jupiterimages/Comstock/Thinkstock; p. 38 (bottom right center), Jakub Cejpek/Shutterstock; p. 38 (bottom left), Jupiterimages/Comstock/Thinkstock; p. 38 (bottom right), Galyna Andrushko/Shutterstock; p. 43, THP/Tim Hester Photography/Shutterstock; p. 46, Frans Lemmens/SuperStock; p. 47, Goodshoot/Thinkstock; p. 50 (top left), holbox/Shutterstock; p. 50 (top right), labelverte/Fotolia; p. 50 (bottom left), Alexander/Fotolia; p. 50 (bottom right), P.Zonzel/Shutterstock; p. 56, Suzanne Porter/Alamy; p. 57, DBURKE/Alamy; p. 68 (top left), Ricardo Funari/BrazilPhotos.com/Alamy; p. 68 (top right), Ian Thraves/Alamy; p. 68 (bottom left), Stockbyte/Thinkstock; p. 68 (bottom right), Ingram Publishing/SuperStock; p. 74 (top left), Mandy Godbehear/Shutterstock; p. 74 (top right), Suzanne Tucker/Shutterstock; p. 74 (center left top), Jack Hollingsworth/Thinkstock; p. 74 (center right top), Jupiter images/Thinkstock; p. 74 (center left bottom), Comstock/Thinkstock; p. 74 (center right bottom), Pixland/Jupiterimages/Thinkstock; p. 74 (bottom right), Comstock/Thinkstock; p. 74 (bottom left), Comstock Images/Thinkstock; p. 79, Andresr/Shutterstock; p. 81 (bottom left), Dreamstime; p. 81 (center left), Jupiterimages/Brand X Pictures/Thinkstock; p. 85 (top right), Aleksandr Kurganov/Shutterstock; p. 85 (center right), Photodisc/Thinkstock; p. 86 (top left), culliganphoto/Alamy; p. 86 (top center), Robert Adrian Hillman/iStockphoto; p. 86 (top right), Blake-Ezra Cole/Alamy; p. 92 (top left), Monticello/Shutterstock; p. 92 (center left), Patty Orly/Shutterstock; p. 92 (center right), lrafael/Shutterstock; p. 92 (bottom center), Alfonso de Tomas/Shutterstock; p. 94 (top right), Luis Louro/Shutterstock; p. 94 (center left), Valentyn Volkov/Shutterstock; p. 99, Lee Torrens/Shutterstock; p. 100 (bottom left), vitdesignpv/Shutterstock; p. 100 (bottom right), Tereza Nohavova/Shutterstock; p. 103, Geanina Bechea/Shutterstock; p. 104 (center left), Bogdan Wankowicz/Shutterstock; p. 104 (center right), ducu59us/

INDEX

A

a fin de (que), 97, 110, 147, 181
a lo mejor, 54, 181
a menos (que), 97, 109, 110, 170, 181
a no ser que, 73, 170, 181
a partir de, 62, 73
a pesar (de) (que), 97, 111
abilities, talking about, 152, 163
absolute superlative, 37
aburrir, 127
acercar(se), 18
achievements, 24
actions, 24
addition, 62
adelante, 62, 73
además, 62
adjectives, 18, 19
    adjectival relative clauses, 134, 146
    expressing qualities, 24, 34
    functioning as adverbs, 19
    position of, 96, 108
    superlative, 37
adventure, 38–55
adverbial constructions
    adverbial constructions to express
        causality, 110
    adverbial constructions to express
        finality, 97, 110
    adverbial constructions to express
        intentionality, 97
    adverbial subordinate clauses,
        170, 181–182
    adverbs, 97, 109–111
    to express finality, 135, 147
adverbs, 18–19. *See also* adverbial
        constructions
    concessive constructions, 97, 111
    endings, 97
    of finality, 135
    with **-mente**, 19, 97, 107, 108, 134, 145
    superlatives, 37
    temporal constructions, 97
advice, giving, 153
agreement, expressing, 61, 172–173
agriculture, 106. *See also* products
ahora bien, 62
al + infinitive, 7, 17
al cabo de, 25
al mismo tiempo, 7, 17
antes (de que), 109, 110
apasionar, 127
apologies, making and accepting, 154
argument, 66, 69, 136, 176–179. *See also*
        persuasion
art. *See* culture
asustar(se), 19

atraer, 127
attitudes, expressing, 6, 8, 78–81, 91
aunque, 97, 111, 182

B

behavior, 6, 153, 154
beverages, 106. *See also* products
biographical facts, 24, 25, 34, 35
Bono, 31

C

cambiar, 60, 72
cantar, 54
causality, expressing, 24, 84–85, 110
celebrations, 126, 129. *See also* culture
celebrities, 20–37
cepillar(se), 18
certainty, expressing, 170, 181
certainty, expressing degrees of, 54
changes
    in attitude, 6
    in behavior, 6
    life, 35
    in place/position, 6
characters, 160–161
chat, 8
-ción/-cción/-sión, 96, 107
circumstances, expressing, 53
Clemente, Roberto Walker, 32
close readings, 122–123, 125, 158–159
clothing, 7
colloquial language, 96, 107
colors, 76–77
comer, 53
commands. *See* imperative mood
commerce, 106. *See also* products
comparative constructions, 25, 26, 37,
        102–105, 116, 128–129
complaints, making, 130, 145
con el fin de (que), 147, 181
con el propósito de que, 109, 110
con tal (de) que, 73, 97, 109, 110, 170, 181
con toda seguridad, 54
concessive constructions, 97, 111
conditional perfect tense, 152, 153,
        164–165
conditional tense, 182–183. *See also*
        conditional perfect tense
    constructions with conjunctions, 73
    constructions with **si**, 55
    to describe hypothetical situations,
        153, 163–164
    to express desires, 135, 146

indirect discourse and, 90
conditions, expressing, 44, 55
congratulating, 117, 129
conjunctions in conditional
        constructions, 73
contingencies, contemplating, 44
continuar + gerund, 36
contraposition, 62
contrasts, 116. *See also* comparative
        constructions
criticisms, making, 153, 154.
        See also judgments, making
cuando, 97, 109, 110, 182
culture, 112–129
customs. *See* culture, 116

D

dado que, 110
dance. *See* culture
de ahora, 62, 73
de golpe, 7, 17
de niño / joven / mayor, 25, 36
de pronto, 7, 17
de repente, 7, 17
deber, 71
debido a que, 110
decidir, 60, 72
decir, 61, 170
declarar, 170
dejar de + infinitive, 36
desde (que), 62, 73, 110
desires, expressing, 117, 129, 135, 146
después (de que), 25, 97, 109
direct discourse, 80, 90
disagreement, expressing, 26, 172–173
discursive organizers, 80–81, 91
Duno, Milka, 26
durante, 25, 36
duration, 36
duties, establishing, 60, 71

E

ecology, 38, 46–47, 48
economics, 66–67
ecotourism, 38, 46, 48
email, 8
emotions, 74–91, 148–165
emotions, expressing, 134, 145
empezar a + infinitive, 36
en cambio, 116
en caso de que, 110
en cuanto, 110, 182
encantar, 89, 127

endings, 97
enfadar(se), 19
entonces, 7, 17
entusiasmar, 127
equality, expressing, 37
equipment, 52
equivalence, expressing, 37
es cierto que, 147
estar
    estar a punto de + infinitive, 36
    imperfect subjunctive, 54
    to indicate position, 6, 18
evaluating, 24, 79, 89. *See also* criticisms,
        making; judgments, making
explanations, asking for, 80
expository writing, 98–105, 140–143,
        176–179
extrañar(se), 116, 128

F

fascinar, 127
fastidiar, 127
feelings. *See* emotions
film, 2–19
finality, adverbial subordinate phrases to
        express, 97, 110
finality, expressing, 53, 97, 110, 135, 147
food, 92, 94–96, 102, 103, 104, 106.
        See also products
forgiveness, asking for and giving, 154
formal language, 96, 107
future tense, 53, 182–183. *See also* **ir + a +**
        infinitive
    constructions with **si**, 55
    to express probability, 55
    expressing intention, 146–147
    indirect discourse and, 90
    temporal relations in, 54
    uses of, 53

G

genre, 158–159, 176–177
la gente, 116, 127
geography, 52
gerunds, 19
    continuar +, 36
    with pronouns, 19
    quedar(se) +, 19
    seguir +, 36
gesture, 8
Gorbachov, Mijaíl, 27
gossip, 62, 80
gracias a que, 110
gustar, 89, 128
    verbs similar to, 116, 127–128

H

haber
    conditional perfect tense, 152, 164
    past perfect subjunctive tense,
        152, 164
hablar, 53
hacer
    to discuss time, 18
    imperative forms, 61
hasta (que), 110, 182
health, 106
holidays, 126, 129. *See also* culture
horrorizar, 127
human rights, 56–73
hypothetical situations, 153, 163–165

I

igual (de... que), 37, 54
imperative mood, 60, 72, 183
    irregular forms, 61
    negative, 60, 72, 129
    regular forms, 60
imperfect subjunctive tense, 54, 183
    to describe hypothetical situations,
        164
imperfect tense, 17, 24, 35, 182–183
    indirect discourse and, 90
    vs. preterit tense, 171
impersonal expressions, 71, 116, 127
impresionar, 127
indicative mood
    with adjectival relative clauses, 146.
        See also specific imperative
        tenses
    with adverbial constructions, 109–111
    constructions with **si**, 55
    to express probability, 55
    subordinate phrases and, 72, 89
indirect discourse, 79, 80, 90
    past, 170–171, 182–183
industry, 106. *See also* products
inferences, making, 30
infinitives, 19. *See also specific verbs*
    al + infinitive, 7, 17
    estar a punto de + infinitive, 36
    ponerse a +, 19
    poner(se) a + infinitive, 36
    with pronouns, 19
    volver a + infinitive, 36
informar, 170
information, communicating, 80, 91, 183
inmediatamente, 7, 17
intensifiers, 134, 145
intentions, 97
    declaring, 135
    expressing, 146–147

ir
    imperative, 61
    imperfect subjunctive, 54
    ir + a + infinitive, 147
-ísimo/a/os/as, 37

J

jamás, 117, 129
judgments, making, 153, 154.
        See also criticisms, making

L

lavar(se), 18
le, 116, 127–128
leer, 60
    imperative, 72
life stages, 36
llamar, 116, 127
llegar a (ser) + noun, 36

M

Maathai, Wangari, 27
Maradona, Diego Armando, 20–21
más (que), 25, 37, 116, 128, 129
matar, 127
mayor, 129
me, 18, 116, 127–128
mejor, 129
menor, 129
menos (que), 25, 37, 128
-mente, 19, 97, 107, 108, 134, 145
Messi, Lionel, 26
mientras (que), 7, 17, 110, 116, 182
Millán, César, 158
misunderstandings, correcting and
        preventing, 118
molestar, 89
mover(se), 18
music. *See* culture
muy, 134, 145

N

Nadal, Rafa, 26
narration, 160–161, 183
negative expressions. *See also specific*
        expressions, imperative forms,
        60, 72, 117, 129
negotiations, 62–63
news, 166–183
ni... ni, 62, 129
no, 117, 129

no obstante, 62
Nobel Prize winners, 27
nongovernmental organizations, 64–65
nos, 18, 116, 127–128
nouns derived from verbs (**-ción/-cción/
-sión** endings), 96, 107
nunca, 117, 129
nutrition, 106. *See also* food

O

obstacles, 44
Ochoa, Lorena, 26
odiar, 89
opinion, expressing, 147, 172–173
oral communication, 136
    addition, 62
    argument, 136
    asking for explanations, 80
    chat, 8
    communicating information, 80
    contraposition, 62
    correcting and preventing
        misunderstandings, 118
    discursive organizers and, 91
    email, 8
    ennumeration, 62
    expressing attitudes, 8
    expressing conditions, 44
    expressing disagreement, 26
    expressing opinions, 172–173
    gesture, 8
    gossip, 80
    indirect discourse, 80
    obstacles, 44
    organizing presentations, 98–99
    persuasion, 136
    proposing plans, 44
    reproaches, 154
    temporal markers of initiation, 62
    time, 62
    tone, 8
os, 18, 116, 127–128

P

para (que), 53, 96, 97, 109, 110, 147, 170,
    181, 183
parar(se), 18
parecer(se), 116, 128
Pascual, José M., 8
past perfect indicative tense, 90, 171,
    182–183, 183
past perfect subjunctive tense, 152,
    164–165
past subjunctive tense. *See* imperfect
    subjunctive tense

past tenses, 17, 24. *See also specific tenses*
    indirect discourse and, 182–183
    preterit vs. imperfect, 171
pensar, 147
peor (que), 129
periphrasis, 36
persuasion, 136
Peru, 38
pese a que, 97, 111
physical characteristics, describing, 6, 18
place, expressions indicating, 6
plans, proposing, 44
poner(se), 18, 19
    poner(se) a + infinitive, 36
por, 96, 109
por si / por si caso, 53
porque, 109, 110
posiblemente, 54
position, expressions indicating, 6, 18
preferir, 89
preguntar, 170
preocupar(se), 19, 89
prepositional phrases, 6, 18
present indicative tense, 53, 71, 182
    constructions with **si**, 55
    to express probability, 55
    historical, 17
    indirect discourse and, 90
present perfect indicative tense, 182–183
present subjunctive tense, 53
    with **que**, 117, 129
presentations, organizing, 98–99, 102
preterit tense, 17, 24, 35, 182, 183
    vs. imperfect tense, 171
    uses of, 35
probability, expressing, 55, 170, 181
probablemente, 54
products, 92–111
prohibitions, establishing, 60, 71
pronominal verbs, 6, 18
pronouns
    with gerunds, 19
    with infinitives, 19
    reflexive, 18
    verbs and, 128
proposals, making, 60, 71, 130–147
protesting, 130
publicity, 160, 161
puesto que, 109, 110

Q

qualities, expressing, 24, 34
que, 117, 147
    + present subjunctive, 117, 129
    in indirect discourse, 183
quedar(se), + gerund, 20
querer, 89

questions, 90, 183
quitar(se), 18
quizá(s), 54, 181

R

reading, 158–159
    close readings, 122–123, 125, 158–159
    skimming, 158–159
recommendations, giving, 117, 131
reflexive pronouns, 18
reflexive verbs, 6, 18
rejection, expressing, 134, 145
relationships, 74–91
relative clauses, adjectival, 134, 146
relative superlative, 37
reproaches, 154
repugnar, 127
requests, making, 153, 154
resaltar, 116
responder, 170
rights, establishing, 60, 71

S

salir, imperative, 61
Schweitzer, Albert, 27
se
    in impersonal expressions, 116,
        127–128
    in reflexive constructions, 18
seguir + gerund, 36
según, 80–81, 90
seguramente, 54
seguro que, 54
sentar(se), 18
ser, 71, 163
    capaz/incapaz, 163
    to describe physical characterists, 6, 18
    imperative, 61
    imperfect subjunctive, 54
si, conditional constructions with, 55
siempre (que), 73, 97, 181
siempre y cuando, 73, 170, 181
sin (que), 110
sin embargo, 62
skimming, 158–159
soccer, 20–21
society, 66–67
soportar, 89
sorprender, 128
Sotomayor, Sonia, 23
sports, 20–21, 32, 52
stories, writing, 160–161, 183
subjunctive, 152, 183
    with adjectival relative clauses, 146
    with adverbial constructions, 109–111

conditional constructions with, 73
constructions with **si**, 55
to express probability, 55
imperfect subjunctive, 54, 164
past perfect, 152
past perfect subjunctive, 152, 164–165
present subjunctive, 53
with **que**, 117, 129
subordinate phrases and, 72–73, 89
subordinate phrases
adverbial constructions to express
finality, 135, 147
of finality, 135, 147
indicative, 72, 89
subjunctive, 72–73, 89
subordinate constructions to express
opinion, 147
suggestions, making, 60, 71
summarizing, 30
superlatives, 26, 37, 128–129
surprise, showing, 116
syntactic constructions, 127

T

tal vez, 54, 181
también, 62
tampoco, 62, 129
tan, 25
tan pronto como, 110, 181, 182

tan(to) como, 37
tantos/as, 25, 128
tarde, 25
te, 18, 116, 127–128
temporal expressions, 25, 34. *See also* time
temporal adverbial constructions, 97
temporal connectors, 36
temporal expressions, 25, 34
temporal markers, 7, 17, 62, 73
temporal phrases, 36
temporal relations, 54
tener, 71, 163
imperative, 61
tener ganas, 89
terminar de + infinitive, 36
theses, 69
time. *See also* temporal expressions
of day, 7
evaluating periods of time, 79, 89
talking about, 7, 18
temporal relations in the future, 54
todo el mundo, 116, 127
tone, 8
traditions. *See* culture, 116
travel, 38–55

U

uno/una, in impersonal expressions, 116, 127
uses, comparing and constrasting, 116

V

Vargas Llosa, Álvaro, 122–123, 125
verbal periphrasis, 36
verbs. *See also* gerunds; infinitives;
specific verbs, moods, and tenses
pronomial, 6, 18
pronouns and, 128
reflexive, 6, 18
similar to **gustar**, 116, 127–128
vivir, 53
volver, 127
volver a + infinitive, 36

W

warning, giving, 117
ways of doing something, 6, 19

Y

y, 7, 17
ya que, 109, 110

Audioscripts

Capítulo 1 Gente de cine

Audioscript for 1–3

◦ Bueno, pues mira, yo, cuando voy al cine —que no voy mucho— a mí lo que me gusta es reírme. Si no, no voy, para eso me quedo en casa. No sé si has visto *Virgen a los cuarenta*, es divertidísima porque el pobre, imagínate un hombre de cuarenta años y todavía no ha tenido sexo, y además los consejos de los amigos no le ayudan mucho que digamos. Es que me moría de la risa, me tiraba por los suelos…

• Si quieres que te diga la verdad, a mí me interesan más las películas históricas, me pongo a pensar en cómo era el mundo en otro momento, cómo se vestía la gente, cuáles eran sus preocupaciones, qué es lo que más les interesaba… Un buen ejemplo sería *Gladiador*, me hizo ver el pasado desde un punto de vista diferente. Ésa es una de las grandes cosas que te ofrece el cine.

◦ Yo cuando voy al cine, lo que quiero es que me dé otra visión del mundo, no sé, que me muestre cosas de actualidad. Una película que me gusta a mí es ésa de ese director estadounidense, sí, de ése que es tan controversial, el de la película esta, *Bowling for Columbine*, me parece que la sociedad tiene que hablar de estos problemas…

• Pues, yo creo que a mí me gustan las películas que me hacen llorar o que me provocan algún tipo de sentimiento. Las películas que me distraen de mi vida personal y dan la oportunidad de ver la vida de los demás. Sus problemas, sus sueños. Una película que me gusta mucho es *Oficial y caballero*, porque no dejo de llorar con esa película, es superromántica.

• Este… creo que lo que yo más busco en las películas es que me inspiren. Viendo, mirando los ejemplos, lo que han hecho otras personas, como han luchado contra los obstáculos, los contratiempos. Una película que ha sido muy importante para mí es *Romero*, he visto que a pesar de que le decían que no era posible, que no se debía, el realmente se empeñó en luchar por sus ideales, no se dio por vencido, y la verdad es que ha servido de modelo para muchas personas…

Audioscript for 1–7

◦ La primera vez que vemos al personaje está sentado en una parada de autobús en Savannah, Georgia. Va vestido con un traje beige y una camisa de cuadros azules y blancos. Lleva el pelo muy corto, como en el ejército, y tiene una caja de bombones y una maleta. La película nos muestra las aventuras de un joven intelectualmente limitado, pero lleno de buenas intenciones.

• Este personaje es una princesa que vive en el reino de Atlántida en las profundidades marinas. Es pelirroja, con unos grandes ojos azules y tiene un cuerpo un tanto atípico, pues es mitad mujer, mitad pez. Lleva puesta la parte superior del bikini de un color violeta. En esta escena de la película nuestro personaje está pensando en su único sueño: salir a la superficie, casarse con Eric, su príncipe, y convivir con los humanos, pero su amigo el cangrejo Sebastián le empieza a cantar la canción *Bajo el mar*.

◦ En esta escena el personaje malo, malísimo está siendo interrogado por el héroe de la película que lleva una máscara negra. El villano lleva la cara pintada de blanco, con unos grandes círculos negros y una gran sonrisa roja. Va vestido con una camisa y unos pantalones azules y un chaleco verde.

• En una de las escenas principales de la película, nuestro personaje femenino, de unos 30 años, baja del cielo con su paraguas hasta la casa de los Banks. Su ropa es bien distintiva; lleva un sombrero negro con flores, unas botas, un abrigo, guantes blancos y una bufanda. Lleva también una gran bolsa floreada. Ha llegado a ser la niñera más famosa de Disney.

Audioscript for 1–10

El juego de los grandes clásicos:

• Ella es una chica muy guapa, muy alta, con una boca muy sensual, pelirroja, tiene el pelo lleno de rizos, es preciosa y está llena de vida. Se dedica a la prostitución. Llega a una tienda muy cara en Rodeo Drive, que tiene la ropa que ella necesita para una cita que tendrá por la noche, pero la echan de la tienda, porque va vestida de prostituta. Luego ella vuelve corriendo al hotel desesperada y se pone a llorar, porque ve que no va a poder conseguir la ropa elegante que necesita para la cita.

- La película está situada en un futuro indeterminado en el que la tierra está dominada por las máquinas. Hay una escena famosísima, una de las mejores escenas de acción de la historia del cine: Unos policías van corriendo detrás de un hombre y una mujer. Saltan edificios altísimos y corren por las paredes. Los dos, el hombre y la mujer, son altos, delgados y morenos, y van vestidos completamente de negro, con pantalones, abrigos largos y gafas oscuras. Llevan armas, pistolas. Un agente dispara contra el hombre. Y entonces las imágenes son más lentas. El hombre hace unos movimientos increíbles con el cuerpo y consigue evitar los proyectiles. Son unas imágenes espectaculares.

Audioscript for 1–13

Una historia de fantasmas

El sueño empieza cuando mi madre y yo viajamos por un camino solitario a casa. Ya es de noche, cuando empieza una tormenta muy fuerte, llueve a cántaros y hace mucho viento. El cielo se pone muy oscuro y no hay luz. De pronto el carro empieza a fallar y se detiene por completo. No muy lejos vemos que hay una casa con luz de velas. De repente se abre la puerta y sale de la casa una mujer que lleva un vestido oscuro. No es muy alta, ni joven ni vieja, y habla poco. Nos invita a pasar, porque hace frío y no para de llover. Al entrar a su casa nos lleva a una habitación pequeña y nos deja solas. Con la luz de la vela puedo ver que hay unos muebles antiguos, pero lo que más capta mi mirada y la de mi madre es el retrato de una mujer japonesa, una geisha, que está en una de las paredes. Es una foto que me impresiona mucho porque….

De pronto, la vela que tenemos se apaga y una luz muy fuerte de la tormenta ilumina el cuarto por completo. En ese mismo momento volteo la cara para ver a la geisha. ¡Qué horror! la foto está totalmente negra, y una silueta de una persona aparece al lado de mi madre…

Audioscript for 1–15

E1: Mamá, ya no me queda dinero. ¿por qué no me sacas una tarjeta de crédito?

E2: Pero, ¿qué dices? Estás bromeando, ¿no? ¡Sólo tienes 16 años!

E1: Oye Pedro, escúchame, mira lo que encontré detrás del librero… es una cámara de video… nos están espiando…

E2: ¿Cómo?

E1: Shhh. Quizá también haya micrófonos.

E1: Marta, ¿me ayudas a terminar este proyecto?

E2: ¿Otra vez? La verdad es que no aprendes a trabajar solo.

Capítulo 2 Gente genial

Audioscript for 2–2

E1: Diego es un superdotado y su carisma le ha convertido en un dios del pueblo argentino.

E2: Maradona, un pobre diablo al que el destino le dio muchas oportunidades y no las supo valorar.

E3: Su vida privada (o no tan privada), es algo que no se le puede desear a nadie. Como persona, no puede ser ejemplo de nadie.

E4: Maradona no es ningún dios, es tan sólo un jugador de fútbol que gracias a la fama, que le llevó a las drogas, terminó como le vemos ahora, tristemente, como una piltrafa humana. A mí lo que me da es lástima.

E5: Un genio. Simplemente el mejor jugador del mundo de todos los tiempos.

E6: Maradona es bueno… pero no llega a los pies de Pelé no… ¡Pelé es el mejor del mundo!

Audioscript for 2–8

Resumen de noticia:

Bill Gates da 37 millones de dólares a la Universidad de Duke para buscar al genio del siglo XXI. El centro universitario tiene como tarea identificar nuevos estudiantes prodigiosos, con un nivel intelectual superior y que puedan convertirse en los grandes líderes de las artes, culturas, ciencias y política. Se necesitan estudiantes que tengan valor para tomar riesgos en el mundo del aprendizaje, en otras palabras, se busca al futuro Leonardo da Vinci. El centro universitario ofrece cursos interdisciplinarios que fomentan la genialidad de sus estudiantes en campos diversos.

Audioscript for 2–9

E1: Es la paz hecha humanidad. Lo fundamental en su vida fue la paz, sin importarle nada más…

E2: Es uno de los músicos fundamentales de la historia del rock. Su canción *Imagina* es considerada una de las mejores de la historia…

E3: Tenía pinta de loco, pero era un genio. Un personaje importantísimo dentro del mundo de la pintura…

E4: Neurótico e hipocondríaco. Para muchos es el mejor director de cine de todos los tiempos…

Audioscript for 2–16

1. • Pues a mí me gusta mucho la Premio Nobel africana.
   ○ ¿Wangari Mathai?
   • Sí. Sí, por la lucha, por el medio ambiente y…
   ○ Claro, pero… es que estamos hablando del Premio Nobel de la Paz… y esta mujer ha hecho muchas cosas por el medio ambiente y no exactamente por la paz…
   • Ya, pero es que todo está relacionado. Porque… ella ha trabajado mucho, sobre todo contra la deforestación, es verdad; pero su grupo, específicamente, ha creado proyectos de empleo rural allí en África, ha dado trabajo a mujeres y eso, claro, ha mejorado mucho las condiciones de vida de la gente de esas zonas.
   ○ Sí, claro, tienes razón, pero yo creo que… seguro que hay muchísimas personas que han hecho muchas otras cosas mucho más relacionadas con la paz y bueno pues… que seguro que también se merecían el Premio Nobel, ¿no?
   • Bueno, pero todo tiene efectos. Si consigues mejorar el lugar en que vives y las condiciones de vida de las personas, seguro que la convivencia es más pacífica entre todos, ¿no crees?
   ○ Sí, sí, claro…

2. • Para mí, el ejemplo perfecto de lo que debe ser un Premio Nobel de la Paz es Gorbachov.
   ○ ¿Ah, sí? ¿Por qué?
   • Sí, hombre, pues porque hizo reformas muy importantes en la antigua Unión Soviética, y lo hizo de una forma muy gradual, muy pacífica.
   ○ Ya… pero la realidad es que esas reformas, eran reformas que la gente estaba reclamando… y que en otros países del Este ya se habían empezado a… aplicar… mucho antes. Yo, la verdad, es que creo que se vio obligado a hacerlo.
   • Sí, claro, pero… es muy importante también la persona, él supo… ser el líder de una serie de cambios que, quizás, otra persona no habría sabido hacer TAN bien…
   ○ Bueno, de acuerdo, pero no sé, me parece un poco contradictorio porque después empezó a tener una relación con Estados Unidos muy cercana y, bueno… que no lo veo nada claro…
   • Hombre, pues yo sí que lo veo muy, muy claro…

3. • A mí, por ejemplo, un Premio Nobel que creo que estaba merecido, ¿no?, es el que se le dio a Albert Schweitzer, este señor de Alsacia, ¿eh?
   ○ ¿Sí?
   • Sí, creo que, bueno, este hombre, pues, reconocía un poco la responsabilidad que tenían los europeos con respecto a África, por todo el mal que había hecho la colonización allá… y, bueno, era… un hombre que lo deja todo, que estudia medicina… pero un día, su vida cambia de dirección y se va África a fundar un hospital, y bueno, a reparar un poco lo que los europeos habían hecho allá, creo que, bueno, es un absoluto merecedor del premio.
   ○ Pero, ¿tú no crees que teniendo una familia rica, como tenía, no le resultó muy fácil irse?
   • Hombre, sí, él… era de una familia que estaba bien económicamente, si, es verdad, pero bueno dejarlo todo, todo, no es nada fácil, ¿eh? Imagínate dejarlo TODO y, y… irte para ayudar a la gente en un hospital, pues yo creo que, no sé, yo no podría hacerlo.
   ○ Bueno, sí, veo lo que quieres decir.

Capítulo 3 Gente y aventura

Audioscript for 3–2

Javier: Oigan, ¿leyeron la información sobre Perú? ¿qué les parece? A mí me parece que tenemos varias alternativas para escoger.

Laura: Definitivamente me encanta la idea de ir a Suramérica. He escuchado mucho de Perú y creo que podemos hacer un viaje interesante y quizá no muy caro.

Javier: Los precios son muy buenos. ¿Qué rutas les parecen las más atractivas?

Daniel: Yo quiero ir a la selva y hacer *kayak*. Los ríos de la amazonía peruana parecen ser ideales para eso.

Carlos: Yo también quiero estar en el agua; pero lo mío es el *surfing*. De hecho sueño con pasar unos días surfeando en la costa norte del Perú. Y se ve que ofrecen esa posibilidad como parte de la expedición.

Laura: A mí también me encanta el *surfing*, así que ya somos dos. Por otro lado, la selva amazónica me atrae mucho. Odio los insectos extraordinarios, pero el carácter místico me parece muy atractivo.

Javier: A mí lo que me atrae mucho es el Ande, con su arqueología y las tradiciones culturales que vienen de los incas. Pero, ¿cómo combinamos nuestros intereses en una sola expedición?

Daniel: Bueno, tengo una idea. Llegamos todos a Lima, pasamos ahí un día. Visitamos museos y restaurantes. Podemos quedarnos en un hostal para jóvenes y luego viajamos a Cuzco, en los Andes. No creo que encontremos mayores contratiempos en la capital. En Cuzco nos hospedamos en un hotel de caminantes, simple, limpio y barato, y luego, viajamos en autobús a las rutas arqueológicas andinas del sur. Necesitaremos unos 5 días si queremos ir a Machu Picchu.

Carlos: Macchu Picchu es irremplazable, aunque me temo que podemos sufrir del mal de altura: dolor de cabeza, falta de aire…

Laura: Es posible, pero tendremos los medicamentos necesarios. Miren, también podríamos hacer la ruta de Cuzco que incluye el parque de Manú. Toma al menos nueve días, o sea cuatro más que el otro; pero así visitamos la selva. Y podremos hacer varias de las actividades que se hacen en Manu, kayak, ciclismo, cabalgata… Lo único es que hay muchos mosquitos en la selva, pero es un lugar que promete.

Carlos: Y los últimos días los podemos pasar en la costa norte. Unos cuatro días bajo el sol y disfrutando del mar…

Daniel: ¡Qué bien! Me parece que tenemos una idea de lo que queremos. Lo que hay que pensar ahora es en posibles contratiempos que nos obliguen a cambiar de planes en el momento.

Javier: En la playa podríamos enfermarnos del estómago… o nos puede dar insolación. Debemos llevar medicamentos preventivos. Quizá algunos antibióticos también.

Laura: Sí. Y las lluvias en la selva. Son relativamente predecibles, pero cuando llueve, llueve mucho. Necesitaremos chaquetas de lluvia y zapatos impermeables.

Carlos: Entonces, habrá que llevar sin falta repelente y algunas inyecciones de epinefrina…

Audioscript for 3–7

Costa Rica *Ecogreen* el verdadero reto de la resistencia

Se llevó a cabo la primera versión del Costa Rica *Ecogreen*, una carrera de resistencia que tuvo lugar en la bella zona del volcán Barva.

Los competidores subieron el empinado cerro Chompipe haciendo 18 km de senderismo y luego 39 km de ciclismo de montaña. Después retornaron al hotel El Tirol que funcionó como la base para la carrera. En seguida continuaron con un desafiante ascenso al volcán Barva para finalmente regresar a la base.

Las carreras de aventura son una nueva tendencia deportiva que, en equipo o individualmente, ponen al corredor en contacto con la naturaleza. La idea es llegar a la meta por encima de todo, superando grandes obstáculos psicológicos y físicos. Para ello es necesario una gran resistencia y una motivación especial. Las carreras de resistencia incluyen varias disciplinas como atletismo, ciclismo de montaña, escalada, *kayak*, natación, cuerdas y cabalgata. Una característica particular de estas carreras es que los atletas necesitan equipo para orientarse por medio de mapas y brújula pues los recorridos muchas veces no están señalizados

Capítulo 4 Gente solidaria

Audioscript for 4–3

E1: Trabajo en la Comisión de Derechos de los discapacitados de Gran Bretaña. Pienso que se trata de una obra poderosa y llamativa. Además, estoy seguro de que va a aumentar el debate público sobre el tema de la discapacidad.

E2: Yo soy editor de la *Revista de Arte Británico*. La considero horrible porque es un artefacto más bien desagradable, muy brillante, hecho con una máquina, demasiado grande…

E3: Soy estudiante de ciencias sociales. Creo que es una obra que muestra una profunda sensibilidad. A mí, sinceramente me parece preciosa, que cuestiona los parámetros políticamente correctos de la belleza.

E4: Trabajo en la oficina de turismo. Esta escultura me parece que es muy hermosa.

E5: Como comentarista de la sección de arte de un periódico, debo decir que me parece un poco grotesca y no demasiado atractiva. Sin embargo, valoro el mensaje moral detrás de esta escultura.

Audioscript for 4–9

E1: Las guerras y los conflictos armados están sucediendo alrededor del mundo, y los jóvenes continuamos sufriendo.

E2: Los mayores problemas del mundo los causa el hombre, por ejemplo, el calentamiento global, la deforestación, falta de agua potable, capa de ozono, etc.

E3: En mi país, México, la vida familiar recibe poca atención, y eso no ayuda a reducir los casos de violencia familiar y las diferentes expresiones de machismo.

E4: En Chile ya se ha establecido una ley que penaliza el maltrato de animales. Lo que se necesita es que la gente denuncie esos casos.

Audioscript for 4–11

1.
Presentador: Hola, ¿quién habla?
Oyente 1: ¿Qué tal? Soy Ignacio.
Presentador: Bienvenido a nuestro programa, Ignacio. Dinos, ¿cuál es tu problema?
Oyente 1: Este… es que yo no puedo dormir por las noches. Es que mi pareja no para de roncar; se la pasa toda la noche.

2.
Presentador: Aló, ¿con quién hablamos?
Oyente 2: Hola, soy Eva, de Cuernavaca.
Presentador: Hola, Eva, y ¿tú que problema tienes?
Oyente 2: Ay, Dios mío, pues, es que resulta que, cuando llega el verano lo paso fatal, pues me huelen muchísimo los pies y nadie quiere estar a mi lado. Ya probé todos los productos en el mercado contra olor de pies, pero nada me funciona.

3.
Presentador: Y aquí tenemos a nuestro próximo oyente. Hola, ¿cómo te llamas?
Oyente 3: Hola, soy Isabel.
Presentador: Bienvenida al programa, Isabel, ¿en qué te podemos ayudar?
Oyente 3: Fíjate lo que me pasó… ayer me fui a dormir muy tarde porque hoy tenía un examen de matemáticas muy importante, pero, esta mañana no escuché el despertador y me quedé dormida. ¡Me levanté a las 11 y el examen era a las 9! ¿Qué puedo hacer ahora? No quiero reprobar la clase.

Audioscript for 4–13

Presentador: Hola, ¿tienes un momento? ¿Nos podrías responder a unas preguntas, por favor?

Oyente 1: Sí, bueno, no es muy largo, ¿verdad? Es que tengo un poco de prisa.

Presentador: No, no, sólo es una pregunta. ¿Tú crees que es necesaria la censura?

Oyente 1: Ay, no sé. Esta pregunta es muy complicada… Supongo que depende del tipo de censura, ¿no?

Presentador: Entonces, ¿estarías a favor en algunos contextos?

Oyente 1: Bueno, en realidad creo que sí, que es necesaria siempre y cuando una imagen o unas palabras causen dolor a alguien o, por ejemplo, si el gobierno considera que algo puede poner en peligro la seguridad nacional. En casos así, pienso que la censura es más que necesaria.

Presentador: Hola, ¿nos podrías responder a unas preguntas, por favor?

Oyente 2: Sí, claro, dime.

Presentador: ¿Tú crees que es necesaria la censura?

Oyente 2: Este… yo creo que todo el mundo tiene derecho a tener toda la información, pero en algunos casos puede ser necesaria.

Presentador: Ah, ¿y en qué casos crees es necesaria? ¿podrías darnos un ejemplo?

Oyente 2: Este… yo creo que es necesaria siempre que sea para proteger a los niños. No creo que sea bueno o recomendable que estén expuestos a toda la información.

Presentador: Muchas gracias.

Oyente 2: De nada.

Presentador: Buenas tardes ¿te importa si te hago una pregunta?

Oyente 3: ¿Es para la televisión?

Presentador: Sí, para Latinovisión.

Oyente 3: De acuerdo, pero ¡ay, que vergüenza!

Presentador: Tranquila, no pasa nada. La pregunta es la siguiente, ¿tú crees que es necesaria la censura?

Oyente 3: ¿La censura? No, para nada. Estoy totalmente en contra de la censura y de todo lo prohibido.

Presentador: Entonces, ¿no crees que haya situaciones en las que podría ser necesaria?

Oyente 3: No, considero que nadie tiene el derecho a decidir qué puedo ver o qué puedo escuchar. Si yo quiero ver o escuchar algo, debo poder hacerlo con total libertad.

Audioscript for 4–14

E1: Te encuentras una billetera en la calle con 300 dólares, ¿La devuelves?

E2: Imagina que tu pareja estuvo con otra persona durante el fin de semana ¿Puedes perdonarle esta infidelidad?

E3: Te casas con una persona de otra nacionalidad. ¿Tú crees que ella o él debe cambiar de nacionalidad?

Audioscript for Preparación

Voluntario:

No recibes nada a cambio, nada material; sin embargo, aunque te canses, te duela todo el cuerpo, te lastimes una mano, recibes mucho amor, mucha alegría. Te sientes bien contigo mismo. Te sientes útil, que sirves para algo. Aprendes a ver la vida de otra manera. Vives con una familia y con otros voluntarios y se crean unas relaciones, unos vínculos increíbles. Es impresionante cómo se puede lograr tanto con sólo una casa.

Parte de la organización:

"Un techo para mi país" es una organización nacida en Chile hace más de una década y que se reparte por 9 países de América Latina. Funciona gracias a donaciones de la empresa privada. Lo que hacemos no es sólo construir casas, sino construir sueños. Soñamos con la oportunidad de darles una vida mejor a los que lo necesitan. Tenemos la convicción de que un mundo más justo para todos es posible.

Beneficiaria:

Aunque no es exactamente un regalo porque tenemos que pagar el 10 por ciento, yo siento que me ha tocado la lotería. Nunca pensé que me construirían una casa. Esto es algo muy grande. Estoy muy agradecida, no sólo con la organización sino, especialmente, con la gente que te ayuda a construirla sin esperar nada a cambio, sin nigún interés; únicamente ayudarnos, ayudar a los pobres como nosotros que lo necesitamos.

Capítulo 5 Gente con corazón

Audioscript for 5–4

Vecina 1: ¿El vecino de la cuarta planta? Ése, ése… no tiene vergüenza. Me molesta muchísimo que siempre esté haciendo ruido. Ya se lo he dicho varias veces, pero él nada, erre que erre con la música a todo volumen. No tiene nada de compasión con los que vivimos cerca de él.

Vecina 2: Es un mujeriego. Con decirle que tiene una novia nueva todos los días. Es un fresco, un machista y un arrogante. Yo, yo, es que no lo puedo ni ver. No lo soporto.

Vecina 3: Es todo corazón. Amable, servicial, simpático. Vaya, que yo me casaba con él hoy mismo. Es que es tan guapo…

Vecina 4: ¿El gigoló de la cuarta planta? Sí, ya sé quién dices. Es una persona que no tiene corazón. Sólo piensa en sí mismo. Una vez estaba en el ascensor con mi perrita y porque quiso jugar con él, le pegó una patada con el zapato. Es un animal.

Vecina 5: Es una persona de muy buen corazón. Siempre está ayudándote en todo. Cuando vengo del supermercado me ayuda con las bolsas, y también una vez tuve un problema muy grande y allí estuvo él, el primero. Es un pedazo de pan.

Audioscript for 5–6

E1: A mí me gusta más obsequiar joyas. Pienso que valen mucho en lo sentimental y en lo económico. Me encanta llevar a mi mujer a algún restaurante exótico y pedir un buen vino. Siempre marco la fecha en el calendario. Me recuerda que el amor tiene un significado especial. A mí San Valentín me encanta.

E2: No sé muy bien qué haremos, pero saldremos a cenar. Quizá al cine, luego de la cena. Pienso sorprenderla con unas vacaciones en la playa para el verano. Nos vendrá muy bien. Para mí el Día de los Enamorados es divertido. Puedo hacer regalos en cualquier momento, pero este día en particular crea una expectativa diferente.

E3: A mí el amor me fascina. Pero no soporto esta fecha, y es que San Valentín es tan comercial. Así que nosotros no lo celebramos. Me gusta darle muchas sorpresas a Joaquín, en cualquier momento del año, sin que él las espere. Por ejemplo, un buen vino, un libro interesante, ropa…

E4: A mí me encanta cocinar para Rocío. Busco una receta interesante, con ingredientes poco comunes en nuestra dieta habitual. Luego, me gusta crear un ambiente agradable, romántico, con la música de fondo y la luz apropiada. ¿De regalo? Qué sé yo, algo pequeño, más bien simbólico. Es que San Valentín es un día muy romántico.

E5: Yo hago regalos tontos. El último San Valentín le di a Raúl unos calzoncillos boxer con corazoncitos. Le fascinaron y no dejó de reír. Pasamos un día muy divertido pero también romántico. A mí San Valentín me anima mucho, porque normalmente nos hacemos bromas el uno al otro, bromas de amor.

Audioscript for 5–10

E1: Pues, resulta que acababa de separarme y llega el verano, ¿y yo no sabía qué hacer? Me sentía solo y cambié mis vacaciones para coincidir con las vacaciones de mi hermano, que estaba soltero y no tenía compromiso con nadie, ¿sabes? Y nos fuimos de vacaciones a Brasil. Coincidió que era Carnaval y, bueno, todo el mundo sabe lo que es Carnaval, ¿no? Es fiesta las 24 horas del día. En uno de esos bailes, conocí a una chica brasileña. Estuve quince días en… de vacaciones en Brasil y volví a Uruguay. Bueno, coincidió que a las dos, tres semanas era la Semana Santa, que en Uruguay coincide que es toda la semana sin trabajo, o sea de vacaciones. Bueno, me vuelvo a ir exclusivamente por verla a ella, a Brasil.

E2: Anda, seguro que hubo mucha pasión, ¿no?

E1: Pasión hubo, hubo… Bueno, pues después regreso a Uruguay, dejo mi trabajo, dejo todo en Uruguay y me voy a vivir a Brasil, lógicamente con ella, bueno, y…

E2: ¿Y cómo acabó aquello?

E1: Pues que el único que puso todo fui yo. Yo dejé mi país, dejé mi trabajo, que era muy bueno en su momento, y ella no dejó nada, ella no se movió de su ciudad, no se movió de nada. Creo que hubo un 90% de mi parte y sólo un 10% por parte de ella, y una cosa… aunque parezca tontería, ella odiaba a las personas que fumaban. TANTO, que cuando le quería dar un beso, me tenía que lavar los dientes.

E2: Claro, así no pueden funcionar las cosas. Pero supongo que desde el primer día sabías que ella detestaba el tabaco.

E1: No, los primeros días no me lo dijo, parece que como era todo tan intenso, el olor a tabaco no le molestaba, luego con la convivencia sí, y esta relación duró casi cuatro años, ¿eh?

E2: ¿Cuándo te lo dijo?

E1: ¿Cuándo me lo dijo…?

E2: Sí, hombre, el que, que le gustaba que te lavases los dientes… ¿Al tercer año?

E1: No, no, no… A los veinte días de vivir juntos.

Audioscript for 5–15

He oído que a Felipe le va muy mal, vaya, fatal en la universidad. Se dice por ahí que saca notas malas y que los profesores tienen mala opinión de él. Sé además que por desgracia su padre está bastante enfermo.

Sí, además, para colmo, su novia lo dejó hace unas semanas; según parece para irse con su mejor amigo. Felipe está completamente desolado. Hablé con él el otro día en la cafetería, estaba mal. No dormía, no comía… Un desastre.

Capítulo 6 Gente y productos

Audioscript for 6–2

E1: ¿Verdadero o falso? El producto que se consume típicamente el 6 de enero es el pan de muerto.

E2: ¿Qué producto se toma caliente y se consume mucho en el sur de América?

E3: ¿En que países se consume la horchata?

E4: ¿Qué representan los adornos del pan de muerto?

E5: ¿Cómo se llama el sorbete que se usa para beber el mate?

E6: ¿Cuáles son los ingredientes del pan de muerto?

E7: ¿Cuál es la diferencia entre la horchata de México y la de España?

E8: En México, ¿qué debe hacer la persona que encuentra la figurita dentro de la rosca de reyes?

Audioscript for 6–3

Buenas tardes, señoras y señores. Hoy les voy hablar de un producto de uso diario como es el jabón. Para empezar, intentaré explicarles brevemente la historia de este producto tan común en la higiene personal. Posteriormente, hablaré de sus usos. Haré un breve repaso al proceso básico de producción y finalizaré con la actualidad en el mercado de este producto alcalino.

Nadie sabe con seguridad dónde se hizo el primer jabón, lo que sí se sabe es que los egipcios utilizaban un producto jabonoso que consistía en una mezcla de agua, aceite y ceras vegetales o animales. Fórmula que también fue utilizada por los griegos y los romanos. También es sabido que, ya en la Edad Media, el jabón era un artículo de uso general en la zona del Mediterráneo, básicamente, gracias a la producción de aceite de oliva.

Como todos sabemos, el jabón es principalmente utilizado para la higiene personal, para lavar determinados objetos y eliminar olores. Sin embargo, no se debe confundir con productos como el detergente, el champú o el desodorante, que tienen usos similares pero, a su vez, también considerables diferencias.

El proceso para obtener jabón, sea industrial o artesano, consta de tres fases: la *saponificación*, el *sangrado o salado* y el *moldeado*.

En términos sencillos, podríamos definir la *saponificación* como el proceso químico que convierte la grasa, en jabón y otro producto llamado glicerina.

Posteriormente, en la fase de *salado*, al jabón obtenido se le añade sal, separándolo así de la glicerina, la sosa y el agua.

En ese momento, cuando aún está caliente, se le pueden añadir perfumes, colorantes, productos medicinales, etc. y para dejarlo enfriar, se pasa a un nuevo recipiente o molde. Una vez frío y sólido, se corta en pedazos.

Para terminar, me gustaría hablar un poco de la actualidad del producto, y es que hoy en día existen jabones para todos los gustos, de todas las calidades y también de todos los precios. Jabones perfumados, jabones sin olor, sólidos, líquidos o con textura de gel. Incluso las grandes marcas de la cosmética y de perfumería promocionan sus perfumes junto con productos del baño que, por supuesto, incluye el jabón y que tiene la misma fragancia.

En conclusión, el jabón ha evolucionado mucho. Sin embargo, aunque cada vez se presente en mayor variedad de formas y estados o con mayor sofisticación, el jabón fue, es y seguirá siendo un producto de primera necesidad y por consiguiente de uso diario. No les voy a entretener más. Muchas gracias por su tiempo y espero que mi presentación les haya ayudado a saber un poco más sobre el jabón.

Audioscript for 6–8

- Este producto se inventó en China hace miles de años. Un viajero lo llevó a Europa en el siglo XVI.
- Es un objeto principalmente de tela y metal, plástico o madera. Actualmente existen diversos tamaños, formas, dibujos, materiales y colores.
- Puede estar cerrado o abierto. Sin embargo se cree que abrirlo dentro de la casa trae mala suerte. Debe abrirse en el exterior.
- Existe otra versión llamada sombrilla y que se usa para protegerse del sol.

- Es un objeto muy útil que usamos para protegernos de la lluvia.

Audioscript for 6–13

Usted, es ¿soltero o tiene una pareja? ¿Cuánto tiempo pasa limpiando la casa?

1. Yo, soltero. Bueno, mira, paso la aspiradora dos veces a la semana. Cuando llego a casa los martes y jueves, lo primero que hago es limpiar. Los fines de semana, tan pronto me levanto limpio los baños y la cocina.
2. Casada, casada. ¿Limpiar? Todos los días. Mientras tengas hijos pequeños, no habrá día que no limpies. Mi marido ayuda un poco. Él lava los platos, con tal de ver la cocina sin platos tirados, él siente que ya limpió.
3. Soltera, sin compromiso. Yo no limpio. Para que la casa esté presentable yo le pago a una persona. Yo, personalmente, sólo lavo la ropa. Siempre que la necesite, claro.
4. Casado. Todas las noches lavo los platos después de que todos han terminado de cenar. Todas las noches, así es. Ésa es mi tarea y lo será mientras viva.

Audioscript for Tarea

Señores y señoras, muy buenas tardes a todos y todas. De forma breve, quisiera presentarles este nuevo invento que va a revolucionar el mundo universitario y especialmente la vida estudiantil. Los lentes RS3000, no son unas gafas o unos anteojos comunes y corrientes. Entre una multitud de otras funciones, estos exclusivos e innovadores lentes de visión son capaces de seleccionar de cualquier texto únicamente la información que nos va a resultar útil en la clase o en nuestro futuro. Estos lentes son capaces de traducir desde cualquier lengua y a cualquier idioma. Es decir, pueden traducir desde el japonés al italiano o del español al alemán y viceversa. El sistema revolucionario de estos singulares lentes se basa en el uso de un microchip, en el que previamente se han introducido nuestros datos de forma personalizada, y que determina, antes de ser procesada por el cerebro, si la información por ver o leer es de importancia para nosotros. Por otro lado, los RS3000 hacen posible leer periódicos en chino sin tener que saber ni una sola palabra en el idioma…

Capítulo 7 Gente y culturas

Audioscript for 7–2

Mujer 1: A mí me encantan las fiestas religiosas. La que más me gusta es la de la Virgen de Candelaria. Es la fiesta de mi pueblo. Hay una procesión preciosa.

Hombre 1: Yo voy con lo religioso. Para mí la festividad más especial es la de la Semana Santa. Me encantan los suelos llenos de flores y la emoción de la gente.

Mujer 2: ¿Mi fiesta favorita? El festival de los farolitos. No hay nada más bonito que ver todo el pueblo lleno de luces.

Hombre 2: Los carnavales. No hay duda que los carnavales son fabulosos. La combinación de lo pagano con lo religioso… ¿qué mejor que eso?

Mujer 3: Yo no me inclino por las fiestas religiosas. A mí me gusta lo pagano, todo lo relacionado con diablos, monstruos. Por ejemplo, esa fiesta catalana La Patum. Me parece lo máximo.

Audioscript for 7–5

Mujer 1: Lo que siempre hago antes de que den las 12 de la medianoche es coger una maleta y dar vueltas alrededor de mi calle. Es que quiero viajar muchísimo durante el año.

Hombre 1: En mi casa lo que se hace es lo de comer las 12 uvas. Te comes una uva con cada campanada y vas pidiendo un deseo por cada uva que comes. Claro, a ver si no te atoras.

Mujer 2: Bueno, en mi país y en mi casa la costumbre es comer una cucharada de lentejas. Esto implica que vas a tener fortuna y prosperidad.

Mujer 3: Desde pequeña me acostumbré a llevar ropa interior amarilla. Es

para que tengas buena suerte todo el año.

Hombre 2: Si quieres paz y abundancia durante el año que viene en tu hogar, debes poner unas espigas aquí y allá.

Audioscript for 7–13

E1: Hola, perdóname pero no creo que pueda ir al cine contigo. Creo que tengo la gripe y estuve todo el día en la cama.

E2: ¡Por fin vacaciones! Mañana nos vamos 2 semanas a Hawai. No veo el momento de llegar y pisar la playa.

E3: Te llamo para decirte que María y yo nos casamos en abril. Anótalo en tu agenda. ¡Te esperamos!

E4: Estoy agotada. Me pasé toda la semana en la biblioteca. El viernes tengo un examen de química importantísimo y necesito una buena nota.

E5: Me voy a dormir que tengo muchísimo sueño. Nos vemos mañana.

E6: ¡Ay, Dios! ¡Qué nervios! Ni te imaginas; una compañera del trabajo me ha arreglado una cita con un amigo suyo. Así que, el jueves voy a tener mi primera cita a ciegas.

Audioscript for 7–15

Hombre 1: No entiendo lo que ocurre. No puedo obtener una cita directamente con el especialista. Llamo y me dicen que necesito unos papeles de mi médico general.

Hombre 2: ¿Hola? Estoy muy confundido. Tenía una cita con el maestro de la escuela a las 10:25 a.m. Llegué 10 minutos más tarde y ya no me pudo atender. ¡No sé qué ha pasado!

Hombre 3: ¿Aló? Ojalá me pueda explicar lo que me ha sucedido. Fui a un restaurante y la camarera nos atendió muy bien. Pagué la cuenta exacta y me fui. La camarera me trató muy mal la siguiente vez que pasé por ese restaurante. No entiendo. ¿Qué pasó?

Mujer 1: Fui al dentista porque me dolía UNA muela. Por más que intenté explicarle que sólo me viera ESA muela, el dentista me hizo rayos X, limpieza y casi me hace un tratamiento de endodoncia. La cuenta pasaba de los 300 dólares… y yo sólo quería que me curara UNA pobre y triste muela…

Mujer 2: Cuando llegué a este país era invierno y yo no tenía una chaqueta suficientemente buena. Pensé ir a comprarla en el fin de semana después de llegar. Sin embargo, la secretaria de mi oficina me trajo una usada que ella tenía en su ropero. Me sentí muy rara. En mi país sólo se regala ropa usada a la gente pobre.

Capítulo 8 Gente y propuestas

Audioscript for 8–3

E1: A mí me interesan mucho los problemas de inmigración, globalización, etc.

E2: A mí lo que me indigna son los servicios públicos; nada funciona.

E3: Me alarma la falta de recursos educativos, en ese sentido, me gustaría saber más de las nuevas tecnologías educativas.

E4: Me preocupa que el futuro sea de escasez: no habrá agua, petróleo, alimentos.

E5: A mí, el medio ambiente, lo seguimos destruyendo, eso es gravísimo.

E6: Me impacienta la política actual… No soporto a los políticos de hoy en día… parece que vivieran en Marte. Están totalmente desconectados de la realidad.

Audioscript for 8–7

Club de los inventores

¿Eres creativo, un poco científico y no sabes cómo usar esa imaginación? Únete al club de los inventores cada viernes por la tarde y trabaja con nosotros creando cosas nuevas. Inventores de todas partes del mundo nos visitan una vez al mes para evaluar nuestros productos. ¿Has visto la máquina que limpia la cocina y lava los platos a la misma vez? Esa la inventamos en este club. ¡Ven y saca tu producto adelante!

¡INICIATIVA JOVEN es un club para quien le interese el voluntariado! ¿Te molesta que los chicos terminen la secundaria sin leer y escribir bien? ¿No soportas que no haya lugares públicos donde los adolescentes puedan reunirse de una manera segura? Somos una asociación nueva que quiere trabajar con los más jóvenes del barrio después de las escuelas. Les ofreceremos apoyo en sus tareas y en sus proyectos escolares. Además, queremos crear grupos de lectura y de escritura y muchas actividades deportivas. ¡Ayúdanos a hacer esta iniciativa una realidad!

Casa de la Juventud y Cultura

Te brinda la oportunidad para expresarte artística y culturalmente. La idea es propiciar las actividades creativas artísticas y facilitar la producción creativa en un ambiente cálido que potencie tus habilidades. Se organizan talleres culturales en distintas áreas (video, teatro, circo, expresión plástica, murales, música, cómic e historieta y escritura). Al final de cada año se hace una exhibición con los trabajos más prominentes.

Centro Deportivo los Ganadores.

Si lo tuyo es la actividad física y la competencia; este centro es para ti. Las actividades que ofrecen son: actividades recreativas, deportivas (ajedrez, fútbol, voleibol, handbol, básquetbol), juegos de equipos, salidas educativas a ver partidos de semiprofesionales y profesionales. El año termina con un campeonato de fútbol y con una olimpiada que recoge la competencia en diferentes deportes. ¡Anímate!

Audioscript for 8–11

- Nuestro mercado está formado por jóvenes de 16 a 21 años. ¿Qué les gusta a estos chicos?

○ Bueno, a muchos les gustan las emociones que no pueden controlar fácilmente. Se enamoran o se desenamoran muy rápido; se oponen a ideas que consideran anticuadas; y critican siempre a las personas que demuestran ser algo conservadoras.

- Vale, entonces necesitamos personajes que muestren una personalidad atrevida en situaciones que les sean muy conocidas a estos jóvenes.

○ Exactamente. Por ejemplo, últimamente los héroes que atraen mucho a estos chicos son los vampiros. Podemos usarlos en la publicidad.

Audioscript for 8–15

E1: Es imposible que este pueblo pueda vivir más sin agua. Los problemas son muchos, sobre todo la salud se ve amenazada.

E2: Es por eso que debemos discutir las posibles soluciones. La primera es que compremos agua de la ciudad principal una vez a la semana y que la traigan en cisterna y la repartan a cada familia en depósitos grandes.

E3: Es cierto que una cisterna puede traer agua para todos, pero también es verdad que el costo de la gasolina va a incrementar mucho el precio del agua. A la larga esta solución no tiene ventajas.

E4: Además, otro inconveniente es que habrá familias que no podrán pagar por toda el agua que realmente necesitan.

E2: Otra solución es construir un pozo en el centro del pueblo.

E1: Pero eso ya se intentó hace un tiempo y no se encontró agua.

E3: Es verdad, pero lo que pasó es que se encontró un pozo seco y luego no se intentó más.

E4: Yo propongo más bien que busquemos apoyo de una ONG.

E3: La ventaja es que una ONG nos puede brindar apoyo financiero, y el pueblo puede poner la mano de obra.

E1: Lo esencial es actuar de inmediato. Lo malo de las ONGs es que la solicitud tarda un tiempo en ser aprobada.

E2: Es cierto, pero es urgente que busquemos el apoyo. Lo malo de no tener agua potable, como dijimos antes, son todas las enfermedades que pueden surgir por falta de higiene.

Audioscript for Tarea, preparación

Sabrosura: un club de 5 tenedores

¿Te gusta probar nuevos sabores y comer bien? ¿Te apetece aprender nuevas recetas mientras las pones en práctica? Sabrosura te ofrece esa oportunidad. No esperes más. Te lo servimos en bandeja.

Adrenalina: el club sin límites

Si lo ideal para ti es vivir al límite, Adrenalina es tu club. Únete a nosotros. Te prometemos nuevas sensaciones con nuestra gran oferta de deportes de aventura. El ciclismo de montaña, el buceo y la escalada, entre otros, te están esperando. Pon a prueba tu espíritu aventurero.

Bachata: arte en moviento

¿Te gustaría mover tu cuerpo al ritmo de la música latina, conocer a otros estudiantes y pasártelo bien? Prometemos eso y mucho más. Bachata te abre las puertas de la cultura musical latina para que bailes hasta que no puedas más.

¿Te Late?: entretenimiento garantizado

Para no aburrirte, Te Late te ofrece toda la oferta de ocio en el campus y en la comunidad. Nos hacemos cargo de todo. De las reservas, los boletos y hasta del transporte. Sólo dinos qué te gusta y lo hacemos realidad.

Va de Nuez: repasa y pasa

Si tienes problemas con tus clases, no esperes ni un minuto más. Va de Nuez es tu club. Nuestras instalaciones son un punto de reunión de estudiantes de diferentes clases. Si tienes problemas con el español, pero te gustan mucho las matemáticas, puedes ayudar a alguien y alguien te puede ayudar a ti. Te garantizamos que será una experiencia magnífica y que pasaras la clase.

Capítulo 9 Gente y emociones

Audioscript for 9–5
- ¡Qué pena! / ¡Qué lástima!
- ¡Qué horror!
- ¡Es repugnante! / ¡Qué asco!
- ¡Qué barbaridad!
- ¡Déjame en paz!
- Pero, ¡qué me dices!
- De ninguna manera / Por nada en el mundo
- Me da igual / Me importa un bledo / un comino

- ¡Esto es el colmo!
- Lo que me faltaba por oír
- ¡Qué cara!
- Me pone los pelos de punta / Me produce escalofríos / Me pone la piel de gallina
- Me parte el alma
- ¡Basta ya!
- ¡Qué tontería!
- ¡No me molestes!
- ¿En serio?
- ¡No me digas!
- ¡Qué fresco!
- ¡Qué bueno! / ¡Fenomenal! / ¡Fantástico!
- ¡Qué tontería! / ¡Qué disparate!

Audioscript for 9–7

- La vecina del cuarto me produce escalofríos. Siempre vestida de negro y con la cara pintada de blanco. Nunca saluda o habla con nadie. En mi complejo de apartamentos no hay nadie que la entienda o que la soporte. Todos pensamos que es un auténtico…
- ¡Qué cara tienen Julio y María! Nunca he conocido nadie tan descarado e insolente como ellos. Son de esas personas a las que les das la mano y se toman el brazo. Les dejé 1.000 dólares hace más de 6 meses. Me dijeron que me lo devolverían a los 15 días y aun estoy esperando. Acabo de verlos hace 5 minutos y ellos, como si nada ocurriera. ¡Increíble! Sin miedo a equivocarme puedo decir que son unos…
- Una mujer maravillosa, eso es lo que es Carmen. Un trozo de pan. Lo da todo sin pedirte nunca nada a cambio. Parece mentira que exista gente como ella, pero es que tiene…
- Pedro parece que no se entera nunca de las cosas. A veces le hablas y parece que no existas. Vive en su mundo particular. En realidad, lo que le pasa es que perpetuamente está…
- Los Sres. Martínez, los vecinos de la segunda planta, son algo bien serio. Sólo saben que hablar mal de los otros. Sin ir más lejos, me los encontré ayer en el ascensor y me empezaron a contar todos los chismes de los demás vecinos. Pensé que no iban a acabar nunca. A saber que deben decir de mí. Dios mío, es que tienen…

Audioscript for 9–11

Mira, me encuentro en una situación completamente incómoda. Mi compañera de apartamento, Roxana, está de novia con un chico a quien conozco muy bien porque hemos tomado varias clases juntos y somos bastante amigos. Se supone que se van a casar después de graduarse, al final del año académico. Ahora mismo, él está haciendo unos cursos en Costa Rica y regresa en unas semanas. Bueno, desde que él se fue, hace tres semanas, Roxana ha empezado a salir con otros chicos. Primero era Juan, luego Pedro. Sin embargo ahora todas las noches llega con Roberto. Pasan horas juntos mientras yo me hago la loca. En el fondo, me siento supermal. Ella sabe que conozco a Rubén, su novio. Las cosas iban así, hasta que le pregunté una noche que desde cuándo ya no estaba con Rubén. Me miró muy sorprendida y me dijo que ella seguía de novia con Rubén. Que aún pensaba casarse con él. Y para colmo, me pidió que no le dijera nada de sus "escapaditas" con Roberto. Como yo me sentía fatal, decidí escribirle un *e-mail* a Rubén. Le dije que era una lástima que ya no estuviera de novio con Roxana. Lo peor de todo es que él me llamó por teléfono y le tuve que contar todo. Ahora él ha adelantado su viaje de regreso y quiere sorprender a Roxana en su juego. Yo, mientras tanto, he decidido irme de vacaciones muy lejos.

Audioscript for 9–13

Amiga 1: Me tendrías que haber dicho cuál era tu plan. A mí me parece que no has actuado bien con tu madre. ¿Por qué no les dijiste que te ibas de viaje con Francisco?

Amiga 2: Oye, perdóname, en serio. No quise hacerte pasar un mal momento. Lo que pasa es que mis padres no quieren a Francisco y no les gusta que me vea con él.

Profesor 1: Mira que durante el examen encontré a un chico leyendo un papelito que alguien le había enviado. ¡Pero, ¿de qué les sirve copiar?!

Profesor 2: Y, ¿estás seguro de que estaba copiando? ¿Qué decía el papelito?

Profesor 1: Bueno, decía, "mal amigo".

Profesor 2: Creo que has juzgado a tu alumno mal. Lo que decía el papelito no parece un mensaje que tuviera la intención de copiar.

Profesor 1: Es probable, pero los alumnos actúan de mala fe desde el momento en que se ponen a enviar papelitos durante una evaluación. No merecen ninguna consideración.

Chica: Papá, ¿qué papeles son estos?

Padre: Esos no son los papeles que te pedí.

Chica: ¿Es que mi mamá no está de viaje de trabajo? ¿Me han mentido todo este tiempo?

Padre: Mira, no tendrías que haber leído los papeles. Además repito, esa no es la carpeta que te pedí.

Chica: Yo creo que están actuando de muy mala fe al callarse toda su historia del divorcio. ¡No se dan cuenta del daño que me hacen!

Padre: Perdóname hija, no he actuado con malas intenciones. No contarte lo que pasaba no es un delito grave. Sólo quería protegerte. Lo siento mucho.

Amiga: La verdad, no me sorprende que actuaras de manera tan baja. Te llevaste a Nikkos a la terraza para seducirlo.

Rival: No, yo no actué mal. Solo nos fuimos a tomar el aire fresco. Una cosa llevó a la otra… y no me digas que de haber tenido la oportunidad habrías hecho lo mismo.

Amiga: No lo sé. Para mí no tenías que haberlo llevado a la terraza.

Capítulo 10 Gente y noticias

Audioscript for 10–6

1. **Presentador:** Bienvenidos al podcast de Gente. Hoy es miércoles y éstas son las noticias destacadas del día: *Empieza el Festival Cultural Zacatecas, El béisbol y el sóftbol no estarán presentes en las próximas Olimpiadas, Aumenta la producción de carros en Japón, Costa Rica es el país más verde y feliz del mundo y México, un país líder en robótica.*

2. **Presentadora:** Este miércoles arrancan las actividades del XXV Festival Cultural Zacatecas, con el mayor programa cultural y artístico de su historia. En 17 días de actividades participarán más de 800 artistas en 20 distintos escenarios. Jazz, música de cámara, actividades infantiles, presentaciones de libros, conferencias, exposiciones, subastas de arte y conciertos de música popular, serán ofrecidos aquí del 12 al 28 de este mes.

   El Teatro Calderón acogerá funciones de ópera y espectáculos como la Gala de Ballet Ruso con estrellas de varias compañías de la ex Unión Soviética y conciertos de la Filarmónica y la Orquesta Sinfónica Juvenil de Zacatecas.

3. **Presentador:** El béisbol y el sóftbol no formarán parte del programa de competencias para las Olimpiadas de Londres en el año 2012, en la primera reducción de disciplinas en los Juegos de verano en 69 años.

   La eliminación de los dos deportes suprimirá 16 equipos y más de 300 atletas.

   El béisbol, que pasó a ser deporte de competencia por medallas en 1992, era vulnerable debido al problema de estimulantes prohibidos en Estados Unidos. Además, los principales beisbolistas de las Ligas Mayores no participan en las Olimpiadas.

   El sóftbol, un deporte para mujeres que fue incorporado en 1996 y que Estados Unidos ganó siempre, estaba en peligro debido a su asociación con el béisbol y a la impresión de falta de interés mundial.

4. **Presentadora:** El rendimiento de las industrias japonesas del sector del automóvil registró un incremento del 5,9 por ciento. Éste es el tercer mes consecutivo en que la producción se mantiene al alza, según cifras oficiales.

   El aumento fue el mismo que el mes anterior, aunque varios analistas pronosticaban para este mes cifras más optimistas. Esperaban un incremento del 6,9%.

   La producción de autos, teléfonos celulares y electrodomésticos estuvo particularmente beneficiada, posiblemente por los recortes hechos por las fábricas para reducir los niveles de almacenaje.

Sin embargo, expertos financieros advierten que el crecimiento en Japón se puede ralentizar otra vez mientras que la crisis global continúe.

5. **Presentador:** Según un informe que analiza a 143 países y mide cuántos recursos del planeta usa cada nación, además del nivel de bienestar y expectativa de vida de los ciudadanos, Costa Rica es el país más feliz del mundo y también el más verde.

En esta lista, las naciones occidentales, vistas como las más "exitosas" del mundo, no ocupan los lugares más altos. Suiza apenas llega al sitio 52, Francia baja al 71 y Estados Unidos se desliza hasta el 114.

6. **Presentadora:** La última década en tecnología parece indicar que los robots ya no son cosa de la imaginación de escritores o directores de cine, sino que, por el contrario, y gracias a la importancia que tienen este tipo de desarrollos e investigación a nivel mundial, en cuestión de pocos años, los androides llegarán a nuestros hogares, fábricas y hospitales.

Las primeras noticias e imágenes de humanoides nos llegaron de Japón. Sin embargo, es en México donde, desde hace un tiempo, se desarrolla una tecnología que podría mejorar el funcionamiento de estos robots y acelerar sus procesos de adaptación al servicio de la humanidad. Se trata de una inteligencia artificial de alto desempeño basado en algoritmos geométricos computacionales, que además de la robótica son empleados en la solución de problemas astrofísicos.

Este prototipo de robot humanoide llamado Mexone, supone un gran avance en su tipo a nivel mundial y se estima que la versión concluida tendrá la habilidad de aprender por experiencia y podrá realizar actividades como hablar, caminar, subir escaleras y sentarse.

7. **Presentador:** Y hasta aquí nuestros minutos diarios de noticias de actualidad. Nos despedimos deeándoles que pasen un buen día.

Audioscript for 10–11

Presentador: A los 50 años, la leyenda del pop Michael Jackson murió en Los Ángeles después de tener un paro cardiaco, dejando tras de sí una herencia plagada de hitos musicales, premios y escándalos. Su hermana Janet fue la primera en hablar para nuestos micrófonos.

Janet: Para ustedes Michael es un ícono, para nosotros él es familia. Y por siempre vivirá en nuestros corazones.

Presentador: Quisimos saber lo que opinaban los fans que le rendían homenaje en las calles de Hollywood, y uno de los muchos reporteros que salieron a buscar noticias les planteó la siguiente pregunta:

Reportero: ¿Qué rol tuvo Jackson en la historia del pop?

Fan 1: Fue un fenómeno de masas. Su legado perdurará por muchos años, como el de los Beatles. Idolatrado por muchos, criticado por otros, pero nadie podrá decir que no fue un artista incomparable.

Fan 2: Para mí es una pérdida incomparable, yo crecí escuchando su música. Era un hombre de un talento único, jamás volveremos a conocer otro igual.

Fan 3: Nunca olvidaré cuando yo tenía 8 años y vi el video de *Thriller* en la televisión de esa época, desde ese día Michael se volvió mi ídolo, un genio que marcó el antes y el después en la música, un hombre torturado por su talento.

Audioscript for 10–13

- Buena idea
- Nada más lejos de la verdad
- No me parece mal, pero…
- ¡De eso nada!

- En efecto
- Eso no es exacto
- Opino como tú
- Creo que te equivocas

Audioscript for 10–14

E1: La belleza exterior no es importante, la que realmente importa es la interior.

E2: En Canadá se vive mucho mejor que en Estados Unidos.

E3: Mentir en ocasiones es totalmente necesario.

E4: El béisbol es más interesante que el fútbol americano.

E5: Fumar no es tan malo como dicen.

E6: Las mujeres manejan mejor que los hombres.

E7: Las guerras en el mundo terminarán muy pronto.